한울어학강좌

표준중국어문법

찰스 N. 리·샌드라 A. 톰슨 지음
박정구·박종한·백은희·오문의·최영하 옮김

▌개정판을 내면서

이 책은 리(Charles N. Li)와 톰슨(Sandra A. Thompson)의 중국어 문법에 관한 책 *Mandarin Chinese: A Functional Reference Grammar* (University of California Press, 1981)를 우리말로 옮긴 것이다. 이 번역서가 국내에 처음 나온 것은 지난 1989년의 일이었다. 당시 중국어학계에 막 발을 들여놓은 옮긴이들은 이 책을 단순히 학습을 위해 함께 읽기로 했다. 그런데 학습을 진행하면서 이 책이 언어학 및 중국어를 배우고 익히는 데 큰 도움이 됨을 깨닫게 되었고, 이 책을 한국어로 번역해 많은 이들에게 제공하는 것이 바람직하겠다는 데 의견을 모았다. 그리하여 편장을 나누어 번역한 뒤 토론을 하면서 수정하고 보완했다.

역자들은 제 나름대로 사명감을 가지고 작업에 임했지만 막상 번역된 책을 가지고 강단에서 강의를 하다 보니 오역이나 부적절한 표현이 적지 않게 눈에 띄었다. 그때마다 마음 한 구석에는 부끄러움과 함께 독자들에 대한 송구스러움이 빚으로 쌓였다. 그러다가 이번에 원문과 번역문을 일일이 대조하면서 앞서 발견했던 오류들을 바로잡고 부적절한 표현들을 문맥에 맞도록 수정했다. 그러나 아직도 완벽한 번역이라고 말하기에는 부족함이 있다고 생각한다. 여러 선배 동학의 아낌없는 조언을 바란다.

다른 문법서와 구별되는 이 책의 특징은 문법현상을 단순히 나열하는 것이 아니라 왜 그러한 현상이 존재하는지 차근차근 설명한다는 것이다. 그러한 설명은 실제 대화상황에서 사용되는 살아 있는 예문을 통해 확인된다. 그 예문은 분석의 대상이면서 동시에 구체적인 대화상황에서 어떻게 사용할 수 있는가를 아울러 보여주는 기능을 한다. 이 책은 기존 문법서들처럼 수많은 예문을 쏟아 부으며 독자를 위협하는 것이 아니라, 초심자들이라도 심리적 부담감 없이 흥미를 가지고 접근할 수 있도록 쉽고도 친절한 설명으로 우리를 재미있는 중국어의 세계로 안내한다. 옮긴이들이 이 책을 번역해 선보이고자 했던 주된 이유도 바로 이 같은 책을 읽는 즐거움을 독자들과 함께하고 싶었기 때문이다.

끝으로 이 자리를 빌려 우리를 중국어학 연구의 세계로 이끌어주신 허성도 교수님께 감사드린다. 그리고 초판을 낼 당시에 예문의 우리말 해석을 검토해주신 박덕준 교수께도 감사드린다.

옮긴이

■저자 서문

이 책을 쓴 목적은 처음으로 표준중국어를 기능문법의 용어로 기술하는 데 있다. 우리는 문장이 사용된 화용론적인 상황(pragmatic situation), 즉 전체 문맥 속에서 문장의 구조적인 특징을 기술하는 데 중점을 두었다. 우리는 이와 같은 기능적인 서술에 의해서만 문법이 이해될 수 있다고 확신한다.

이 문법서는 언어학자가 아닌 표준중국어를 배우는 학생이나 교사를 위한 것임을 밝혀둔다. 이 책에 사용된 용어들은 대부분 신중하게 선택되었으며 언어학의 전문용어는 가능한 한 사용하지 않았다. 이 책에서 행한 분석의 대부분은 독창적이다. 이 책은 특히 언어에 대한 기능적인 접근에 흥미를 지닌 언어학자들에게 유용하리라 생각한다. 우리는 표준중국어에 대한 경험적인 사실들을 충실히 제시하고 우리의 추론 과정을 간결하게 기술하는 한편 우리가 도달한 원칙을 명확하게 진술하고자 하며, 가능한 한 이 일반화를 기능적으로 설명하려 한다.

물론 문법서란 모든 면에서 완벽할 수는 없는바, 이 책도 예외는 아니다. 이 책이 중국어에 대한 더 심도 있는 연구성과가 나오는 데 하나의 계기가 되길 바란다.

현재 중국에서 쓰고 있는 문어가 20세기 이전의 문어에 바탕을 둔 고전전통과 현대 표준중국어의 구어와의 이질적인 복합물이라는 것은 중요하지 않다. 중국대륙에서 '普通话'를 선포한 이래 중화인민공화국에서 발행되는 대부분의 서적에는 문어적 요소가 현저하게 사라지고 있지만 '고전적인' 어구나 관용어는 여전히 산재해 있다. 하지만 우리는 문어를 분석의 범주에 포함시키지 않았음을 밝혀둔다.

우리는 중국어 연구에 기여한 수많은 언어학자와 그들의 저서에서 도움을 받았다. 몇 가지 예문들은 그들의 글에서 발췌했고 또 몇 가지 견해들은 선행 연구나 현재의 연구에서 직·간접적으로 영향을 받았다. 그들 모두에게 감사드린다. 그들의 견해를 인용한 경우에는 각 장의 주에 명시했지만, 일상대화나 혹은 다른 언어학자들의 저서 및 우리 자신의 지식으로부터 나온 예문들의 출처는 밝히지 않았다.

이 문법서를 준비하는 데는 부분적으로 미국교육인가국(U. S. Office of Education Grant, OEG-G007701660, 1977닉슨 쇼크1979)과 UCLA와 UC Santabarbara, 에서 지원을 받았다. 서기를 맡아준 Phoebe Bissell, Donna Childers, Lila Margolis와 Nancy Warfield, 우리와 함께 많은 예문을 토론해준 Li Ming-ming, Chang Hsiang-wen, Peter Pan, Wu Yenna와 R. McMillan Tompson, 그리고 원고를 읽고 논평해준 Wu Yenna, Barbara Fox, R. McMillan Tompson에게 감사를 드린다.

◘ 예문 사용상의 규약

1. (X) : X는 생략해도 무방한 요소이다.

2. $\{ \begin{matrix} X \\ Y \end{matrix} \}$: X 또는 Y 둘 중 하나.

3. * : 구조적으로 또는 의미적으로 모국어 화자가 부적합하다고 여기는 문장, 즉 비문법적인 문장.

4. *(X) : 적합한 문장이 되려면 반드시 X를 포함시켜야 한다.

5. (*X) : 적합한 문장이 되려면 반드시 X를 포함시키지 않아야 한다.

6. ? : 문법적으로는 맞지만 여전히 이상한 문장.

7. 주석과 예문의 번역
   a. 가능한 한 표준중국어의 특색을 살려서 번역했다.
   b. 표준중국어에 대응하는 어휘가 둘 이상일 경우에는 주어진 문맥에 적합한 어휘를 사용했다.
   c. 일반적으로 표준중국어 명사들은 단·복수를 구분하지 않는다. 모든 표준중국어 명사는 단수명사로 표기했다.

d. 표준중국어에는 시제(tense)라는 문법적인 범주가 없다. 따라서 많은 예문들이 과거시제나 현재시제로 번역될 수 있다. 이러한 예문에는 두 가지 가능한 시제를 나타내지 않고, 과거시제나 현재시제 중 하나를 선택해 번역했다. 각 예문에 대한 설명을 보면, 각 예문이 현재시제나 과거시제 모두 가능한지, 혹은 한 가지 시제만이 가능한지를 분명히 알 수 있다.

e. 표준중국어에서 대명사는 성(性)의 구별이 없다. 우리는 문맥에 따라 이를 '그' 또는 '그녀'로 번역했다.

■ 차 례

개정판을 내면서 · 3
저자 서문 · 5
예문 사용상의 규약 · 7

제1장 머리말 · 19
   1.1 중국어족 · 20
   1.2 중국어 음운론 · 23
      1.2.1 성모 · 23
      1.2.2 운모 · 24
      1.2.3 성조 · 26
      1.2.4 '-儿'의 음성학적 효과 · 28

제2장 유형론적 특성(Typological Description) · 29
   2.1 단어의 구성 : 고립어로서의 중국어 · 30
      2.1.1 명사와 결합하는 형태소 · 30
      2.1.2 동사와 결합하는 형태소 · 32
   2.2 단어의 음절수: 단음절성 · 33
   2.3 화제의 부각 · 36
   2.4 어순 · 38

2.4.1 어순유형론 • 38
2.4.2 표준중국어의 어순 • 40

제3장 단어의 구조(Word Structure) • 49
3.1 형태론적 결합방식 • 49
  3.1.1 중첩 • 50
  3.1.2 접사의 부가 • 58
3.2 복합어 • 68
  3.2.1 복합어의 의미 • 69
  3.2.2 명사복합어 • 72
  3.2.3 동사복합어 • 79
  3.2.4 주술복합어 • 96
  3.2.5 동목복합어 • 99
  3.2.6 상반형용사로 구성된 명사복합어 • 107
  3.2.7 복합어의 기타 유형 • 108

제4장 단순서술문(Simple Declarative Sentence) • 110
4.1 화제와 주어 • 110
  4.1.1 화제의 특성 • 111
  4.1.2 주어의 특성 • 113
  4.1.3 화제와 주어의 비교 • 114
  4.1.4 이중주어문 • 118
  4.1.5 Chao의 분석과의 비교 • 119
  4.1.6 시간구와 처소구 • 120

    4.1.7 그 밖의 예 • 121
    4.1.8 담화요소로서의 화제 • 124
    4.1.9 담화에서의 화제와 공지시성 • 126
  4.2 명사구 • 128
    4.2.1 분류사구/양사구 • 128
    4.2.2 부가구 • 133
    4.2.3 수식구 • 136
    4.2.4 명사구 안의 구성성분의 어순 • 141
    4.2.5 한정성과 지시성 • 143
    4.2.6 대명사 • 148
    4.2.7 재귀대명사 • 152
  4.3 동사구 • 155
    4.3.1 동사구의 유형 • 156

제5장 조동사(Auxiliary Verb) • 182
  5.1 조동사와 동사 • 182
  5.2 조동사와 부사 • 191
  5.3 조동사 일람표 • 192

제6장 상(Aspect) • 194
  6.1 완료상 • 196
    6.1.1 '了₁'이 사용되는 경우: 제한된 사건 • 196
    6.1.2 '了₁'이 사용될 수 없는 경우 • 209
    6.1.3 명령문에서의 '了₁' • 214

6.1.4 '了₁'은 과거를 의미하지 않음 • 219

6.1.5 '了₁'은 완성을 의미하지 않음 • 221

6.1.6 요약 • 222

6.2 지속상 • 223

6.2.1 동사의 의미유형과 지속상표지 '在'·'着' • 223

6.2.2 지속상표지 '着'가 포함되어 있는 복문 • 229

6.3 경험상 • 232

6.4 잠시상 • 237

6.5 요약 • 241

제7장 문말조사(Sentence-Final Particle) • 242

7.1 '了₂' • 243

7.1.1 '了₂'의 의사전달 기능 • 244

7.1.2 '了₂'를 쓰지 않는 경우 • 283

7.1.3 완료상 '了₁'과 현재 관련성의 '了₂' • 288

7.2 '呢' • 293

7.2.1 기대에 대한 응답으로서의 '呢' • 293

7.2.2 의문조사로서의 '呢' • 298

7.3 '吧' • 300

7.4 '呕' • 304

7.5 '啊/呀' • 305

7.6 결론 • 310

제8장 부사(Adverb) • 311
    8.1 이동성 부사 • 312
        8.1.1 이동성 시간부사 • 313
        8.1.2 이동성 태도부사 • 314
    8.2 비이동성 부사 • 315
        8.2.1 양태부사 • 315
        8.2.2 비양태부사 • 320
    8.3 부정과 부사 • 331
        8.3.1 부정과 이동성 부사 • 331
        8.3.2 부정과 비이동성 부사 • 333
    8.4 부사와 把-구문 • 340
    8.5 수량부사구 • 343

제9장 개사/전치사(Coverb/Preposition) • 345
    9.1 개사의 기능 • 345
        9.1.1 상표지를 갖는 경우 • 348
        9.1.2 동사 기능을 겸할 수 있는 개사 • 350
    9.2 개사 일람표 • 355

제10장 간접목적어와 수혜자(Indirect Object and Benefactive) • 358
    10.1 반드시 '给'가 와야 하는 경우 • 361
    10.2 '给'의 사용이 수의적인 경우 • 362
    10.3 '给'를 취할 수 없는 동사 • 364
    10.4 외견상의 간접목적어 • 365

10.5 간접목적어의 용법에 대한 설명 • 368
10.6 동사 앞에 오는 간접목적어와 수혜명사구 • 370
10.7 '给'의 기타 기능 • 372

제11장 처소구와 방향구(Locative and Directional Phrase) • 374
11.1 처소구 • 374
    11.1.1 처소구의 구조 • 374
    11.1.2 문장에서 처소구의 위치 • 380
11.2 '到'를 쓰는 방향구 • 392

제12장 부정(Negation) • 397
12.1 부정사의 위치와 부정의 범위 • 399
12.2 '不'와 '没'의 기능 • 403
    12.2.1 '不'가 포함되어 있는 문장의 의미 변화 • 403
    12.2.2 동사구의 유형 • 406
    12.2.3 동보복합어 • 408
12.3 '没(有)'는 과거시제 부정사가 아니다 • 409
12.4 부정과 상 • 411
12.5 단순동사구 이외의 요소의 부정 • 419
12.6 요약 • 420

제13장 동사의 복사(Verb Copying) • 421
13.1 동사가 복사되는 위치 • 421
13.2 동사복사구문의 문법적인 특징 • 425

제14장 명령문(The Imperative) ▪ 428

제15장 把-구문(The 把 Construction) ▪ 438
  15.1 把-명사구 ▪ 439
  15.2 처치 ▪ 441
  15.3 주어가 없는 把-구문 ▪ 452
  15.4 把 … 给 구문 ▪ 454
  15.5 把-구문 사용상의 조건 ▪ 454

제16장 被-구문(The 被 Construction) ▪ 462
  16.1 용법과 기능 ▪ 463
    16.1.1 불이익 ▪ 463
    16.1.2 처치 : 把-구문과의 비교 ▪ 470
  16.2 구조적인 특성 ▪ 472
    16.2.1 불이익을 받는 간접목적어 ▪ 472
    16.2.2 '被' 뒤에 무생 명사구가 나오는 경우 ▪ 473
  16.3 '把'와 '被'를 함께 사용하는 경우 ▪ 474
  16.4 변이형식 ▪ 475

제17장 제시문(Presentative Sentence) ▪ 478
  17.1 존재동사와 자세동사 ▪ 479
  17.2 이동동사 ▪ 485

제18장 의문문(Question) ▪ 488
    18.1 의문문의 네 가지 유형 ▪ 488
    18.2 의문사 의문문 ▪ 490
        18.2.1 의문문 속의 의문사 ▪ 490
        18.2.2 비한정 대명사로 쓰인 의문사 ▪ 495
    18.3 선택의문문 ▪ 498
        18.3.1 '还是'를 쓰는 선택의문문 ▪ 499
        18.3.2 A-not-A 의문문 ▪ 502
    18.4 부가의문문 ▪ 510
    18.5 조사의문문 ▪ 511
    18.6 A-not-A 의문문과 조사의문문의 차이점 ▪ 512
    18.7 의문문이 주어이거나 동사의 직접목적어인 경우 ▪ 517
    18.8 질문에 대한 대답 ▪ 520

제19장 비교(Comparison) ▪ 525
    19.1 비교구문 ▪ 525
        19.1.1 비교내용 ▪ 529
        19.1.2 주어/화제와 비교의 기준 ▪ 530
    19.2 최상급 ▪ 532

제20장 명사화(Nominalization) ▪ 535
    20.1 명사구로 기능하는 명사화 구문 ▪ 536
    20.2 중심명사를 수식하는 명사화 구문 ▪ 540
        20.2.1 관계절 구문 ▪ 540

20.2.2 추상적인 중심명사에 대한 보어로 기능하는 명사화 구문 • 546
    20.3 '是~的' 구문 • 547

제21장 연동구문(Serial Verb Construction) • 554
    21.1 두 개 이상의 독립된 사건 • 554
    21.2 동사구/절이 다른 동사의 주어 혹은 직접목적어인 경우 • 557
        21.2.1 두 번째 동사구/절이 첫 번째 동사의 직접목적어인 경우 • 557
        21.2.2 첫 번째 동사구/절이 두 번째 동사의 주어인 경우 • 561
        21.2.3 주어나 직접목적어절이 의문문인 경우 • 564
    21.3 겸어 구문 • 564
    21.4 서술절 • 569
        21.4.1 실현 서술절 • 569
        21.4.2 비실현 서술절 • 574
    21.5 요약 • 575

제22장 정태보어구문(Complex Stative Construction) • 577
    22.1 추론된 의미 • 577
        22.1.1 추론된 양태 • 578
        22.1.2 추론된 정도 • 580
        22.1.3 양태나 정도로 모두 추론이 가능한 경우 • 581
    22.2 일반적인 구조적 특성 • 582

제23장 문장연결(Sentence Linking) • 584
    23.1 선행연결 • 585

23.1.1 연결성분이 있는 선행연결 ▪ 586

23.1.2 연결성분이 없는 선행연결 ▪ 593

23.1.3 조건문의 의미 ▪ 596

23.2 후행연결 ▪ 601

23.2.1 절 앞에 쓰이는 부사성 후행연결요소 ▪ 602

23.2.2 후행연결요소로서의 비이동성 부사 ▪ 604

제24장 담화 속의 대명사(Pronoun in Discourse) ▪ 605

24.1 영대명사 ▪ 605

24.2 대명사 ▪ 609

24.3 영대명사의 통사적 제약 ▪ 620

참고문헌 ▪ 621

찾아보기 ▪ 628

제1장
머리말

'만다린'(Mandarin)†은 중국의 주요한 방언군(方言群) 중 하나이다. 언어학에서 하나의 용어로 인정받고 있는 만다린은 일반적으로 베이징어를 의미한다. 베이징이 여러 세기 동안 정치적·문화적 중심지였기 때문에 만다린은 줄곧 표준중국어로 인정받아왔는데, 1955년 중화인민공화국 정부가 베이징방언의 발음과 북방관화의 어법, 현대 백화문학의 어휘로 이루어진 국어(national language)를 국가공용어로 공식 선포했다. 이 국어는 '普通话'로 알려져 있으며 공용어라는 뜻이다. '普通话'의 말투(style)와 어휘는 노동자나 농민의 언어에 가까워지는 것을 목표로 한다. 1950년대 초반에 타이완도 베이징방언을 기초로 한 단일 언어를 장려하는 정책을 채택했다. 타이완에서는 그것을 '国语'라고 부르는데, '国语'란 문자 그대로 '나라말'이라는 뜻이다. 따라서 '만다린'은 '普通话'와 '国语'를 포괄한다.

'普通话'와 '国语'는 베이징방언을 기초로 하고 있기 때문에 어휘 중에는

---

† 만다린이란 원래 청나라 말기의 고등 관리들이 쓰던 말로, 관아에서 쓰는 말이라 하여 관화(官话)라고도 하며 중국의 공용어이다. 이것은 북방관화(Northern Mandarin), 서북관화(Northwestern Mandarin), 서남관화(Southwestern Mandarin), 하강관화(Lower Yangzi Mandarin)로 나뉘는데, 만다린이라 하면 흔히 베이징어를 중심으로 한 북방관화를 의미한다. 이 책에서는 표준중국어로 이해하면 된다.

대륙과 타이완의 정치적인 차이로 인해 서로 다른 것도 있지만 대부분 비슷하다. 그러나 '普通话'와 '国语'는 결코 같지 않다. 왜냐하면 중국은 방대한 인구가 광대한 지역에 퍼져 있어서 각 방언들이 그 지방에서 쓰이고 있는 '普通话'나 '国语'에 영향을 주고 있기 때문이다. 따라서 중국 같은 나라에서 명실상부한 단일언어는 이론상으로만 존재할 뿐 실제로는 존재할 수 없다. 물론 그렇다고 해서 각기 다른 방언으로 인해 서로 의사소통이 되지 않는 사람들 사이의 의사소통과 대중교육을 촉진하는 데 '普通话'와 '国语'가 크게 기여했음을 과소평가할 수 없다. 그런데도 '중국의 언어'(the language of China)라고 할 때는 어디까지나 이상적인 입장에서 하는 말일 뿐, 사람들이 사용하는 '만다린' 사이에는 언제나 차이가 있다는 사실을 부정할 수 없다. 이 책에서는 가능한 한 대부분의 중국 사람들이 인정하는 보편적인 만다린을 대상으로 서술하겠다. 비록 독자들 가운데는 제시된 예문 중에 받아들이기 어려운 부분도 있겠지만 비문법적임을 나타내는 표지 '*'가 없는 예들은 만다린 화자 중 누군가 쓸 수 있거나 썼던 말이다. 한편 이 책에서 제시한 일반적인 원칙과 설명이 방언과 관련이 있다면 방언에 대해서도 살펴볼 것이다. 그러나 중국의 방언 분포는 매우 복잡하기 때문에 간략히 언급할 것이다.

1.1 중국어족(Chinese Language Family)

비록 많은 종류의 중국어 방언들이 서로 의사소통이 불가능할 정도로 다르지만 전통적으로 이들을 서로 다른 언어로 보지 않고 '방언'(dialect, 지방의 언어)이라고 불러왔다.[1] 포르투갈어와 루마니아어가 서로 다른 만큼이나 광둥어(广东语)와 만다린도 서로 다르다. 그러나 포르투갈어와 루마니아어는

---

1. 중국어족과 그 문화적 배경에 대한 논의는 Forrest(1948)와 Li and Thompson(1979c)을 참고할 것.

다른 나라에서 쓰이고 있기 때문에 서로 다른 '언어'라 하지만, 광둥어와 만다린은 같은 나라에서 쓰이고 있기 때문에 '방언'이라고 하는 것이다.

여기에서도 그와 같은 전통적 견해에 따라 광둥어와 만다린을 방언으로 간주하겠다. 중국어의 방언은 음성구조를 기준으로 분류한다. 요즘은 일반적으로 <표 1-1>과 같이 일곱 개의 주요 방언군으로 분류한다(Egerod, 1967 참고). 중국 방언 지도는 중국의 몇몇 주요 도시를 포괄하는 대표적 방언군들의 지리적인 분포와 지역을 나타내고 있다.

<표 1-1> 중국어의 일곱 개 주요 방언군

방언어족		대표지역	인구분포(%)
官 话	北方 西北 西南 下江	北京 太原 成都 南京	70
吴 语	I II	苏州 温州	8.4
湘 语	旧 新	双峰 长沙	5
赣 语		南昌	2.4
客家语		梅县	4
闽 语	北 南	福州 潮州	1.5
粤 语	粤－海 钦－廉 高－雷 西－邑 贵－南	中山 钦州 高州 台州 玉林	5

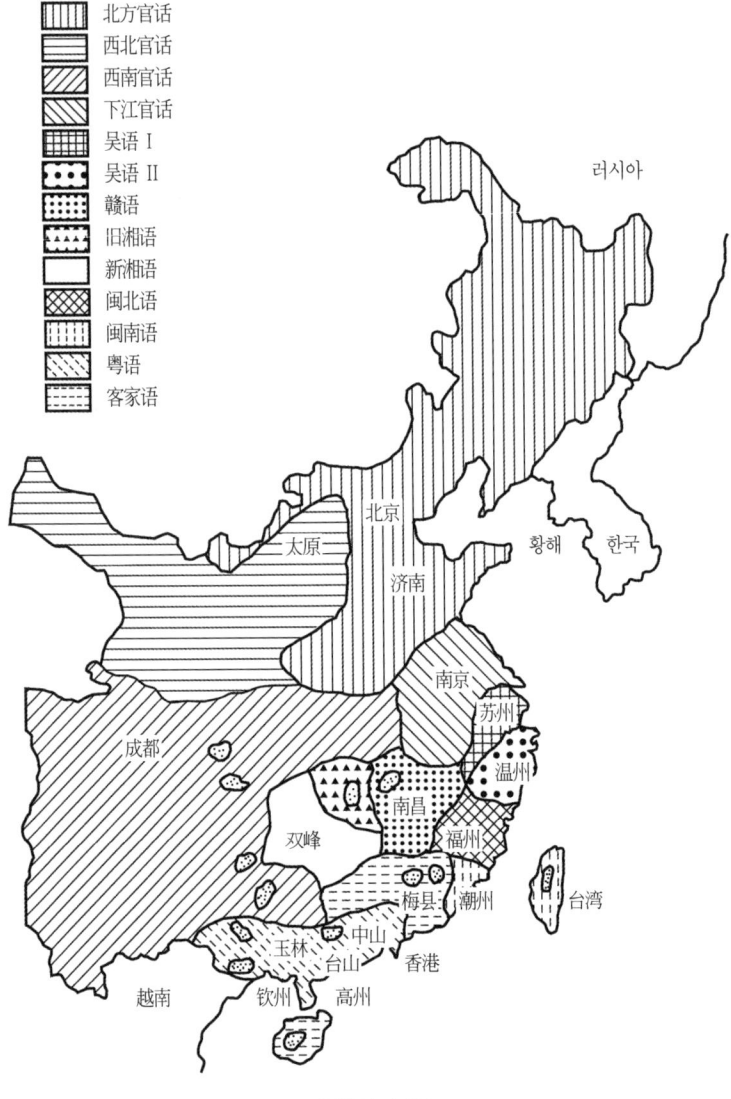

<중국방언지도>

음운, 통사와 어휘면에서 관화(官话: Mandarin group)와의 차이가 가장 큰 곳은 중국 남부지역이다. 관화에 포함되는 방언들은 네 개의 하부집단으로 나누어지는데, 이 지역은 중국에서 인구비율이 가장 높을 뿐 아니라 서로 의사소통도 잘 이루어지는 편이다.

발생학적으로 보면, 중국어족은 중국-티베트어족에서 독립된 언어군(branch)이다. 중국-티베트어족의 또 다른 주요 언어군으로는 티베트 지역의 언어인 티베트어, 버마와 중국 남부 몇몇 지역, 동남아시아, 티베트 국경지방의 언어인 롤로-버마어(Lolo-Burmese), 그리고 하(下)버마(Lower Burma)와 타이, 버마 사이의 남부 국경지역 언어인 카렌어가 있다. 즉 지역적으로 동아시아 대륙의 대부분 지역에서 사용되는 중국어를 포함한다면, 중국-티베트어족의 언어는 동아시아와 동남아시아에서 아주 넓게 사용된다고 말할 수 있다.

1.2 중국어 음운론(Phonology of Mandarin)

아래에서는 음운을 성모(声母)·운모(韵母)·성조(声调)로 나누는 중국의 전통적 방식에 따라 중국어의 음절구조를 소개하고자 한다.[2]

1.2.1 성모(Initials)

성모는 음절의 어두에 나오는 자음을 말한다. 중국어에는 자음군이 없으므로 한 음절의 어두자음에는 오직 하나의 자음만이 올 수 있다. 한편 중국어에는 어두자음을 갖지 않는 음절들이 있다. 이러한 음절을 전통적으로 '영성모'(零声母)라고 한다. <표 1-2>는 중국어의 성모를 국제음성부호(I.P.A)[†]와 중국대륙에서 쓰고 있는 중국어병음자모(汉语拼音字母)로 표기한 것이다. 만다린은 영성모를 포함해 22개의 성모를 가지고 있다.

---

2. 상세한 논의는 Chao(1968: 18-56), Lyovin(1972), Cheng(1973)을 참고할 것.
† I.P.A.는 항상 [ ]로 표시한다.

<표 1-2> 성모

발음방식 발음위치	무기 파열음		유기 파열음		무기 파찰음		유기 파찰음		비음		마찰음		유성 지속음	
	IPA	병음	IPA	병음	IPA	병음	IPA	병음	IPA	병음	IPA	병음	IPA	병음
双唇	p	b	pʰ	p					m	m				
唇齿											f	f		
齿龈	t	d	tʰ	t	ts	z	tsʰ	c	n	n	s	s	l	l
卷舌					tʂ	zh	tʂʰ	ch			ʂ	sh	ɻ	r
硬口盖					tɕ	j	tɕʰ	q			ɕ	x		
软口盖	k	g	kʰ	k							X	h		

1.2.2 운모(Finals)

운모는 음절에서 성모를 제외한 부분이다. 만다린에는 37개의 운모가 있는데, <표 1-3>에는 IPA로 표기되어 있다. IPA의 모음과 한어병음자모의 모음을 대조해보면 <표 1-4>와 같다.

<표 1-3> 운모

ʅ,ɿ,ɚ	A	ə	o	ɛ	ɑi	ei	ɑu	ou	ɑn	nə	ɑŋ	əŋ	
i	iA			iɛ			iɑu	iou	iɛn	in	iɑŋ	iŋ	
u	uA		uo		uɑi	uei			uɑn	uən	uɑŋ	uŋ	uən
y				yɛ					yɛn	yn			

연구개비음 [ŋ]은 운모로만 쓰이고 성모로는 쓰이지 않는다. 한어병음자모에서는 [ŋ]을 'ng'로 표시한다. <표 1-4>에서 알 수 있듯이 운모는 주로 모음이다. 중국어의 운모로 쓰이는 자음은 연구개비음 [ŋ]과 치조비음†[n] 두 가지뿐이다. 그리고 이것들은 운미(韻尾)로만 쓰인다.

---

† 치조(齒槽)는 윗니 바로 뒤쪽에 연결되어 있는 곳으로, 약간 튀어나온 딱딱한 부분이다. 윗니와 경구개 사이의 잇몸을 말한다.

제1장 머리말 25

<표 1-4> IPA와 중국어병음 모음의 대조

IPA	중국어병음자모	문 맥	예
[A]	ɑ	모든 문맥	lā = [lA] : 拉
[a]		모든 문맥	bān = [pan] : 搬
[ɛ]		[i], [y]와 [n] 사이	lián = [liɛn] : 连 yuǎn = [yɛn] : 远
[o]	o	모든 문맥	mó = [mo] : 磨
[u]		[ŋ] 앞이나 [a] 뒤	lóng = [luŋ] : 龙 láo = [lau] : 劳
[ɤ]	e	모든 문맥	lè = [lɤ] : 乐
[e]		[i] 앞	léi = [lei] : 雷
[ɛ]		[i]나 [y] 뒤	liè = [liɛ] : 列 lüè = [lyɛ] : 略
[ə]		[n]이나 [ŋ] 앞	gēn = [kən] : 根 gēng = [kəŋ] : 更
[ɚ]	er	모든 문맥	ér = [ɚ] : 儿
[e]	ø	[성모 + u] 뒤	duì = [tuei] : 对
[ə]	ø	[성모 + u] 뒤	dūn = [tuən] : 蹲
[i]	i	영성모를 제외한 모든 성모	lí = [li] : 离
[ʅ]		[tʂʰ], [tʂ], [ʂ], [ɻ] 뒤	shī = [ʂʅ] : 诗
[ɿ]		[ts], [tsʰ], [s] 뒤	sī = [sɿ] : 思 cí = [tsʰɿ] : 词
[u]	u	영성모를 제외한 모든 성모	lú = [lu] : 炉
[y]		[tɕ], [tɕʰ], [ɕ] 뒤	xū = [ɕy] : 虚 qù = [tɕʰy] : 去
[y]	ü	[n]과 [l] 뒤	lǘ = [ly] : 驴 nǚ = [ny] : 女
[y]	yu	영성모의 뒤	yú = [y] : 鱼 yuán = [yɛn] : 元
[i]	y	영성모의 뒤. 단, 단독으로 사용되지 않는 경우	yào = [iau] : 要
[i]	yi	단독 사용	yī = [i] : 一
[u]	w	영성모의 뒤. 단, 단독으로 사용되지 않는 경우	wén = [uən] : 闻
[u]	wu	단독 사용	wǔ = [u] : 五

1.2.3 성조(Tones)

만다린의 성조체계는 중국 남부방언군에 비해 단순하다. 만다린에는 네 가지 성조가 있다. 성조는 각 음절의 상대적인 음높이를 말한다. 이 네 가지 성조는 <표 1-5>와 같다. <표 1-5>의 오른쪽에서 두 번째 칸의 기호는 성조부호로서, Chao(趙元任, 1968)가 창안한 것이다. 이것은 음성의 시간·높이의 그래프를 단순화시킨 것이다. 시간·음높이 그래프는 왼쪽에서 오른쪽으로 표시되는데, 그래프의 왼쪽 끝점은 성조의 시작부분을 나타낸다. 이 그래프는 항상 음높이를 나타내는 수직선에서 끝난다. 숫자는 다섯 단계로 나눈 음역(音域 pitch register)을 나타낸다. 1이 가장 낮고 5가 가장 높다. 따라서 55는 음절의 음역이 계속 5단을 유지함을 나타낸다. 반면에 214는 음절의 음역이 2단에서 시작해서 1단까지 낮아졌다가 4단으로 높아지는 것을 나타낸다. 음절 'yi'에 각각 네 개의 성조를 표시하면 <표 1-5>의 맨 오른쪽 칸에서 보이는 것처럼 네 개의 다른 형태소를 얻게 된다. 중국어병음자모에서는 <표 1-5>의 맨 오른쪽 칸에 표시한 것처럼 네 가지 성조를 '¯, /, ∨, \'로 표시한다.

<표 1-5> 성조

성조	기술	높이	곡선도	예
1	高平调	55	¬	yī '衣'
2	高升调	35	⼅	yí '疑'
3	降升调	214	⋎	yǐ '椅'
4	高降调	51	⟍	yì '意'

중국어에는 '성조변화'(tone sandhi)[3]라는 흥미로운 현상이 있다. 성조변화란 음절이 연이어 발음될 때 일어나는 성조의 변화이다. 다시 말하면 어떤 음절은 단독으로 쓰일 때는 특정한 성조를 가지지만 그 음절 뒤에 다른 성조

---

3. 더 자세한 논의는 Cheng(1973), Howie(978)와 Zee(1980)를 참고할 것.

가 올 때는 성조가 변하게 되는데, 이때 의미는 변하지 않는다. 중국어에서 가장 중요한 성조변화규칙은 제3성에서 일어난다.

(ⅰ) 성조변화규칙 1: 제3성인 음절 뒤에 제3성이 아닌 다른 성조를 가진 음절이 올 때, 앞의 제3성의 음절은 음높이가 21인 낮은 성조[+]의 음절이 된다. 예를 들어 '马'(mǎ, 말)가 단독으로 쓰일 때는 제3성이 되지만 그 뒤에 '车'(chē, 수레) 같은 다른 음절이 뒤따를 때, '马车'는 'ma^{211} che^{55}'로 발음된다.

(ⅱ) 성조변화규칙 2: 제3성인 음절 뒤에 제3성인 음절이 올 때, 첫 번째 제3성은 제2성으로 변한다. 예를 들어 '赶'(gǎn 쫓다)과 '鬼'(guǐ 귀신)는 둘 다 제3성인데, 이 두 글자가 같이 쓰여 '赶鬼'(gǎnguǐ 귀신을 쫓다)로 되면 '赶'은 제3성에서 제2성으로 변한다.

(ⅲ) 성조변화규칙 3: 제2성인 음절 앞에 제1성이나 제2성이 오고, 그 뒤에 네 가지 성조 가운데 어느 하나의 성조를 가진 음절이 올 때 가운데의 제2성 음절은 제1성으로 변한다.

(1)　　／　／　－　　　　／　－　－
　　　谁　来　吃？　→　谁　来　吃？
　　　Shéi lái chī?　→　Shéi lái chī?
　　　누가 와서 먹니?

(2)　　－　／　／　　　　－　－　／
　　　三　年　级　→　三　年　级
　　　sān nián jí　→　sān nián jí
　　　3학년

그러나 이 책에서는 발음을 적어야 할 필요가 있을 경우, 원래의 성조대로

[+] 흔히 이것을 半三声이라고 한다.

표기했다.

만약 한 음절이 약하게 발음되면 그 음절은 상대적인 음높이를 잃게 되어 앞서 말한 네 가지 성조의 음높이를 가지지 않게 된다. 이런 경우에 그 음절을 '경성'(轻声)이라 한다. Chao(1968: 36)에 의하면 경성의 음높이는 다음과 같다.

    ┘ 제1성 뒤에서는 반저음 : '他的'(그의 것)
    ┐ 제2성 뒤에서는 중 음 : '红的'(붉은 것)
    ┘ 제3성 뒤에서는 반고음 : '我的'(나의 것)
    ↘ 제4성 뒤에서는 저 음 : '绿的'(푸른 것)

접미사와 허사(grammatical particle)는 전형적으로 경성이다. 한어병음에서 경성은 성조표시를 하지 않는다.

1.2.4 '-儿'의 음성학적 효과

접미사 '-儿'을 붙이면 어근형태소(root morpheme)인 운모에 복잡한 변화가 일어난다. 여기에서는 이 규칙에 대해 설명하지 않겠다. '권설모음화'(儿韵化)가 일어나는 모든 운모에 대한 상세한 표는 Chao(1968: 47-50)에 실려 있다. 권설모음화는 베이징 토박이들이 자주 사용하며, 다른 지방 출신이 보통화나 국어를 말하는 경우에는 권설모음화를 잘 쓰지 않는다. 대개 권설모음화는 발음상의 특징일 뿐, 의미적으로는 중요하지 않다.

제2장
유형론적 특성(Typological Description)

　지구상의 언어들 사이에는 서로 비슷한 점이 많다. 예를 들면 부정, 존재, 사역, 의문, 명사나 동사의 수식, 문장의 생성 등은 모든 언어에서 찾아볼 수 있다. 그러나 서로 다른 점도 많다. 이러한 유사점과 상이점은 매우 중요하다. 왜냐하면 자연언어의 본질과 개별언어의 특성을 설명해주기 때문이다. 이 같은 유사점과 상이점을 연구하는 학문을 언어유형론(language typology)이라고 한다.

　이 장에서는 아래와 같은 네 가지 유형론적 특징(typological parameter)에 의거해 표준중국어의 구조적 특성을 살펴보려 한다.

　　1. 단어의 구성: 고립어로서의 중국어
　　2. 단어의 음절수: 단음절성
　　3. 문장의 기본요소: '화제' 대 '주어'
　　4. 어순

2.1 단어의 구성 : 고립어로서의 중국어

표준중국어를 포함한 중국의 모든 방언을 다른 언어와 비교해보면, 가장 두드러진 특징의 하나로서 단어가 비교적 간결하다는 것을 알 수 있다. 즉 전형적인 중국어 단어는 여러 형태소가 결합된 것이 아니라 그 자체가 하나의 형태소이다. 표준중국어에도 영어의 'gas-mask'(방독면)나 'wool-sweater'(털스웨터)와 같은 복합어가 많지만, 일부 방언에는 이러한 복합어가 많지 않다. 다시 말하면 모든 중국어를 형태론적인 측면에서 보면 복잡한 면이 없는 것은 아니지만 다른 언어와 비교해 볼 때는 그다지 복잡하다고는 할 수 없다. 표준중국어의 형태소 결합방법에 대해서는 제3장에서 설명할 것이다. 라틴어나 터키어, 오지브와어, 심지어 영어 같은 언어도 접두사와 접미사가 비교적 풍부하다는 점을 생각해볼 때, 표준중국어는 확실히 단어의 구성면에서 그렇게 복잡하지는 않다고 할 수 있다. 각 단어가 하나의 형태소로 되어 있고 더 이상 분석할 수 없는 이러한 언어를 일반적으로 '고립어'(isolating language)라고 한다.

그러면 상호 비교를 위해 다른 언어에는 존재하지만 표준중국어에는 많이 보이지 않는 형태소들을 살펴보기로 하겠다.

2.1.1 명사와 결합하는 형태소

A. 격표지(格标识 Case Marker)

여러 언어를 살펴보면 주어, 직접목적어, 간접목적어, 부사 등과 같이 문장 속에서 명사가 가지는 문법적 기능을 표시하는 형태소가 있다. 예를 들면 터키어에서 아래의 밑줄 친 접미사가 'ev-'(집)라는 단어와 결합해 문장 안에서 일정한 문법적 기능을 표시한다.

(1) ev   주어(집)
    ev-i   직접목적어(집을)
    ev-e   방향(집으로)
    ev-in   소유(집의)
    ev-de   장소(집에서)

표준중국어에서는 일반적으로 어순에 의해, 혹은 개사(介词)를 써서 이러한 문법적 기능을 표시한다.

B. 수표지(数标识 Number Marker)

영어의 명사는 cow와 cows처럼 흔히 접미사 's'로 단수와 복수를 구별한다. 그러나 표준중국어는 단·복수를 표시할 필요가 없다. 이러한 사실에서 알 수 있듯이 대부분의 이런 유형의 언어에서는 단·복수가 반드시 필요한 것은 아니다. 예를 들어 '书'는 '책' 혹은 '책들'의 의미를 모두 가질 수 있다. 중요한 것은 표준중국어에서 복수의 개념을 나타낼 경우에 '一些'(조금), '许多'(많은)와 같은 단어를 별도로 사용하기 때문에 형태론적으로 단어가 복잡하지 않다는 점이다. 표준중국어에서는 주로 대명사에 복수를 표시하는데, 접미사 '们'이 이러한 기능을 한다.

(2) 他(그) : 他们(그들)
    你(너) : 你们(너희들)
    我(나) : 我们(우리들)

접미사 '们'은 '孩子们'(아이들), '客人们'(손님들)과 같이 사람을 나타내는 일부 명사와 결합해 복수를 나타낼 수도 있다.

2.1.2 동사와 결합하는 형태소

A. 일치표지(一致标识 Agreement Marker)

많은 언어에서 형태론적으로 동사에 접미사를 부가해 주거나 직접목적어인 명사류(noun class)와 동사를 일치시킨다. 주어 혹은 직접목적어가 1인칭, 2인칭, 3인칭인지 아니면 단수 혹은 복수인지에 따라 일치시키는 양상이 달라진다.

예를 들어 터키어에서 '보다'라는 뜻을 가진 동사는 주어가 3인칭 단수이면 'gördü'가 되고, 주어가 3인칭 복수이면 'gördü-ler'가 된다. (3)과 같이 스와힐리어에서는 주어와 직접목적어 뒤에 수와 인칭을 일치시키는 각기 다른 두 개의 형태소가 올 수 있다.

(3)

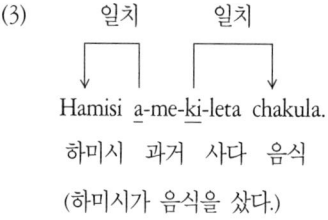

Hamisi a-me-ki-leta chakula.
하미시 과거 사다 음식
(하미시가 음식을 샀다.)

일치는 한 언어에서 주어나 직접목적어의 일부 특성을 강조할 수 있을 뿐만 아니라 몇 가지 다른 기능을 하기도 한다. 표준중국어에서는 이러한 기능들을 어순 등 다른 방법으로 나타낸다.

B. 시상표지(时相标识 Tense and Aspect Marker)

(4)의 영어 문장에서 (4a)는 현재시제이면서 진행상이고 (4b)는 과거시제인 것처럼, 모든 언어에는 말하는 시점을 기준으로 한 사건의 시제(tense)를

표시하거나 혹은 다른 사건을 기준으로 한 사건의 지속, 완료와 같은 상(相 aspects)을 표시하는 형태소가 있다.

(4) a. I am walk-ing.
　　b. I walk-ed.

제6장에서 다시 살펴보겠지만 표준중국어에는 다음과 같은 지속, 완료 등의 상을 나타내는 형태소는 있지만 시제를 나타내는 형태소는 없다.

(5) 了 : 완료
　　过 : 경험
　　着 : 지속

이미 살펴본 문법 형태소의 관점에서 볼 때, 결국 표준중국어는 형태론적으로 복잡하지 않다는 것을 알 수 있다. 굴절형태소(inflectional morpheme)라고 불리는 이러한 유형의 형태소가 많은지 혹은 적은지의 여부가 한 언어를 고립어로 볼 것인가의 여부를 결정한다. 그러나 이와는 다른 유형의 형태소 결합방식이 있다는 것도 알아야 한다. 그중 하나가 복합(compounding)인데, 표준중국어에는 이러한 결합방식이 비교적 많다. 복합어의 구조에 대해서는 제3장에서 자세히 살펴보기로 한다.

2.2 단어의 음절수: 단음절성

흔히 중국어의 단어들이 대부분 1음절인 단음절어라고 말하지만, 이것이 형태론적으로 표준중국어의 특징을 정확히 나타내는 말인지에 대해서는 논란의 여지가 있다.[1]

이 문제를 해결하기 위해서는 먼저 표준중국어에서 하나의 단어가 어떻게 구성되는지를 살펴볼 필요가 있다. 표기체계에서 '단어'(word)와 '글자'(character)가 일대일 대응한다면 표준중국어는 분명히 단음절어라고 할 수 있다. 왜냐하면 그것을 읽을 때 한 개의 글자는 한 개의 음절을 이루기 때문이다. 그러나 단어의 개념을 표기체계만을 가지고 정한다는 것은 어느 정도 독단적인 면이 있다. 구어에서 단어의 특징은 통사적으로나 의미적으로 독립성과 완전성을 지니고 있는 단위라는 점이다. 이 점에서 볼 때 (6)의 경우 그것들이 비록 2개 혹은 3개의 글자로 구성된 다음절어라고 하더라도 하나의 단어로 보아야 한다. 비록 그중에서 어떤 것은 형태소로 분해할 수 있고 어떤 것은 분해할 수 없는 것도 있다 하더라도 전체를 단어로 보아야 한다.

(6) 学校 : 학교 　　茄子 : 가지
　　油漆 : 페인트 　葡萄 : 포도
　　可是 : 그러나 　联合 : 연합하다
　　校对 : 교정을 보다 发明 : 발명하다
　　图书馆 : 도서관

고대 중국어에는 단음절어가 많지만 현대 중국어에는 확실히 단음절어보다 다음절어가 많다. 이와 같이 주장하는 데는 몇 가지 이유가 있다.

첫째, 중국어의 단어를 정의할 때 다른 언어에서처럼 통사와 의미상의 독립성과 완전성에 의해서 정의해야지, 편협하게 중국어의 표기 체계에 얽매여서는 안 된다. 가급적 다른 언어에도 적용될 수 있는 보편적인 '단어'의 개념을 따르는 것이 합리적이다.

둘째, 교육학적인 관점에서 이러한 견해는 표준중국어를 배우려는 사람들이 대개 가지고 있는 언어에 대한 통념과 일치한다. 예를 들면 영어가 모국

---

1. 더 자세한 것은 Rygaloff(1973: 10-14)를 참고할 것.

어인 학생은 '과일'이라는 뜻인 중국어 '水果'를 배울 때, 이것을 두 단어로 생각하지 않고 하나의 단어로 간주한다. 더욱이 교과서나 중국어사전에서도 한어병음자모를 사용해 하나의 단어로 표기하는 입장을 취하고 있다.†

어휘 중에서 이러한 단어가 차지하는 비율을 알아보기 위해 중국어사전인 F. F. Wang의 *Mandarin Chinese Dictionary*(1967)에서 임의로 열 페이지를 조사해보았는데, 모두 129개의 단어 가운데 87개(67%)가 발음표기 상으로 음절 사이에 하이픈이 없거나 혹은 띄어 쓰지 않은 다음절어였다. 이것은 단어의 절반 이상이 다음절어임을 말해준다.

셋째, 역사적인 관점에서 보면 표준중국어가 중국의 모든 방언 중에서 가장 높은 비율의 다음절어를 가지고 있는 이유를 발견할 수 있다. 그것은 바로 현대 중국방언의 고대어가 단음절어였다는 점과 관계가 있다. 남부 방언에서는 그다지 음운변화가 일어나지 않았지만 표준중국어에서는 음운변화가 심하게 일어났기 때문에, 이전에는 뚜렷하게 구별되던 많은 음절들이 표준중국어에서는 발음이 같아졌다. 예를 들면 광둥어에서는 아직 'yiu'(要)와 'yeuhk'(药)의 구별이 있지만 표준중국어에서는 모두 'yào'로 발음된다. 이렇게 동음이의어가 많이 생겨 혼동을 초래하면서 다음절어가 급격히 증가하게 되었던 것이다. 이런 증가는 주로 제3장에서 살펴볼 복합과정(compounding process)에 의해서 이루어졌다.

이상과 같이 형태론적·교육학적·역사적 관점에서 볼 때, 표준중국어는 단음절어가 아닌 것으로 생각된다. 그러나 '看见'(보다)과 같은 단어를 하나의 단어로 보아야 하느냐, 아니면 두 개의 단어로 보아야 하느냐에 대해서는 화자에 따라 달라질 수 있다. 이러한 문제점은 모든 단어에 존재한다. 표준중국어에는 복합어가 많기 때문에 이러한 문제점이 다른 언어보다 더 두드러지게 나타난다고 생각된다. 이 문제는 3.2에서 더 상세히 언급할 것이다.

---

† 한어병음자모로 표기할 때 두 글자의 발음표기가 붙어 있으면 하나의 단어로 간주하고 떨어져 있으면 각각의 글자를 별개의 단어로 간주한다.

2.3 화제의 부각(Topic Prominence)

　화제(topic)는 표준중국어의 문장 구조 가운데 가장 두드러진 특징 중 하나이며, 표준중국어를 다른 언어와 구별해주는 중요한 개념이다. 표준중국어 문법에서는 화제가 중요한 만큼 표준중국어를 '화제 부각 언어'(topic prominence language)라고도 부른다.
　문장의 화제는 그 문장이 진술하는 대상이다. 화제는 항상 문장의 맨 앞에 나오며, 화자는 항상 청자가 이미 어느 정도 알고 있다고 생각하는 대상을 화제로 제시한다.

　　(7) <u>张三</u> 我 已 经 见 过 了。
　　　　장싼은 내가 이미 만난 적이 있어.
　　(8) <u>这棵树</u> 叶 子 很 大。
　　　　이 나무는 잎이 매우 크다.

　더구나 일상회화에서는 화제 다음에 항상 휴지(休止)를 두는데, 이것은 쉼표와는 달리 그 문장에서 말하고자 하는 것, 즉 화제를 나타내기 위해서이다. 주어와 화제는 차이가 있다. 주어는 항상 동작이나 상태를 나타내는 동사와 직접적인 의미관계를 갖지만 화제는 그렇지 않다. (7)-(8)을 다시 보면, 하나의 문장 안에는 화제 이외에도 주어가 있을 수 있음을 알 수 있다. (7)에서 주어는 만나는 행동을 하는 사람, 즉 '我'이고, (8)에서 주어는 매우 큰 상태에 있는 것, 즉 '叶子'이다. 화제는 동사와 이와 같은 직접적인 의미관계가 없어도 된다.
　화제와 주어에 관해서는 4.1에서 더 상세히 서술하려 한다. 여기에서는 다음과 같은 사실만을 지적해두겠다. 표준중국어의 문장구조에서 화제가 두드러진다는 점은 영어를 비롯한 다른 언어와 비교되는, 표준중국어의 중요한 유형론적 특징이다.

거의 모든 영어 문장은 주어를 가지며, 주어가 유형론적으로 동사의 바로 앞에 나오고 동사와 주어는 단·복수에 따라 수가 일치되어야 한다. 따라서 영어 문장에서는 주어를 쉽게 찾을 수 있다.

(9) a. That guy has money.
　　b. Those guys have money.

그러나 표준중국어에서는 문장의 구조를 설명하는 데 주어의 개념은 별로 중요하지 않으며, 화제의 개념이 매우 중요한 역할을 하는 것으로 보인다. 표준중국어에서는 위치나 수의 일치, 접미사로 주어를 구별할 수 없다. 사실 일상회화에서는 주어가 완전히 생략되기도 한다.

(10) 昨天念了两个钟头的书。
　　　어제 두 시간 동안 공부를 했다.
　　　Yesterday, (I) read for two hours.
(11) 好冷啊!
　　　굉장히 춥네!
　　　(It's) very cold.

중국어에서는 (10)에서 누가 책을 읽었는지와 (11)에서 어떤 것이 차가운지를 모두 문맥에서 추론할 수 있기 때문에 영어처럼 주어를 쓸 필요가 없다.

따라서 유형론적인 면에서 표준중국어의 세 번째 특징은 화제가 부각되는 언어라는 점이다. 즉 표준중국어로 쓰인 문장을 해석하는 데는 화제라는 개념이 매우 중요하다.

2.4 어순(Word Order)

2.4.1 어순유형론(The Word Order Typology)

그린버그(Greenberg: 1963a)는 주어와 직접목적어로 구성된 간단한 타동사 문장에서 동사와 명사들의 순서에 따라 세계의 언어를 세 가지로 분류했다. 즉 동사가 주어와 직접목적어 앞에 놓이는 경우, 그 사이에 놓이는 경우, 그 뒤에 놓이는 경우의 세 가지이다. 하지만 대부분의 언어는 주어가 목적어 앞에 온다.[2] 그러므로 세계 언어의 기본 어순은 VSO, SVO와 SOV로 간단히 나타낼 수 있다. 예를 들면 문장의 전형적인 어순이 맨 마지막에 동사가 오는 경우는 SOV(동사후치언어)일 것이다. 한국어와 일본어가 이러한 유형의 언어인데, 다음 문장이 그 예이다.

(12) 철수가 책을 썼다.
　　 哲洙が 本を 書だ.

이것은 이와 다른 어순이 한국어나 일본어에서 일어나지 않는다는 것을 말하는 것이 아니라, 동사가 문장의 맨 뒤로 오는 것이 한국어나 일본어의 전형적인 형태임을 말하는 것이다. 이렇게 보면 영어는 SVO형의 언어라고 말할 수 있는데, 아래의 예와 같이 동사가 일반적으로 주어의 뒤, 목적어의 앞에 놓이기 때문이다.

(13) John wrote a book.

그린버그의 어순유형론이 중요한 이유는 그것이 명사들과 동사의 상대적

---

2. 그러나 언어의 기본어순을 보면, 주어가 목적어 앞에 나오지 않고 목적어 다음에 나오는 언어도 있다. 말라가시어(VOS)가 그 예이다.

인 순서를 설정했다는 것보다는 직접목적어와 동사의 어순이 다른 언어성분의 어순과 밀접한 관계에 있다는 점을 밝혔기 때문이다. 이러한 상관관계 중에서 가장 중요한 것을 살펴보면 다음과 같다.

(ⅰ) 그린버그의 어순 상관관계: 동사와 직접목적어의 순서는 수식어와 피수식어의 순서와 일반적으로 다음과 같은 상관관계가 있다. (a) 만약 직접목적어가 동사 뒤에 나오면 명사를 수식하는 요소는 일반적으로 명사 뒤에 놓이고 동사를 수식하는 요소도 일반적으로 동사 뒤에 놓인다. (b) 만약 목적어가 동사 앞에 나오면 명사를 수식하는 요소는 일반적으로 명사 앞에 놓이고 동사를 수식하는 요소도 동사 앞에 놓인다. 즉 모든 유형의 수식어와 피수식어의 순서는 직접목적어와 동사의 순서와 동일하다.

한 가지만 예를 들면, 한국어에서 직접목적어와 동사의 순서는 OV이다. 따라서 부사는 그것이 수식하는 동사보다 앞에 올 것이라고 예측할 수 있다. (14a)에서 '서울에서'가 동사 앞에 놓여 있는 것을 보면 확실히 이러한 순서로 문장이 구성됨을 알 수 있다. 그러나 영어에서는 목적어가 동사 다음에 나오기 때문에 (14b)와 같이 부사절인 'in Seoul'이 동사 다음에 오게 된다.

(14) a. 철수는 <u>서울에서</u> 영희를 만났다.
     b. John met Mary <u>in Seoul</u>.

수식어와 피수식어에 관한 어순 이외에도, 그린버그는 다른 많은 특징들이 일반적으로 동사와 목적어의 상대적인 위치와 관련되어 있음을 밝혔다. 이러한 상관관계를 <표 2-1>에 요약·정리했다.

<표 2-1> 동사와 목적어의 상대적 위치와 관련된 특징

VO 언어	OV 언어
피수식어/ 수식어	수식어/ 피수식어
동사/ 부사	부사/ 동사
명사/ 형용사[1]	형용사/ 명사
명사/ 관계절	관계절/ 명사
명사/ 소유격(of the box)[2]	소유격/ 명사
그 밖의 상관관계	
조동사/ 동사(can, have)	동사/ 조동사
전치사/ 명사	명사/ 후치사[3]
문말 의문조사가 없다	문말 의문조사가 있다

1) 영어에서는 명사와 형용사의 상관관계가 예외이다. 왜냐하면 'bumpy road'(울퉁불퉁한 길)처럼 형용사가 모두 명사 앞에 오기 때문이다.
2) 영어에서는 이런 상관관계에서 부분적으로 예외가 존재한다. 'the corner of the box'와 같이 소유자가 무생물일 경우를 포함하고 있는 문장에서는 일반적으로 소유격은 피수식어 뒤에 놓인다. 그러나 'the boy's box'처럼 소유자가 생물일 경우에는 소유격은 피수식어 앞에 위치한다.
3) OV언어에서 후치사는 격 접미사이거나 VO언어의 전치사처럼 장소, 소유, 방향 등의 의미관계를 나타낸다.

2.4.2 표준중국어의 어순(Word Order in Mandarin)

표준중국어는 어순에 의해 분류하기 쉬운 언어가 아니다. 그 이유는 세 가지를 들 수 있는데, 각각에 대해서 자세히 살펴보자.

첫째, 표준중국어 문법에서는 주어의 개념을 구조적으로 명확히 정의할 수 없다.

둘째, 표준중국어의 어순은 대부분 문법적 기능의 지배를 받기보다는 의미의 지배를 받는다. 이것은 어느 문장 속의 동사가 그 문장의 가장 앞이나 중간, 가장 뒤 모두에 위치할 수 있음을 의미한다. 그린버그의 이론에 의해 비교적 특징짓기 쉬운 언어들은 어순이 언제나 엄격한 문법적 바탕에 따라 결정된다. 프랑스어와 터키어가 그렇다.

셋째, 표준중국어는 동사가 문장 끝 혹은 가운데 어디에 위치하든, 그린버그가 주장한 동사와 목적어의 순서, 그리고 그것과 상관관계에 있는 그 밖의 특징들과는 일치하지 않는다. 예를 들면 중국어 책을 한 권 정해서 조사해보면, OV 문장보다는 VO 문장이 훨씬 많음을 알 수 있다. 그러나 표준중국어는 수식어가 언제나 피수식어 앞에 오는 OV의 특징을 지닌다.

그러면 표준중국어의 어순을 살펴보면서 이 세 가지 문제에 대해서 더 자세히 고찰해보기로 하자.

앞에서 제기된 첫 번째 문제는 표준중국어에서 주어는 구조적으로 정의할 수 없는 개념이라는 것이었다. 사실 2.3에서 지적하고 있듯이 표준중국어는 주어 부각 언어라기보다는 화제 부각 언어로 보는 것이 타당하다. 왜냐하면 '주어-술어' 관계보다는 '화제-진술' 관계로 문장의 기본구조를 설명하는 것이 더 수월하기 때문이다. 화제와 주어가 모두 포함되어 있는 문장을 보자.

(15) 那 块 田 我 们 加 肥。
　　　저 밭은 우리들이 비료를 준다.
　　　That field (topic), we fertilize.

2.3에서 살펴본 기준에 따라 위의 문장을 보면, '那块田'이 화제이고 '我们'이 주어이며 동사는 '加肥'이다. 동사 '加肥'는 목적어인 '肥'가 한 단어로 독립적으로 쓰일 수 없는(독립적으로 쓰일 수 있는 '비료'라는 뜻을 가진 단어는 '肥料'임) 동사-목적어 복합어(3.2.5 참고)이다. 그린버그가 주장하는 기준에 따라 (15)의 기본어순을 정하기란 확실히 간단한 일이 아니다. 즉 동사-목적어 복합어의 동사 앞에 두 개의 명사가 오게 되면 SOV 혹은 OSV로도 문장을 설명할 수 없다. 첫 번째 명사인 '那块田'을 영어로 해석하면 '加肥'와 동사-목적어 관계에 있는 것으로 나타나지만 중국어에서 '那块田'은 동사 '加肥'의 뒤로 보낼 수 없다. 즉, 첫 번째 문제는, 어순유형론으로는 화

제가 포함되어 있는 문장을 설명할 수 없기 때문에 발생한 것이다.

    표준중국어의 기본어순을 결정하는 데 관련되는 두 번째 문제는, 앞에서 살펴본 바와 같이 중국어에서 동사와 기타 주요 성분 사이의 어순을 결정하는 것은 근본적으로 문법 요소가 아니라 의미 요소라는 점이다. 따라서 화제, 주어, 목적어가 동사 앞에 위치하면 그것은 한정적(definite)임을 의미한다. 즉 이러한 화제, 주어, 목적어는 화자와 청자가 이미 알고 있는 상황이다. 또한 어떤 부사적 표현들은 동사 앞에 위치하느냐 아니면 뒤에 위치하느냐에 따라 의미가 달라진다.

    위의 두 가지를 간단히 설명하겠다. 먼저 한정성(4.2.5 참고)에 대해서 살펴보자. 한정성은 화제, 주어, 그리고 동사의 앞에 위치한 목적어와 같이 그 위치에 의해 부분적으로 표시된다. (15)와 같이 화제는 한정적이며 동사의 앞쪽에 위치한다. 하지만 주어나 목적어는 동사의 앞과 뒤에 모두 올 수 있다. 먼저 주어에 대해서 살펴보면 (16b)에서와 같이 제시문(Presentive Sentence, 제17장 참고)에서는 주어가 동사 뒤에 올 수도 있음을 알 수 있다.

(16) a. 人 来 了。[3]
        (그) 사람(들)이 왔다.
    b. 来 了 人 了。
        (어떤) 사람(들)이 왔다.

    (16a)는 '당신과 내가 기대했던 그 사람(들)이 왔다'라고 해석하는 것이 가장 적합하다. 즉 주어가 동사 앞에 위치할 때는 한정적(화자와 청자가 모두 알고 있는 상황)으로 해석되고, (16b)처럼 주어가 동사 뒤에 위치할 때는 비한정적(적어도 청자가 모르는 상황)이기 때문에 '어떤 사람(들)'로 해석된다.

    대개는 목적어의 경우도 이와 동일하다. (17a)에서 목적어가 동사의 뒤에

---

3. '了'의 용법(완료의 '了'와 상태변화의 '了')에 대해서는 제6장과 7장을 참고할 것.

오면 비한정적인 것으로 해석되며, (17b)-(17d)⁴처럼 목적어가 동사 앞에 오는 경우에는 한정적인 것으로 해석된다.

(17) a. 我 在 买 书 呢。
　　　　나는 책을 사는 중이야.
　　b. 我 把 书 买 了。
　　　　나는 (그) 책을 샀어.
　　c. 书 我 买 了。
　　　　(그) 책은 내가 샀어.
　　d. 我 书 买 了。
　　　　나는 (그) 책을 샀어.

(4.3.1.B에서 동사에 선행하는 요소의 어순에 대해 상세히 다루겠다.)

둘째, 부사적 표현과 동사의 위치에 따른 의미상의 차이를 설명하기 위해 시간구와 처소구를 살펴보자.⁵

A. 시간구(Time Phrases)

동사의 앞에 위치하는 시간구는 일반적으로 한 시점을 의미하며, 동사의 뒤에 위치하는 시간구는 지속되는 시간을 의미한다(부사에 대해서는 제8장을 참고).

(18) a. 我 三 点 钟 开 会。
　　　　나는 세 시에 회의를 한다.
　　b. *我 开 会 三 点 钟。

---

4. 더 자세한 것은 Mullie(1932), Chao(1968: 76), Li(1971), Tai(1973, 1978), Li and Thompson(1975a, 1978a), Teng(1975a, 1979a)과 Light(1979)를 참고할 것.
5. 더 자세한 것은 Tai(1973), Huang(1978)과 Light(1979)를 참고할 것.

(19) a. 我 睡 了 三 个 钟 头。
    나는 세 시간 동안 잠을 잤다.
   b. *我 三 个 钟 头 睡 了。

복합동사(compound verb) '开会'가 쓰인 (18)은 어느 한 시점에 일어나는 사건이다. 따라서 (18a)처럼 시간구가 동사 앞에 놓이면 어법에 맞지만, (18b)처럼 똑같은 시간구가 동사 뒤에 놓이면 문법에 맞지 않게 된다. (19)는 잠자는 시간의 지속을 의미하기 때문에 위와는 반대의 논리가 성립한다. 즉 시간구는 '睡'의 뒤에 놓여야 한다.

B. 처소구(Locative Phrases)

일반적으로 동사 앞에 위치하는 처소구는 동작이 이루어지는 장소를 의미하며, 동사 뒤에 오는 처소구는 동작의 결과로 사람 혹은 사물이 위치하는 장소를 뜻한다(처소구와 방향구에 대해서는 제11장을 참고).

(20) a. 他 在 桌 子 上 跳。
    그는 탁자 위에서 뛰고 있어.
   b. 他 跳 在 桌 子 上。
    그는 탁자 위로 뛰었다.
   c. 他 在 桌 子 上 写。
    그는 탁자 위에서 (글을) 쓴다.
   d. 他 写 在 桌 子 上。
    그는 탁자 위에 (글을) 쓴다.

(20a)와 (20c)에서는 처소구가 동사 앞에 놓여 있기 때문에 동작이 행해지고 있는 장소를 가리키며, (20b)와 (20d)는 처소구가 동사 뒤에 놓여 있기 때문에

<표 2-2> 표준중국어의 SVO 언어적 특징과 SOV 언어적 특징

SVO 언어적 특징	SOV 언어적 특징
· SVO 형식의 문장이 있다 · 전치사가 있다 · 조동사가 동사 앞에 놓인다 · 복문의 어순은 거의 모두 SVO이다	· SOV 형식의 문장이 있다 · 후치사가 있다 · 후치사구가 동사 앞에 놓인다 (시간구, 처소구는 제외) · 관계절은 피수식명사 앞에 놓인다 · 소유구는 피수식 명사 앞에 놓인다 · 상을 표시하는 접미사는 동사 다음에 온다 · 어떤 부사는 동사 앞에 온다

동작의 결과로 사람 혹은 사물이 위치하는 장소를 나타낸다는 것을 알 수 있다.

이상의 논의는 동사에 대한 명사구의 어순에 의미적 요인이 얼마나 영향을 많이 미치는지 말해준다. 이처럼 표준중국어에는 의미적 요인이 어순에 직접 영향력을 행사하기 때문에 기본어순을 확정하는 것이 매우 어려울 수밖에 없다.

어순에 대한 논의를 끝내기 전에 만약 우리가 표준중국어의 기본어순으로서 VO나 OV 중 어느 하나를 우리의 입장으로 선택할 경우 어떤 일이 발생하는지 살펴보자. 대부분의 언어학자들이 합리적이라고 여기고 있는 주어와 목적어 간의 기본적이고 실용적인 관계는, 주어는 한정되고 목적어는 한정되지 않은 관계일 것이다. 이 기준에 따르면 주어와 목적어가 있는 문장의 경우, 표준중국어의 기본어순은 SVO일 것이다. 중국어 책을 임의로 정해서 조사해보면, SOV보다는 SVO 문장이 더 많고 대부분의 복문에서 주어가 동사보다 앞에 온다는 사실로부터 SVO가 기본어순임을 확인할 수 있다.

그러나 우리는 이 기준을 적용해 얻어낸 결과에 결코 만족할 수 없다. 왜냐하면 우리는 여전히 표준중국어의 어순을 결정하는 데서 야기되는 세 번째 문제, 즉 그린버그의 학설에 의하면 다른 성분의 어순상의 특징이 직접목적어와 동사의 어순과 상관관계에 있다는 문제에 직면하기 때문이다. 표준중국어는 SVO와 SOV 언어의 특징을 모두 가지고 있으며, 특히 SOV 언어의 특징을 더 많이 지니고 있다. <표 2-2>는 표준중국어가 갖고 있는 SOV와 SVO의 특징을 정리한 것이다.

다음에 열거한 것은 SVO 언어적 특징을 보여주는 예문이다.

(ⅰ) SVO 형식의 문장이 있다.

(21) 我 喜 欢 他。
　　 나는 그를 좋아해.

(ⅱ) 전치사가 있다.

(22) 他 从 中 国 来 了。
　　 그는 중국에서 왔다.

(ⅲ) 조동사는 동사 앞에 놓인다.

(23) 他 能 说 中 国 话。
　　 그는 중국어를 할 수 있다.

(ⅳ) 복문의 어순은 거의 모두 SVO이다.

(24) 我 听 说 你 买 了 他 的 书 店。
　　 듣자 하니 네가 그의 서점을 샀다더구나.

다음은 SOV 언어적 특징을 보여주는 예문이다.

(ⅰ) SOV 형식의 문장이 있다.

(25) 张三把他骂了。
　　　장싼은 그를 꾸짖었다.

　(ⅱ) 전치사구는 동사 앞에 놓이며, 후치사가 존재한다('里'와 같은 처소사를 후치사로 본다면).

(26) 他在厨房里炒饭。
　　　그는 주방에서 밥을 볶는다.

　(ⅲ) 관계절은 피수식명사 앞에 온다(제20장을 참고). 또한 소유구도 피수식명사 앞에 놓인다.

(27) 会讲国语的那个小孩是我的儿子。
　　　중국어를 말할 줄 아는 저 아이는 내 아들이다.

　(ⅳ) 상표지는 동사 다음에 온다.

(28) 我去过台北。
　　　나는 타이베이에 가본 적이 있다.

　(ⅴ) 어떤 부사어는 동사 앞에 온다.

(29) 他满不在乎。
　　　그는 전혀 개의치 않아.
(30) 你慢慢地吃。
　　　천천히 먹어.

따라서 표준중국어는 SOV의 특징뿐 아니라 SVO의 특징도 많이 지니고 있는 언어이다.

최근의 연구에서 표준중국어는 중국의 다른 방언보다 SOV의 특징을 훨씬 많이 지니고 있음이 밝혀졌다. 이것은 표준중국어가 중국의 다른 방언과는 달리 점차 SVO 언어로부터 SOV 언어로 변해가고 있음을 말해준다.[6] 만약에 표준중국어가 정말로 SOV 언어로 변해가는 과정에 있다면, 이것을 통해 우리는 표준중국어가 왜 SVO와 SOV의 특징을 모두 지니고 있는지를 설명할 수 있게 된다. 표준중국어가 문법적인 면에서 점차 변해가고 있다는 것이 무엇을 의미하는지는 뒤에서 다시 언급하겠다.

지금까지 어순에 대해 자세히 살펴보았다. 그 이유는 어순이 가장 중요한 유형론적 특징이고 한국어(동사가 문장의 끝에 옴), 타일랜드어(동사가 문장의 가운데에 옴)와 Berber어(동사가 문장의 앞에 옴)와 같이 세계 언어들의 중요한 차이점을 언급할 때 매우 유용한 기준이 되어왔기 때문이다. 그러나 위에서 언급한 세 가지 이유 때문에 "표준중국어의 기본어순은 무엇인가?"라는 질문에 대해서는 대답하기 어렵다는 것도 알게 되었다. 세계의 언어 가운데는 VSO 언어도 있고, SVO 언어, SOV 언어도 있으며, 기본어순을 확정할 수 없는 언어도 있다. 표준중국어는 마지막 범주에 속하는 언어인 것 같다.

---

6. 특히 Li and Thompson(1974a, 1974b, 1974c)과 Hashimoto(1976)를 참고할 것.

제3장
단어의 구조(Word Structure)

3.1 형태론적 결합방식(Morphological Process)

형태론은 단어의 내부구조와 관계가 있다.[1] 단어의 내부구조는 언어에서 최소의 의미 요소인 형태소(morpheme)라는 용어로 기술된다. 만일 하나의 단어가 하나의 형태소만으로 이루어져 있다면 그 내부구조는 단지 소리, 즉 음운 단위의 연속일 뿐이며 그 결합방식도 음운론적 규칙을 따를 것이다. 반면에 만일 하나의 단어가 두 개 이상의 형태소로 구성되어 있다면, 단어의 내부구조는 더욱 복잡해지고 흥미로운 문제들이 많이 나타날 것이다. 예컨대 단어를 구성하는 형태소의 본질은 무엇인가? 그것이 독립형태소인가(그것이 단어로서 독립적으로 쓰일 수 있는가)? 만일 그것이 독립형태소가 아니라면 그것은 접사(接辞 : 접미사, 접두사, 접요사)인가? 형태소가 단어를 이루기 위해 결합되면서 음성적인 형태나 의미가 변화되는가? 이러한 관점에서 볼 때 '拉长'(당기다-길다=당겨서 길게 만들다), '风车'(바람-수레=풍차), '热心'(뜨겁다-마음=열심인), '早晚'(이르다-늦다=조만간) 등과 같은 중국어 복합

---
1. 이 장에서 논의한 것은 대부분 Lu(1965), Chao(1968), Kratochvil(1968)과 Benjamin T'sou의 미간행 논문에서 발췌했다.

어가 형태론적 영역에 속한다는 것은 명백하다. 사실 복합어는 중국어 문법에서 광범위하고도 중요한 영역에 속하는 문제이다. 그것에 대해서는 3.2에서 다룰 것이다. 다음 절에서는 두 가지 형태론적 결합방식, 중첩(reduplication)과 접사의 부가(affixation)에 대해 살펴보겠다.

3.1.1 중첩(Reduplication)

형태론적 결합방식으로서의 중첩이란, 형태소가 반복되어 새로운 단어를 형성하는 것이다.² 중첩되어 새로 생성된 단어는 의미적으로나 통사적으로 원래의 형태소와 구별된다. 예를 들어 6.4에서는 의지동사(volitional verb)가 잠시상(暫时相 diminutive aspect)을 나타내기 위해 중첩될 수 있다고 말하고 있다. 동작을 나타내는 동사를 중첩시키면 행위자가 어떤 일을 '좀' 행하고 있다는 것을 나타낸다.

(1) a. 请你尝这个菜。
　　　이 음식 맛을 보세요.
　　b. 请你尝尝这个菜。
　　　이 음식 맛 좀 보세요.

보통 중첩된 동사는 동사의 특성을, 중첩된 형용사는 형용사의 특성을 유지한다. 음운적 측면에서 볼 때 단음절 형태소에서만 중첩 효과가 일관되게 나타난다. 중첩되는 형태소가 단음절일 때, 두 번째 음절은 경성으로 발음된다. (1b)의 '尝尝'이 그 예이다.³

---

2. 이 부분은 Tsang Chui-lim의 미간행 논문에서 도움을 얻었다. 상세한 논의에 대해서는 Wang(1947)을 참고할 것.
3. 단음절 형태소가 제3성이면 중첩형의 두 번째 음절이 경성이라도 성조변화규칙이 적용된다. 따라서 첫 번째 음절의 제3성은 제2성이 된다(제1장의 성조변화에 관한 논의를 참고할 것).

다음의 각 절에서 중첩의 다양한 형태에 대해 소개하겠다.

A. 의지동사의 중첩

위에서 말한 바와 같이, 의지동사가 중첩되면 행위자가 어떤 일을 '좀' 한다는 의미를 나타낸다. 그러나 형용사(容易: 쉽다), 동보복합어(打哭: 때리다-울다=때려서 울리다) 및 비의지동사(忘: 잊다)는 절대로 잠시상을 나타내기 위해 중첩될 수 없다.

(2) 教教 : 가르치다-가르치다=좀 가르치다
    说说 : 말하다-말하다=좀 말하다
    歇歇 : 쉬다-쉬다=좀 쉬다
    背背 : 외우다-외우다=좀 외우다
    走走 : 걷다-걷다=좀 걷다
    磨磨 : 갈다-갈다=좀 갈다

또한 단음절의 의지동사가 중첩되어 잠시상을 나타낼 때, 형태소 '一'는 중첩된 동사 사이에 아무런 의미변화 없이 쓰일 수 있다. 따라서 (2)의 형태에 '一'를 삽입할 수 있다. 예를 들면, '教一教'(가르치다-하나-가르치다=좀 가르치다), '歇一歇'(쉬다-하나-쉬다=좀 쉬다), '走一走'(걷다-하나-걷다=좀 걷다), '磨一磨'(갈다-하나-갈다=좀 갈다) 등이다. '一'를 삽입할 때 발생하는 음운 효과를 보면, 중첩된 음절은 본래의 성조로 읽히는 반면 '一'는 항상 경성으로 발음된다. 또한 통사적인 면을 보면 '一'와 중첩된 음절은 동사 뒤에 오는 부사구(postverbal adverbial phrase)와 같은 기능을 한다 (더 상세한 논의는 6.4 참고).

2음절 동사 중에는 중첩할 수 있는 것도 있고 중첩할 수 없는 것도 있다. 의지동사가 2음절일 때, 중첩된 동사에는 음운상의 변화가 일어나지 않는다.

(3) 请教请教 : 여쭈다-여쭈다=좀 여쭈다(공손한 표현)
    讨论讨论 : 토론하다-토론하다=좀 토론하다
    麻烦麻烦 : 폐를 끼치다-폐를 끼치다=좀 폐를 끼치다
    批评批评 : 비판하다-비판하다=좀 비판하다
    研究研究 : 연구하다-연구하다=좀 연구하다
    注意注意 : 주의하다-주의하다=좀 주의하다
    考虑考虑 : 고려하다-고려하다=좀 고려하다

비록 2음절 동사가 중첩될 수는 있지만, 대개의 경우 중첩될 때 '一'를 수반할 수 없다. 예를 들면, '讨论讨论'이라고 쓸 수는 있어도 '*讨论一讨论'이라고 쓸 수는 없다.

(4) *我们讨论一讨论这个问题。

'问'(묻다)/'讯问'(xúnwèn 묻다), '找'(찾다)/'寻找'(xúnzhǎo 찾다), '骂'(욕하다)/'咒骂'(zhòumà 욕하다)와 같이 의미는 같지만 음절수가 다른 일군의 동사들이 있는데, 이들의 경우 중첩 양상이 어떻게 나타나는지 살펴보자. 일반적으로 단음절 동사들은 모두 중첩되어 잠시상의 의미를 나타낼 수 있지만 2음절 동사들은 중첩 사용이 불가능하다.

(5) a. 你骂(一)骂他们。
    그들을 좀 꾸짖어라.
    b. *你咒骂咒骂他们。
(6) a. 你问(一)问他。
    그에게 좀 물어보아라.
    b. *你询问询问他。
(7) a. 我们找(一)找人。
    우리들은 사람을 좀 찾는다.

b. *我们 寻找寻找 人。

만약 의지동사가 분리될 수 있는 동목복합어(3.2.5 참고)†이면, 첫 번째 성분인 동목복합어의 동사만 중첩되며 이때 중첩된 동사의 두 번째 음절은 경성으로 발음된다.

(8) 睡觉(잠자다) : 睡睡觉(잠을 좀 자다)
    打猎(사냥하다) : 打打猎(사냥을 좀 하다)
    洗澡(목욕하다) : 洗洗澡(목욕을 좀 하다)
    跳舞(춤을 추다) : 跳跳舞(춤을 좀 추다)
    鞠躬(인사하다) : 鞠鞠躬(인사를 좀 하다)

만약 의지동사가 분리될 수 없는 동목복합어이면 그 복합어는 전체가 중첩되어 잠시상을 나타낸다.

(9) 小心(조심하다) : 小心小心(좀 조심하다)
    效劳(봉사하다) : 效劳效劳(좀 봉사하다)
    咳嗽(기침하다) : 咳嗽咳嗽(기침을 좀 하다)

B. 형용사의 중첩

형용사는 중첩되어 명사 수식어가 되거나 동사를 수식하는 양태부사(manner adverb)가 된다. 중첩되어 명사 수식어가 되면 그 형용사가 갖고 있는 본래의 뜻을 더욱 생동감 있게 나타내는 효과를 갖는다. 그러므로 (10a)와 (10b)의 의미적 차이는 (10b)가 명사를 더 생동감 있게 묘사하고 있다는 점이다.

---

† 동목복합어는 동사와 목적어가 합해져서 이루어진 복합어를 말한다.

(10) a. 红 的 花
　　　　붉은 꽃
　　b. 红 红 的 花
　　　　새빨간 꽃

또한 형용사가 중첩되어 양태부사로 쓰일 수도 있다(제8장 참고).

(11) 他 慢 慢 地 滚。
　　　그는 천천히 굴렀다.
(12) 我 们 舒 舒 服 服 地 躺 在 那 儿。
　　　우리들은 편안하게 거기에 누웠다.

형용사가 2음절인 경우에는 각각의 음절을 중첩한다. (13)의 예를 보자.

(13) 快乐(즐겁다) : 快快乐乐(매우 즐겁다)
　　 舒服(편안하다) : 舒舒服服(매우 편안하다)
　　 乾净(깨끗하다) : 乾乾净净(매우 깨끗하다)
　　 清楚(분명하다) : 清清楚楚(매우 분명하다)
　　 糊涂(멍청하다) : 糊糊涂涂(매우 멍청하다)
　　 整齐(가지런하다) : 整整齐齐(매우 가지런하다)
　　 普通(일반적이다) : 普普通通(매우 일반적이다)

이러한 형태의 중첩에서 두 번째 음절은 강세가 오지 않고 경성으로 발음된다.
　주의해야 할 점은 모든 형용사가 중첩될 수 있는 것은 아니라는 사실이다. 그러나 형용사를 중첩할 수 있는지의 여부를 결정짓는 규칙은 없는 것 같다. 다음에서 비교해보자.

(14) 长(길다) : 长长　　　　　红(붉다) : 红红
　　　胖(살찌다) : 胖胖　　　　瘦(여위다) : *瘦瘦
　　　圆(둥글다) : 圆圆　　　　方(네모지다) : 方方
　　　静(조용하다) : 静静　　　吵(시끄럽다) : *吵吵
　　　简单(간단하다) : 简简单单　复杂(복잡하다) : *复复杂杂
　　　诚实(성실하다) : 诚诚实实　狡猾(교활하다) : *狡狡猾猾
　　　规矩(예절바르다) : 规规矩矩　野蛮(야만스럽다) : *野野蛮蛮
　　　粉红(분홍색이다) : *粉粉红红　平凡(평범하다) : 平平凡凡
　　　重要(중요하다) : *重重要要

일반적으로 중첩될 수 없는 것으로는 단음절 형용사보다 2음절 형용사가 더 많다. 다음의 예들은 중첩될 수 없는 2음절 형용사이다.

(15) 容易(쉽다) : *容容易易　　　困难(어렵다) : *困困难难
　　　友善(친하다) : *友友善善　　透明(투명하다) : *透透明明
　　　丑陋(추하다) : *丑丑陋陋　　肥沃(비옥하다) : *肥肥沃沃
　　　美丽(아름답다) : *美美丽丽　伟大(위대하다) : *伟伟大大
　　　严重(심각하다) : *严严重重　肤浅(피상적이다) : *肤肤浅浅
　　　方便(편리하다) : *方方便便　优雅(우아하다) : *优优雅雅
　　　腐败(부패하다) : *腐腐败败　愚笨(어리석다) : *愚愚笨笨
　　　贤明(현명하다) : *贤贤明明　贫穷(빈궁하다) : *贫贫穷穷
　　　乾燥(건조하다) : *乾乾燥燥　潮湿(축축하다) : *潮潮湿湿
　　　显明(명백하다) : *显显明明　重要(중요하다) : *重重要要
　　　性感(관능적이다) : *性性感感　具体(구체적이다) : *具具体体
　　　抽象(추상적이다) : *抽抽象象　基本(기본적이다) : *基基本本

C. 양사(Measure Word)의 중첩

양사(4.2.1 참고)가 중첩되면 '모든'(every)의 의미를 갖는다. 예를 들면, '磅'(bàng 파운드)은 양사이다. 그 중첩된 형태인 '磅磅'은 '매 파운드마다'(every pound)라는 의미를 갖는다.

(16) 磅 磅 肉 都 要 查。
고기를 매 파운드마다 모두 검사해야 한다.

공시적으로나 통시적으로 대부분의 분류사(classifier, 4.2.1 참고)는 양사이기 때문에 중첩되면 '모든'의 뜻을 나타낸다.

(17) a. 条条新闻 : 모든 소식('条'는 '一条新闻'처럼 '新闻'에 대한 분류사임)
b. 个个人 : 모든 사람('个'는 '人'에 대한 분류사임)
c. 份份报纸 : 모든 신문('份'은 '报纸'에 대한 분류사임)
d. 座座山 : 모든 산('座'는 '山'에 대한 분류사임)
e. 件件衣服 : 모든 옷('件'은 '衣服'에 대한 분류사임)
f. 棵棵树 : 모든 나무('棵'는 '树'에 대한 분류사임)
g. 门门炮 : 모든 대포('门'은 '炮'에 대한 분류사임)
h. 张张纸 : 모든 종이('张'은 '纸'에 대한 분류사임)
i. 篇篇文章 : 모든 글('篇'은 '文章'에 대한 분류사임)

절대 다수의 단음절 양사는 모두 중첩해서 '모든'의 뜻을 나타내지만, 다음절 양사는 중첩할 수 없다. 예를 들면, '公里'(km), '加仑'(jiālún, gallon), '星期'(주), '罐子'(guànzi 항아리)는 모두 중첩할 수 없다.

또한 몇몇 단음절 분류사나 양사도 중첩할 수 없다. 예를 들면 (18)에서처럼 시간을 나타내는 양사인 '天'(날)과 '年'(해)은 중첩될 수 있지만, (19)의

'月'(달)과 '秒'(초)는 중첩될 수 없다.

(18) 天天 : 매일   年年 : 매년
(19) *月月   *秒秒

방언에 따라 일부 단음절 분류사를 중첩하면 이상하게 들릴 수도 있고 자연스럽게 들릴 수도 있다. 예를 들면 '只'는 동물에 대한 분류사인데, 표준중국어에서는 (20)이 이상하게 들리지만 광둥어에서는 대단히 자연스럽게 사용된다. 그러므로 (20)은 일부 방언에서는 자연스럽게 쓰일 수도 있다.

(20) *只只鸡 : 모든 닭

D. 친족어(Kinship Term)의 중첩

친족어 중에서 상당수는 중첩할 수 있다. 그러나 이런 친족어 가운데 중첩할 수 있는 형태소는 대부분 독립적인 단어로서 쓰일 수 없는 의존형태소이다. 유일한 예외는 '爸'(아버지)와 '妈'(어머니)이다. 의존형태소에 속하는 친족어는 다른 형태소와 합쳐져 호칭으로 쓰이기도 한다. 예를 들면 '大姐'는 '큰누나, 큰언니'의 뜻을 가진 호칭이다. 그러나 일반적으로 '누나, 언니'를 나타내는 호칭으로는 '姐姐'를 많이 쓴다. 2음절 친족어는 중첩할 수 없다. 예를 들면 '祖父'(할아버지), '表哥'(외사촌, 이종사촌형), '表妹'(외사촌, 고종사촌, 이종사촌여동생), '堂弟'(사촌동생), '侄女'(zhínǚ 질녀), '外甥'(wàisheng 생질), '孙子'(손자), '妹夫'(매부), '女婿'(nǚxu 사위) 등이 이에 해당한다.

다음의 예는 중첩해서 사용하는 친족어이다.

(21) 爸爸 : 아버지   妈妈 : 어머니
     哥哥 : 형, 오빠   弟弟 : 남동생

姐姐 : 누나, 언니   妹妹 : 여동생
爷爷 : 할아버지   奶奶 : 할머니
伯伯 : 백부(아버지의 형)   叔叔 : 숙부(아버지의 남동생)
姑姑 : 고모   舅舅 : 외삼촌
婆婆 : 시어머니   公公 : 시아버지
姥姥 : 외할머니

E. 기타 중첩어

일부 용어들은 중첩된 형태만 쓰인다. 예를 들면 '毛毛雨'(보슬비)는 쓰이지만 이에 대응되는 '*毛雨'는 쓰이지 않는다. '叮当叮当'과 같은 의성어도 이에 해당한다.

(22) 毛毛雨 : 보슬비   零零碎碎的东西 : 자질구레한 물건
    冷冰冰 : 차갑다   叮当叮当 : 벨 울리는 소리
    刚刚 : 방금   绷绷脆 : 바삭바삭하다
    常常 : 종종   偏偏 : 기어코, 한사코

3.1.2 접사의 부가(Affixation)

접사는 다른 형태소에 붙어 더 큰 단위를 파생시키는 의존형태소이다. 접사는 일반적으로 수나 상 등을 나타내는 문법형태소로 쓰인다. 인도-유럽어와 비교하면 중국어에는 접사가 매우 적은 편이다. 중국어에 접사가 매우 적다는 사실은 중국어가 고립어라는 유형론적 특성을 설명해준다(제2장 참고). 접두사, 접미사, 접요사의 세 가지 접사 가운데 접두사나 접요사보다는 접미사가 비교적 많이 쓰인다.

A. 접두사(Prefix)

형태소의 앞에 부가되는 접사를 접두사라고 한다. 중국어에는 접두사가 몇 개밖에 없다.

A.1 老-/ 小-
'老-'나 '小-'는 전형적으로 성(姓)의 앞에 붙어서 애칭으로 쓰인다. '老-'나 '小-'가 성과 함께 쓰일 때, 예를 들어 '张'이 '老张'이나 '小张'으로 쓰일 때, '老张'과 '小张'은 의미상 약간의 차이가 있다. 둘 다 친근함을 나타내는 애칭으로 쓰이지만, 적어도 일부 화자는 '小张'보다는 '老张'을 더 경칭으로 받아들인다. 이러한 미묘한 의미상의 차이는 형용사 '老'와 '小'의 의미로부터 비롯된다. 또한 '老-'는 숫자의 앞에 붙어 자녀들의 순서를 나타낸다. 예를 들면 '老二'(둘째아이), '老五'(다섯째아이) 등과 같이 쓰인다. 그러나 가장 나이가 많은 아이는 '老大'로 쓴다.[4]

A.2 第-
이 접두사가 숫자 앞에 붙으면 서수가 된다. 예를 들면 '第一'(첫 번째), '第六'(여섯 번째), '第一万'(만 번째) 등으로 쓰인다.

A.3 初-
이 접두사는 1부터 10까지의 숫자 앞에 붙어서 음력 초순의 날짜를 표시한다. 예를 들면 '初二'(음력 초이틀), '初十'(음력 초열흘) 등이 있다. 또한 '初一', '初二', '初三'은 중등교육과정의 학년을 나타내기도 한다.

단어에 접두사가 붙으면 복합어로 볼 수도 있고 접두사를 포함하는 하나의 단어로 볼 수도 있는 것들이 있다. 우리는 이들을 하나의 단어로 보겠다.

---

4. '老'는 '老虎', '老鼠', '老鹰'과 같이 몇 가지 동물 용어에 쓰인다. 그러나 이러한 용어에서 '老'는 독립적인 의미를 전혀 가지고 있지 않다.

A.4 可-

'可-'는 동사 앞에 붙어서 형용사를 파생시킨다. '可'는 '~할 만하다'의 의미를 갖는다. 다음 예를 보자.

(23) 可爱 : 사랑스럽다(爱=사랑하다)   可笑 : 우습다(笑=웃다)
    可靠 : 믿을 만하다(靠=기대다)   可口 : 맛있다(口=입)
    可信 : 믿을 만하다(信=믿다)   可能 : 가능하다(能=할 수 있다)
    可吃 : 먹을 만하다(吃=먹다)   可怕 : 무섭다(怕=무서워하다)

'可-'의 뒤에 오는 일부 동사는 독립형태소가 아닐뿐더러 의미도 이미 숙어화되었기 때문에, 이러한 관용어에 쓰인 '可-'는 오직 어원적 의미에서만 접사이다.

(24) 可惜 : 애석하다
    可见 : ~을/를 알 수 있다
    可怜 : 불쌍하다

A.5 好-/ 难-

접두사 '好-', '难-'은 의미가 반대이다. 독립형태소로 쓰인 '好'는 '좋다'를 의미하고, '难'은 '어렵다'를 의미한다. 접두사로 쓰이면 '好'와 '难'은 동일한 동사의 앞에 부가되어 각각 형용사를 파생시킨다. 다음 예를 보자.

(25) 看 : 보다
    好看 : (좋다-보다) 보기 좋다, 아름답다
    难看 : (어렵다-보다) 추하다
   闻 : 냄새를 맡다
    好闻 : (좋다-냄새를 맡다) 냄새가 좋다, 향기롭다

　　　　难闻 : (어렵다-냄새를 맡다) 냄새가 나쁘다
　听 : 듣다
　　　　好听 : (좋다-듣다) 듣기 좋다
　　　　难听 : (어렵다-듣다) 듣기 싫다
　受 : 참다
　　　　好受 : (좋다-참다) 편안하다
　　　　难受 : (어렵다-참다) 아프다, 불편하다, 괴롭다
　说 : 말하다
　　　　好说 : (좋다-말하다) 말하기 쉽다
　　　　难说 : (어렵다-말하다) 말하기 어렵다
　用 : 사용하다
　　　　好用 : (좋다-사용하다) 사용하기 쉽다
　　　　难用 : (어렵다-사용하다) 사용하기 어렵다
　吃 : 먹다
　　　　好吃 : (좋다-먹다) 맛있다
　　　　难吃 : (어렵다-먹다) 맛없다, 먹기 나쁘다

B. 접요사(Infix)

　접요사는 단어 중간에 삽입되어 새로운 단어를 파생시키는 의존형태소이다. 중국어에서 접요사는 항상 동보복합어(resultative verb compound)에만 쓰인다. 중국어의 접요사는 '-得-'와 '-不-'가 있는데, 이 두 접요사는 동보복합어에서 가능의 의미를 나타내므로 가능접요사(potential infix)라고도 한다. (26)의 예를 보자.

　(26) 说得清楚 : (말하다-얻다-분명하다) 분명히 말할 수 있다
　　　 说不清楚 : (말하다-아니다-분명하다) 분명히 말할 수 없다

동보복합어는 3.2.3에서 상세히 논하겠다.

C. 접미사(Suffix)

형태소의 뒤에 붙는 접사를 접미사라고 한다. 중국어에는 접두사나 접요사보다는 접미사가 더 많다. 가장 많이 쓰이는 접미사로는 상표지(aspect marker)인 '了'(완료), '着'(지속), '过'(경험) 등이 있다. 상표지(제6장 참고)는 중국어 문법에서 중요하고도 복잡한 문제를 내포하고 있다. 접미사로 쓰이는 다른 문법형태소로는 소유격표지(possessive/genitive marker)인 '-的'(4.2 참고)와 양태부사표지(manner adverb marker)인 '-地'(8.2.1 참고)가 있다. 이 절에서는 이들을 제외한 그 밖의 접미사에 대해 논하겠다.

C.1 -儿

중국어에서 권설음화 접미사(retroflex suffix)인 '-儿'은 단독으로 하나의 음절을 구성하지 못하는 유일한 접미사이다. 이것은 다른 음절의 뒤에 붙어서 권설음으로 끝나는 새로운 음절을 파생시킨다.

(27) 鸟 + 儿 : 鸟儿(새)　　(niǎo + er → niǎor)
　　 根 + 儿 : 根儿(뿌리)　(gēn + er → gēr)
　　 鬼 + 儿 : 鬼儿(귀신)　(guǐ + er → guǐr)

권설모음화(儿韵化) 현상에 대해서는 Y.R.Chao(赵元任)의 *Grammar of Spoken Chinese*(1968)에 상세히 논의되어 있다. 표준중국어 사용지역 내에서 권설모음화는 각 방언에 따라 그 사용범위와 빈도가 각기 다른데, 특히 베이징방언에서 사용빈도가 높다.

어원적으로 보면 '-儿'은 명사 뒤에 붙는, '작다'는 의미를 나타내는 지소접미사(diminutive suffix)이다. 그러나 표준중국어에서는 이미 이러한 의미가 없어졌다. 또한 베이징방언에서는 그 사용범위가 확장되어 일부 처소사, 시간사, 동사, 분류사/양사 뒤에 붙기도 한다.

(28) 처소사 : 这儿(여기)   那儿(저기)
    동사 : 玩儿(놀다)   火儿(화내다)
    시간사 : 今儿(오늘)   明儿(내일)
    분류사/양사 : 本儿(책, 앨범 따위를 세는 분류사), 片儿(조각)

'-儿'은 기본적으로 명사 뒤에 붙는 접미사로서 단음절 명사와는 자유로이 결합하지만 복합어인 명사와는 자유롭게 결합하지 않는다. 현재 '-儿'은 중국의 보통화(普通话)나 타이완의 국어(国语)보다는 베이징 방언에서 더 보편적으로 사용된다.

C.2 -们

접미사 '-们'은 사람을 나타내는 명사나 대명사 뒤에 붙어서 복수를 나타내며, 경성으로 발음된다.[5] '-们'은 일반적으로 명사의 복수형을 강조할 필요가 있을 때만 쓰인다.

(29) 老师们 : 선생님들   学生们 : 학생들
    朋友们 : 친구들   同胞们 : 동포들
    兄弟们 : 형제들   姐妹们 : 자매들

사람을 나타내는 단음절 명사에는 '-们'을 부가할 수 없다. 예를 들어 다음과 같은 말은 쓰이지 않는다.

---

5. 그러나 일부 방언에서는 접미사 -们이 무생물을 포함해 사람이 아닌 명사와도 결합할 수 있다는 보고가 있다.

(30) *贼们   *官们   *兵们†6

또한 접미사 '-们'은 대명사에 붙어 복수를 나타낼 수도 있다.

(31) 我们 : 우리들   你们 : 너희들   他们 : 그들

C.3 -学
'-学'는 단어 뒤에 붙어 '~学'이란 의미의 학문명을 나타낸다.

(32) 动物学 : 동물학   心理学 : 심리학   生物学 : 생물학
     地质学 : 지질학   社会学 : 사회학   物理学 : 물리학
     化 学 : 화학   历史学 : 역사학   植物学 : 식물학
     言语学 : 언어학   文 学 : 문학   医 学 : 의학
     哲 学 : 철학   工程学 : 공학   经济学 : 경제학

C.4 -家
접미사 '-家'는 단어 뒤에 붙어서 '~家'란 뜻으로 해당 분야의 전문가를 나타낸다.

(33) 科学家 : 과학자   运动家 : 운동선수   理论家 : 이론가
     政治家 : 정치가   作 家 : 작가   小说家 : 소설가
     物理学家 : 물리학자

C.5 -化
접미사 '-化'는 명사나 형용사에 부가되어 전체를 동사로 만들고 '~화하

---

† 그러나 '人'은 '人们'으로 쓸 수 있다.

다'라는 의미를 나타낸다.

(34) 酸 化 : 산화하다   美 化 : 미국화하다
    工业化 : 공업화하다   机械化 : 기계화하다
    同 化 : 동화하다   恶 化 : 악화되다
    腐 化 : 부패하다   美 化 : 미화하다
    洋 化 : 서구화하다

표준중국어에서 본래 접미사는 아니지만 접미사처럼 보이는 '-子'와 '-头'를 살펴보자.

C.6 -子

어원적으로 보면, '-子'는 '아이'라는 의미를 가진 '子'라는 단어에서 유래했지만, 표준중국어에서는 그런 의미를 갖고 있지 않다. 독립된 단어로 사용되는 2음절 명사 중에서 상당수가 그 두 번째 음절에 '-子'가 붙어 있다. 그러나 이러한 2음절 명사를 의미에 의거해 구분할 수 있는 방법은 없다. 그러므로 중국어 학습자들은 '-子'가 붙은 명사들을 일일이 외워야 한다.

(35) 梯子 : 사다리   厨子 : 요리사   鬼子 : 놈
    胡子 : 수염   儿子 : 아들   凳子 : 등받이 없는 의자
    辣子 : 고추   炉子 : 난로   桌子 : 책상
    筷子 : 젓가락   梳子 : 빗   袜子 : 양말
    裤子 : 바지   帽子 : 모자   椅子 : 의자
    亭子 : 정자   钉子 : 못   包子 : 찐빵
    饺子 : 물만두   骗子 : 사기꾼   架子 : 선반, 틀
    驴子 : 당나귀   猴子 : 원숭이   狮子 : 사자
    垫子 : 깔개   箱子 : 상자   瓶子 : 병

锥子 : 송곳	锤子 : 망치	盒子 : 상자
本子 : 공책	疯子 : 미치광이	兔子 : 토끼
屋子 : 방	肚子 : 배	银子 : 은화
桃子 : 복숭아	橘子 : 귤	呆子 : 멍청이
院子 : 정원	料子 : 옷감	盘子 : 쟁반

C.7 -头

경성으로 발음되는 또 하나의 접미사로 '-头'가 있다. '-头'는 역사적으로 볼 때 근대에 접미사로 변화된 것으로서 많은 의존형태소 명사와 결합해 새로운 단어를 구성한다. 중국어 학습자들은 '-头'가 붙는 명사들 역시 일일이 외워야만 한다.

(36)
木头 : 목재	骨头 : 뼈	馒头 : (소가 안 든) 빵
龙头 : 수도꼭지	石头 : 돌	姘头 : 정부(情夫/情妇)
芋头 : 토란	舌头 : 혀	念头 : 생각
派头 : 태도, 허세	后头 : 뒤	前头 : 앞
外头 : 밖	里头 : 안	下头 : 아래
上头 : 위		

단음절 동작동사가 '-头'와 결합하면 의미가 변한다. 다음의 도식을 보자.

(37) $\left\{\begin{array}{l}有\\没有\end{array}\right\}$ + 동작동사 + 头 : $\left\{\begin{array}{l}\sim\text{할 만한 것이 있다}\\\sim\text{할 만한 것이 없다}\end{array}\right\}$

다음 예를 보자.

(38) 那儿有什么看头?

거기 뭐 볼 만한 게 있니?

(39) 那顿饭有吃头。

그 식사는 먹을 만하다.

(40) 这种音乐没有听头。

이런 음악은 들을 가치가 없다.

중국어에서 '-子'나 '-头'처럼 의미를 지니지 않는 음절이 포함된 명사가 많은 까닭은 무엇일까? 그것은 병렬동사복합어(parallel verb compound, 3.2.3 참고)와 마찬가지로 중국어의 역사적 변천과 깊은 관련이 있다. 간단히 말하면 다른 방언들보다 특히 표준중국어에서 성조와 종성자음(终声子音)이 점차 간략해지면서 언어의 초기단계에서는 구별되었던 많은 단음절어들이 지금은 동음이의어가 되어버렸다. 이러한 동음이의어가 많이 생기면서 단음절 단어를 2음절 단어로 만들어서 서로 간에 의미를 구별하려는 경향이 생겨나게 되었다. 현재 아무런 의미가 없는 '-子'나 '-头' 등으로 끝나는 2음절 단어가 많이 있는 것은 이러한 이유에서 비롯한 것이라고 할 수 있다.

이러한 역사적 사실에 근거해 보면, 독립적인 단어로 쓰일 때는 '-子'나 '-头'를 부가해야 하지만, 다른 형태소와 결합해서 복합어를 이룰 때는 이러한 접미사가 오지 않는다는 사실도 이해할 수 있을 것이다(3.2 참고).

(41) a. 木头 : 목재　　　*木

　　b. 木板 : 목판　　　木炭 : 숯

(42) a. 孩子 : 아이　　　*孩

　　b. 小孩 : 어린아이　女孩 : 계집아이

(43) a. 鞋子 : 신발　　　*鞋

　　b. 皮鞋 : 가죽신　　布鞋 : 헝겊신

　　　拖鞋 : 슬리퍼

3.2 복합어(Compound)

중국어의 복합어에 관한 많은 연구 중 가장 광범위한 것으로는 Chao(1968)와 Lu(1965)가 있다. 그러나 복합어의 정의에 대해서는 많은 견해 차이가 있다. 그 이유는 어떤 기준을 택하든지 복합어와 비복합어를 명확하게 구분할 수 없기 때문이다. 중국어에서 명백한 다음절어 단어는 극소수에 불과한데 이들은 대부분 외래어이다. 예를 들면 '葡萄'(pútáo 포도), '蝴蝶'(húdié 나비), '玻璃'(bōli 유리), '玫瑰'(méigui 장미) 등이 그러하다. 명백한 다음절 형태소로 구성된 극소수의 단어를 제외하면 중국어에서 다음절어는 몇 개의 형태소의 결합에 의해 구성된 것이다.

복합어는 다음과 같은 이유 때문에 정의하기가 매우 어렵다. 즉 일부 성분형태소(component morpheme)는 문언문에서 기원했는데, 현재의 구어(modern spoken Mandarin)에서는 더 이상 자립형태소로 쓰이지 않는다. 예를 들어 '否则'(그렇지 않으면)의 '则'는 고대중국어에서 '~하면'이란 의미로 쓰이지만, 현대중국어에서는 더 이상 이러한 의미로 쓰이지 않는다. 때로는 성분형태소의 의미가 단어 전체(복합어)의 의미와 전혀 무관한 경우도 있다. 예를 들어 '风流'(풍류가 있는)에서 '风'은 '바람'을 의미하는 형태소이고 '流'는 '흐르다'라는 뜻을 가진 형태소이다. 그러나 다음절어의 의미가 그것을 구성하는 성분형태소의 뜻과 간접적으로 연관되어 있기도 하다. 예를 들면 '肉麻'(몸-마비되다=징그럽다)가 여기에 해당한다. 또한 다음절어의 의미는 성분형태소의 의미와 비유적으로 연관되어 있기도 하다. 예를 들어 '小心'(작다-마음=조심하다)이 여기에 해당한다.

그러나 다행스럽게도 복합어의 정의는 중국어를 배우는 학생들에게 중요한 문제가 되지 않는다. 그것은 중국어 어휘를 분석하는 언어학자들에게만 중요하다. 복합어를 정의하는 문제가 연구범위를 정해주기 때문이다. 따라서 우리는 하나의 단어의 특징을 가지고 있으면서 둘이나 그 이상의 의미 성분 또는 형태소로 분석될 수 있는 다음절 단위는 그것을 구성하는 형태소가 독립적으로 사용되지 않더라도 복합어로 볼 것이다. 이러한 기준에 의하면, '开关'(열다-닫다=스위치)은 하나의 물체를 나타내는 하나의 단어로 볼 수 있기 때문에 복합어이다. 마찬가지로 '抽烟'(빨다-연기=담배를 피우다)도 어떤 면(3.2.5 참고)에서는 한 단어처럼 쓰이기 때문에 복합어이다. 반면에 '喝汤'(국을 마시다)은 하나의 단어의 특징을 가지고 있지 않기 때문에 복합어로 볼 수 없다. 그것은 동사와 직접목적어로 구성된 것으로 보아야 한다.

3.2.1 복합어의 의미(The Meaning of Compound)

먼저 복합어의 의미와 그 성분형태소의 의미 사이의 관계를 검토해보자. 이들 사이의 관계는 밀접할 수도 있고 전혀 관련이 없을 수도 있다. 비록 모든 복합어들이 숙어적인 의미를 지니지는 않지만, 복합어의 의미와 관련된 상황은 숙어의 경우와 대체로 비슷하다. 숙어와 그것의 구성성분 간의 의미적 관계에 작용하는 요인은 시간이다. 숙어는 끊임없이 생성된다. 새로운 숙어가 생성될 때 화자는 이 용어의 문자적 의미와 숙어적 의미를 알 뿐만 아니라 그들 간의 관계도 알고 있다. 하지만 시간이 지남에 따라 이 의미관계는 모국어 화자의 의식 속에서 점차 희미해져 결국은 사라진다. 좋은 예로 영어의 'understand'를 들 수 있다. 'under'와 'stand'의 합성적 의미와 'understand'의 숙어적 의미가 갖는 의미 관계는 현재의 영어 화자에게는 더 이상 중요한 문제가 아니다. 그러나 대부분의 영어 화자에게 영어의 'hit below the belt'의 문자적 의미(허리띠 아래를 치다)와 숙어적 의미(비겁한 짓을 하다) 간의 차이는 여전히 명백하게 남아 있다.

표준중국어의 복합어에서 시간이라는 요소는 화자가 알고 있는 고대중국어에 대한 지식과 관계가 있다. 표준중국어에서 복합어를 이루는 형태소는 고대중국어에서 유래하기도 하는데, 만약 고대중국어에 익숙하지 않은 사람이라면 그런 형태소들의 의미를 간과하게 될 것이다. 예를 들어 '驱逐'(qūzhú 쫓다)는 고대중국어의 두 형태소인 '驱'(몰다)와 '逐'(쫓다)로 구성되어 있는

데, 둘 중 어느 하나도 현대중국어에서는 쓰이지 않는다. 이처럼 표준중국어의 복합어에 관한 문제는 종종 고대중국어와 관계가 있다.

이 절의 후반부에서는 구성성분들 사이의 의미관계에 따라 분류할 수 있는 다양한 형태의 복합어에 대해 검토해보겠다. 우선 복합어의 의미와 그 성분형태소의 의미 사이의 다양한 관계에 대해 몇 가지 예를 살펴보자.

(i) 표준중국어에서 복합어의 의미와 그 구성성분의 의미 사이에 뚜렷한 관계가 없는 복합어가 있다. 이런 복합어는 숙어처럼 쓰인다. 그러나 표준중국어에서는 극소수의 복합어만이 이런 형태를 갖는다.

(44) 花－生 : 꽃－탄생＝땅콩
　　 薪－水 : 땔감－물＝봉급
　　 大－便 : 크다－편리하다＝대변
　　 伤－风 : 다치다－바람＝감기
　　 大－意 : 크다－뜻＝부주의하다
　　 小－说 : 작다－이야기＝소설
　　 肥－皂 : 비계－쥐엄나무＝비누
　　 风－流 : 바람－흐름＝풍류가 있는

(ii) 복합어의 의미와 그 구성성분의 의미 사이에는 은유적(metaphorical), 비유적(figurative) 혹은 추론적(inferential)인 관계가 있을 수 있다.

(45) 矛－盾 : 창－방패＝모순
　　 后－人 : 뒤－사람＝후손
　　 火－柴 : 불－땔감＝성냥
　　 天－气 : 하늘－기＝날씨
　　 公－路 : 공공의－길＝도로
　　 手－硬 : 손－굳다＝거칠다

虚-心 : 비어 있다-마음=겸손한
电-影 : 전자-영상=영화
开-关 : 열다-닫음=스위치
热-心 : 덥다-마음=열심인
轻-视 : 가볍다-보다=경시하다
重-视 : 무겁다-보다=중시하다
入-神 : 들어가다-정신=매료된

(iii) 복합어의 의미가 그 구성성분의 의미와 직접적으로 관련되어 있거나 동일한 경우도 있다.

(46) 洗-澡 : 씻다-씻다=목욕
干-净 : 말리다-깨끗함=깨끗한
飞-机 : 날다-기계=비행기
进-步 : 나가다-걸음=진보
城-墙 : 성-담=성벽
车-马 : 수레-말=교통
依-靠 : 의지-기대다=의지하다
呼-吸 : 내쉬다-들이마시다=호흡
满-足 : 차다-충분하다=만족
年-轻 : 나이-가볍다=젊은
打-听 : 만들다-듣다=묻다
知-道 : 알다-말하다=알다
将-来 : 장차-오다=미래
承-认 : 받다-인정=승인하다
灯-火 : 전등-불=조명

이상에서 복합어의 의미와 그 구성성분의 의미 사이의 관계를 보여주는 복합어의 세 가지 양상을 설명했다. 그중에서 첫 번째는 연관성이 가장 적으며, 세 번째는 그 연관성이 가장 많다. 이러한 분류는 복합어의 의미와 그 구성성분의 의미 사이의 관계를 설명하는 데는 유용하지만, 사실 그 관계는 연속성을 띠고 있어서 엄밀히 나누기는 쉽지 않다.

3.2.2 명사복합어(Nominal Compound)

명사복합어의 구성성분 사이의 의미관계를 모두 열거하기란 불가능하다. 사실 영어나 아프리칸스어,[†] 중국어처럼 명사복합어가 많은 비중을 차지하는 언어에서는 적절한 문맥에 따라 새로운 복합어를 만들어낼 수 있으며, 이 새로운 명사복합어의 구성성분 간의 의미관계, 즉 명사복합어의 의미는 문맥과 밀접한 관련을 맺고 있다.

예를 들어, 당신이 친구와 겨자를 친 핫도그를 먹다가 친구의 셔츠에서 노란 얼룩을 발견했다고 하자. 당신은 '네 셔츠에 겨자얼룩(mustard stain)이 묻었어!'라고 말할 것이다. 이때 명사복합어 '겨자얼룩'은 겨자 때문에 생긴 얼룩을 말한다.

이와는 다른 상황을 가정해보자. 당신과 친구가 겨자 밭에서 식물의 질병에 대해 토론하고 있다가 푸른 겨자나무에 검은 반점이 많이 있는 것을 목격했다고 하자. 이런 상황에서 당신은 친구에게 다음과 같이 물을 것이다. '이 겨자얼룩(mustard stain)을 어떻게 하지?' 이 상황에서의 겨자얼룩은 겨자나무에 생긴 반점을 말한다.

만약 문맥만 적절하다면 명사복합어가 얼마든지 만들어질 수 있으며, 구성성분들 간의 의미관계도 그것들을 모두 열거하는 것이 불가능하다면, 우리는 다음과 같은 질문을 할 수 있다. 복합어의 구성요소들 사이의 의미관계를

[†] 아프리칸스(Africaans)는 남아프리카에서 쓰이는 공용 네덜란드어이다.

원리적으로 보여주는 목록을 만들 수도 없는데 왜 굳이 그 목록을 제시하려 하는가? 이에 대한 대답은 다음과 같다. 명사복합어의 구성성분들 사이에는 어느 정도 일반적인 의미관계가 존재하며, 이러한 의미관계를 기술하는 것이 교육적으로나 계발적 교수법 측면에서 유용하기 때문이다. 그리고 이러한 의미관계는 일반 언어에서 명사성 복합어를 생성할 때에도 동일하게 적용되고 있기 때문에 그러한 사실을 기술하는 것이 대단히 중요하다.

명사복합어의 구성성분들 사이의 가장 보편적인 의미관계에 대한 다음 설명에서 N_1은 복합어의 첫 번째 명사를 나타내고 N_2는 두 번째 명사를 나타낸다.

(i) N_1이 N_2가 놓인 장소를 나타내는 경우

(47) 床−单 : 침대시트　　　　墓−碑 : 묘비
　　 台−灯 : 탁상등　　　　　田−鼠 : 들쥐
　　 办公室−桌子 : 사무실 책상　客厅−沙发 : 응접실 소파
　　 河−马 : 강−말=하마　　　海−狗 : 바다−개=물개

(ii) N_1이 N_2가 사용되는 장소를 나타내는 경우

(48) 唇−膏 : 입술−연고=립스틱　　眼−药 : 눈−약=안약
　　 指甲−油 : 손톱−기름=매니큐어　牙−膏 : 이−연고=치약

(iii) N_2가 N_1에 사용되는 경우

(49) 枪−弹 : 총탄　　　　　　炮−弹 : 포탄
　　 衣−架(子) : 옷걸이　　　灯−罩(子) : 전등갓
　　 马−房 : 말−집=마구간　 布告−板 : 게시판

(ⅳ) N_2가 N_1의 단위를 나타내는 경우

(50) 铁-原子 : 철 원자　　　　　氢气-分子 : 수소분자
　　 政府-机关 : 정부기관

(ⅴ) N_2가 운동종목인 N_1에 사용되는 운동기구를 나타내는 경우

(51) 乒乓-球 : 탁구공　　　　　垒球-棒(子) : 소프트볼 방망이
　　 网球-拍(子) : 테니스 라켓　篮球-框(子) : 농구 바스켓

(ⅵ) N_2가 N_1에 대한 보호장치를 나타내는 경우

(52) 雨-帽 : 비모자　　　　　　雨-衣 : 비옷
　　 太阳-眼镜 : 선글라스　　　毒气-面罩 : 방독면

(ⅶ) N_2가 N_1에 의해 야기되는 경우

(53) 油-迹 : 기름-흔적　　　　　汗-斑 : 땀-점=땀 얼룩
　　 痘-疮 : 천연두-부스럼=천연두　水-痕 : 물-자국

(ⅷ) N_2가 N_1의 용기(容器)를 나타내는 경우

(54) 书-包 : 책-보따리=책가방　酒-杯(子) : 술잔
　　 米-袋(子) : 쌀 포대　　　　奶-瓶(子) : 우유병
　　 茶-杯 : 찻잔　　　　　　　饭-锅子 : 밥솥
　　 垃圾-箱 : 쓰레기통　　　　 饼干-盒(子) : 과자상자

제3장 단어의 구조   75

(ix) N_1과 N_2가 병렬관계인 경우

(55) 花-木 : 꽃-나무=초목   家-乡 : 집-마을=고향
    国-家 : 나라-집=국가   水-土 : 물-땅=풍토
    子-女 : 아들-딸=자녀   君-主 : 왕-주인=군주
    父-母 : 아버지-어머니=부모

(x) N_2가 N_1의 생산물을 나타내는 경우

(56) 蜂-蜜 : 벌-꿀=벌꿀   鸡-蛋 : 닭-알=달걀
    蚕-丝 : 누에-실=생사   猫-粪 : 고양이-변=고양이똥
    香港-出品 : 홍콩-산품=홍콩산   蜂-蜡 : 벌-밀랍=밀랍

(xi) N_1이 N_2를 만드는 재료인 경우

(57) 大理石-地板 : 대리석-바닥=대리석 바닥
    纸-老虎 : 종이-호랑이=종이호랑이
    木头-桌子 : 나무-탁자=나무탁자
    铜-像 : 구리-상=동상
    棉-被 : 솜-이불=솜이불
    石子-路 : 돌-길=돌길
    草-鞋 : 풀-신=짚신

(xii) N_2가 N_1이 판매되는 장소를 나타내는 경우

(58) 百货-公司 : 백화-회사=백화점   饭-馆 : 음식-관=음식점
    菜-市 : 채소-시장=채소시장   图书-馆 : 책-관=도서관

汽油-站 : 휘발유-장소=주유소　　药-店 : 약-가게=약국

(xiii) N₂가 N₁의 질병을 나타내는 경우

(59) 腰-痛 : 허리-병=요통　　　肺-病 : 허파-병=폐병
　　 肠-炎 : 장-염=장염　　　　心脏-病 : 심장-병=심장병
　　 皮肤-疹子 : 피부-두드러기=피부발진

(xiv) N₁이 N₂의 시간을 나타내는 경우

(60) 春-天 : 봄-날=봄　　　　　夏-季 : 여름-계절=여름철
　　 晨-雾 : 새벽-안개=새벽안개　秋-月 : 가을-달=가을달
　　 冬-夜 : 겨울-밤=겨울밤　　　夜-校 : 밤-학교=야간학교

(xv) N₁이 N₂의 원동력인 경우

(61) 电-灯 : 전기-등=전등　　　汽-车 : 증기-차=자동차
　　 风-车 : 바람-수레=풍차　　 原子-能 : 원자력

(xvi) N₁이 N₂의 비유적 묘사인 경우

(62) 狗-熊 : 개-곰=작은 곰　　　鹿-鸟 : 사슴-새=화식조
　　 龙-船 : 용-배=용선　　　　 蛇-阵 : 뱀-열=장사진
　　 虎-将 : 호랑이-장군=용맹한 장군
　　 鬼-脸 : 귀신-얼굴=익살스러운 얼굴

(xvii) N₂가 N₁의 구성요소인 경우

(63) 汽车-轮子 : 자동차 바퀴　　　脚踏车-龙头 : 자전거 핸들
　　　鸡-毛 : 닭털　　　　　　　　牛-角 : 소뿔
　　　飞机-尾巴 : 비행기 후미

(xviii) N_2가 N_1의 출처인 경우

(64) 水-源 : 물-근원=수원지　　　盐-井 : 소금-우물=염전
　　　煤-矿 : 석탄-광석=탄광　　　油-井 : 기름-우물=유정

(xix) N_2가 N_1의 고용인이나 공무원인 경우

(65) 大学-校长 : 대학총장　　　　银行-总裁 : 은행 총재
　　　政府-官员 : 정부 관리　　　　公司-经理 : 회사 사장
　　　空军-总司令 : 공군 총사령관

(xx) N_1이 N_2의 장소·조직·기관·구성을 나타내는 고유명사인 경우

(66) 北京-大学 : 베이징대학　　　上海-路 : 상하이로
　　　扬子-江 : 양쯔강　　　　　　美国-国会 : 미국 국회

(xxi) N_2가 N_1을 판매하거나 운반하는 사람을 나타낼 경우

(67) 盐-商 : 소금장수　　　　　　保险-代理人 : 보험 대리인
　　　水果-小贩 : 과일장수

　이상 21가지의 명사복합어 목록이 결코 완벽한 분류라고는 볼 수 없다. 물론 위의 목록에 포함되지 않는 방식으로 이루어진 명사복합어도 있을 것이

다. 그러나 주의해야 할 점은 명사와 명사를 연결시켜 명사복합어를 만들어 내는 복합과정이 생산적이며 창조적이라는 사실이다. 앞에서 언급했듯이 유일한 제한조건은 화용론적으로 어떤 대상을 명명하는 데 적절한 문맥을 가져야 한다는 것이다. 명사복합어의 구성요소 간의 의미관계를 이와 같이 21가지로 분류하는 방식은 비교적 일반적으로 널리 쓰이는데, 명사복합어를 이해하는 데 도움을 줄 것이다. 예에서 알 수 있듯이 복합어의 의미가 구성성분의 의미와 거의 무관하다는 점에서 숙어성이 강한 것도 있고, 복합어가 구성성분의 의미를 분명하게 반영하고 있다는 점에서 상당히 축자적인 것도 있다. 우리는 비교적 비숙어적인 복합어를 예로 들면서 이러한 복합과정의 생산적인 측면을 제시하려고 했다.

  이상의 명사복합어 가운데 주의해야 할 것은 (ix)류인데, 여기서 구성성분들은 병렬관계를 이루고 있다. 이 병렬관계에서 구성요소들이 동의어(同义语)인 것도 있고, 동일한 유형의 대상을 가리키는 의미 구분이 모호한 유의어(类义语)인 것도 있다. 예를 들어 '盜賊'(dàozéi 도둑)는 동의어가 결합된 것이고, '花木'는 동일한 유형의 대상을 가리키는 '花'와 '木'가 결합된 것이다. 이러한 유형의 복합어들은 생산성이 가장 낮다. 복합어의 의미가 실제로 숙어적이 아니라 각각의 글자에서 유추되는 경우에도 새로운 병렬복합어를 만들어내는 것이 자유롭지 않다. 이러한 종류의 복합어는 대개 구성성분의 순서가 고정되어 있어서 그 순서를 바꿀 수 없다. 예를 들어 '盜賊'는 '*賊盜'라고 할 수 없으며, '牛马'(가축)는 '*马牛'라고 할 수 없으며, '钱财'(금전, 재화)는 '*财钱'으로 바꿀 수 없다. 이와 같이 고정된 복합어는 단순히 명사들이 병렬된 명사구와 다음과 같이 구분될 수 있다. 즉 후자의 경우 병렬된 명사들 사이에는 종종 휴지(休止)를 삽입할 수 있으며, 또한 그 순서도 자유롭게 바꿀 수 있다. 예를 들어 '杂志, 报纸'(잡지와 신문)와 '报纸, 杂志'(신문과 잡지)는 두 개의 명사가 병렬된 것이지 하나의 복합어가 아니다. 쉼표는, 말할 때 잠시 멈출 수 있으며 두 명사의 순서에 제약이 없음을 나타낸다.

  끝으로 구성성분이 명사 이외의 품사인 명사복합어도 있다는 사실을 밝혀둔다. 예를 들어 '开关'(열다-닫다=스위치)은 두 개의 동사 '开'와 '关'으로 구성된 명사복합어이다. 또 '飞机'(비행기)는 동사 '飞'(날다)와 명사 '机'(기계)로 이루어져 있다. 그러나 이러한 명사복합어들은 대부분 숙어적이며 이러한 복합어의 형성과정은 일반적이지 않다.

3.2.3 동사복합어(Verbal Compound)

동사복합어의 구성성분 사이에는 두 가지 기본적인 의미관계가 있다. 다양한 동사복합어는 성분요소 간의 의미관계에 따라 두 가지 형태, 즉 동보복합어와 병렬동사복합어로 나눌 수 있다. 적절한 동사만 주어지면 자유로이 새로운 동보복합어와 병렬동사복합어를 만들 수 있다. 특히 동보복합어는 중국인들의 일상 언어에서 광범위하게 사용되기 때문에 대단히 중요하다. 아래에서 먼저 동보복합어를 살펴보기로 하자.

A. 동보복합어(Resultative Verb Compounds)[†]

동보복합어는 각 구성성분 자체가 복합어일 수도 있지만, 크게 보면 항상 두 개의 구성성분으로 이루어져 있다.[6] 두 번째 구성성분이 첫 번째 구성성분의 동작이나 과정의 결과를 나타내면 이를 동보복합어라고 한다. 동보복합어에 의해 표현될 수 있는 결과는 여러 종류가 있다.

[†] Resultative Verb Compounds를 한국어로 옮기면 '결과식 동사 복합어'가 될 것이다. 하지만 이 책에서는 개념의 내용은 같으면서 독자들에게 훨씬 익숙한 용어인 '동보복합어'로 옮기기로 한다.

6. 동보복합어에 관한 광범위한 분류는 Chao(1968)와 Cartier(1972) 및 그 책에서 언급된 참고서적에 상세히 언급되어 있다. 교육학적인 관점에서 동보복합어에 관해 유익하게 논의한 책은 Light(1977)이다. 여기에서 제시한 견해는 Lu(1977)와 Teng (1977)에서도 많은 도움을 받았다.

（ⅰ）원인(cause)

(68) 我 把 茶 杯 <u>打 破</u> 了。
　　 나는 그 찻잔을 깼다.
(69) 他 把 门 <u>拉 开</u> 了。
　　 그는 그 문을 당겨 열었다.

（ⅱ）달성(achievement)

(70) 我 把 那 个 字 <u>写 清 楚</u> 了。
　　 나는 그 글자를 분명하게 썼다.
(71) 他 <u>买 到</u> 了 那 本 字 典。
　　 그는 그 자전을 샀다.

（ⅲ）방향(direction)

(72) 他 <u>跳 过 去</u> 了。
　　 그는 뛰어 건너갔다.
(73) 他 们 <u>跑 出 来</u> 了。
　　 그들은 달려나왔다.

（ⅳ）형세(phase)

(74) 他 的 钱 <u>用 完</u> 了。
　　 그는 돈을 다 써버렸다.
(75) 把 电 视 <u>关 掉</u>。
　　 TV를 꺼라.

동보복합어 중에서 '방향'과 '형세'를 나타내는 유형은 다소 독특한 구조를 가지고 있으므로 아래에서 별도로 살펴보겠다.

동보복합어에는 몇 가지 중요한 특성이 있다. 첫째, 동보복합어는 가능형태로 쓰일 수 있다. 동보복합어의 가능형태는 두 성분요소 사이에 접요사(infix) '-得-'나 '-不-'를 삽입한다. '-得-'가 삽입되면 복합어는 긍정적 가능성을 나타내며, '-不-'가 삽입되면 복합어는 부정적 가능성을 나타낸다.

(76) a. 他 跳 <u>得</u> 过 去。
　　　그는 뛰어 건너갈 수 있다.
　　　(He can jump across.)
　　b. 他 跳 <u>不</u> 过 去。
　　　그는 뛰어 건너갈 수 없다.
　　　(He cannot jump across.)

(76a)-(76b)를 조동사 'can'이나 'cannot'을 사용해 번역하면 중국어의 가능형태의 의미를 완전하게 전달할 수 없다. 동보복합어에서의 '得'는 복합어의 첫 번째 성분요소가 의미하는 동작이나 과정이 복합어의 두 번째 성분요소가 의미하는 결과를 가질 수 있음을 의미하며, 부정접요사 '不'는 첫 번째 동사의 동작이나 과정이 어떤 결과를 유발할 수 없음을 표시한다. 비록 여기에서는 'can'과 'cannot'으로 억지 해석을 했으나 실제 의미를 잘 나타내려면 'achievable'(성취할 수 있는)과 'unachievable'(성취할 수 없는)로 해석하는 것이 더 나을 것이다. 따라서 (76a)는 '그는 뛰어 건너가는 것을 성취할 수 있다'(He jumps and can achieve getting across.)이고, (76b)는 '그는 뛰어도 건너가는 것을 성취할 수 없다'(He jumps but fails to achieve getting across.)라고 해석하는 것이 더 타당하다. 만약 '-得-'와 '-不-'의 기능을 중국어 부사의 기능과 유사하다고 보면 그 의미적 특성을 쉽게 이해할 수 있을 것이다. 즉 '-得-'와 '-不-'의 뒤에 오는 요소들은 '-得-'와 '-不-'의 지배를 받는다(제8장

의 부사 부분 참고). 즉 부사나 부정소의 경우처럼 '성취할 수 있는'(achievable)이나 '성취할 수 없는'(unachievable)이라는 의미는 '-得-'나 '-不-'의 뒤에 나오는 보어에 영향을 줄 뿐 그 앞부분의 동사에는 영향을 주지 않는다. 따라서 (76a)는 '뛰는 동작을 통해 건너갈 수 있음'을 나타내고, (76b)는 '뛰는 동작을 통해 건너갈 수 없음'을 나타낸다.[7]

이제까지의 설명을 통해 왜 동보복합어에 '-得-', '-不-'가 사용된 문장은 조동사 '能'이나 '不能'으로 교체할 수 없는지 알 수 있을 것이다.[8] 조금 더 자세히 설명하기 위해서 (76a)-(76b)를 다시 살펴보자. 이 두 문장은 명백하게 주어가 뛰는 행위를 했음을 의미한다. 그러나 (76a)는 그가 뛰어서 건널 수 있음을 나타내는 반면, (76b)는 그렇게 할 수 없음을 나타내고 있다. 따라서 만약 주어가 발목이 부러져서 전혀 뛸 수 없는 경우라면 (76b)와 같이 말할 수 없다. 그 대신 '不能'을 써야 할 것이다.

(77) 他 不 能 跳 过 去。
　　 그는 건너뛸 수 없다. (뛸 수 없어서)

Light(1977: 35)에 의하면, 동보복합어를 사용할 경우에는 행위자(actor)가 복

---

7. 일부 동보복합어는 가능형태에 쓰일 수 없는 것처럼 보인다. 다음을 보자.
　(ⅰ) a. 他 饿 病 了。
　　　　그는 굶주림으로 병이 났다.
　　　b. ?他 饿 得 病。
　(ⅱ) a. 我 走 累 了。
　　　　나는 걸어서 피곤해졌다.
　　　b. ?我 走 不 累。
　그러나 동보복합어가 가능형태에 쓰일 수 있다는 일반적인 원칙을 전제로 할 때 이러한 동보복합어들은 예외로 간주된다. 위의 문장 중 (b)가 이상한 이유는 다음과 같다. '-得-', '-不-'의 '달성할 수 있는', '달성할 수 없는'이라는 의미는 주어가 어느 정도 노력한다는 의미를 내포하고 있다. 그런데 사람들은 병이 나거나 피곤해지는 것 같은 부정적인 결과를 달성하기 위해 노력하지는 않는다는 것이다.
8. 이러한 견해는 Light(1977)에서 발췌했다.

합어의 첫 번째 동사의 동작(primary action)을 반드시 실행해야 하지만 '能'을 사용할 경우에는 단지 그 동작을 실행에 옮길 수 있는 가능성만을 나타낸다.

동보복합어의 두 번째 특성은, 동사를 중첩시켜 잠시상(delimitative aspect)을 나타내는 중국어의 대다수 동작동사들과는 달리, 중첩시킬 수 없다는 점이다(6.4 참고). 예를 들어 '尝'(맛보다)은 '尝尝'으로, '活动'(활동하다)은 '活动活动'으로 중첩시킬 수 있지만, 동보복합어는 '*拉开拉开', '*跳过去跳过去'처럼 중첩해서 잠시상을 표현할 수 없다. 이를 통해 다음과 같은 사실을 알 수 있다. 즉 동보복합어의 주요 기능은 동작의 결과가 일어났는지 일어나지 않았는지, 혹은 가능한지 불가능한지를 밝히는 것인데, 잠시상은 어떤 동작을 잠시 동안 하는 것을 나타내기 때문에 결과에 대한 언급과 양립할 수 없다.

동보복합어의 세 번째 특징은, 가능접요사(-得-/-不-)를 제외하고는 상표지(相标识)나 양화사(量化词) 같은 것이 두 성분요소 사이에 낄 수 없다는 사실이다. 이 점은 동보복합어와 동목복합어를 구별해주는 특징이다(다음 절 참고).

A.1 방향(direction)

방향을 나타내는 동보복합어는 다음과 같이 도식화할 수 있다.[9]

(78)　V_1 ──── V_2
　　　이동　　방향

그 예로 (73)을 다시 보자.

(73) 他们 跑 出 来 了。
　　　그들은 달려나왔다.

---

9. 방향동사에 관해서는 Lin(1977)과 Lu(1977)를 참고할 것.

복합어의 첫 번째 동사 '跑'는 이동을 나타내며, 두 번째 동사인 '出来'는 그 자체가 복합어이면서 이동의 결과로 주어가 움직이는 방향을 나타낸다.

먼저 이동동사부터 살펴보자. 이동동사 중에서 가장 전형적인 유형은 '走'(걷다), '跑'(달리다), '流'(흐르다), '飞'(날다), '滚'(구르다)과 같이 동작을 나타내는 동사이다. 이동동사의 또 다른 유형은 직접목적어의 장소 이동을 나타내는 동작동사로서 '搬'(옮기다), '扔'(던지다), '送'(보내다), '寄'(부치다), '领'(인도하다), '举'(들다), '推'(밀다) 등이 그 예이다. 이동동사의 세 번째 유형은 직접목적어를 이동하도록 만드는 동작동사이다. 예를 들어 '打'(때리다)는 원래 직접목적어의 이동을 암시하는 동사는 아니지만, 때리거나 치는 동작이 직접목적어를 움직이게 할 수 있다. 따라서 우리는 동보복합어 '打出来'(때리다-나오다=때려서 나오게 하다) 혹은 동보복합어 '打进去'(때리다-들어가다=때려서 들어가게 하다)와 같은 표현을 볼 수 있다.

(78)의 동보복합어의 방향동사 V_2는 다음 세 가지 유형 가운데 하나이다.

(ⅰ) 방향동사의 첫 번째 유형은 '来'와 '去'이다. 동보복합어에서 방향동사로 쓰인 '来'는 '화자 쪽으로'의 방향을 나타내고 '去'는 '화자로부터' 멀어지는 방향을 나타낸다. 예를 들어 다음 두 문장의 상황을 비교해보자.

(79) 他 送 来 了 一 个 箱 子。
    그는 트렁크 하나를 보내왔다.
(80) 他 拿 去 了 两 本 书。
    그는 책 두 권을 가져갔다.

(79)에서는 '送来'가 방향 동보복합어이다. 여기서 '送'은 직접목적어의 이동을 나타내는 이동동사이며, '来'는 화자 쪽으로의 이동을 나타낸다. 마찬가지로 (80)에서 동보복합어의 첫 번째 요소 '拿'는 직접목적어의 이동을 나타내는 이동동사이며, 복합어의 두 번째 요소는 이동이 화자로부터 멀어지는 것을 나타낸다.

(ii) 방향동사의 두 번째 유형은 다음의 8개 동사를 포함한다. 이들이 동보복합어에 쓰일 때에는 각각이 독립된 동사로 사용될 때의 의미를 나타낸다.10 (81)에서 앞에는 동사로 쓰였을 때의 의미를, 뒤에는 동보복합어에서 쓰였을 때의 의미를 적었다.

(81) 上 : 오르다-위로   下 : 내리다-아래로
    进 : 들어가다-안으로   出 : 나가다-밖으로
    起 : 일어나다-위로   回 : 돌아가다-원래로
    过 : 지나다-넘어   开 : 열다-떨어져

다음 문장들은 위의 여덟 가지 동사들이 동보복합어에서 방향동사로 쓰인 예이다.

(82) 他 戴上 了 他 的 帽子。
    그는 그의 모자를 썼다.
(83) 我 放下 我 的 书 包 了。
    나는 내 책가방을 내려놓았다.
(84) 他 说出 一 个 秘 密 了。
    그는 비밀 하나를 말해버렸다.
(85) 我 收回 我 的 汽 车 了。
    나는 내 차를 회수했다.
(86) 他 走进 一 个 球 场 了。
    그는 어느 구장으로 걸어 들어갔다.
(87) 我 提起 那 件 事 了。

---

10. Chao(1968: 461)는 이 부류의 방향동사에 '拢'(모으다)을 포함시켰다. 그러나 '拢'은 동보복합어의 자질을 가지지 않는 몇 가지 복합어에서만 사용된다. 예를 들면 '靠拢'(kàolǒng 접근하다), '拉拢'(lālǒng 끌어들이다)이다.

나는 그 문제를 제기했다.
(88) 他 跳 过 那 条 河 了。
그는 그 개울을 뛰어 건넜다.
(89) 请 你 推 开 这 个 门。
이 문 좀 밀어 열어주세요.

(iii) 세 번째 유형의 방향동사는 (ii) 유형의 방향동사에 (ⅰ) 유형의 방향동사를 덧붙인 형태이다. 만약 (ii) 유형의 방향동사 가운데 '上'을 선택해 (ⅰ) 유형의 각 요소와 결합하면 '上来'와 '上去'라는 두 가지 새로운 복합방향동사를 얻을 수 있다. (ii) 유형에는 8개의 동사가 있고 (ⅰ) 유형에는 2개의 동사가 있으므로 이 세 번째 유형의 방향동사는 모두 16개가 된다. 그러나 (iii) 유형과 (ii) 유형 사이에는 의미 차이가 있다. 즉 (iii) 유형의 방향동사는 화자를 향해서인지 화자로부터 멀어지는지, 즉 화자와 관련된 방향을 명백히 표시한다는 점이다. 예를 들면 (90)에서는 '来'가 있기 때문에 화자는 장싼이 진입한 건물의 안에 있음을 추론할 수 있다.

(90) 张 三 走 进 来 了。
장싼이 걸어 들어왔다.

마찬가지로 (91)에는 '去'가 있기 때문에 우리는 (91)의 화자가 장싼이 진입한 건물의 밖에 있음을 추론할 수 있다.

(91) 张 三 走 进 去 了。
장싼이 걸어 들어갔다.

이 중에서 '下去'는 장소의 이동을 나타내지 않는 동사와 함께 쓰일 수 있다. 동보복합어의 동사가 비이동동사일 때는 대부분 지속의 의미를 지니고 있다. 즉 동사의 동작이 순간적으로 끝나는 것이 아니라 일정 기간 지속되는 성질이 있다는 것이다. '下去'가 동보복합어 안에서 이런 동사와 결합될 때는 동사가 지닌 동작의 '지속'의 의미를 나타낸다. 이 의미는 방향적인 의미에서 시간의 영역으로 확장된 것이다. (92)를 보자.

(92) 看下去 : 읽다－지속하다＝계속 읽다(읽어 내려가다)
     活下去 : 살다－지속하다＝계속 살다(살아가다)
     写下去 : 쓰다－지속하다＝계속 쓰다(써 내려가다)

동보복합어에 속하는 방향동사의 세 가지 유형 중 첫 번째와 세 번째 복합어(즉 '来'와 '去'를 포함하는 복합방향동사)는 이동동사와 방향동사 사이에 동사의 직접목적어를 삽입할 수 있다. 예를 들어 (ⅰ) 유형의 방향동사가 사용된 동보복합어 '拿来'는 그 사이에 직접목적어 '一两银子'(은화 한 냥)을 삽입할 수 있다.

(93) 他拿了一两银子来。
     그는 은화 한 냥을 가져왔다.

마찬가지로 (94)처럼 '赶出去'(몰아내다)라는 동보복합어에서 '赶'과 '出去' 사이에 직접목적어 '两只狗'(두 마리의 개)를 넣을 수 있다.

(94) 他赶了两只狗出去。
     그는 개 두 마리를 몰아냈다.

세 번째 유형의 방향동사를 포함하는 동보복합어는 복합어의 구성요소를 매우 다양하게 분류할 수 있다. 세 번째 유형의 방향동사는 두 개의 구성요소(두 번째 유형의 방향동사와 그 뒤에 오는 첫 번째 유형의 방향동사)를 포함하고 있음을 상기하자. 만약 두 번째 동사가 '来'이면 직접목적어를 이동동사와 전체 방향동사 사이에 삽입할 수 있을 뿐 아니라 (ii) 유형의 방향동사와 맨 뒤의 방향동사 사이에 삽입할 수도 있다.

방향 동보복합어에서 직접목적어가 올 수 있는 위치는 다음과 같이 도식화할 수 있다.

(95) a. $\underline{V_1}$ + 직접목적어 + $\underline{V_2}$
　　　 [이동동사]　　　　　　[(ⅰ)이나 (ⅲ)유형 방향동사]
　　 b. $\underline{V_1}$ + $\underline{V_2}$ + 직접목적어 + $\underline{V_3}$
　　　 [이동동사] [(ii)유형 방향동사]　　　　 [(ⅰ)유형 방향동사]
　　　　　　　　　　　　　　　　　　　　 (방향동사가 '来'일 경우)

예를 들어 동보복합어 '端上来'(내오다)를 보자. (96a)-(96b)는 이 복합어의 성분요소를 분리하는 두 가지 형태를 보여주고 있다.

(96) a. 他 端 了 一 碗 汤 上 来 了。
　　　 그는 국 한 사발을 내왔다.
　　 b. 他 端 上 一 碗 汤 来 了。
　　　 그는 국 한 사발을 내왔다.
　　 c. 他 端 上 来 了 一 碗 汤。
　　　 그는 국 한 그릇을 내왔다.

반면 (ⅰ) 유형의 방향동사가 '去'이고 직접목적어가 대명사인 경우에는 (95b)와 같이 쓸 수 없다.

(97) a. 他 们 赶 他 出 去 了。
　　　 그들은 그를 쫓아냈다.
　　 b.*他 们 赶 出 他 去 了。

지금까지의 연구결과에 따르면 직접목적어에 의해 분리되는 동보복합어와 원형을 유지하는 동보복합어 사이에는 의미상의 차이가 없다. 따라서 (96a)-(96c)의 문장은 모두 의미가 같다. 방향 동보복합어가 (96a)처럼 분리될 경우에는 가능접요사 '得'와 '不'를 삽입할 수 없으므로 복합어를 가능형태로 변형시킬 수 없다. 그러나 동보복합어가 (95b)의 공식처럼 분리될 때는 그 복합어를 가능형태로 만들 수 있다. 이 경우 가능접요사는 이동동사와 (ii) 유형의 방향동사 사이에 놓인다.

(98) 他 端 得 上 一 碗 汤 来。
　　그는 국 한 사발을 내올 수 있다.

Chao(1968)는 (ⅰ) 유형이나 (ⅲ) 유형의 방향동사로 구성된 동보복합어의 직접목적어가 장소를 나타낼 경우 동사와 보어는 반드시 분리되어야 한다고 했다. 만약 방향동사가 (ⅰ) 유형이라면 처소목적어는 반드시 이동동사와 방향동사 사이에 놓여야 하며, 만약 방향동사가 (ⅲ) 유형이라면 복합어는 (95b)와 같이 분리되어야 한다. 예를 들어 (99a)-(99b)에서 (ⅰ) 유형의 방향동사가 포함된 동보복합어 '上去'를 살펴보자.

(99) a. 我 们 上 山 去。
　　　　우리는 산에 올라간다.
　　b.*我 们 上 去 山。

(99)에서 직접목적어 '山'은 처소명사이므로 복합어 '上去'는 분리되어야 한다. (99b)처럼 분리되지 않은 문장은 비문법적이다.
다음으로 (100a)-(100c)에서 (ⅲ) 유형의 방향동사를 포함하는 동보복합어 '跑进去'(뛰어 들어가다)를 살펴보자.

(100) a. 他 <u>跑 进</u> 屋 子 <u>去</u> 了。
그는 집으로 뛰어 들어갔다.
b.*他 跑 进 去 屋 子 了。
c.*他 跑 屋 子 进 去 了。

(100)에서 직접목적어 '屋子'도 처소명사이다. 이 경우에도 복합어는 (95b)의 공식에 의해 분리되어야 한다. 따라서 (100a)는 문법에 맞지만 (100b)-(100c)는 문법에 맞지 않는다.

A.2 형세(phase)

어떤 동보복합어는 두 번째 동사가, 첫 번째 동사의 결과보다는 첫 번째 동사에 의해 묘사되는 동작의 유형(type)이나 정도(degree)를 나타낸다. 편의상 이러한 복합어를 형세(phase) 동보복합어라고 부르겠다. 다음은 첫 번째 동작의 형세를 표시해주는 두 번째 요소를 기준으로 분류한 여러 가지 형세 동보복합어들이다.

（ⅰ）完 : 동작의 완성을 나타낸다.

(101) 唱完 : 노래하다-끝내다
念完 : 읽다-끝내다
弄完 : 하다-끝내다
脱完 : 벗다-끝내다

（ⅱ）着(zháo) : 목적의 달성을 나타낸다

(102) 猜着 : 추측해내다   说着 : 언급하다
用着 : 사용하다   找着 : 찾아내다

(ⅲ) 住 : 고정을 나타낸다

(103) 站住 : 꼼짝 않고 서다 抓住 : 꽉 잡다
  停住 : 딱 멈추다 管住 : 꼼짝 못하게 통제하다
  留住 : 움직이지 않고 머무르다

(ⅳ) 到 : 동보복합어에서 '到'의 의미는 본래의 동사적인 의미인 '도착하다'로부터 도출된다. 그것은 막연하긴 하지만 '도착하다, 달성하다'의 의미를 가지고 있으며, 따라서 (ⅱ)의 '着'(zháo)의 의미와 유사하다.

(104) 看到 : 목격하다 找到 : 찾아내다
  梦到 : 꿈에 보다 想到 : 생각이 미치다

(ⅴ) 好 : '好'는 본래 '좋다'라는 뜻이다. 동보복합어에서 두 번째 동사로 쓰일 때 '好'는 '(첫 번째 동사가 나타내는 일을) 완성하다'라는 의미를 가지는데, 이는 '完'의 의미와 동일하지는 않지만 상당히 유사하다.

(105) 写好 : 다 쓰다 做好 : 다 하다
  填好 : 다 메우다 算好 : 다 계산하다

A.3 비유적(Metaphorical)

이 유형의 동보복합어는 종종 비유적인 의미로 사용되며 결과를 나타내는 V_2가 쓰인다. 비유적인 의미로 사용되는 V_2의 전형적인 예는 '死'(죽다)이다. 다음 예를 보자.

(106) 累死 : 피곤해 죽겠다
  气死 : 화나 죽겠다

吓死 : 놀라 죽겠다

물론 이 복합어들이 문자적인 의미를 전달하는지 비유적인 의미를 전달하는지는 문맥에 의해 결정된다.

그 밖의 방향동사 '出来'(나가다-오다=나오다)도 '알아내다' 혹은 '나오다'라는 비유적 의미로 사용되어 질문동사(verb of inquiry), 지각동사(verb of perception), 발화동사(verb of saying)와 함께 동보복합어를 구성한다. 질문동사가 쓰인 동보복합어의 예를 보자.

(107) 问出来 : 묻다-나오다=물어서 알아내다
      查出来 : 조사하다-나오다=조사해서 알아내다
      搜出来 : 수색하다-나오다=수색해서 알아내다

지각동사가 쓰인 동보복합어의 예를 보자.

(108) 看出来 : 보다-나오다=봐서 알아내다
      闻出来 : 냄새 맡다-나오다=냄새를 맡아서 알아내다
      想出来 : 생각하다-나오다=생각해내다

발화동사가 쓰인 동보복합어의 예를 보자.

(109) 说出来 : 말하다-나오다=입 밖으로 말하다
      喊出来 : 부르다-나오다=불러내다

A.4 가능형태로만 쓰일 수 있는 동보복합어

가능형태로만 사용되는 동보복합어도 있다. 다음의 동보복합어는 숙어적 성격을 지니고 있으므로 개별적으로 암기할 필요가 있다.

（ⅰ）过：넘다

(110) 说得过：논쟁해서 이길 수 있다
　　　打不过：싸워서 이길 수 없다
　　　跑得过：달려서 추월할 수 있다
　　　吃不过：(남보다) 더 먹을 수 없다

（ⅱ）起：형편이 되다

(111) 买得起：살 형편이 된다
　　　吃不起：먹을 형편이 안 된다
　　　住得起：거주할 형편이 된다
　　　穿不起：입을 형편이 안 된다
　　　看得起：볼 형편이 된다, 존경하다
　　　看不起：볼 형편이 안 된다, 멸시하다

（ⅲ）了(liǎo): 이 동사는 언어의 초기단계에 가지고 있던 '완료하다'라는 의미를 상실했다. 대부분의 동사와 결합해 동보복합어를 형성하지만 '了'(liǎo)가 포함되어 있는 동보복합어들은 다음 예문처럼 가능형태로만 쓰인다.

(112) 盖得了：덮을 수 있다　　　坐不了：앉을 수 없다
　　　存得了：저축할 수 있다　　吃不了：다 먹을 수 없다

동보복합어의 주요 유형은 상술한 바와 같다. 그러나 지금까지의 설명이 결코 완벽한 것은 아니다. 동보복합어 가운데는 그 의미를 구성요소들의 의미나 구성요소 간의 관계에 의해 유추해낼 수 없는 것들이 많기 때문에 이들은 일일이 기억해야 한다. 예를 들면 '看开'(이해하다), '考取'(합격하다), '拿定'(결심하다) 등이 그것이다.

B. 병렬동사복합어(Parallel Verb Compound)

병렬동사복합어는 성질상 병렬명사복합어와 유사하다. 병렬동사복합어를 구성하는 두 개의 동사는 동의어이거나 유사한 의미를 가진다. 병렬명사복합어처럼 병렬동사복합어도 다음과 같이 간단하게 나타낼 수 있다.

(113) $V_1 + V_2$

한때는 단음절어가 압도적으로 많았던 중국어에 다음절어의 수가 점차 증가함에 따라 막대한 양의 병렬동사복합어가 생겨났다(유형론에 관해 기술한 제2장과 3.1.2.C의 접미사 부분 참고). 예를 들어 '행복'이라는 개념을 고대중국어에서는 단음절어 '幸'으로 표현했지만 현대중국어에서는 병렬복합어 '幸福'로 표현하고 있다. '축하하다'라는 뜻으로 이전에는 '庆'이란 말을 썼지만 현대중국어에서는 '庆祝'(qìngzhù)를 쓴다.

단음절어와 복합어를 자유로이 교체할 수 있는 경우도 있다. 예를 들어 '买'(사다)와 '购买'(사다)는 현대중국어에서 상호 교체될 수 있다. 종종 문장의 리듬에 따라 어느 것이 적절한지가 결정된다. 예를 들어 (114a)-(114b)의 의미는 같다.

(114) a. 我 的 公 司 购买 商品。
    우리 회사에서 상품을 산다.
 b. 我 的 公 司 买 商品。
    우리 회사에서 상품을 산다.

복합어 '购买'를 포함하고 있는 (114a)가 문체상 더 적절한데, 그 이유는 아마도 (115)와 같이 2음절씩 끊어지는 문장의 리듬 때문일 것이다.

(115) — · — · — · —

대다수의 병렬동사복합어의 구성요소들은 동일한 통사 범주에 속한다. 즉, 구성요소의 한쪽이 형용사성 동사(adjective verb)이거나 동작동사(action verb), 지각동사(verb of perception)라면 다른 한쪽도 동일한 종류의 동사이어야 한다. '勇敢'(yǒnggǎn 용감하다), '成熟'(chéngshú 성숙하다), '漂白'(piāobái 표백하다), '贪污'(tānwū 부정부패를 저지르다)와 같은 몇 개의 예외가 있긴 하지만 말이다. 병렬동사복합어는 그 구성요소와 동일한 의미적 특성과 통사적 특성을 가진다. 만약 구성요소가 모두 형용사이면 복합어도 형용사이다. '美丽'(아름답다), '平静'(조용하다) 등이 그 예이다. 또 만약 구성요소가 타동사이면 복합어도 타동사이다. 예를 들면 '评判'(píngpàn 판정하다)이 그러하다. 다음은 병렬동사복합어의 예이다.

(ⅰ) V_1과 V_2가 동의어인 경우

(116)　慈善 : 인자하다　　　　　疲乏 : 피로하다
　　　　艰难 : 어렵다, 고달프다　　贫穷 : 가난하다
　　　　单独 : 혼자이다　　　　　寒冷 : 춥다
　　　　虚伪 : 거짓되다　　　　　奇怪 : 이상하다
　　　　乖巧 : 영리하다　　　　　辉煌 : 휘황찬란하다
　　　　建筑 : 세우다　　　　　　检查 : 검사하다
　　　　迁移 : 옮기다　　　　　　摩擦 : 마찰하다
　　　　疑惑 : 의심하다　　　　　帮助 : 돕다
　　　　归回 : 돌아가다　　　　　治疗 : 치료하다
　　　　防守 : 방어하다　　　　　崇拜 : 숭배하다

(ⅱ) V_1과 V_2가 의미상 유사한 경우

(117)　痛苦 : 고통스럽다　　　　正确 : 정확하다

悲伤 : 슬프다　　　　　　破旧 : 낡다
　　贤明 : 현명하다　　　　　圆滑 : 원활하다
　　广大 : 광대하다　　　　　漂流 : 표류하다
　　显扬 : 돋보이게 하다　　　放弃 : 버리다
　　分散 : 분산되다, 분산시키다　扶养 : 부양하다
　　替换 : 교체하다

3.2.4 주술복합어(Subject-Predicate Compound)

주술복합어란, 첫 번째 성분이 두 번째 동사성분의 주어인 복합어를 말한다. 그런데 단순서술문도 주어와 술어로 이루어져 있으므로, 주술복합어와 단순서술문을 구별할 수 있어야 한다. 주술복합어는 첫째, 전체가 하나의 동사로 기능한다. 단, 예외적으로 명사로 쓰이는 경우도 있다. 둘째, 일부 주술복합어는 숙어적인 의미를 지니고 있다. 셋째, 이들 대부분은 최소한 한 개의 의존형태소(bound morpheme)를 포함한다. 의존형태소란 단독으로는 문장에 출현할 수 없으며 반드시 다른 형태소와 결합해 하나의 단어를 구성해야 하는 형태소를 말한다. 복합어와 단순서술문의 주요한 차이는 단순서술문이 가지고 있는 다양한 통사적 특성에서 비롯한다. 예를 들면, 단순서술문에서는 주어와 술어 사이에 부정소를 둠으로써 문장을 부정할 수 있고, 술어를 A라 할 때 A-not-A 의문문을 구성할 수 있으며, 주어와 술어 사이에 시간부사를 삽입할 수 있다. 그러나 주술복합어는 하나의 단어이므로 이러한 통사적 특성을 가질 수 없다.

일부 주술복합어는 복합어뿐 아니라 단순서술문으로도 쓰일 수 있다. 예를 들어 전체가 하나의 형용사성 동사인 '头疼'(머리 아프다)을 보자. 이것은 다음과 같은 사실에 근거해 복합어로 간주할 수 있다.[11]

---

11. 상세한 논의는 Teng(1974b)을 참고할 것.

(ⅰ) 대부분의 상태동사(stative verb)처럼 '很'과 같은 정도부사(intensifier)의 수식을 받을 수 있다.

(118) 张 三 <u>很</u> 头 疼。
    장싼은 매우 머리가 아프다.

(ⅱ) 일반동사와 마찬가지로 부정될 수 있다.

(119) 张 三 <u>不</u> 头 疼。
    장싼은 머리가 아프지 않다.

(ⅲ) 일반동사와 마찬가지로 '常常'과 같은 부사의 수식을 받을 수 있다.

(120) 张 三 <u>常 常</u> 头 疼。
    장싼은 자주 머리가 아프다.

(ⅳ) 일반동사와 마찬가지로 A-not-A 의문문에서 A요소로 쓰일 수 있다.

(121) 张 三 <u>头 疼 不 头 疼</u>?
    장싼은 머리가 아프니?

이상의 논의와는 반대로 '头疼'을 단순서술문으로 간주할 수도 있다. 이때 주어는 '头'이며 술어는 '疼'이다. (118)-(121)에 기술된 특성들과 1 대 1로 대응되는 (122)-(125)를 통해 '头'는 주어이고 '疼'은 술어임을 알 수 있다.

(ⅰ) '疼'은 강조부사 '很'의 수식을 받을 수 있다.

(122) 头 <u>很</u> 疼。
    머리가 매우 아프다.

(ii) '疼'은 부정될 수 있다.

(123) 头 不 疼。
　　　머리가 아프지 않다.

(iii) '疼'은 '常常'과 같은 부사의 수식을 받을 수 있다.

(124) 头 常 常 疼。
　　　머리가 종종 아프다.

(iv) '疼'은 A-not-A 의문문에서 A요소가 될 수 있다.

(125) 头 疼 不 疼 ?
　　　머리가 아프니?

　주술복합어이면서 동시에 단순서술문으로 쓰일 수 있는 것은 많지 않다. 분명한 것은, 단순서술문으로 쓰일 수 있는 복합어의 구성요소는 의존형태소가 아니라는 것이다. 이와 같은 예로서 '头疼' 이외에 '头昏'(tóu hūn 머리가 어지럽다)과 '眼花'(눈이 침침하다) 등이 있다.
　주술복합어를 살펴보면, 대부분의 경우 술어요소는 형용사성 동사임을 알 수 있다. 동작동사가 술어인 경우는 극히 드물어서, '兵变'(반란을 일으키다)의 '变', '气喘'(qìchuǎn 숨이 가쁘다)의 '喘', '地震'(dìzhèn 땅이 진동하다)의 '震' 정도가 있을 뿐이다.
　주어와 상태술어로 구성되어 있는 대부분의 주술복합어는 상태동사로 쓰인다. 그리고 일반적으로 주어와 동작동사로 구성되어 있는 주술복합어는 동작동사로 쓰인다.

(126) 嘴硬 : 억지를 부리다   胆寒 : 담이 서늘하다(겁내다)
　　 眼红 : 질투하다   胆小 : 담이 작다
　　 脸嫩 : 부끄러움 타다   胆大 : 담이 크다
　　 手紧 : 인색하다   命苦 : 운명이 고달프다
　　 手勤 : 부지런하다   性急 : 성미가 급하다
　　 手毒 : 악랄하다   年轻 : 나이가 어리다
　　 心酸 : 마음이 아프다   声张 : 장황하게 떠들다
　　 心软 : 마음이 여리다

3.2.5 동목복합어(Verb-Object Compound)

동목복합어란, 두 요소가 동사와 직접목적어라는 통사적 관계로 구성되어 있는 어휘를 말한다.[12] 대부분의 동목복합어는 전체가 하나의 동사로 쓰인다. 주술복합어가 단순서술문과 구별되어야 하는 것과 마찬가지로, 동목복합어도 동목구와 구별되어야 한다. 전통적인 중국어문법서(Chao, 1968: 415)에서는 동목구조가 하나의 복합어로 분류되는 몇 가지 조건을 제시하고 있다. 아래의 어느 한 가지라도 충족되면 그 동목구조는 복합어로 분류된다.

1. 구성요소 중 어느 하나 또는 둘 모두가 의존형태소이다.
2. 단위 전체의 의미가 숙어적인 성질을 가지고 있다.
3. 구성요소가 분리될 수 없거나 제한된 범위 안에서만 분리될 수 있다.

'革命'(혁명하다)의 경우, 위의 세 조건을 모두 만족시킨다. 첫째, '革'는 의존형태소이다. 둘째, 이 구조의 의미는 숙어적이다. 즉 전체의 의미는 구성요소 각각으로부터 끌어낼 수 없다. 셋째, 이 구조는 분리될 수 없다. 즉 구

---

12. 이 부분은 Ch'i(1974)의 도움을 받았다.

성요소 사이에 어떠한 성분도 삽입할 수 없다.

다른 예를 보자. '伤风'(감기 걸리다)의 경우, 구성요소는 모두 독립형태소이다. 그런데 단위 전체의 의미는 숙어적이다. 그리고 두 구성요소는 제한된 범위 안에서 분리될 수 있다. 예를 들면 두 번째 구성요소인 '风' 앞에 '大'를 삽입해 다음과 같은 구조를 만들 수 있다.

(127) 伤 大 风。
　　　감기에 심하게 걸리다.

첫 번째 구성요소 '伤' 뒤에 완료상표지 '了'를 넣을 수 있다.

(128) 伤 了 风。
　　　감기 걸렸다.

그런데 두 번째 구성요소를 화제화해 문두로 이동시키는 것은 불가능하다. 이 점은 통사적으로 동사의 직접목적어는 화제화가 가능하다는 점과 비교된다.

(129) a. *风, 伤 了。
　　　b. 虾 子, 抓 到 了。
　　　　　새우, 잡았어.

세 번째 예로서 '睡觉'(잠자다)를 살펴보자. 두 번째 구성요소는 의존형태소로서 오직 이 복합어에서만 쓰인다. '睡觉'의 의미는 단독으로 동사로 쓰일 수 있는 '睡'와 유사하다. 그러나 사실상 두 구성요소를 분리하는 데는 어떠한 제약도 없다. 다시 말하면 '睡觉'라는 복합어는 통사적으로 동사와 목적어가 결합된 경우와 똑같이 쓰이는 것이다. 예를 들면 두 번째 구성요소는 문장에서의 동사의 목적어와 마찬가지로 수식될 수 있다.

(130) 睡 一 觉。
　　　　한숨 자다.
(131) 睡 了 三 个 钟 头 的 觉。
　　　　세 시간 동안 잤다.

첫 번째 구성요소는 문장의 동사와 마찬가지로 상표지를 취할 수 있다.

(132) 我 睡 了 觉 了。
　　　　나는 잠을 잤어.

수식을 받아 한정된 두 번째 구성요소는 문두로 이동시켜 화제화할 수 있다.

(133) 这 一 觉, 睡 得 真 好。
　　　　이번 잠은 정말 잘 잤어.

위에 제시한 세 가지 예는 앞에서 언급한 동목복합어의 세 가지 특성에 비추어볼 때, 동목복합어의 종류가 다양함을 알려준다. 복합어가 숙어성을 띠는지의 여부에는 언제나 정도(degree)의 문제가 개재되어 있음을 우리는 알고 있다(숙어성에 관한 문제는 3.2.2 명사복합어에서도 논의한 바 있다). 위의 예들을 보면 구성요소의 분리가능성조차도 동목복합어에 따라 일정하지 않음을 알 수 있다. 전혀 분리될 수 없는 것은 소수의 몇 개뿐이다. 이들은 보통 숙어성이 강하며 구성요소는 의존형태소이다. 대부분의 동목복합어는 구성요소를 분리할 수 있다. 일반적으로 동목복합어의 구성요소가 분리되는 경우는 다음과 같이 나눌 수 있다.

　　(ⅰ) 상표지에 의한 분리

(134) 张三毕了业了。
　　　장싼은 졸업했다.
(135) 他还没理过发。
　　　그는 아직 이발하지 않았다.

(ii) 양사에 의한 분리

(136) 他给我行了一个礼。
　　　그는 나에게 한 차례 인사했다.
(137) 我叩了两个头。
　　　나는 머리를 두 번 숙였다.
(138) 他溜过一次冰。
　　　그는 스케이트를 한 번 탄 적 있다.

(iii) 목적어성분 앞의 수식어에 의한 분리

(139) 你别生他的气。
　　　그에게 화내지 마.
(140) 他又诉什么苦?
　　　너 또 무슨 불평을 하는 거니?

(iv) 복합어의 목적어요소를 동사 앞으로 이동시키는 경우

(141) 他连舞都不跳。
　　　그는 춤조차 안 춰.
(142) 这个谎我们不能说。
　　　이런 거짓말을 우리는 할 수 없어.

(iv)는 동목복합어의 구성요소가 분리되는 가장 극단적인 예이다. 일반적으로 대부분의 동목복합어는 (iv)의 방식으로 목적어를 분리시킬 수 없다. 어떤 동목복합어가 어떠한 형태로 분리되는지에 대해서는 아직 일반적인 원칙이 없다. 그러므로 동목복합어의 분리는 개별적으로 하나하나씩 학습해야만 할 것이다. 그러나 동목복합어의 대부분이 분리될 수 있으며, 또한 목적어를 동사 앞으로 이동시키는 (iv)는 극히 제한적으로 적용된다는 사실을 볼 때, 동목복합어는 대체로 (ⅰ), (ⅱ), (ⅲ)과 같은 분리과정을 거친다고 말할 수 있다.

대부분의 동목복합어가 공유하고 있는 또 다른 특성은, 그들이 직접목적어를 취하지 않는다는 것이다. 이들을 영어로 옮길 경우 하나의 타동사로 변역되므로 영어 사용자에게는 매우 이상하게 느껴질 것이다. 그러나 중국어에서 대부분의 동목복합어는 자동사로 쓰이므로 그들이 직접목적어를 취하지 않는 것은 당연하다. 다음 예를 보자.

(143) 开刀 : 수술하다
　　　效劳 : 힘쓰다, 봉사하다
　　　满意 : 만족하다
　　　照相 : 사진 찍다
　　　行礼 : 인사하다, 경의를 표하다
　　　结婚 : 결혼하다
　　　开玩笑 : 농담하다, 놀리다

이상의 동목복합어를 영어로 옮길 경우에 나타나는 직접목적어는 중국어에서 '给'와 함께 쓰이는 수혜구나 개사구(介词句)로 표현하게 된다(수혜구는 제10장, 개사구는 제9장을 참고할 것). 아래의 세 예문은 수혜자 표지 '给'가 쓰인 수혜자 명사구가 명백히 타동사의 의미를 지니고 있는 동목복합동사와 함께 출현하고 있음을 보여준다.

(144) 医生 给他 开刀。
　　　의사가 그에게 수술을 해준다.
(145) 我 给他 照相。
　　　나는 그에게 사진을 찍어준다.
(146) 我 给他 行礼。
　　　나는 그에게 인사를 한다.

다음은 개사구를 쓰고 있는 문장이다.

(147) 我 跟他 结婚。
　　　나는 그와 결혼한다.
(148) 我 对他 效劳。
　　　나는 그에게 봉사한다.
(149) 我 跟他 开玩笑。
　　　나는 그와 농담한다.

타동사적인 의미를 지니고 있는 동목복합어에서 직접목적어를 나타내기 위해 목적어성분 앞에 소유구(possessive phrase)를 덧붙이는 방법이 있다. 다음의 두 예문을 보자.

(150) 我 开 他的 玩笑。
　　　나는 그를 놀린다.
(151) 我 帮 他的 忙。
　　　나는 그를 도와준다.

위와 같이 목적어성분 앞에 소유구를 부가해 그것이 직접목적어임을 나타내는 동목복합어의 다른 예로서, '吃豆腐'(희롱하다), '吃醋'(질투하다), '受罪'

(괴로움을 당하다)가 있다.

 (152) 他 吃 <u>我 的 豆 腐</u>。
   그는 나를 희롱한다.
 (153) 你 吃 <u>她 的 醋</u>。
   너는 그녀를 질투한다.

 그러나 동목복합어 중에는 그 자체가 타동사로서 직접목적어를 취하는 것도 있다. 예를 들면 '关心'(관심을 갖다), '怀疑'(의심을 품다), '出版'(출판하다), '提议'(제의하다), '得罪'(노여움을 사다) 등이 그것이다.

 (154) 我 很 <u>关 心</u> 他。
   나는 그에게 관심이 있다.
 (155) 他 <u>注 意</u> 那 件 事。
   그는 그 일에 신경을 쓴다.

 이 절의 앞부분에서 대부분의 동목복합어가 동사로 쓰인다는 사실을 밝힌 바 있다. 그런데 일부 동목복합어는 명사 또는 부사로도 쓰일 수 있다.

  (i) 동목복합어가 명사로 쓰이는 경우

(156) 当局 : 당국   炒饭 : 볶음밥
   董事 : 이사(理事) 行政 : 행정
   当差 : 하인, 심부름꾼 枕头 : 베개
   领事 : 영사

  (ii) 동목복합어가 부사로 쓰이는 경우

(157) 当时 : 당시　　　　　照样 : 했던 대로
　　　照常 : 평소대로　　　转眼 : 순식간에
　　　到底 : 도대체

다음의 문장은 동목복합어가 부사로 쓰이고 있음을 보여준다.

(158) 我们<u>照常</u>工作。
　　　우리는 전과 다름없이 일한다.
(159) 他<u>当时</u>不在美国。
　　　그는 당시 미국에 있지 않았어.
(160) 你<u>到底</u>要什么？
　　　너는 도대체 무엇을 원하는 거야?

　　이제 동목복합어에 관한 이 절의 논의를 역사적인 측면에서 매듭짓고자 한다. 지금까지 우리는 동목복합어의 숙어성과 직접목적어의 분리 가능 여부를 예측할 수 있는 규칙은 아직 없다고 말했다. 동목복합어 중에는 숙어성이 매우 강한 것이 있는가 하면 그 정도가 조금 약한 것도 있고 숙어성이 거의 없는 것도 있다. 마찬가지로 동목복합어 중에는 전혀 분리할 수 없는 것이 있는가 하면 어느 정도까지 분리할 수 있는 것도 있고 일반 동목구와 별 차이가 없이 분리가 매우 자유로운 것도 있다. 다시 말하면 의미의 숙어성과 구성요소의 분리가능성이라는 측면에서 그 정도성은 하나의 연속선을 보이며, 어느 복합어든지 그 연속선상의 한 위치를 점한다. 이 연속선은 동목복합어가 역사적으로 동목구로부터 형성된 것임을 보여준다. 즉 어떤 동목구는 시간의 흐름 속에서 함께 용해되어 동사나 목적어, 혹은 양자 모두가 독립형태소로서의 지위를 잃었거나 아니면 그 구조가 숙어적인 의미를 보이는 복합어로 되었다.
　　언어변화에서 그러한 용해과정은 돌발적이 아니라 점진적이다. 즉 오랜 시간이 지나야 비로소 동목구는 의미상 분리할 수 없이 완벽히 하나로 용해되어 숙어적으로 쓰이는 하나의 단어(예를 들면 '担心')로 발전하는 것이다. 그러므로 상이한 동목복합어는 발전 경로 상 다른 점에 위치하는 것이다.

이러한 역사적 경로는 연속선을 이룬다. 우리는 의미상의 숙어성이나 구성요소의 분리가능성 여부에서 상이한 정도를 보이고 있는 많은 예를 살펴보았다. 중국어에서 보이는 이러한 현상은 인류의 언어가 지니고 있는 일반적인 현상이다. 다시 말하면, 어느 언어에서나 모든 현상 및 구조는 시간에 따라 변화하며 한 형태에서 다른 형태로 변화하는 구조적인 변화는 언제나 오랜 시간을 필요로 한다. 그리고 변화를 겪고 있는 구조의 모든 성분은 변화의 정도에서 차이를 보인다.

3.2.6 상반형용사로 구성된 명사복합어

이 복합어를 구성하는 두 형용사는 의미상 서로 상반된다. 그러나 상반된 두 형용사로 구성된 복합어는 하나의 명사이며, 이 명사는 반대되는 의미의 두 형용사로 이루어져 있지만 단일한 의미를 지닌다.

(161) A_1 ——— A_2
         형용사   형용사

A_1과 A_2는 반의어이며, 이들의 결합체는 하나의 명사이다. 다음이 그 예이다.

(162) 好坏 : 좋다-나쁘다=질(质)   高矮 : 높다-낮다=높이
      大小 : 크다-작다=크기   快慢 : 빠르다-늦다=속도
      长短 : 길다-짧다=길이   厚薄 : 두껍다-얇다=두께
      冷热 : 차다-뜨겁다=온도   真假 : 진짜-가짜=사실성

위의 예를 통해 반의어의 결합은 항상 적극적인 성분이 소극적인 성분의 앞에 위치한다는 것을 알 수 있다. 이 순서는 이미 습관에 의해 정착된 것으로, 마음대로 바꿀 수 없다.

3.2.7 복합어의 기타 유형

이 장에서 우리는 중국어에서 주요한 복합어의 유형을 소개했다. 즉 명사로 구성된 명사복합어, 동보복합어, 병렬동사복합어, 명사로 쓰이는 상반형용사복합어, 주술복합어, 동목복합어가 그것이다. 그러나 중국어에는 이들 주요한 유형에 속하지 않는 복합어가 약간 있다. 여기서는 그 예를 각각 조금씩 제시하고자 한다.

(i) 형용사-명사복합어

(163) 香菜 : 고수, 향채　　　大烟 : 아편
　　　 香水 : 향수　　　　　 大意 : 부주의한
　　　 热心 : 열심인　　　　 美术 : 미술
　　　 虚心 : 겸손한　　　　 小帐 : 팁
　　　 黄油 : 버터　　　　　 小便 : 소변
　　　 大门 : 대문　　　　　 臭豆腐 : 삭힌 두부
　　　 高足 : 학생(남의 제자를 높여 부르는 말)

(ii) 부사복합어

(164) 反正 : 어쨌든　　　　　向来 : 여태껏, 지금까지
　　　 刚才 : 방금　　　　　 左右 : ~쯤, ~좌우
　　　 根本 : 근본적으로, 전혀　早晚 : 조만간

(iii) 명사-양사복합어(이들은 항상 집합 또는 복수명사를 표시한다는 점에서 규칙성을 보임)

(165) 布匹 : 베, 천　　　　船只 : 선박
　　　马匹 : 말　　　　　银两 : (화폐로 쓰이는) 은화
　　　书本 : 서적　　　　灯盏 : 등잔

(iv) 명사-동사복합어(주술복합어와 구별할 것)

(166) 枪毙 : 총살하다　　　利用 : 이용하다
　　　风行 : 유행하다　　　步行 : 걷다
　　　口试 : 구두시험

(ⅴ) 부사-동사복합어

(167) 自动 : 자동　　　　后人 : 자손
　　　自治 : 자치　　　　后事 : 뒷일. 사후의 뒤처리
　　　自杀 : 자살하다　　先天 : 선천적인

이들은 위의 예문이나 주석을 통해 알 수 있듯이 대부분이 숙어이다. 중국어를 배우는 사람이라면 이들 복합어가 어떻게 구성되었는지 상관없이 그 의미를 개별적으로 암기해야 할 것이다.

제4장
단순서술문(Simple Declarative Sentence)

단문(simple sentence)이란 동사가 하나밖에 없는 문장을 의미한다. 이와 달리 둘 이상의 동사가 있는 문장을 복문(complex sentence)이라고 한다(복문의 여러 형태에 대해서는 제20~24장에서 논의하겠다).

이 장에서는 중국어의 단순서술문을 구성하는 성분들을 논의하면서 중국어의 단순서술문이 갖는 기본적인 특성을 살펴보려고 한다. 이러한 성분으로서는 화제(topic), 주어(subject), 명사구(noun phrase), 동사구(verb phrase) 등을 들 수 있다.

4.1 화제와 주어(Topic and Subject)

다른 언어들과 구별되는 중국어의 전형적 특성인 화제의 부각성(topic-prominent nature)에 대해서는 제2장에서 논의한 바 있다. 이 절에서는 화제와 주어의 개념에 대해 좀 더 자세히 살펴보기로 하자.

4.1.1 화제의 특성(Characterization of Topic)

화제란 무엇인가? 제2장에서 화제는 '그 문장이 진술하는 대상'으로 규정했다. '그 문장이 진술하는 대상'이 무엇인지를 결정하는 것이 직관에 의거한 것이라 할지라도, 그것은 화제의 본질적인 특성을 정확하게 언급하는 말이다. '그 문장이 진술하는 대상'이란 말을 다른 식으로 표현하면, 화제는 그 문장의 주요 진술에 대해 시간적, 공간적 혹은 개별적인 틀(framework)을 설정한다고 말할 수 있다.[1]

한편 화제는 청자가 이미 알고 있는 것, 다시 말해 한정된(definite) 사항이나 어떤 대상의 전체, 즉 총칭적인 실체를 표현한다(4.2.5 참고).

영어에서는 명사 앞에 관사를 써서 한정과 비한정을 나타낸다. 반면에 중국어에서는 '那'(저)가 한정을 표시하고 '一'(하나)가 비한정을 표시하기는 하지만, 한정과 비한정을 구별하기 위해 항상 어떤 표시를 해야 하는 것은 아니다. 중국어에서는 명사에 한정의 표지가 없더라도 그것이 화제로 쓰이면 항상 한정이나 총칭적으로 해석되며, '一'나 그 밖의 수사의 수식을 받는 비한정 명사구는 일반적으로 화제로 쓰이지 않는다.[2]

---

1. 이 점에 관한 논의는 Chafe(1976)을 볼 것.
2. 이 진술에 대해서는 세 가지 유형의 예외가 존재한다. 첫째, Chauncey Chu가 지적한 것인데 다음 문장이 좋은 예가 된다.
   (i) 一个人 就 够 了。
      한 사람이면 충분하다.
   여기서 '一'는 어떤 특수한 비한정적인(즉 알려지지 않은) 실체를 가리키는 것이 아니라 추상적인 양즉 '하나')을 가리킨다.
   둘째 유형의 예외는 다음의 예문이 보여준다.
   (ii) 一条腿 断 了。
      한쪽 다리가 부러졌다.
   여기에서 밑줄 친 명사구도 역시 비한정적이 아니라, 청자가 이미 알고 있는 어떤 실체의 '부분'을 가리키고 있다. 그러므로 이것은 한정적 명사구라고 할 수 있다. (iii)은 이와 유사한 예인데, Li and Thompson(1975a: 175)에서 발췌한 것이다.
   (iii) 一个农夫 说 "我 想 出 一 个 办法 了"。
      (농부들 가운데) 한 농부가 말했다. "한 가지 좋은 방법이 생각났어."

(1) 狗 我 已 经 看 过 了。
   개는 내가 이미 본 적이 있어. (한정적/총칭적)
(2) 那 只 狗 我 已 经 看 过 了。
   저 개는 내가 이미 본 적이 있어. (한정적)
(3)*一 只 狗 我 已 经 看 过 了。

화제의 의미적 특성은 두 가지로 요약할 수 있다. 화제는 문장이 진술하는 대상으로서 그 뒤의 진술에 대해 시공간상의 틀을 설정하며, 한정적이거나 총칭적이어야 한다. 그러면 화제가 갖는 형식상의 특징은 무엇인가? 그 대답은 두 가지이다. 첫째, 화제는 항상 문두에 온다(앞의 문장과 연결시켜주는 접속사가 그 앞에 오지 않을 경우). 둘째, 화제 다음에는 종종 휴지(休止)를 두거나 '啊', '嘛', '呢', '吧' 등의 휴지사(pause particle)를 사용함으로써 문장의 다른 부분과 구별할 수 있다.3 따라서 (2)는 다음과 같이 말할 수도 있다.

(4) 那 只 狗 啊/ 嘛/ 呢, 我 已 经 看 过 了。4
   그 개는 내가 이미 본 적이 있어.

셋째 유형의 예외는 '一'가 '각각'의 의미로 해석되는 경우이다.
   (iv) 一 个 人 吃 一 口。
       한 사람당 한 입씩 먹는다.
3. Tsao(1977: 86ff.)에서 채택했다. 이 조사가 문말조사(sentence-final particle)로 쓰이는 경우에 대해서는 제7장을 참고할 것.
4. 화제가 명사구가 아니라 동사구인 경우에도 '啊, 嘛, 呢, 吧'와 같은 휴지사를 쓸 수 있다. 이때 '吧'는 동사구 화제와만 함께 쓰일 수 있다. 예문 몇 개를 보자.
   (i) 喝 酒 啊/ 嘛/ 呢/ 吧, 也 可 以。
       술 마시는 것 말야, 그것도 좋지.
   (ii) 唱 歌 啊/ 嘛/ 呢/ 吧, 没 什 么 兴 趣。
       노래하는 것 말이지, (그것에 대해) 그다지 관심이 없어.
   (iii) 去 啊/ 嘛/ 呢/ 吧, 不 好 意 思; 不 去 啊/ 嘛/ 呢/ 吧, 又 不 开 心。
       가자니 좀 미안하고, 안 가자니 또 기분이 언짢다.

이러한 휴지사는 화제를 나타내기 때문에 '화제 표지'(topic marker)라고 부를 수 있다. 그러나 이러한 화제 표지는 단순히 휴지(pause)만을 나타내는 기능을 하기 때문에 반드시 써야 하는 것은 아니다. 그러므로 중국어에서 화제 표지는 결코 보편적으로 쓰이는 것이 아니며, 또한 (4)에서 쓰인 화제 표지도 방언에 따라 다양한 모습을 보인다.

요약하면, 화제는 문장의 진술대상을 나타내는 명사구로서 한정적이거나 총칭적이며, 문두에 위치하고, 휴지를 두거나 휴지사를 부가할 수 있다.

4.1.2 주어의 특성(Characterization of Subject)

중국어 문장에서 그 문장의 동사가 나타내는 동작(action)이나 존재(being)와 관계를 맺고 있는 명사구를 주어(Subject)라고 한다. 이러한 관계의 구체적인 모습은 동사의 의미적 특성에 의해 결정된다. 단문에서 모든 동사는 특정 형식의 명사구를 주어로 취한다. 예를 들면, 영어의 'elapse'와 같은 동사의 주어로는 시간의 경과를 나타내는 시간명사구가 와야 하고, 'breathe'와 같은 동사의 주어로는 생물명사구가 와야 하며, 'happen'과 같은 동사의 주어로는 물질적 대상이 아닌 추상명사구가 와야 한다. 다음의 예문을 보자. 주어에는 밑줄을 그었다.

(5) 我 喜 欢 吃 苹 果。
　　나는 사과 먹기를 좋아한다.
(6) 张 三 打 我 了。
　　장싼이 나를 때렸다.
(7) 那 所 房 子 好 贵。
　　그 집은 매우 비싸다.

(5)에서 '좋아하는' 행위를 하는 사람은 '我'이고, (6)에서 '때리는' 동작을

하는 사람은 '张三'이며, (7)에서 '비싼' 것은 '那所房子'이다.

4.1.3 화제와 주어의 비교

앞에서 말한 화제와 주어의 특성을 기초로 해 이 두 요소가 단순서술문에서 실제로 어떻게 사용되고 있는지 살펴보자.[5] 주어와 화제의 특성은 둘 중 하나만 쓰인 문장에서 가장 잘 드러나지만 여기서는 모든 경우를 다 살펴보기로 한다.

A. 주어와 화제가 모두 쓰인 문장

(2) 那只狗我已经看过了。
    저 개는 내가 이미 본 적이 있어.

이 문장에서 화제는 '那只狗'이다. 왜냐하면 그것은 문장의 진술대상이고 한정적이며 문두에 있을뿐더러 휴지사를 부가할 수도 있기 때문이다. 그러나 그것이 주어는 아니다. 왜냐하면 그것은 동사 '看'과의 관계를 살펴볼 때, 행위의 주체도 아니고 실재하는 대상도 아니기 때문이다. '看'과 그런 관계에 있는 것은 '我'이다. 따라서 (2)는 주어와 화제를 모두 가지고 있다.

B. 주어와 화제가 동일한 문장

(5) 我喜欢吃苹果。
    나는 사과 먹는 것을 좋아한다.

---

5. 현대중국어의 화제와 주어에 대해 더 깊이 있는 언어학적 논의를 알고 싶다면 Li and Thompson(1976)과 Tsao(1977)을 볼 것.

이 문장에서 '我'는 주어이다. 왜냐하면 그것은 동사 '喜欢'의 행위 주체이기 때문이다. 또한 그것은 문장의 화제이다. 왜냐하면 그것이 주어뿐만 아니라 화제로서의 모든 조건도 만족시키기 때문이다. 즉 그것은 한정되어 있고 문장의 진술대상이며 그 뒤에 휴지를 둘 수도 있다.

C. 주어가 없는 문장

중국어에서는 화제는 있지만 주어가 없는 문장이 많다. 그러한 문장의 주어는 보통 앞뒤 문맥에 따라 추측이 가능하다.

(8) 那本书出版了。
　　그 책은 (누군가) 출판했다.

(8)에서 '那本书'는 분명히 화제이지 주어는 아니다. 왜냐하면 동사 '出版'의 행위 주체가 아니기 때문이다. '출판하는 행위'를 하는 주체는 '그 책'이 아니라 어떤 사람이나 기관이어야 한다.

(8)과 같은 문장은 종종 '그 책이 출판되었다'와 같이 수동문으로 번역되기도 한다. 그러나 중국어에서는 (8)과 같은 예문이 수동문이 아니라는 것을 알아야 한다. 이 문장은 동사의 주어가 표시되지 않은 단순한 화제-진술 구문일 뿐이다. 다음의 예문을 보자.

(9) a. 房子造好了。
　　　집은 (누군가) 다 지었다.
　　b. 衣服烫完了。
　　　옷은 (누군가) 다 다렸다.
　　c. 饭煮焦了一点。
　　　밥은 (누군가) 조금 태웠다.

d. 这个题目最好不要提出来。
이 문제는 (너는) 되도록 거론하지 않는 게 좋다.

D. 화제나 주어가 모두 없는 문장

화제가 없는 문장에는 두 가지 형태가 있다. 하나는 대화 문맥에서 화제를 알 수 있는 경우인데(24.1 참고), 질문에 대한 대답이 전형적인 예이다.

(10) A: 你看过李四没有？
　　　너 리쓰를 본 적이 있니?
　　B: 没看过。
　　　본 적 없어.

(10B)에서는 주어나 화제로서 '我'를 쓸 필요가 없다. 왜냐하면 그것은 이미 앞의 질문에서 '你'라고 언급되었기 때문이다. 중국어에서 상식적으로 알 수 있는 화제는 일반적으로 생략된다. 다음 예를 보자.

(11) A: 橘子坏了吗？
　　　귤이 상했니?
　　B: 坏了。
　　　상했어.

(11A)에서 이미 말한 '橘子'는 (11B)에서 생략되었다. 왜냐하면 그것은 대화 속에서 쉽게 알 수 있기 때문이다. 명령문의 예를 보자. 그러한 경우로 명령문에서 문장의 주어나 화제는 당연히 청자이므로 문장에 쓸 필요가 없다.

(12) 进来！
　　들어와!

화제가 생략될 수 있는 두 번째 유형의 문장은, 명사구가 한정적이거나 총 칭적이지 않은 경우, 또는 한정적이거나 총칭적인 명사구가 문장의 진술대상 으로 쓰이지 않은 경우이다. 그런 문장에서 주어는 보통 비한정 명사구로서, 문두에 올 수도 없고 화제가 될 수도 없다. 이러한 비한정 주어는 동사의 뒤 에 놓여야 한다. 이런 문장은 담화 중에 비한정 명사구를 '제시하는'(present) 구조로 되어 있기 때문에 '제시문'(presentative sentence)이라고 한다. 이에 대 해서는 제17장에서 상세히 논의할 것이다. 다음의 예문에서 비한정 주어에는 밑줄을 그었다.

(13) 进来了<u>一个人</u>。
    어떤 사람이 들어왔다.
(14) 有<u>人</u>在打电话给张三。
    어떤 사람이 장싼에게 전화를 걸고 있다.
(15) 下<u>雨</u>了。
    비가 온다.

(13)에서 들어오는 행위를 하는 사람은 '一个人'이다. 그것은 동사 '进来' 의 주어임에는 틀림없지만 화제는 아니다. 왜냐하면 그것은 한정적이지도 않 고 총칭적이지도 않으며 문두에 위치하고 있지도 않기 때문이다. 그것은 담 화 속에서 서로 모르고 있는 실체(entity)를 제시한다. (14)에서 '人'은 '打电 话'의 주어이지만, '有'가 그 앞에 쓰였기 때문에 화제라고 할 수 없다. (14) 에 쓰인 한정명사 '张三'은 문장의 진술대상이 아니므로 화제라고 할 수 없 다. (15)에서 '雨'는 동사 '下'의 주어이다. 중국어에서 '비가 온다'라는 말을 (15)처럼 표현하기 때문에 '雨'가 '下'의 주어라는 사실이 쉽게 간과된다. (16) 에서 '那场雨'는 동사 '下'의 주어이면서 또한 화제이다.

(16) <u>那场雨</u>下得很大。
    저번 비는 아주 많이 내렸다.

그러므로 명사구가 동사의 행위 주체이거나 실재하는 대상인지 여부를 살펴보면 그것이 화제인지 주어인지 알 수 있다. (2)에는 화제 명사구와 주어 명사구가 모두 존재하고, (5)-(7)에서는 하나의 명사구가 주어와 화제의 역할을 동시에 하고 있고, (8)-(9)에는 화제 하나만 있고 (13)-(15)에는 주어만 있다.

4.1.4 이중주어문(Double-Subject Sentence)

주어와 화제를 모두 가지는 문장형태를 특히 '이중주어문'이라고도 한다. 다음이 그 예인데,[6] 첫 번째 명사구가 화제이고 두 번째 명사구가 주어이다.

(17) 象 鼻子 长。
　　 코끼리는 코가 길다.
(18) 张三 女朋友 多。
　　 장싼은 여자친구가 많다.
(19) 这个女孩 眼睛 很大。
　　 이 여자아이는 눈이 크다.
(20) 五个苹果 两个 坏了。
　　 사과 다섯 개 중에서 두 개가 상했다.
(21) 这班学生 他 最聪明。
　　 이 반의 학생 중에 그가 가장 똑똑해.
(22) 家具 旧的 好。
　　 가구는 오래된 것이 좋아.

(17)-(22)와 같은 문장을 이중주어문이라고 불러왔다. 왜냐하면 문법연구 초기의 학자들은 문두의 명사구를 화제로 생각하지 않고 (23)과 같이 두 개의 주어로 분석했기 때문이다.

---

6. 이중주어문에 관한 더 깊이 있는 언어학적 논의는 Teng(1974b)을 참고할 것.

(23)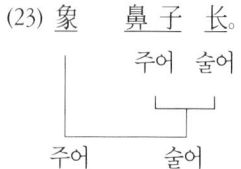

그러나 화제의 개념을 이용하면 이런 문장이 주어와 화제 사이에 특별한 의미관계가 있는 화제-진술문임을 알 수 있다. 주어와 화제가 부분-전체(part-whole)의 관계에 있음을 알 수 있다. 즉 이중주어문이라고 부르는 문장에서 화제는 주어를 부분으로 가지는 전체가 된다. (17)-(19)에서는 화제가 주어를 소유하고, (20)-(22)에서는 화제가 집합 전체를 지칭하고 주어는 그 집합에 속하는 하위집단(subset)을 지칭한다.

이처럼 이중주어문은 부분-전체의 관계에 있는 주어와 화제를 포함하는 문장이다. 그러나 이중주어문은 일반적인 화제-진술문의 하나로 파악될 수 있다. 즉 화제는 문장이 진술하는 대상인 한정 명사구이고, 주어는 동사의 행위 주체이거나 실재하는 대상으로 보는 것이다.

4.1.5 Chao의 분석과의 비교

Chao(1968: 67-104)는 여기에서 논의한 것과는 다른 방식으로 주어와 화제의 개념을 설명했다. 그의 관점과 여기서 논의하고 있는 접근방법을 비교해 보면, 그의 저서와 이 책을 이해하는 데 모두 도움이 될 것이다.

Chao의 논술을 보면, 그는 화제와 주어를 구별하지 않음을 알 수 있다. 그는 중국어 문장이 주어(첫 번째 명사구)와 술어(주어를 제외한 문장의 나머지 부분)로 이루어져 있으며, 그 '주어'와 '술어'의 의미(meaning)나 기능(function)은 '화제'와 '진술'이라고 생각했다. 다시 말해서 Chao는 '화제'를 '주어'와 구별되는 문법적 실체가 아니라 주어 명사구가 전달하는 의미를 설명할 때 쓰는 방편으로만 파악했다.

이러한 분석의 문제점은 화제의 의미나 기능을 가지는 첫 번째 명사구가 주어일 때, 화제와 주어 사이에 구분이 없다는 것이다. 다음 문장을 보자.

(24) 那棵树叶子很大。
  그 나무는 잎이 매우 크다.

Chao는 '那棵树'(그 나무)를 대주어(main subject)로 보고, '叶子'(잎)를 소주어(minor subject)로 보았다.

이와 달리 우리는 주어와 화제를 두 개의 다른 개념으로 본다. 비록 어떤 문장에서는 하나의 명사구가 주어와 화제의 기능을 둘 다 수행한다 할지라도 이 두 개념은 다음 두 가지 이유 때문에 구별되어야 한다. 첫째, 중국어 문장에서 화제의 역할을 이해해야만 화제 부각 언어로서의 중국어의 특성을 제대로 인식할 수 있고, 또한 언어들이 지닌 차이점과 유사성에 따라 분류하는 유형론적 기준으로서 화제 부각성이 얼마나 중요한지 제대로 인식할 수 있다. 둘째, 중국어 문장에서 화제들을 인식할 수 있어야 담화 중에 쓰이는 화제의 역할을 제대로 이해할 수 있다(4.1.8, 4.1.9 참고).

4.1.6 시간구와 처소구(Time and Locative Phrase)

앞에서 우리는 화제가 항상 문두에 온다고 말했다. 그러나 두 가지 다른 성분들도 종종 문두에 온다. 바로 시간구와 처소구가 그것이다. 이것들도 화제로 간주해야 하는가? 우리는 화제로 봐야 한다고 생각한다. 다음에 몇 가지 예를 제시했는데, 앞의 세 가지는 시간구이고 뒤의 세 가지는 처소구이다.

(25) 昨天雪下得很紧。
  어제 눈이 줄기차게 내렸다.

(26) 那年他很紧张。

그 해에 그는 바쁘게 지냈다.

(27) <u>上个月</u>天气非常闷。
지난달에는 날씨가 매우 후덥지근했다.

(28) <u>墙上</u>爬着很多壁虎。
벽에 많은 도마뱀이 기어 다니고 있다.

(29) <u>信封里</u>装不进这些照片。
봉투에 이 사진들을 넣을 수 없다.

(30) <u>在台北</u>可以吃得很好。
타이베이에서는 잘 먹을 수 있다.

이러한 문두의 시간구와 처소구를 화제로 간주하는 이유는 그들이 화제의 특성을 모두 지니고 있기 때문이다. 즉 그것들은 그 안의 나머지 부분들에 대해 시간 및 공간상의 틀(frame)을 설정하며, 청자가 이미 알고 있는 한정적인 처소나 시간을 언급하며, 또한 휴지사가 뒤에 올 수 있다.

4.1.7 그 밖의 예

중국어에서 화제-진술 구조를 확실히 이해하기 위해서는 화제와 진술 간의 개방적인 관계(the openness of the relationship)를 이해하는 것이 중요하다. 예컨대 문장 속의 진술이 화자와 청자의 인식 안에서 화제에 대한 어떤 사항을 표현하기만 한다면 그 문장은 의미 있는 것이 된다. 아래에서 다양한 예를 들어 화제-진술 관계를 설명하겠다.

(31) <u>面</u>我最喜欢吃辣的。
국수는 나는 매운 것을 제일 좋아해.

(32) <u>这件事你</u>不能光麻烦一个人。
이 일은 네가 단지 한 사람만을 번거롭게 해서는 안 돼.

(33) 那种豆子 一斤 三十块钱。
　　그런 콩은 한 근에 30원이야.

(34) 那场火 幸亏 消防队 来得快。
　　그 화재는 다행히 소방대가 빨리 왔다.

(35) 篮球 我 打 得 不 太 好。
　　농구는 내가 그다지 잘하지 못해.

(36) 这 本 小说 张 三 看 完 了。
　　이 소설은 张三이 다 봤어.

(37) 路 上 的 蛇 我 想 是 不 会 咬 人 的。
　　길에 있는 뱀은 내 생각에 사람을 물지 않을 거야.

(38) 那 个 孩 子 (他 的) 衣服 都 破 了。
　　그 아이는 옷이 다 헤졌어.

(39) 炉 子 里 的 火 我 让 它 自 己 灭 掉。
　　화로 안의 불은 내가 저절로 꺼지게 하겠다.

(40) 大学 现 在 多半 是 男 女 同 校。
　　대학교는 지금 대부분 남녀공학이다.

(41) 报 上 的 消 息, 世界 上 的 情形 很 不 好。
　　신문 뉴스로는 세계의 정세가 아주 나쁘다.

(42) 这 个 东 西 名字 叫 '电 视'。
　　이 물건은 이름이 '텔레비전'이다.

(43) 婚 姻 的 事 我 自 己 做 主。
　　혼사는 내가 스스로 알아서 하겠다.

때로는 동사나 동사구가 화제인 경우도 있다.

(44) 住, 台 北 最 方 便 ; 吃, 还 是 香 港 好。
　　살기에는 타이베이가 제일 편하고, 먹는 것은 그래도 홍콩이 좋아.

(45) 到美国留学政府早规定了办法。
　　미국으로 유학가는 것은 정부가 이미 절차를 만들어놓았다.
(46) 天天买菜, 我真不知道该买什么好。
　　매일매일 장을 보는데 정말이지 무엇을 사야 할지 모르겠어.
(47) 出去喝茶我请你。
　　나가서 차 마시는 거 내가 살게.

때로는 절 전체가 화제일 수도 있다.

(48) 历史系开会我可以跟李四提一提。
　　역사학과에서 회의를 개최하는 것은 내가 리쓰에게 한번 말해줄 수 있지.
(49) 张三明天去美国我觉得很奇怪。
　　장싼이 내일 미국에 가는 거 내 생각에 정말 이상해.

(44)-(49)처럼 동사구나 절 전체가 화제로 쓰일 경우에는 단순명사구가 화제로 쓰이는 경우와 동일한 조건이 필요하다는 사실에 주목하기 바란다. 즉 구나 절은 문장이 진술하는 대상을 나타내며 문장의 틀을 설정해준다. 또한 구나 절은 화제 조사(topic particle)가 뒤따르기도 하며, 화자와 청자가 이미 알고 있는 정보를 언급해야 한다. 예를 들어 (49)와 같은 문장은 장싼이 그 다음날 미국으로 간다는 사실을 청자가 이미 알고 있지 않으면 사용할 수 없다. 때로 화제는 전체 문장의 맨 앞에 오지 않고 그것이 속해 있는 절의 앞에 오기도 한다(제21, 23장 참고).

(50) 我想那件衣服我穿起来很好看。
　　내 생각에 그 옷은 내가 입으면 아주 멋있을 것 같다.
(51) 我很饱了, 所以橘子我不吃了。
　　배가 너무 불러서 귤은 내가 못 먹겠어.

(50)은 종속절에 화제와 주어가 있는 복문이다. 복문의 종속절이 주어와 구별되는 화제를 가질 수 있는지 여부는 주요 동사에 달려 있다. 일반적으로 발화동사(verb of saying, '说'나 '提议' 등)나 지각동사(verb of mental activity, '觉得'나 '想' 등)가 있는 복문에서만 종속절에 주어와 구별되는 화제가 나타날 수 있다. (51)은 두 절을 연결시켜주는 문장연결사, 즉 접속사 '所以'(그러므로)가 있기 때문에, 두 번째 절에 화제와 주어가 같이 나타날 수 있다.

4.1.8 담화요소(Discourse Element)로서의 화제

앞에서 언급했듯이, 화제를 주어와 구별하는 데는 몇 가지 중요한 이유가 있다.[7] 한 가지 이유는 그들이 문장에서 다르게 쓰인다는 사실이다. 그러나 더 중요한 사실은 화제가 본질상 담화요소이며 담화에서 특수하게 쓰인다는 사실이다. 담화(discourse)란, 대화나 단평(短評), 이야기 혹은 그 밖의 다른 종류의 언어 상황이 발생하는 문맥을 의미한다.

A. 선행담화(The Preceding Discourse)

선행담화에 관한 화제의 기능 가운데 하나는 그것이 속해 있는 문장의 요소를 어떤 선행문장과 연결시켜주는 것이다. 다음의 대화를 살펴보자.

(52) A: 我 在 新 国 学 校 教 书。
　　　　저는 신국학교에서 교편을 잡고 있습니다.
　　B: 哦! 新 国 学 校, 那 儿 有 一 位 张 先 生 你 认 识 不 认 识?
　　　　아, 신국학교요, 거기 장 선생이란 분이 계신데 아십니까?

B가 한 말 가운데 화제는 '新国学校'인데, 이것은 분명히 A가 방금 했던

---

7. 이 논의는 Tsao(1977: 6장)를 수정한 것임.

말을 되풀이한 것이다. 화제가 담화에서 하나의 문장을 선행문장과 연관시키는 작용을 한다는 것은 바로 이런 의미이다.

담화에서 화제의 또 다른 기능은 선행담화와 연관되어 있지만 내용이 약간 다른 제2의 화제(subtopic)를 소개하는 것이다.

예를 들어 A가 이사를 가려고 B에게 여러 가지를 상의하고 있다면, B는 A에게 다음과 같이 말할 수 있다.

(53) 新房子 离 这 里 远 不 远 ?
　　　새 집은 여기서 머니?

이 경우에 '新房子'는 (53)을 말하기 전의 대화상황에서 정확하게 언급되지는 않았지만 화제(동시에 주어)이다. 이것은 이사에 대한 대화 안에 포함되어 있어서 화자와 청자 모두 이미 알고 있다고 간주되는 것이다.

마지막으로, 화제가 선행담화와 관련되는 세 번째 방법은, 앞에서 언급한 화제를 다시 소개하는 것이다. 예를 들면 (53)에 묘사된 대화상황에서 A와 B가 새 집과 이사에 대한 이야기를 끝내고 다른 문제를 한참 이야기하다가 A는 처음 문제로 돌아가 다음과 같이 말할 수 있다.

(54) 那 新 房 子 我 想 你 看 了 一 定 很 喜 欢。
　　　그 새 집은, 내 생각에, 네가 보면 분명히 좋아할 거야.

영어에서는 앞에 나왔던 것을 다시 화제로 제시할 경우에 전형적으로 'as for'라는 표현을 쓴다.

B. 후행담화(The Following Discourse)

화제는 뒤에 나오는 요소와 대조를 통해 상호작용을 하기도 한다. 즉 어떤 두 가지 사항을 대조하려 할 때, 화자는 그 두 항목을 문장의 화제 위치에 둠으로써 그 목적을 달성할 수 있다.

(55) 衣服 新 的 好 ; 朋友 旧 的 好。
    옷은 새것이 좋고 친구는 오랜 친구가 좋다.

4.1.9 담화에서의 화제와 공지시성

어떤 이야기에서 발췌한 (56)을 보자.

(56) John went to college in California. He majored in linguistics.
    존은 캘리포니아에서 대학을 다녔다. 그는 언어학을 전공했다.

(56)의 두 문장에서 밑줄 친 화제는 동일인물을 가리키므로 '공지시적' (coreferential)이라고 한다. 일반적으로 동일한 대상을 가리키는 두 개의 명사구는 공지시적이다. 영어에서는 이어지는 두 문장에 두 개의 공지시적 명사구가 있을 경우, 두 번째 문장의 공지시적 명사구는 (56)처럼 대개 대명사로 나타낸다. 그러나 중국어에서 두 번째 문장의 공지시적 명사구는 대명사로 표시되기도 하지만 대개는 생략된다(담화에 쓰인 대명사에 관해 기술한 제24장 참고). (57)은 (56)에 대한 가장 자연스러운 중국어 대응문이다.

(57) 张三 是 在 加 州 念 的 大 学, 专 修 语 言 学。
    장싼은 캘리포니아 주에서 대학을 다녔는데, 언어학을 전공했다.

중국어에서 화제의 중요한 담화특성은, 화제와 주어가 모두 있을 때 뒷문장에서 생략된 명사구가 무엇인지를 결정하는 데 주어보다 화제가 우선권을 가진다는 사실이다. (58)의 예를 통해 설명해보자.

(58) 那 棵 树 叶 子 大; (所 以) 我 不 喜 欢 ___ 。
　　그 나무는 잎이 커서 나는 싫어해.

(58)의 두 번째 문장에서는 동사 '喜欢'의 목적어가 생략되었는데, 그것은 선행문장의 주어인 '叶子'가 아니라 화제인 '那棵树'이다. 또 다른 예로 (59)를 보자.

(59) 那 块 田 稻 子 长 得 很 大 ; (所 以) ___ 很 值 钱。
　　그 논은 벼가 크게 자라서 값어치가 꽤 있다.

여기에서 (59)의 두 번째 문장에서 생략된 명사구는 선행문장의 주어 '稻子'(dàozi 벼)가 아니라 화제인 '那块田'이다. 연속되는 절에서 공지시를 결정하는 데 화제가 주어보다 우선권을 갖는 이유는 화제의 담화적 성격 때문이다. 화제는 문장이 진술하는 대상이므로 몇 개의 문장이 동일한 객체에 대해 진술하거나 화제를 공유하는 것은 정상적인 일이다. 따라서 화제는 쉽게 문장의 경계선을 넘어서 그 영향력을 행사할 수 있다. 반면에 주어가 동시에 화제의 역할도 겸하는 경우가 아니라면, 주어는 그것이 쓰인 문장 안에서만 주어의 역할을 하는 것 같다. (58)의 두 번째 문장이 앞 문장과 분리될 경우, 두 번째 문장의 '喜欢'은 그것의 직접목적어로서 첫 번째 문장의 화제 '那棵树'뿐만 아니라 주어 '叶子'를 선택할 수도 있음을 주목하기 바란다. 마찬가지로 (59)의 두 번째 문장이 앞 문장과 분리될 경우, 두 번째 문장의 동사 '值钱'은 원칙적으로 그것의 주어로서 첫 번째 문장의 화제 '那块田'뿐만 아니라 주어 '稻子'를 취할 수도 있다. 그러나 (58)과 (59)의 생략된 명사구는 선행문장의 화제와만 공지시적인 관계를 갖는다. (58)과 (59)에서 생략된 명사구의 공지시를 결정하는 데 화제가 주어보다 우선권을 가지기 때문이다.

4.2 명사구(The Noun Phrase)

명사구는 형식적인 면과 함께 기능적인 면에서도 설명될 수 있다. 명사구는 사람, 사물, 사물의 부류, 활동, 사건, 추상적인 성질이나 개념 등에 명칭을 부여하는 기능을 한다. 그러므로 명사구는 문장 안에서 동사와 함께 쓰여 화제나 주어, 직접목적어, 간접목적어, 전치사의 목적어가 된다. 물론 명사구는 '그것은 무엇이냐?', '너는 무엇을 공부하고 있니?'와 같은 물음에 대한 적절한 대답으로서 명칭이 요구되는 상황에서도 쓰인다.

형식상 명사구는 '我', '我们'과 같은 대명사나 명사로 구성된다. 명사는 '马', '葡萄' 같은 단순명사일 수도 있고, '书包', '电灯' 같은 복합명사일 수도 있다. 또한 명사구는 명사와 기타 요소로 구성될 수 있는데, 기타 요소들은 모두 명사 앞에 와야 한다. 기타 요소로는 ① 분류사구(classifier phrase)/양사구(measure phrase)나, ② 부가구(associative phrase), ③ 수식구(modifying phrase)가 있다. 명사가 이러한 요소들과 함께 쓰일 때 그 명사를 중심명사(head noun)라 부른다. 이 요소들을 하나씩 차례로 살펴보자.

4.2.1 분류사구/양사구

중국어의 명사구가 지니는 가장 두드러진 특징은 분류사가 있다는 점이다.[8] 분류사는 수사(예를 들어 '一', '十' 등)나 지시사(예를 들어 '这', '那', '哪'), 양화사(quantifier, '整', '几', '某一', '每')와 함께 명사 앞에 쓰인다. 예를 들어 (60)에서 밑줄 친 것이 모두 분류사이다.

(60) a. 三 <u>个</u> 人 : 세 사람
　　　b. 这 <u>盏</u> 灯 : 이 등잔

---

8. 분류사(classifier)에 대한 깊이 있는 논의는 Alleton(1973: 47-52)과 Rygaloff(1973: 67-82)를 참고할 것.

    c. 几 <u>件</u> 衣 服 : 옷 몇 벌
    d. 五 <u>架</u> 飞 机 : 비행기 다섯 대
    e. 那 <u>头</u> 牛 : 그 소
    f. 这 几 <u>门</u> 炮 : 이 몇 대의 대포
    g. 那 六 <u>本</u> 书 : 저 여섯 권의 책
    h. 整 <u>个</u> 房 子 : 온 집

분류사는 명사에 따라 선택된다. 중국어에는 수십 개의 분류사가 있는데, Chao(1968: 7.9)에 다수가 수록되어 있다. 지시사나 수사·양화사와 분류사가 결합된 것을 분류사구라 한다. (60a)의 '三个', (c)의 '几件', (f)의 '这几门', (g)의 '那六本'은 모두 분류사구이다.

만약 명사 자체가 양사라면 분류사를 취하지 않는다. 예를 들면 '块'(조각), '里'(리), '斤'(근), '两'(냥), '尺'(자), '天'(일) 등이 있다. (61)-(62)에서 a는 문법에 맞고, b는 비문법적이다.[9]

(61) a. 三 <u>天</u> : 사흘
    b.*三 个 天
(62) a. 八 <u>块</u> : 여덟 조각
    b.*八 个 块

실제로 양사는 대개 분류사를 취하지 않으며, 스스로 분류사가 될 수 있다. (63)-(68)에서 a는 분류사 없이 명사 역할을 하는 양사를 보여주고, b는 같은 양사가 다른 명사와 함께 쓰여 분류사 역할을 하는 것을 보여준다.

---

9. 중국어의 시간명사 가운데 분류사를 요구하는 시간명사가 몇 개 있다. 예를 들면 '月'(달), '星期'(요일, 주), '钟头'(시간) 등이 그러하다. '두 달'은 '*两月'가 아니라 '两个月'라고 하며, '그 주'는 '*那星期'가 아니라 '那个星期'라고 하고, '몇 시간'은 '*几钟头'가 아니라 '几个钟头'라고 한다.

(63) a. 十 磅 : 십 파운드
   b. 十 磅 肉 : 고기 십 파운드
(64) a. 六 里 : 육 리
   b. 六 里 路 : 육 리 길
(65) a. 一 百 两 : 일백 냥
   b. 一 百 两 银 子 : 은화 일백 냥
(66) a. 五 十 尺 : 쉰 자
   b. 五 十 尺 布 : 옷감 쉰 자
(67) a. 那 斤 : 그 한 근
   b. 那 斤 羊 肉 : 그 한 근의 양고기
(68) a. 三 加 仑 : 3갤런
   b. 三 加 仑 汽 油 : 휘발유 3갤런

(63)-(68)에서 제시한 양사는 길이나 무게, 면적, 용량의 기준을 나타낸다. 그러나 양사는 집합체나 용기를 지시할 수도 있다. 다음 예를 보자.

(ⅰ) 집합양사(Aggregate Measure)

(69) a. 一 群 羊 : 양 한 무리
   b. 那 堆 垃 圾 : 그 쓰레기 더미
   c. 几 行 果 树 : 과일나무 몇 줄
   d. 这 十 对 鹦 鹉 : 이 앵무새 열 쌍
   e. 七 打 鸡 蛋 : 달걀 일곱 타스
   f. 整 串 珠 子 : 구슬 목걸이 한 줄 전체
   g. 一 套 家 具 : 가구 한 세트
   h. 两 桌 客 : 두 테이블의 손님
   i. 这 班 学 生 : 이 반 학생

(ii) 용기양사(Container Measure)

(70) a. 五十 瓶 油 : 기름 오십 병
　　 b. 八十四 杯 酒 : 술 여든넉 잔
　　 c. 这 两 箱 橘子 : 이 두 상자의 귤
　　 d. 整 盒 糖 : 사탕 한 갑 전체
　　 e. 一 锅 饭 : 밥 한 솥
　　 f. 几 缸 醋 : 식초 몇 단지

추상명사는 추상적인 양사/분류사를 취한다.

(71) 几 句 话 : 말 몇 마디

또한 어떤 유형의 양사는 사건이나 사건의 발생을 지시한다. 문자상으로 '마당'을 의미하는 '场'이 여기에 해당한다.

(72) a. 那 场 球 很 紧 张。
　　　　 그 구기경기는 매우 스릴이 있었어.
　　 b. 那 场 火 没 人 死。
　　　　 그 화재에는 죽은 사람이 없어.
　　 c. 昨 天 有 一 场 电 影。
　　　　 어제 영화 한 편이 상영되었어.

(73)-(75)에 보이는 양사/분류사들도 사건이나 사건의 발생을 지시한다. 양사/분류사에는 밑줄을 그었다.

(73) 那 盘 棋 他 下 得 很 好。
　　　　 그 판의 바둑을 그는 아주 잘 두었다.

(74) 他们进行了几次会谈。
　　그들은 몇 차례 회담을 했다.
(75) 到新加坡一天有几班飞机？
　　싱가포르행 비행기는 하루에 몇 차례 있습니까?

또한 신체의 일부분이나 제한된(enclosed) 영역을 나타내는 명사가 양사로 쓰이는 경우도 있다. 그들은 전형적으로 '…에 가득한'이라는 특별한 의미를 갖는다. 이런 유형의 양사는 (76)과 같다.

(76) a. 脸(얼굴)
　　　一脸灰 : 온 얼굴에 가득한 먼지
　　b. 头(머리)
　　　一头白发 : 온 머리에 가득한 백발
　　c. 屋子(집)
　　　一屋子贼 : 온 집에 가득한 도둑들
　　d. 地(땅)
　　　一地面粉 : 온 땅에 가득한 밀가루
　　e. 肚子(배)
　　　一肚子气 : 뱃속 가득한 분노

중국어에서 가장 자주 쓰이는 분류사는 '个'이다. '个'는 점차 일반적인 분류사로 변해가면서 특수한 분류사를 대신해 쓰이고 있다. 예를 들어 '菜'(요리)와 함께 쓰이는 분류사는 '那道菜'(그 요리)에서와 같이 '道'이다. 또 '大炮'(대포)에 가장 적절한 분류사는 '这门大炮'(이 대포)에서처럼 '门'이다. 그러나 많은 표준중국어 화자들은 '道'나 '门'을 비롯한 다른 양사들 대신에 일반적으로 분류사 '个'를 쓰고 있다. 표준중국어 화자에게 '那个菜'(그 요리)나 '这个大炮'(이 대포)는 아주 자연스럽게 들린다.

하지만 특별한 분류사를 필요로 하는 명사들이 많다. 같은 분류사를 취하는 명사군(nouns of group)은 그들의 의미가 어느 정도 공통점을 가지고 있다 하더라도 대체로 어떤 명사가 어떤 분류사를 취하는가는 개별적으로 암기해야 한다. 예를 들어 분류사로 '条'를 쓰는 명사군은 대부분 네 발 달린 포유류뿐만 아니라, '蛇'(뱀), '绳子'(노끈), '路'(길), '河'(강), '尾巴'(꼬리), '鱼'(물고기)와 같이 기다란 사물에 많이 쓰인다. 그러나 '大笔'(큰 붓), '箭'(화살) 같이 긴 사물을 나타내는 명사가 분류사 '支'를 취하는 반면, '新闻'(뉴스), '法律'(법률)와 같은 명사는 분류사 '条'를 취한다.

마지막으로 복수를 나타내는 분류사 '些'가 있는데, 이것은 수사 '一'와 함께 쓰여 '몇 개'를 의미하거나 지시사 '那', '这', '哪'와 함께 쓰여 소량의 복수를 나타낸다.

(77) a. 一 些 玩 具 : 장난감 몇 개
　　 b. 哪 些 东 西 : 어느 물건들
　　 c. 那 些 口 号 : 그 구호들

4.2.2 부가구

부가구(associative phrase)란 두 명사구가 조사 '的'에 의해 결합된 수식 형태를 가리킨다. 조사 '的'를 포함한 첫 번째 명사구가 부가구이다. 두 번째 명사구는 (78)에서 도식화한 것처럼 중심명사로서 부가구에 의해 수식을 받는다.

(78) <u>NP　　的</u>　　　<u>NP</u>
　　　 부가구　　　 중심명사

부가구란 명칭은 두 명사구가 어떤 특정한 방식으로 '연합되거나'(associated) '연결된'(connected) 것을 의미한다. '연합'이나 '연결'의 정확한 의미는 전적으로 그 두 명사구가 지니고 있는 의미에 따라 결정된다. 가장 중요한 연합 관계는 소유관계이다. 즉 부가구의 여러 유형 가운데 하나가 소유구(possessive phrase)인데, 이를 속격구(genetive phrase)라고도 한다.

(79) a. 我 的 衬 衫 : 나의 셔츠
　　 b. 他 们 的 家 : 그들의 집
　　 c. 兔 子 的 耳 朵 : 토끼의 귀

(79)의 '的'는 소유관계를 나타낸다. (79)의 각 예에서 보이는 두 개의 명사구는 소유의 개념을 통해서 자연스럽게 의미 결합이 이루어진다. 그러나 두 개의 명사구 사이에 여러 가지 다른 유형의 의미결합도 가능하다. 다음 각 예에서 부가구의 의미는 두 명사구의 의미로부터 도출된다.

(80) a. 中 国 的 人 口 : 중국의 인구
　　 b. 那 个 饭 店 的 菜 : 그 식당의 요리
　　 c. 学 校 的 教 员 : 학교의 교원
　　 d. 科 学 的 发 展 : 과학의 발전
　　 e. 衬 衫 的 扣 子 : 셔츠의 단추
　　 f. 台 湾 话 的 语 法 : 타이완어의 문법
　　 g. 那 个 字 的 意 思 : 그 글자의 뜻
　　 h. 成 功 的 希 望 : 성공에 대한 희망
　　 i. 夜 晚 的 天 空 : 밤의 하늘
　　 j. 教 科 书 的 收 据 : 교과서 영수증

소유관계를 의미하는 부가구의 '的'는, 부가구의 명사가 인칭대명사인 동시에 두 사람 사이의 소유관계를 나타낼 경우 생략된다. 예를 들어 (81)의 밑줄 친 부가구에서 '的'를 생략할 수 있다.

(81) a. 我不喜欢你(的)妹妹。
　　　나는 네 여동생을 좋아하지 않아.
　　b. 张三像他(的)妈妈。
　　　장싼은 그의 어머니를 닮았어.
　　c. 我昨天碰见我(的)叔叔。
　　　나는 어제 나의 삼촌을 우연히 만났어.

이 밖에도 부가구의 '的'가 생략되는 경우가 있다.[10] 예를 들면 (82)에서 '的'로 연결된 두 명사구는 두 사람 사이의 관계를 의미하지는 않지만 '的'를 생략할 수 있다.

(82) a. 我看过你的那本书。

---
10. 부가구에서 조사 '的'가 생략될 수 있는지를 검토하는 방법 중 하나는 그 부가구 전체를 동사의 뒤로 이동시켜 직접목적어로 변형시켜보는 것이다. 부가구가 문두에 있을 때는 '的'가 없어도 성립하지만 동사 뒤로 옮기면 비문법적인 경우가 있다. 이 경우에는 부가구가 아니라 화제-주어 구문으로 보아야 한다. 다음의 (i)-(ii)는 이 점을 잘 보여준다.
　(i) a. 张三女朋友很漂亮。
　　　　장싼은(화제) (그의) 여자 친구가 매우 아름답다.
　　 b. 我喜欢张三的女朋友。
　　　　나는 장싼의 여자 친구를 좋아한다.
　　 c.*我喜欢张三女朋友。
　(ii) a. 你头发很乱。
　　　　너는(화제) 머리카락이 매우 헝클어졌다.
　　　b. 我喜欢你的头发。
　　　　나는 너의 머리카락을 좋아한다.
　　　c.*我喜欢你头发。
(ia)는 화제-진술구조로서, '张三'은 화제이고 '女朋友'는 주어이다. 화제와 주어가 동사의 뒤에 위치해 다른 동사의 목적어로 쓰이려면 (ib)와 같이 '的'가 있어야 한다. 그렇지 않으면 (ic)와 같이 비문법적인 문장이 된다. (ii)도 동일한 방식으로 설명할 수 있다. (i)-(ii)의 두 예문에서 이끌어낼 수 있는 결론은, '你的妹妹'나 '他(的)妈妈'의 경우와 달리 '你的头发'와 '张三的女朋友'가 목적어로 쓰일 때에는 '的'를 생략할 수 없다는 것이다.

나는 너의 그 책을 보았어.
b. 我看过你那本书。
나는 너의 그 책을 보았어.

4.2.3 수식구

명사구에서 중심명사 앞에 올 수 있는 요소 가운데 세 번째 것은 수식구이다. 수식구는 관계절일 수도 있고 속성형용사(attributive adjective)일 수도 있다.

A. 관계절(Relative Clause)

관계절은 명사 앞에서 명사를 수식하는 명사화된 절(nominalized clause)을 말한다. 명사화와 관계절에 대해서는 20.2.1에서 상세히 논의할 것이다. 여기서는 세 가지 예만 들기로 한다.

(83) 张三买的汽车很贵。
    장싼이 산 자동차는 매우 비싸다.
(84) 骑自行车的人得小心。
    자전거를 타는 사람은 조심해야 한다.
(85) 那是我给你的书。
    그것은 내가 너에게 주는 책이야.

B. 속성형용사(Attributive Adjective)

형용사는 명사구 안에서 명사를 수식할 경우에 속성을 나타내는 기능을 갖는다(4.3.1.1.A에서 기술할 서술적 기능과는 대조된다).[11] 이때 수식구는 밑줄 친 구와 같이 반드시 속성형용사로 이루어진다.

 (86) 他 是 一 个 <u>好</u> 人。
   그는 좋은 사람이다.
 (87) <u>国 立</u> 大 学 学 费 比 较 便 宜。
   국립대학이 학비가 비교적 싸다.
 (88) 他 们 用 的 都 是 <u>天 然</u> 颜 色。
   그들이 쓰고 있는 것은 모두 천연색이다.
 (89) 別 说 <u>假</u> 话。
   거짓말 마라.

어떤 형용사는 (90)-(94)의 a처럼 명사화 성분(nominalizer) '的'와 함께 관계절을 구성할 수도 있고, b처럼 '的'가 없는 단순 속성형용사로 쓰일 수도 있다.

 (90) a. 红 的 花 : a flower that is red, 붉은 꽃
   b. 红   花 : a red flower, 잇꽃(국화과의 두 해 살이 풀. 꽃이 붉음)
 (91) a. 硬 的 橡 皮 : rubber that is hard, 딱딱한 고무
   b. 硬 橡 皮 : a hard rubber, 경질 고무
 (92) a. 圆 的 桌 子 : a table that is round, 둥근 탁자
   b. 圆 桌 子 : a round table, 원탁
 (93) a. 旧 的 首 饰 : jewelry that is secondhand, 낡은 장신구
   b. 旧 首 饰 : old/ used jewelry, 중고 장신구
 (94) a. 小 的 橘 子 : a orange that is small, 작은 귤
   b. 小 橘 子 : a small orange, 꼬마 귤

---

11. 이 절에서 우리는 Chao(1968), Alleton(1973: 96-100)과 Zhu(1956)의 몇 가지 관점을 수정해 이용했다.

일반적으로 '的'가 없이 명사를 수식하는 형용사들은 한층 더 명사와 밀접한 관계를 갖는다. 그 결과 '형용사 + 명사'구는 실체의 범주(category of entities)를 지칭하는 이름이 된다. 반면에 형용사로 이루어진 관계절은 항상 중심명사의 지시를 더욱 명확히 하거나 내용을 부연 설명하는 역할을 한다.

물론 언제 이름을 필요로 하는가를 결정하는 것은 현실 세계에서 실체에 대한 우리의 인식이나 범주화와 관련이 있다. 만약 어떤 유형의 실체를 중국어 화자가 적절한 하나의 범주로 인식한다면 그들은 그 범주의 실체에 이름을 붙이려고 할 것이다. 일반적으로 어떤 범주의 실체에 이름을 붙이려고 할 때, '형용사 + 명사'의 형식을 사용해 그 사물의 범주를 지시하려 하는데, 그러한 경우에 형용사는 명사가 나타내는 실체의 유형을 지시한다. 예를 들면 중국인들이 '红花'(잇꽃)을 하나의 범주로 인식하는 것은 아주 자연스럽고, 색깔에 따라 꽃의 집단에 이름을 붙이는 것도 매우 합리적이다. 그래서 '的'가 없는 '红花'라는 이름이 생긴다. 한편 중국인은 '안락의자'를 적절한 범주의 항목으로 인식하지 않는다. 그래서 그러한 실체의 집단에 선뜻 이름을 부여하지는 않는다. 따라서 '舒服椅子'라고는 하지 않고 '舒服'(편안한) 뒤에 반드시 '的'를 붙인다.

몇 가지 예를 살펴보면 '형용사 + 명사'구의 명명효과(naming effect)는 더욱 분명해질 것이다. (95)를 보자.

(95) a. 糊涂的教授 : 멍청한 교수
     b. 糊涂教授 : 멍청이 교수

(95b)는 '멍청이 교수'라고 번역할 수 있는데, 이것은 멍청하다고 널리 소문난 어떤 교수라는 의미를 갖는다. 풍자만화나 만담에서 그렇게 사용할 수 있다. 물론 '형용사 + 명사'구가 숙어화해 하나의 단어로 쓰이는 경우도 많이 있다.

(96) a. 黄 豆 : 대두
　　 b. 小 熊 猫 : 새끼 판다
　　 c. 香 烟 : 담배
　　 d. 乾 粮 : 건조식품
　　 e. 冷 战 : 냉전

　 조사 '的'의 사용 여부와 관계없이 명사를 수식할 수 있는 형용사는 많지 않다. 대부분의 형용사는 명사화조사(nominalizing particle) '的'과 함께 쓰여야만 명사를 수식할 수 있다. 첫째로 모든 중첩형용사는 중첩함으로써 보다 생생한 묘사기능을 갖는데(3.1.1을 참고), 형용사가 중첩되어 명사를 수식할 경우에 중첩된 형용사 뒤에는 반드시 '的'가 있어야 한다.

(97) a. 红 红 的 花 : 새빨간 꽃
　　 b.*红 红 花
(98) a. 乾 乾 净 净 的 鞋 子 : 아주 깨끗한 신발
　　 b.*乾 乾 净 净 鞋 子

　 중첩형용사 외에 '的' 없이는 명사를 수식할 수 없는 형용사도 많다. (99)-(104)가 그 예이다.

(99) a. 舒 服 的 椅 子 : 편안한 의자
　　　 b.*舒 服 椅 子
(100) a. 漂 亮 的 女 孩 子 : 아름다운 소녀
　　　 b.*漂 亮 女 孩 子
(101) a. 容 易 的 问 题 : 쉬운 문제
　　　 b.*容 易 问 题
(102) a. 胖 的 人 : 뚱뚱한 사람

b. *胖 人
(103) a. 高 的 男 孩 子 : 키 큰 소년
　　　b. *高 男 孩 子
(104) a. 复 杂 的 现 象 : 복잡한 현상
　　　b. *复 杂 现 象

　　형용사가 조사 '的' 없이 명사를 수식할 수 있는지의 여부를 결정하는 기준으로는 '형용사 + 명사'의 형태로 결합된 것이 하나의 단어처럼 쓰이는지의 여부 이외에도 문어체(literary style)인가의 여부를 들 수 있다. 만약 중심명사가 좀 더 문어적이고 고대 문언문(written classical Chinese)에 가깝다면 형용사는 명사화조사 '的' 없이 쓰일 수 있다. 예를 들어 형용사 '重要'(중요한)를 살펴보자. (105b)는 '重要'가 명사 '人'(사람)을 수식할 때 '的' 없이 쓰일 수 없음을 보여준다. 그러나 (105c)는 그것이 '人物'을 수식할 때는 '的' 없이 쓰일 수 있음을 보여준다. '人物'는 고대 문언문에서 쓰이는 문어투의 어휘이다.

(105) a. 重 要 的 人 : 중요한 사람
　　　b. *重 要 人
　　　c. 重 要 人 物 : 중요한 사람

　　다른 예로 형용사 '高'를 보자. (103)은 '高'가 '男孩子'(소년)를 수식할 때 '的'를 써야만 함을 보여준다. '高'는 소년, 소녀, 남자, 여자 등 대부분의 생물명사(animate noun)를 수식할 때 반드시 '的'가 있어야 한다. 그런데 (106)에서는 '高'가 '的' 없이 쓰였다. 왜냐하면 '高'가 수식하는 중심명사는 '汉'(사내)인데, '汉'은 고대 문언문에서 온 문어투의 말이므로 '的' 없이도 '高'의 수식을 받을 수 있기 때문이다.

(106) 高 汉 : 키 큰 남자

형용사가 고대 문언문에서 비롯된 문어적인 명사구를 수식할 때 그 뒤에 '的'가 오지 않는 이유는 고대 문언문에서 형용사가 명사구를 수식할 때 '的'를 쓰지 않았기 때문이다. (105c)와 (106)은 고대 문언문의 문법이 현대중국어에도 적용되고 있음을 말해준다.

요약하면, 현대중국어에서 형용사가 명사화조사 '的' 없이 쓰이는 때를 예상할 수 있는 법칙은 없다. 어느 정도 유용한 기준이 될 수 있는 법칙으로 두 가지가 있긴 하지만 모든 경우에 다 적용될 수 있는 법칙은 아니다.

4.2.4 명사구 안의 구성성분의 어순

명사구에 관한 절의 첫머리에서 말한 바와 같이, 명사구에서는 중심명사를 제외한 다른 성분들은 써도 되고 안 써도 된다. 그런데 이런 성분들이 둘 이상 나타나면 그들의 순서는 다음 도식 중 하나를 따른다.

(107) a. 부가구 + 분류사구/양사구 + 관계절 + 형용사 + 명사
    b. 부가구 + 관계절 + 분류사구/양사구 + 형용사 + 명사[12]

이에 대한 예를 들어보자.

(108) a. <u>我 的 那 个 好 朋 友</u> : 나의 그 친한 친구
    b. <u>那 个 做 买 卖 的 人</u> : 그 장사하는 사람
    c. <u>做 买 卖 的 那 个 人</u> : 장사하는 그 사람
    d. <u>我 的 那 个 住 在 美 国 的 好 朋 友</u>

---

12. 분류사/양사구의 위치에 따른 이 두 도식의 차이는 제20장에서 다시 논의할 것이다.

나의, 그 미국에 사는 친한 친구
e. <u>你 们 学 校 的</u> <u>那 位</u> <u>从 中 国 来 的</u> 科 学 家
너희 학교의, 그 중국에서 온 과학자
f. <u>我 的</u> <u>住 在 美 国 的</u> <u>那 个</u> 朋 友
나의, 미국에 사는 그 친구
g. <u>你 们 学 校 的</u> <u>从 中 国 来 的</u> <u>那 位</u> 科 学 家
너희 학교의, 중국에서 온 그 과학자

대개 (108d)-(108g)와 같이 길고 복잡한 명사구는 많이 쓰이지 않는다. (80b)와 (80g) 같은 예는 (107)에서 보여준 순서도식과는 반대되는 것처럼 보인다. 이 두 예들을 다시 적어보겠다.

(80) b. 那 个 饭 店 的 菜 : 그 음식점의 요리
g. 那 个 字 的 意 思 : 그 글자의 뜻

(80b)와 (80g)의 어순은 다음과 같다.

(109) 분류사구 + 부가구 + 명사

반면 (107)의 도식에 따르면 부가구는 반드시 분류사구의 앞에 와야 한다. (80b)와 (80g)는 실제 (107)의 도식을 위반하지 않는다. 도식 (107)은 명사구의 각 성분들이 맨 오른쪽에 위치한 중심명사와 직접적으로 관련될 때 그 성분들의 순서를 보여주는 것이다. 그러나 (80b)와 (80g)의 분류사구들은 그 다음에 온 명사를 수식할 뿐 중심명사를 수식하는 것이 아니다. 다시 말해서 '那个'는 '饭店'을 수식하는 것이지 '菜'를 수식하는 것이 아니다. 그리고 (80g)에서도 '那个'는 '字'를 수식하는 것이지 '意思'를 수식하는 것이 아니다. 이 관계를 수형도로 나타내면 다음과 같다.

(110)

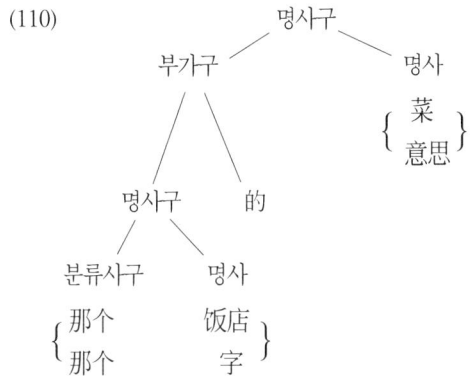

4.2.5 한정성과 지시성(Definiteness and Referentiality)

'한정 명사구'와 '비한정 명사구'의 개념은 제2장에서 간단히 소개했다.[13] 이러한 개념이 중국어문법에서 어떠한 양상을 보이는지를 알아보기 위해서는 먼저 지시의 개념을 이해해야 한다. 명사구는 지시적(referential)으로 쓰일 수도 있고 비지시적(nonreferential)으로 쓰일 수도 있다. 명사구가 어떤 실체(entity)를 의미할 경우 그것은 지시적이다. 이러한 실체는 물질적인 것 혹은 개념적인 것일 수도 있고, 사실적인 것 혹은 가정적인 것일 수도 있으며, 단수 혹은 복수일 수도 있다. 다음 문장 중에서 밑줄 친 명사구는 모두 지시적이다. 왜냐하면 그것이 어떤 실체를 가리키고 있기 때문이다.

(111) 张 三 是 我 的 朋 友。
　　　장싼은 나의 친구이다.
(112) 门 口 坐 着 一 个 女 孩 子。
　　　문 입구에 한 소녀가 앉아 있다.

---

13. 중국어의 한정성에 관한 더 자세한 논의는 Rygaloff(1973: 84-91)와 Teng(1975a: 제6장)을 참고할 것.

(113) 这条香蕉我吃不下。
　　　이 바나나, 나는 배가 불러 먹을 수가 없다.
(114) 妈妈不喜欢你的男朋友。
　　　엄마는 너의 남자친구를 좋아하지 않아.
(115) 他有一个方法赚钱。
　　　그에게는 돈을 벌 한 가지 방법이 있다.
(116) 请你把这些瓶子放在楼上。
　　　이 병들을 위층에 갖다놓아 주세요.
(117) 拿被给他盖上。
　　　이불을 가져다 그에게 덮어주어라.

명사구들은 (118)과 같이 비지시적으로 쓰일 수도 있다.

(118) 信美是工程师。
　　　信美는 기술자이다.

명사구 '工程师'는 어떤 특정한 사람을 가리키는 것이 아니라 지시적인 명사구 '信美'의 성질을 묘사하고 있다. 이와 마찬가지로 동목복합어의 목적어성분(3.2.5 참고)은 (119)와 같이 일반적으로 비지시적이다.

(119) 我不会唱歌。
　　　나는 노래를 부를 줄 모른다.

여기서 명사 '歌'는 어떤 특정한 노래를 가리키지 않고 단지 '노래'라는 개념만 나타낸다. 앞의 (115)의 '钱'도 비지시적이다. 즉 특정한 돈을 가리키는 것이 아니다.

이외에도 명사구가 비지시적으로 쓰인 경우는 많다. 예를 들면 명사-명사 복합어의 첫 번째 명사는 전형적으로 비지시적이다. 왜냐하면 아래에서 보는 바와 같이 첫 번째 명사는 어떤 특정 실체를 가리키기보다는 복합어에서 두 번째 명사를 묘사하는 기능을 하고 있기 때문이다.

(120) 羊毛裤子 : 양모 바지　　雨衣 : 비옷
　　　风车 : 풍차　　　　　　飞机轮子 : 비행기 바퀴
　　　狐狸皮 : 여우가죽

(121)에서 밑줄 친 명사와 같이 동사의 목적어는 종종 비지시적으로 쓰인다.

(121) a. 那个商人卖水果。
　　　　 저 상인은 과일을 판다.
　　　 b. 他们偷自行车。
　　　　 그들은 자전거를 훔친다.
　　　 c. 我们种花生。
　　　　 우리들은 땅콩을 심는다.

이와 마찬가지로 부정사(negative particle)의 영향 범위 안에 있는 명사구는 비지시적으로 쓰일 수 있다(부정사의 영향 범위에 대해서는 제12장을 참고).

(122) a. 我没见过鲸鱼。
　　　　 나는 고래를 본 적이 없다.
　　　 b. 他不喜欢鸭子。
　　　　 그는 오리를 싫어한다.
　　　 c. 我没有铅笔。
　　　　 나는 연필이 없다.

마지막으로, 분류사구가 없는 명사구가 화제의 위치에 오거나 전치사 '把' 또는 '被'(제15, 16장 참고) 뒤에 오면서 특정 개체를 가리키기보다는 그 종류의 실체 전체를 가리킨다면, 이것 역시 비지시적으로 쓰인 경우로 볼 수 있다. 이러한 명사구가 화제의 위치나 '把' 혹은 '被' 뒤에 출현한 경우, 실체 전체를 의미하는 비지시 명사구를 때때로 '총칭적'(generic)이라고 부르기도 한다. 여기에서는 화제의 위치에 총칭적 명사구가 온 예를 살펴보자.

(123) 猫 喜 欢 喝 牛 奶。
고양이는 우유 마시기를 좋아한다.

오직 지시적인 명사구만이 한정적이거나 비한정적인 것이 될 수 있다. 바꿔 말하면 한정성에 대한 문제는 비지시적 명사구에서는 일어나지 않는다. 이러한 관계를 (124)와 같이 나타낼 수 있다.

(124)

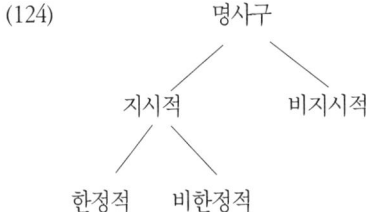

따라서 한정적·비한정적 명사구는 모두 지시적이다. 비한정적 명사구는 화자는 알고 있지만 청자는 모르는 실체를 가리키는 반면, 한정적 명사구는 화자와 청자 모두가 알고 있는 실체를 가리킨다.

이러한 구분이 중국어문법에서는 어떻게 나타나는가? 첫째, (121)-(123)에서와 같이 비지시적 명사구는 절대로 분류사를 취할 수 없다. 그러나 이것만으로는 비지시적 명사구를 구별해낼 수 없다. 가끔 지시적 명사구도 (117)의 '被'(이불) 같이 분류사 없이도 쓰이기 때문이다. 그러나 이것은 명사구가 분류사를 포함하면 반드시 그 명사구는 지시적 명사구가 됨을 의미한다. 만일 그 분류사를 지시사(demonstrative)가 수식하게 되면 그 명사구는 반드시 한정적인 것이 된다. 왜냐하면 지시사는 이미 알려진 실체를 나타내기 위해서 쓰이기 때문이다. 따라서 다음과 같은 명사구는 항상 한정적이다.

(125) a. 这个人 : 이 사람
　　　b. 那些椅子 : 저/그 의자들
　　　c. 这朵花 : 이 꽃
　　　d. 那张纸 : 저/그 종이

반면에 분류사가 수사(numeral)를 포함하고 있지만 지시사를 포함하고 있지 않으면 그 명사구는 반드시 비한정적이다.

(126) a. 一棵树 : 나무 한 그루
　　　b. 三加仑油 : 기름 3갤런
　　　c. 一个方法 : 한 가지 방법
　　　d. 两盆水 : 물 두 대야

지시적 명사구에는 분류사가 없을 수도 있다. 이러한 경우에 그 명사구가 한정적이냐 혹은 비한정적이냐 하는 것은 그 문장 나머지 부분의 문맥이나 문법에 의해 결정된다. 예를 들어 존재동사 '有'(있다)의 뒤에 나오는 주어명사구는 일반적으로 비한정적이다.

(127) 有人给你打电话。
　　　어떤 사람이 너에게 전화를 했어.

명사구가 한정적이냐 비한정적이냐 하는 것이 완전히 문맥에 의해 좌우되는 예가 (128)이다.

(128) 我 买 了 水 果 了。
    나는 과일을 샀다.

만일 '水果'에 대해서 이미 언급을 했든가 아니면 화자와 청자가 이미 알고 있는 문맥에서 (128)을 말했다면 '水果'는 한정적이다. 그렇지 않으면 '水果'는 비한정적이다.

마지막으로 중국어에는 영어의 'the'와 'a(n)'에 해당하는 단어가 없다는 점을 지적해둔다. 그러나 점차 '那'가 강세를 받지 않으면 'the'의 의미로, 수사 '一'가 강세를 받지 않으면 'a(n)'의 의미로 쓰이는 경향이 있다. 예를 들어 (129)를 보자.

(129) a. 你 认 识 不 认 识 <u>那 个</u> 人 ?
    너 저/그 사람을 아니?
  b. 他 买 了 <u>一 个</u> 帽 子。
    그는 하나의/어떤 모자를 샀다.

4.2.6 대명사(Pronoun)

중국어에서 대명사는 두 가지 면에서 특수한 명사구 집합에 속한다. 첫째, 중국어의 대명사는 항상 그것이 사용될 당시에 이미 그 존재가 확증되어 있는 실체를 지시한다. 예를 들면, 서술문에서 3인칭 대명사 '他'는 앞에 나온 일반명사구(regular noun phrase)에 의해 그 존재가 이미 확증되어 있는 실체를 지시한다. 이 경우에 3인칭 대명사와 일반명사구의 관계를 '공지시적'(coreferential)이라고 한다. 즉, 이것들은 같은 실체를 지시한다. 그리고 명사구는 (130)과 같이 공지시적 대명사 앞에 나온다.

(130) 去 年 来 了 一 个 法 国 人, 他 会 写 中 国 字。
　　　작년에 프랑스 사람 한 명이 왔는데, 그는 한자를 쓸 줄 알더라.

(130)에서 두 번째 문장의 3인칭 대명사 '他'는 첫 번째 문장의 '一个法国人'과 공지시적이다. 담화에서 쓰이는 대명사에 대해서는 제24장에서 자세히 논의하겠다. 여기에서 주의해야 할 것은 대명사 자체의 지시성이다. 이 지시성이 대명사와 그 밖의 명사구를 구별해준다.
　중국어의 대명사가 특수한 명사구군을 구성한다고 보는 두 번째 근거는 수식어가 분류사구이든 양사구나 부가구 혹은 수식구이든, 대명사 앞에는 어떠한 수식어도 올 수 없다는 것이다. 예를 들면 (131)-(134)에서 b는 비문법적이다.

　（ⅰ) 분류사구/양사구

(131) a. 一 个 人 : 한 사람
　　　b.*一 个 他

　（ⅱ) 부가구

(132) a. 学 术 界 的 人 : 학술계 사람
　　　b.*学 术 界 的 他

　（ⅲ) 수식구

(133) a. 坏 人 : 나쁜 사람
　　　b.*坏 他
(134) a. 出 名 的 人 : 이름난 사람
　　　b.*出 名 的 他

그러나 자기 자신을 평가할 경우에 1인칭 대명사는 수식을 받을 수 있다.

(135) 可 怜 的 我 !
　　　가련한 내 신세야!

중국어는 어미변화(inflection), 동사활용(conjugation), 격표지(case marker)가 없기 때문에 대명사의 체계는 비교적 간단하다.

(136) 我 … 我们
　　　你 … 你们
　　　他/ 她/ 它 … 他们/ 她们/ 它们

중국어의 대명사는 주로 사람을 지시한다. 3인칭 대명사가 동물을 지시하는 경우는 드물고 영어의 영향으로 인해 무생(inanimate) 실체를 지시하기도 하지만, 이런 경우는 극히 드물다. 일반적으로 대명사나 다른 명사구를 쓰지 않으면 그 문장이 비문법적으로 될 때에 한해서 3인칭 대명사는 무생(inanimate) 실체를 지시하게 된다. 예를 들면 (137a)와 같은 질문에 대한 대답으로는 대명사가 없는 b만이 적절하다. 대명사가 포함되어 있는 c는 적절하지 않다. 여기에서는 문맥상 대명사가 없어도 b는 문법적으로 아무런 문제가 없다.

(137) a. 你 喜 欢 那 本 书 吗 ?
　　　　　너는 저 책을 좋아하니?
　　　b. 我 喜 欢。
　　　　　좋아해.
　　　c. ?我 喜 欢 它。

반면에 대명사가 부가구(4.2.2 참고)에 쓰인 (138)을 보자. 부가구가 문법에 맞으려면 부가구에서 대명사나 명사구가 반드시 부가조사(associative particle) '的' 앞에 와야 한다. (138)에서 3인칭 단수대명사 '它'는 앞에 나온 문장의 무생(inanimate) 명사구 '荷兰'(네덜란드)을 지시한다.

(138) 荷兰 地方 非常 小。我们 知道 它 的 经济 问题 不 简单。
　　　네덜란드는 국토가 매우 작다. 우리는 그 나라의 경제 문제가 단순하지 않음을 안다.

이와 마찬가지로 把-구문에서 '把' 뒤에는 명사구가 와야 한다. (139)에서 3인칭 단수대명사는 무생 명사 '画'를 지시한다.

(139) 挂 画 的 钉子 掉 了, 我 得 把 它 卦 好。
　　　그림을 걸어 둔 못이 떨어졌는데, 나는 그것을 잘 걸어 놓아야 해.

일반적으로 화제나 주어로 쓰이는 3인칭 대명사 '他'는 무생물을 지시하지 않는다. 따라서 (140)에서 '他'는 사람을 지시한다. 그것은 동물을 지시할 수는 있지만, '画'와 같은 무생물을 지시할 수는 없다.

(140) 他 很 好 看。
　　　그는 매우 멋있다.

베이징방언에는 2인칭 단수대명사 '你'의 존칭으로 '您'이 있다. '您'은 친하지 않은 사람들 사이에서 쓸 수 있지만 지금은 베이징에서도 그다지 널리 쓰이지 않고 있다.
'谁', '什么'나 '哪儿/ 哪里'와 같은 의문사는 그것이 의문의 대상으로 하고 있는 어떤 명사구를 대신하기 때문에 흔히 '의문대명사'(interrogative pronoun)라고 불린다.

(141) a. 谁 在 洗 澡 ?
　　　　누가 목욕을 하고 있습니까?
　　 b. 你 卖 什 么 ?
　　　　당신은 무엇을 팝니까?
　　 c. 张 三 住 在 哪 儿 ?
　　　　장싼은 어디에 삽니까?

(141)과 같은 의문문을 의문사 의문문(question-word question)이라고 부른다. 이것에 대해서는 제18장에서 상세하게 다루겠다.

마지막으로 중국어에서는 소유대명사(possessive pronoun)를 단순히 대명사 뒤에 속격조사(genitive particle) '的'를 써서 표현한다. 다시 말해서 중국어에는 별도의 소유대명사 형태가 없다.

(142) a. 我 的 皮 带 : 나의 허리띠
　　 b. 他 们 的 手 表 : 그들의 손목시계
　　 c. 你 的 裤 子 : 너의 바지

4.2.7 재귀대명사(Reflexives)

'자신'(self)을 의미하는 중국어의 재귀사는 '自己'이다. '自己'는 두 가지 용법으로 쓰인다. 첫째, '自己'는 재귀대명사로 쓰인다. 이 경우에 재귀대명사는 동사구 내에서 명사구가 출현할 수 있는 모든 위치에 출현할 수 있으며, 문장의 주어와 공지시 관계에 있는 대명사가 임의로 그 앞에 올 수 있다.

　　(i) 직접목적어

(143) 李 四 在 责 备 (他) 自 己。
　　　　리쓰는 자기 자신을 책망하고 있다.

(ⅱ) 간접목적어

(144) 他 给 (他) 自 己 写 了 一 封 信。
　　　그는 자기 자신에게 편지를 한 통 썼다.

(ⅲ) 개사목적어

(145) 我 跟 (我) 自 己 生 气。
　　　나는 나 자신에게 화를 낸다.

(ⅳ) 소유구에서의 소유자

(146) 我 穿 (我) 自 己 的 衣 服。
　　　나는 내 자신의 옷을 입는다.

(143)-(146)에서 '(대명사 +) 自己'의 형태는 재귀대명사로만 쓰일 수 있다. 즉 이러한 형태는 그것이 지시하는 대상과 그 문장의 주어가 지시하는 대상이 공지시적임을 의미한다.

'自己'의 두 번째 용법은 마치 부사처럼 쓰이는 경우이다. 이와 같이 쓰일 때는 '自己'가 동사구 앞에 오며, 자기 자신과 다른 사람을 비교하는 의미를 갖는다.

(147) 我 不 知 不 觉 地 自 己 也 做 运 动 了。
　　　나도 모르는 사이에 스스로 운동을 하게 되었다.
　　　(남들은 이미 하고 있었는데, 나도 이제 그것을 하고 있다)

(148) 张 三 自 己 烧 菜。
　　　장싼은 스스로 요리를 만든다. (남들의 경우와 비교해)

이러한 경우에 만약 문맥상 주어를 알 수 있으면 그 주어는 생략할 수 있다. 예를 들면 다음 예문에서 주어명사구는 수의적으로 생략할 수 있다.

(149) 他 总 觉 得 (他) 自 己 太 失 意。
　　　그는 항상 그 자신의 일이 너무 뜻대로 되지 않는다고 생각한다.
(150) (你) 自 己 做 功 课。
　　　네 자신이 숙제를 해라.
(151) 他 知 道 (他) 自 己 做 错 事 了。
　　　그는 자신이 일을 잘못했음을 안다.

한 개 이상의 동사구를 가지고 있는 복문에서 '自己'는 첫 번째 동사 앞에 위치할 수도 있고 두 번째 동사 앞에 위치할 수도 있다. 이때 '自己'는 주어 자신과 타인을 대조하는 의미를 담고 있는데, 그것이 지닌 구체적인 의미는 그것의 바로 뒤에 나오는 동사의 관점에서 보아야 정확하게 알 수 있다. 예컨대 아래 두 문장은 완전히 다른 의미를 나타낸다.

(152) 我 自 己 要 去。
　　　나 자신이 가려고 해.
　　　(누가 나를 가게 하는 것이 아니다)
(153) 我 要 自 己 去。
　　　나는 내가 직접 가려고 해.
　　　(그밖에 누구도 갈 필요가 없다)

마지막으로, '自己'는 관용적 표현에 쓰여 일반적인 사실을 표현하기도 한다. 이러한 '自己'는 '어떤 사람'(one)을 의미하며, 대개 앞에 나온 '自己'와 공지시적인 관계에 있는 또 하나의 '自己'가 같은 문장의 뒤에 나온다. 일반적으로 '어떤 사람이 갑이라는 행동을 하며, 그 사람이 또한 을이라는 행동도 한다'는 의미를 갖는다.

(154) 自己 赚 钱 自己 花。
　　　자기가 돈을 벌어 자기가 쓴다.

따라서 '自己'는 문장의 주어명사구와 공지시적 관계를 나타내기 위해 동사구에서 재귀대명사로 쓰이거나 자신과 다른 사람과의 대조를 나타내는 부사로 쓰일 수 있다. '自己'가 부사로 쓰일 때는 항상 주어 뒤, 동사구 앞에 놓인다.

4.3 동사구(Verb Phrase)

한 문장 안에서 동사구는 문장의 핵심(nucleus)을 이룬다. 동사는 사건, 활동, 사태, 과정(사태의 변화) 및 경험을 기술한다. 그리고 동사는 그 사건의 참여자를 지시하는 명사구의 존재를 전제로 한다. 각 동사의 참여자의 유형과 수는 대부분 그 동사의 의미에 의해 결정된다. 게다가 대부분의 언어에서 동사와 함께 출현해 의미적 개념(semantic concepts)을 나타내는 문법적인 요소들도 상당수 있다. 시제(tense), 상(aspect), 양상(modal), 부정(negation) 등이 그러하다(표준중국어에는 상은 있지만 시제가 없으며, 표준중국어의 양상은 조동사가 나타낸다. 상에 관해서는 제6장, 부정에 관해서는 제12장, 그리고 조동사에 관해서는 제5장을 참고할 것). 동사구는, 핵심인 동사 이외에도 동사가 나타내는 사건의 참여자를 가리키는 명사구뿐만 아니라 동사와 함께 쓰이는 이러한 문법적 요소들을 포함한다. 동사구에서 제외되는 것은 주어와 화제이다. 다음 예문에서 동사구에는 밑줄을 그었다.

(155) 我 是 他 爸爸。
　　　나는 그의 아버지이다.
(156) 等 一 下。

잠시 기다려라.

(157) 她 <u>看 了</u> 三 本 书。

그녀는 세 권의 책을 보았다.

(158) 张 三 <u>会 说 中 国 话</u>。

장싼은 중국말을 할 줄 안다.

(159) 我 <u>不 要 面 包</u>。

나는 빵을 원하지 않아.

(160) 这 棵 树 叶 子 <u>很 好 看</u>。

이 나무는(화제) 잎이 매우 아름답다.

일반적으로 동사구는 술어(predicate)라는 용어로 부른다. 그러나 술어가 반드시 동사구는 아니다. 예를 들어 동사구와 동일한 기능을 하는 명사구도 술어가 될 수 있다. (161)에서 명사구 '我们的老师'는 문장의 술어이다.

(161) 张 三 <u>我 们 的 老 师</u>。

장싼은 우리 선생님이시다.

따라서 '술어'라는 말은 하나의 기능적인 용어(functional term)로서 역시 기능적인 용어인 주어와 상반되는 용어이다.

우리는 아래에서 다양한 유형의 동사구에 대해 논의할 예정이다.

4.3.1 동사구의 유형(Types of Verb Phrases)

동사구는 목적어가 없는 경우와 하나 있는 경우, 그리고 둘 있는 경우로 분류된다. 이 분류에 따르면 중국어 동사구의 유형은 대체로 다른 언어와 동일하다.

A. 자동사(목적어가 없는 경우)
  1. 형용사성 동사
  2. 계사(copula)
  3. 기타
B. 타동사(목적어가 하나 있는 경우)
C. 이중목적어동사(직접목적어와 간접목적어가 하나씩 있는 경우)

A. 자동사구

자동사구는 자동사가 중심이 되는 구이다. 따라서 자동사구는 그 중심이 1) 형용사성 동사인가, 2) 계사인가, 3) 기타 다른 것인가에 따라 세 가지로 분류된다.

A.1 형용사성 동사(Adjectival Verb)

형용사는 어떤 실체가 갖고 있는 성질이나 특성을 나타낸다.[14] 그것은 상

---

14. 형용사성 동사(adjectival verb)에 관한 좀더 자세한 논의는 Rygaloff(1973: 제9장)와 Alleton(1973: 92ff.)을 참고할 것. 우리의 논의 중 몇 가지는 Paris(1979a)를 수정한 것이다. 우리가 형용사성 동사(adjective or adjectival verb)라고 하는 것을 교과서 등에서는 상태동사(stative verb)라 부르고 있다. 그러나 우리가 굳이 전자를 사용하는 것은 이 형태가 중국어에서는 영어의 형용사와는 달리 동사와 유사하다는 점을 강조하기 위해서다. 특히 영어의 형용사와는 달리 중국어의 형용사는 다음과 같은 특성을 갖는다.
  1) 술어로 쓰이는 계사 '是'(be) 뒤에 오지 않는다.
   (i)*他 是 矮。
  2) 동사와 마찬가지로 '不'를 써서 부정될 수 있다.
   (ii) 他 不 喜 欢 我。
       그는 나를 좋아하지 않는다.
   (iii) 他 不 矮。
       그는 키가 작지 않다.
'adjective'라는 용어는 전통적으로 성질을 나타내는 품사로 사용되어왔으므로, 우리는

대성(scalar)과 절대성(absolute)이라는 두 개의 의미적 집합으로 분류될 수 있다. 상대성 형용사는 상대적인 성질을 묘사하며 이것은 실체가 가지고 있는 성질의 정도를 나타낸다. '高'(높다), '胖'(뚱뚱하다), '安静'(평온하다), '美丽'(아름답다) 등이 그 예이다. 반면에 절대성 형용사는 정도를 측정할 수 없는 어떤 특성을 나타내는데 이 경우 실체는 그 특성을 가질 수도 있고 갖지 않을 수도 있다. 절대성 형용사의 예로는 '错'(틀리다), '空'(텅 비다), '滚热'(몹시 뜨겁다), '苍白'(창백하다), '圆'(둥글다), '冰凉'(얼음처럼 차다) 등이 있다.

상대성 형용사와 절대성 형용사의 가장 중요한 구조적 차이는 상대성 형용사만이 비교구문(비교구문에 관해서는 제19장 참고)에 쓰일 수 있다는 점이다. 다음 예를 보자.

(162) a. 张 三 比 他 胖。
장싼은 그보다 살이 쪘다.
b. 这 儿 比 那 儿 安静。
여기는 거기보다 조용하다.
c.*这 个 瓶 子 比 那 个 瓶 子 空。
d.*张 三 比 李 四 错。

형용사성 동사라는 용어에서 알 수 있듯이, 중국어에서 대다수의 형용사는 동사의 기능을 갖는다. 즉 (163)과 (164)처럼 그것들은 동사구의 중심이 되며 그 뒤에는 문말조사(sentence-final particle)가 올 수 있다.

(163) 张 三 胖 了。
장싼은 살이 쪘다.
(164) 酒 瓶 空 了。
술병이 비었다.

여기에서 그 용어를 계속 사용하기로 한다.

그들은 또한 동사처럼 부정사 '不'나 '没'로 부정할 수 있다.

(165) 张 三 <u>不 胖</u>。
　　　장싼은 뚱뚱하지 않다.
(166) 酒 瓶 <u>没 空</u>。
　　　술병은 비어 있지 않다.

상대성 형용사는 단독으로 동사구를 이룰 수 있다.

(167) 他 <u>胖</u>。
　　　그는 뚱뚱하다

그러나 일반적으로 상대성 형용사가 동사구의 단독요소로 쓰일 경우에는 (168)처럼 부사수식어 '很'(매우)이 필요하다.

(168) a. 他 <u>很 胖</u>。
　　　　그는 매우 뚱뚱하다.
　　　　그는 뚱뚱하다.
　　　b. 那 个 国 <u>很 民 主</u>。
　　　　그 나라는 매우 민주적이다.
　　　　그 나라는 민주적이다.

'很'의 용법에 관해서는 두 가지 점에 주목해야 한다. 첫째, '很'에 강세가 오지 않으면 '매우'라는 의미가 없어진다. 따라서 (168a)-(168b)는 두 가지 의미를 갖는다. '매우'라는 의미를 살려 해석할 수도 있고, '很'의 의미가 약화된 것으로 해석할 수도 있다. 둘째, '很'은 일부 절대성 형용사와 함께 쓰이기도 한다. 따라서 절대성 형용사인 '氷凉'(얼음처럼 차다)과 '假'(거짓이다)

는 '很'과 함께 쓸 수 없지만, '对'(맞다)나 '圆'(둥글다)과 같은 절대성 형용사는 '很'과 함께 쓸 수 있다.

(169) a.*这杯水很冰凉。
　　　b.*这句话很假。
　　　c. 那个盆子很圆。
　　　　　그 쟁반은 매우 둥글다.
　　　d. 他说得很对。
　　　　　그가 하는 말은 매우 옳다.

대개 단독으로 동사구를 이룰 수 있는 형용사는 상대성 형용사이다. 대부분의 절대성 형용사는 (170)과 같은 예외가 있기는 하지만 단독으로 동사구를 이룰 수 없다.

(170) a. 这壶水滚热。
　　　　　이 주전자의 물은 몹시 뜨겁다.
　　　b. 今天天色苍白。
　　　　　오늘은 하늘이 흐리다.
　　　c. 那碗饭冰凉。
　　　　　그 밥은 얼음처럼 차다.
　　　d. 你对。
　　　　　네가 옳다.

단독으로 동사구를 이룰 수 없는 절대성 형용사는 계사문(copula sentence)의 동사구에서 조사 '的'에 의해 명사화될 수 있다.

(171) a. 那封信是假的。
　　　　　그 편지는 가짜이다.

b.*那封信假。

대개 단독으로 동사구를 이룰 수 없는 절대성 형용사는 문말조사인 '了'나 부정사와도 함께 쓰일 수 없다.

(172) a.*那封信假了。
　　　b.*那封信不假。

다음에 제시한 예들은 용법이 같은 세 가지 형용사의 경우이다. 그들은 단독으로 동사구를 이룰 수 없고, 문말조사 '了'나 부정사와도 함께 쓰일 수 없으며, 술어로 쓰이려면 명사화시켜야 한다.

(173) a. 这条裤子是现成的。
　　　　이 바지는 기성복이다.
　　　b.*这条裤子是现成。
　　　c.*这条裤子是现成了。
　　　d.*这条裤子是不现成。
(174) a. 那个大学是国立的。
　　　　그 대학은 국립이다.
　　　b.*那个大学是国立。
　　　c.*那个大学是国立了。
　　　d.*那个大学是不国立。
(175) a. 这种商品是上等的。
　　　　이런 상품은 고급이다.
　　　b.*这种商品是上等。
　　　c.*这种商品是上等了。
　　　d.*这种商品是不上等。

절이나 동사구를 주어로 취할 수 있는 형용사성 동사도 있다. (176)의 예문에서 주어로 쓰인 절이나 동사구에는 밑줄을 그었다.

(176) a. <u>你 不 去</u> 好。
   너는 안 가는 게 좋아.
 b. <u>这 个 表 坏 了</u> 真 可 惜。
   이 시계가 고장 나서 정말 애석하다.
 c. <u>在 那 里 买 东 西</u> 很 麻 烦。
   거기에서 물건을 사는 것은 매우 번거롭다.

형용사성 동사가 구체적인 실체보다 추상적인 것을 언급하는 추상명사구를 주어로 허용할 경우에도 절이나 동사구를 주어로 취할 수 있다. 예를 들어, (176)의 모든 형용사성 동사는 그 주어로서 추상명사구를 취할 수 있다.

(177) a. <u>你 的 主 意</u> 很 好。
   네 생각은 아주 좋아.
 b. <u>这 件 事</u> 很 可 惜。
   이 일은 매우 애석하다.
 c. <u>那 个 手 续</u> 很 麻 烦。
   그 수속은 매우 번거롭다.

(176)에 제시된 유형의 문장들은 하나 이상의 동사를 포함하고 있으므로 연동구문(serial verb construction)을 언급한 제21장에서 자세히 논의한다.

A.2 계사(Copula)

중국어에서 계사는 '是'이다.[15] 이것은 다른 동사와 구별되는 몇 가지 특성을 가지고 있다.

(ⅰ) 다른 동사와는 달리, 계사는 상표지(aspect marker)와 함께 쓰이지 않는다.16 따라서 (178b)는 비문법적이다.

(178) a. 张 三 是 一 个 护 士。
　　　　장싼은 간호사이다.
　　　b.*张 三 是 了/ 过/ 着 一 个 护 士。

(ⅱ) '是'는 '不'로 부정할 수 있으나, '没'로는 부정할 수 없다.

(179) a. 我 不 是 中 国 人。
　　　　나는 중국인이 아니다.
　　　b.*我 没 是 中 国 人。

(ⅲ) '能'(할 수 있다), '敢'(감히 ~하다), '愿意/ 肯'(기꺼이 ~하려고 하다)이나 '会'(~일 것이다)와 같은 대다수의 조동사는 계사 '是'와 함께 쓰이지 않는다.

(180)*张 三 能/ 敢/ 肯/ 会 是 一 个 医 生。

---

15. 계사술어(copula predicate)에 관한 자세한 논의는 Rygaloff(1973: 제8장), Chu(1970), Hashimoto(1969a)와 Teng(1979c)을 참고할 것.
16. (ⅰ)의 진술에는 약간의 예외가 있다. Chao(1968: 717)는 두 개의 예문을 제시했다.
　　(ⅰ) a. 我 从 来 没 是 过 谁 的 人。
　　　　　나는 여태껏 누구의 사람도 되어본 적이 없다.
　　　 b. 是 了 就 算 了。
　　　　　맞다면 됐어.
　　두 번째 예문에서 '是'는 계사라기보다는 '옳다'라는 형용사적인 의미로 쓰이고 있다. 첫 번째 예문은 대부분의 모국어 화자에게 문제가 있는 것으로 받아들여진다. 이해는 되지만 듣기에 어색하다는 것이다.

계사와 함께 쓰일 수 있는 조동사는 '应该, 应当, 该'나 '得, 必须, 必要, 必得' 등이다. 다음의 예문을 보자.

(181) a. 张 三 <u>应 该 是</u> 一 个 哲 学 家。
　　　　장싼은 틀림없이 철학자일 것이다.
　　　b. 张 三 <u>必 得 是</u> 一 个 语 言 学 家。
　　　　장싼은 반드시 언어학자일 것이다.

계사를 동사로 사용하는 구문에는 ① 단순계사문, ② 특수긍정문(special affirmative sentence), ③ 제시문과 같이 세 가지 유형이 있다.

A.2.1 단순계사문(Simple Copula Sentence)

단순계사문이란 전형적으로 계사에 의해서 지시적 주어명사구(referential subject noun phrase)와 비지시적 명사구(nonreferential noun phrase)가 연결된 문장이다. 문장의 동사구는 계사와 비지시적 명사구로 구성되어 있다. 이 비지시적 명사구는 주어명사구의 지시대상을 특징짓거나 밝혀주며, 계사는 이 둘을 연결시켜주는 역할을 한다. 따라서 계사 뒤에 나오는 비지시적 명사구는 계사의 목적어가 아니며, 단순계사문의 동사구는 자동사이다. 아래의 예를 보자.

(182) 他 <u>是</u> 我 的 好 朋 友。
　　　그는 나의 친한 친구야.
(183) 他 父 亲 <u>是</u> 外 交 部 长。
　　　그의 아버님은 외무부장관이야.
(184) 我 最 喜 欢 的 <u>是</u> 上 海 菜。
　　　내가 제일 좋아하는 것은 상하이 요리야.

단순계사문에서 '是'의 용법을 특징짓는 한 가지 흥미로운 현상이 있다. '是'는 어구들의 의미만으로는 이해할 수 없는 문장에 쓰일 수 있다. 어떤 중국어학자들은 이를 '비논리적'(illogical) 계사문이라고 한다.[17]

(185) 我是炒饭。
　　　나는 볶음밥을 먹겠어.
(186) 你爸爸就是你一个儿子。
　　　너의 아버지는 아들이라고는 너 하나뿐이다.
(187) 他是一片热心。
　　　그는 열정으로 꽉 차 있다.

(185)-(187)과 같은 문장들은 물론 적절한 문맥에서 사용되어야 한다. 예를 들어 식당에서 어떤 사람이 자기가 주문한 것을 웨이터에게 상기시키려고 할 때 (185)와 같이 말할 수 있다. 이 문장들이 나타내는 문자 상의 표면적인 의미는 결코 그 문장이 전달하려는 본래의 의미가 아니다. 예를 들어 (185)는 '나는 볶음밥이다'라는 의미가 아니다. 따라서 이때에는 지시적 주어명사구와 계사 뒤에 나오는 비지시적 명사구 사이의 관계가 매우 느슨하다. 이때 발화 당시의 문맥이 전달하는 정보가 그 관계를 정확히 확정지어준다. 즉 (188)과 같은 문장은 '나는 리쓰이다'라는 문자 상의 표면적인 의미뿐만 아니라 문맥에 따라 나는 리쓰에게 투표한다든지, 나는 그의 그룹의 멤버라든지 혹은 지금 우리가 이야기하고 있는 가수 가운데 내가 가장 좋아하는 사람은 그 사람이라는 등의 여러 가지 의미를 전달할 수 있다.

(188) 我是李四。
　　　나는 리쓰이다.

---

17. Hashimoto(1969a)와 그 책에 인용된 참고서적과 특히 Chu(1970: 129ff.)를 참고할 것.

A.2.2 특수긍정표지로서의 계사

계사 '是'는 대화에서 이미 언급했던 진술에 대해 '~은 사실이다' 혹은 '바로 ~이다'라는 의미를 나타내는 데 사용될 수도 있다. 예를 들어 다음의 두 예문을 비교해보자.

(189) a. 他 没 钱。
　　　　그는 돈이 없다.
　　　b. 他 是 没 钱。[18]
　　　　그가 돈이 없다는 것은 사실이다.

해석을 보면 알 수 있듯이 '是'가 없는 (189a)는 본질적으로 중립적이며, 새로운 정보를 제공하거나 질문에 대답하는 데 쓰일 수 있다. 반면에 '是'가 있는 (189b)는 이전에 했던 말을 긍정하거나 화자와 청자가 의심했거나 추론했던 것을 긍정하는 경우에만 사용될 수 있다. (189b)에서 '是'는 단순계사문의 경우처럼 연결동사로 남아 있다. 그러나 이 경우에 계사는 주어명사구와 비지시적 명사구를 연결하는 것이 아니다. 도리어 그것은 부정사, 조동사 그리고 양태부사(manner adverb)를 포함하는 완전한 동사구와 주어명사구를 연결시켜준다. (189b)의 '是'를 연결동사로 본다면 이 문장은 한 개 이상의 동사를 포함하고 있기 때문에 복문으로 간주해야 한다. 그러나 (189b)와 같은 문형은 본질상 계사문이기 때문에 여기에서 다루는 것이다.

특수긍정을 나타내는 '是'가 쓰이는 대화를 몇 개 들어보겠다. 이러한 예를 통해서 특수긍정을 나타내는 '是'가 쓰인 문장은 항상 전후 대화의 진술을 긍정한다는 중요한 것을 알 수 있을 것이다.

---

18. 우리가 밑줄을 친 이유는 형태소 '是'에 주의를 돌리기 위한 것이지 그것에 강세를 부여하는 것은 아니다. 물론 이 '是'는 특정한 상황에서는 강조될 수도 있다(뒤에 이어지는 논의를 볼 것). 그러나 현재의 예문에서는 어느 것도 해당되는 것이 없다.

(190) A: 我想他很穷, 所以不肯上馆子。
　　　　　내 생각에 그는 너무 가난해서 음식점에 가지 않으려고 하는 것 같아.
　　　B: 对, 他<u>是</u>没钱, 可是他很有志气。
　　　　　맞아, 그는 돈이 없어, 그렇지만 기백은 대단해.
(191) (자기 형이 책을 사지 않았을 것이라고 어머니가 의심하는 것을 틈타 한 소년이 자기 형을 고자질할 경우)
　　　他<u>是</u>没买书。
　　　그는 책을 사지 않았어요.
(192) (다음날 여행을 떠날 소년이 밤 11시 30분까지 아직 자지 않는 이유를 궁금해 하는 친구에게 그 이유를 설명해줄 경우)
　　　他明天<u>是</u>第一次旅行, 所以他睡不着觉。
　　　그는 내일 처음 여행을 가는 거라서 잠을 못 이루는 거야.
(193) (식당에서 누가 무엇을 먹을지에 관해 약간의 논란이 있은 후)
　　　我<u>是</u>不吃辣的, 他是什么都可以吃。
　　　나는 매운 것을 안 먹는데, 그는 무엇이든 먹을 수 있어.

특수긍정을 나타내는 계사가 이전의 대화에서 언급했던 동사구 전체와 주어명사구를 연결시키는 데만 사용되는 것은 아니다. 계사는 이전의 대화에서 언급했던 정보를 지시하는 전체 문장 앞에 놓일 수도 있다. 이런 경우 계사는 '바로 ~이다'라는 의미를 전달한다. 다음의 예를 보자.

(194) (간식을 먹으러 나가면 안 된다고 말해서 기분이 나빠진 친구에게)
　　　不<u>是</u>我不要来, <u>是</u>他不让我来。
　　　내가 오지 않으려는 게 아니고, 그가 나를 오지 못하게 하는 거야.
(195) (무슨 소리냐고 묻는 사람에게)
　　　<u>是</u>我在那儿打鼓。
　　　내가 저기에서 북을 친 거야.

(194)나 (195)와 같은 문장에서 계사 '是'의 다음에 오는 단어를 X라 하고, 이것에 강세를 줄 경우 이 문장은 다음과 같은 의미를 갖는다.

(196) ~한 것(사람)은 X이다

예를 들어 (195)에서 '我'에 강세를 주면 그 문장은 다음과 같은 의미를 갖는다.

(197) 거기에서 북을 친 것(사람)은 나다.

반면에 '鼓'(북)에 강세를 주면 (195)의 의미는 다음과 같아진다.

(198) 내가 거기에서 친 것은 북이다.

(190)-(195)에서 계사 '是' 자체도 강세를 받을 수 있다. 이런 경우에 이 문장은 '是'의 뒤에 나오는, 이전의 대화에서 언급했던 정보를 강하게 긍정해 주는 의미를 갖는다. 따라서 (190)-(195)와 같은 문장에서 '是'에 강세가 주어지면 이 문장들은 대개 이론의 여지가 있거나 논쟁중인 상황에 쓰인다. 그것은 '사실임'에 강세를 두는 (199)와 같은 의미를 갖는다.

(199) ~은 사실이다

예를 들어 '是'에 강세가 있을 경우에 (193)의 앞 문장은 다음과 같이 독립적으로 쓰일 수 있다.

(200) 我 是 不 吃 辣 的。
　　　내가 매운 것을 먹지 않는다는 것은 사실이야.

이런 문장은 화자가 매운 것을 먹는지 먹지 않는지에 대해 논쟁이 벌어졌을 때 쓸 수 있다. 강세가 계사에 주어져서 (199)처럼 해석될 경우, 강세가 주어진 '是'가 포함된 문장을 종종 '강조구문'(emphatic construction)이라고 하며, 이것은 (201)과 같이 영어에서 'do'를 써서 강조하는 것과 동일하다.

(201) a. She did go to San Francisco.
　　　b. He does belong to the country club.

A.2.3 제시문(Presentative Sentence)에서의 계사

제시문 중에는 다음 문형처럼 시간구와 처소구를 포함하는 경우가 있다.

(202) 　{ 처소구 / 시간구 } + 是 + 명사구

예를 들면 다음과 같다.

(203) 前面是一个庙。
　　　앞은 사찰이다.
(204) 明天是我的生日。
　　　내일은 내 생일이다.
(205) 到处都是野花。
　　　도처에 들꽃이다.
(206) 下个月是世界运动大会。
　　　다음 달은 올림픽이다.

제시문은 제17장에서 자세히 논의할 것이다. 특히 (203)-(206)처럼 계사를 포함한 제시문과 존재동사(existential verb) '有'가 포함되어 있는 제시문과의 대조는 17.1에서 설명할 것이다.

A.3 기타 자동사(Other Intransitive Verb)

형용사성 동사나 계사가 아닌 자동사는 모두 이 범주에 포함된다. 이러한 자동사구는 개사구(제9장 참고)나 부사구(제8장 참고)를 포함할 수 있다. 다음의 예문에서 자동사에는 밑줄을 그었다.

(207) 他 <u>睡</u> 在 沙 发 上。
　　　그는 소파에서 잠을 잔다.
(208) 我 们 每 天 七 点 钟 <u>起 来</u>。
　　　우리는 매일 7시에 일어난다.
(209) 我 跟 他 <u>合 不 来</u>。
　　　나는 그와 마음이 맞지 않는다.
(210) 张 三 明 年 到 这 里 <u>来</u>。
　　　장싼은 내년에 여기로 온다.

이러한 자동사는 대부분 동작을 나타낸다. 이러한 동사로 '飞'(날다), '爬'(기다), '流'(흐르다), '跑'(달리다), '倒'(넘어지다), '动'(움직이다), '走'(걷다), '转'(돌다), '打抖'(떨다), '上去'(올라가다), '下去'(내려가다) 등이 있다.

(211) 鸟 儿 在 空 中 <u>飞</u>。
　　　새가 공중에서 난다.
(212) 张 三 在 地 上 <u>爬</u>。
　　　장싼이 땅 위에서 긴다.

다음과 같은 동사도 세 번째 범주에 속하는 자동사이다. '哭'(울다), '笑'(웃다), '跳舞'(춤추다), '坐'(앉다), '住'(살다), '躺'(눕다), '休息'(쉬다), '开始'(시작하다), '出现'(나타나다), '逃'(도망치다), '叫'(소리치다), '完'(끝내다) 등이다.

(213) 张 三 在 <u>哭</u>。
　　　 장싼이 울고 있다.
(214) 电 影 <u>开 始</u> 了。
　　　 영화가 시작되었다.
(215) 你 <u>住</u> 在 哪 儿 ?
　　　 너 어디에 사니?

B. 타동사구(Transitive Verb Phrase)

동사가 의미상 두 개의 참여자(participant)를 요구하고 그중 하나가 다른 하나에게 무엇을 행하거나 어떤 행동을 가할 경우, 이런 동사를 타동사라 한다. 어떤 일을 행하는 참여자는 주어이며, 행동이 가해지는 대상은 직접목적어이다.

(216) 他 吃 了 一 个 <u>油 条</u>。
　　　 그는 油条를 하나 먹었다.

(216)에서 '吃'는 타동사이며 주어 '他'는 직접목적어인 '油条'(yóutiáo 밀가루 반죽을 가늘고 길게 만든 뒤 기름에 튀긴 중국식 꽈배기)에 행동을 가하고 있다.
타동사구의 예를 더 살펴보기로 하자. 직접목적어에는 밑줄을 그었다.

(217) 他 批 评 了 <u>那 个 女 孩 子</u>。
　　　 그는 그 여자아이를 나무랐다.
(218) 他 在 图 书 馆 看 <u>报</u>。
　　　 그는 도서관에서 신문을 본다.
(219) 张 三 骂 <u>李 四</u> 了 吗 ?

장싼이 리쓰를 꾸짖었니?
(220) 他 不 会 拼 <u>你 的 名 字</u>。
그는 네 이름의 병음자모를 쓸 줄 모른다.

세계의 대다수 언어에서 타동사는 목적어 없이 쓰이기도 한다. 중국어에서 직접목적어가 없는 타동사구는 영대용어(零代用语, zero anaphora) 현상 때문에 매우 보편적으로 쓰인다. 예를 들어 영어에서 대명사에 의해 지시되는 실체가 중국어에서는 대명사를 쓰지 않고서도 그것을 지시할 수 있다(담화에서의 대명사에 관해서는 제24장 참고). 그러나 타동사구에서 직접목적어를 생략한다고 해서 동사의 타동사적인 성질이 바뀌는 것은 아니다. 이 경우에 직접목적어는 이면에 암시되어 있다.

(221) 我 吃 了。
나는 (그것을) 먹었다.
(222) 他 买 了。
그는 (그것을) 샀다.
(223) 我 打 了。
내가 (그를) 때렸다.

어떤 동사는 자동사와 타동사의 기능을 모두 가지고 있는데, 이런 동사를 직접목적어가 생략된 타동사와 혼동해서는 안 된다.[19] 다음 예문에서 a는 자동사문이며, b는 이에 상응하는 a와 동일한 동사를 내포한 타동사문이다. b에서 타동사의 직접목적어에는 밑줄을 그었다.

(224) a. 別 笑。

---

19. 이 점은 Huang(1966)에게 도움을 받았다.

웃지 마.

　　　b. 別 笑 <u>我</u>。

　　　　　나를 비웃지 마.

(225) a. 他 很 贪。

　　　　　그는 아주 욕심이 많다.

　　　b. 他 很 贪 <u>你 的 钱 财</u>。

　　　　　그는 네 재산을 매우 탐낸다.

(226) a. 我 很 当 心。

　　　　　나는 매우 주의한다.

　　　b. 我 很 当 心 <u>我 的 身 体</u>。

　　　　　나는 내 건강에 매우 주의한다.

B.1 직접목적어의 위치(Position for the Direct Object)

이상의 모든 예문에서 직접목적어는 동사 바로 뒤에 출현한다. 그러나 그것은 문맥에 따라 다른 위치에 출현할 수도 있다. 즉 주어의 존재 여부와 무관하게 문두에 위치해 화제가 될 수도 있고, 개사 '把'와 함께 동사 앞에 출현할 수도 있으며, '把'를 쓰지 않고 동사 앞에 출현할 수도 있다. 다음에서 각각의 경우를 살펴보자.

B.1.1 직접목적어가 화제로 쓰인 경우

4.1에서 화제에 관해 논의할 때, 직접목적어가 화제로 쓰인 예문을 몇 가지 살펴보았다.

(227) <u>狗</u> 我 不 喜 欢。

　　　　　개를 나는 좋아하지 않아.

다른 예를 보자.

(228) <u>今 天 的 报</u> 你 看 过 了 吗？
    오늘 신문 보았어요?
(229) <u>这 本 书</u> 他 要 送 给 你。
    이 책을 그는 당신에게 주려고 합니다.

직접목적어가 화제로 되었을 때, 주어는, 중요하지 않거나 구체적으로 밝힐 수 없거나 말하지 않아도 상대가 알 수 있는 경우 출현하지 않을 수 있다.

(230) <u>这 本 书</u> 不 能 随 便 翻 印。
    이 책은 함부로 영인해서는 안 된다.
(231) <u>这 件 事</u> 等 一 下 就 告 诉 你。
    이 일은 잠시 후에 너에게 알려줄게.

B.1.2 직접목적어가 '把'와 함께 동사 앞에 출현하는 경우

'把' 구문에 관해서는 제15장에서 상세히 논의할 예정이다. 여기에서는 간단히 몇 가지 예만 제시하겠다.

(232) 请 你 <u>把 桌 子</u> 拼 起 来。
    탁자를 붙여주세요.
(233) 他 <u>把 水</u> 倒 在 我 身 上。
    그는 물을 내 몸에 부었다.
(234) 我 已 经 <u>把 那 所 房 子</u> 租 出 去 了。
    나는 벌써 그 집을 세주었다.

B.1.3 직접목적어가 '把' 없이 동사 앞에 출현하는 경우

직접목적어는 보통 동사 앞에 놓일 수 있다.

(235) 他 <u>功课</u> 已 经 做 完 了。
　　　그는 숙제를 벌써 다 했다.

편의상 (235)와 같은 문형을 SOV 문형이라고 부르겠다. 여기서 S는 주어, O는 목적어, V는 동사를 가리킨다. 그런데 위에서 직접목적어 '功课'는 (236)과 같이 동사 뒤에 놓일 수도 있다(즉 SVO 문형). 이때 두 문형은 의미상 어떠한 차이가 있는가 하는 의문이 생긴다.

(236) 他 已 经 做 完 <u>功课</u> 了。
　　　그는 벌써 숙제를 다 했다.

일반적으로 (236)과 같은 SVO 문형의 의미는 본질상 중립적이다. 그것은 단순히 '그'는 자신의 숙제를 마쳤다는 사실만 전달할 뿐이다. 반면에 SOV 문형은 전형적으로 다른 사람의 기대에 상반되는 의미를 전달하고자 할 때 쓰인다. (235)를 예로 든다면, 이 문장은 아내가 남편에게 아이들이 왜 공부는 하지 않고 TV만 보고 있는지를 설명하고자 할 때 쓸 수 있다. 이때 남편은 아이들이 공부를 하고 있어야 한다는 기대를 갖고 있으므로 이 기대를 반박하기 위해 SOV 문형을 쓴 것이다.

몇 가지 예를 더 들어보자. 어느 모임에서 누군가 밖으로 나가서 식사하자고 제안했다고 가정하자. 이러한 제안이 담고 있는 기대를 반박하고 집에서 식사하자고 할 경우 (237)과 같이 말할 수 있다.

(237) 可 是 李 四 <u>饭</u> 都 煮 好 了。
　　　하지만 리쓰는 밥을 이미 다 지었는걸요.

또한 학교에서 어느 과목을 취소하라고 요구받았을 경우, 우리는 다음과 같이 말할 수 있다.

(238) 可是我书已经买了。
하지만 나는 이미 책을 샀는걸요.

만일 어떤 사람이 파티에 가면서 장싼의 차에 몇 사람 타고가기를 원할 경우, 당신은 다음과 같이 말할 수 있다.

(239) 张三汽车是有, 可是不会开。
장싼은 자동차를 가지고 있긴 하지만 운전할 줄을 모른다.

마찬가지로 누가 당신에게 후식으로 어떤 종류의 사탕을 먹겠느냐고 물었을 경우, 그 사람으로서는 당신이 '어떤' 사탕을 원하고 있다고 기대하고 있는 것이므로, 당신은 다음과 같이 말함으로써 이 기대를 반박할 수 있다.

(240) 我甜的都不喜欢。
나는 단 것은 모두 좋아하지 않아요.

그 자리에 없는 어떤 친구가 아직 결혼하지 않은 사실을 놓고 토론이 벌어졌는데, 그 이유는 그 친구가 돈이 없기 때문이라고 생각될 경우 당신은 다음과 같이 말할 수 있다.

(241) 他房子也没有, 车子也没有, 职业也没有, 怎么会有人要嫁?
그는 집도 없고 차도 없고 직업도 없는데 시집오려고 할 사람이 어디 있겠어?

이상의 예는 SOV 문형이 기대에 상반되는 상황에 제한적으로 사용됨을 보여준다. 이 SOV 문형의 화용론적 기능(pragmatic function)에 의거할 경우, 기대에 상반되는 상황이 아닐 때 SOV 문형이 출현한다면 그 문장은 이상하게 들릴 것이다. 예를 들면 우연히 친구를 만났을 때 (242a)와 같이 SVO 형식을 써서 말할 수는 있지만, (242b)와 같이 말하면 이상한 느낌을 주게 된다. 왜냐하면 (242b)로서는 친구를 만난 것이 우연이었다는 느낌을 전달받기 어렵기 때문이다.

(242) a. 我 碰 见 朋 友 了.
　　　　　나는 우연히 친구를 만났다.
　　　b. ?我 朋 友 碰 见 了.

이상에서 직접목적어는 동사의 뒤뿐만 아니라 동사의 앞에도 출현할 수 있음을 살펴보았다. 즉 화제로서 문두에 출현할 수도 있고, '把'와 함께 동사 앞에 출현할 수도 있으며, 문맥에 존재하는 기대를 반박하려 할 때 '把'자 없이 동사 앞에 출현할 수도 있다. 어순이 다르다고 하는 것은 '내용은 같으면서 형식만 달라지는' 그러한 것이 아니다. 이들은 제각기 전혀 다른 의사소통의 목적을 달성하기 위해 쓰이고 있는 것이다.

B.2 절이나 동사구를 직접목적어로 취하는 타동사

어떤 타동사는 절이나 동사구를 직접목적어로 취한다. 그러한 문장은 동사를 두 개 이상 가지고 있으므로 연동구문(serial verb construction)의 하나로 볼 수도 있다. 이러한 연동구문에 대해서는 제21장에서 자세히 논의할 예정이다. 일반적인 규칙을 말한다면, 추상명사를 직접목적어로 취할 수 있는 동사는 절이나 동사구도 직접목적어로 취할 수 있다. 다음 예를 보자. (242)-(245)의 a는 추상명사를 직접목적어로 취하고 있고, b는 절과 동사구를 직접목적어로 취하고 있다.

(243) a. 我知道那件事。
　　　　나는 그 일을 알고 있어.
　　 b. 我知道你是他哥哥。
　　　　나는 당신이 그의 형임을 알고 있어.
(244) a. 我怕抽象的概念。
　　　　나는 추상적인 개념이 겁난다.
　　 b. 我怕他不来。
　　　　나는 그가 오지 않을까 걱정돼.
(245) a. 我没想到这个方法。
　　　　나는 이 방법을 생각하지 못했어.
　　 b. 我没想到你住在纽约。
　　　　당신이 뉴욕에 살고 있으리라고는 생각하지 못했어.

B.3 동목복합어(Verb—Object Compound)

동목복합어에 대해서는 제3장에서 자세히 소개했다. 여기에서는 앞서 언급했던 타동사 술어문의 유형과 관계되는 동목복합어의 통사적 특성을 간단히 논하고자 한다. 동목복합어는 융합된 어휘 단위(fused lexical unit)이다. 그것은 '동사 + 목적어'라는 통사구조의 특성을 더 이상 지니고 있지 않으며, 그 의미는 상당히 숙어적이다. 예를 들면 다음과 같은 융합된 동목복합어는 전체가 하나의 타동사로 쓰일 수 있다. (i) '担心'(걱정하다): 문자의 구성으로 보면 '担'은 '(짐을) 지다', '心'은 '마음'을 의미한다. (ii) '得罪'(잘못을 저지르다): 문자의 구성으로 보면 '得'는 '얻다', '罪'는 '죄'를 의미한다. (iii) '注意' (주의하다): 문자의 구성으로 보면 '注'는 '붓다', '意'는 '뜻, 의도'를 의미한다.

(246) 我 很 担 心 这 件 事。
　　　　나는 이 일을 매우 걱정해.
(247) 他 得 罪 我 了。
　　　　그는 나에게 잘못을 저질렀다.
(248) 我 注 意 我 的 家 事。
　　　　나는 집안일에 신경을 쓴다.

융합된 동목복합어 중에는 자동사로 쓰이는 것도 있다. 예를 들면 (ⅰ) '开心'(즐겁다): 문자의 구성상 '开'는 '열다', '心'은 '마음'을 의미한다. (ⅱ) '失望'(실망하다): 문자의 구성상 '失'은 '잃다', '望'은 '희망'을 의미한다.

(249) 我 很 开 心。
　　　　나는 매우 기분이 좋다.
(250) 我 很 失 望。
　　　　나는 매우 실망했다.

융합된 동목복합어는 문제가 없다. 그것은 각 부분의 의미의 합과는 다른 의미를 갖는 어휘항목이다. 다시 말하면, 융합된 동목복합어는 하나의 단어이다. 그것은 위에서 살펴본 바와 같이 타동사 또는 자동사로 쓰일 수 있으며, 또한 전체가 하나의 명사나 형용사로 쓰일 수도 있다. 문제가 있는 동목복합어가 몇 개 있는데, 이들은 '동사 + 목적어' 구조의 통사적 특성을 계속 지니고 있는 것들이다. 바꿔 말하면, 그 복합어의 '목적어' 요소가 완전하지는 않을지라도, 여전히 목적어로서 쓰이고 있는 것이다. 예를 들면 '出名'(유명하다)의 경우, '出'는 '나타나다', '名'은 '이름'을 의미한다. 그러나 '出名'은 형용사적인 의미를 지니는 하나의 어휘항목이기도 하다. 왜냐하면 그것은 첫째, 강조부사 '很'의 수식을 받을 수 있으며, 둘째, 강조접미사 '极'를 취할 수 있기 때문이다.

(251) 他 很 出 名。
     그는 매우 유명하다.
(252) 他 出 名 极 了。
     그는 대단히 유명하다.

그런데 목적어 '名'은 동사 '出'의 통사적 목적어처럼 쓰여 단독으로 수식을 받을 수 있고, '出'는 독립된 동사처럼 쓰여 상표지를 취할 수도 있다.

(253) 他 出 了 大 名 了。
     그는 매우 유명해졌다.

이와 같은 복잡한 현상은 다음과 같이 정리할 수 있다. 복합어 '出名'은 하나의 어휘단위로 볼 수도 있고, '동사 + 목적어' 구조로 볼 수도 있다.
그런데 복합어가 어휘단위로서의 특성과 '동사 + 목적어' 구조의 특성을 어느 정도 갖느냐는 것은 복합어에 따라 달라진다. 이것은 개별적으로 암기해야 할 중국어 문법의 한 영역이다.

C. 이중목적어동사구(Ditransitive Verb Phrase)

이중목적어동사구는, 그 안에 포함된 동사가 두 개의 목적어를 필요로 하는 구를 말한다. 이때 두 개의 목적어 중 하나는 직접목적어이고 다른 하나는 간접목적어이다. 다음 예문에서 직접목적어에는 한 줄을 그었고 간접목적어에는 두 줄을 그었다.

(254) 我 送 他 一 件 礼 物。
     나는 그에게 선물을 하나 주었다.
(255) 我 寄 了 一 封 信 给 他。

나는 편지 한 통을 그에게 부쳤다.
(256) 他 给 <u>我</u> 打 <u>电 话</u>。
그는 나에게 전화를 걸었다.

이상의 예문은 이중목적어문(ditransitive sentence)에 관한 여러 가지 유형을 보여주고 있다. 이들은 간접목적어에 관해 서술한 제10장에서 상세히 다룰 것이다.

제5장
조동사(Auxiliary Verb)

'조동사'란 용어는 중국어 문법서에 널리 쓰이고 있으며, 이 책에서도 이 용어를 쓴다.[1] 중국어에서 조동사란 무엇인가? 일반적으로 다른 형식에서 발견할 수 없는 분포적 특성(distributional property)을 어떤 형식이 가지고 있으면, 그 형식은 문법적 범주(grammatical category)를 형성한다. 따라서 동사나 부사와 구별되는 분포적 특성에 근거해서 중국어에서 '조동사'라는 범주를 설정할 수 있다.

5.1 조동사와 동사(Auxiliary Verb versus Verb)

'조동사'란 용어는 그것이 지시하는 형식이 동사적인 특성을 어느 정도 갖고 있지만 동사와 완전히 같지 않다는 것을 암시한다. 조동사가 동사와 공유하는 두 가지 특성을 살펴보자.

---

1. 이 장은 Chao(1968: 731ff.)의 조동사에 대한 몇 가지 연구를 정리한 것이다.

(ⅰ) 조동사는 A-not-A 의문문의 A 요소로 쓰일 수 있다(제18장 참고).

(1) 他 能 不 能 唱 歌 ?
그는 노래를 부를 수 있니?

(ⅱ) 조동사는 부정될 수 있다.

(2) 他 不 能 唱 歌。
그는 노래를 부를 수 없어.

그러나 다음의 여섯 가지 면에서 조동사는 동사와 구별된다.
(ⅰ) 조동사는 동사와 함께 써야 한다. 예를 들어 (3)은 완전한 문장이 아니며, 동사가 암시된 문맥에서만 쓰일 수 있다.

(3) 他 能。
그는 할 수 있다.

(ⅱ) 조동사 뒤에는 상표지(aspect marker)가 올 수 없다.

(4) *他 能 了 唱 歌。
　　　　过
　　　　着

(ⅲ) 조동사는 '很'(매우)이나 '更'(더욱) 같은 강의어(强义语, intensifier) 의 수식을 받을 수 없다.[2]

---

2. (ⅰ) 他 很 会 说 话。
　　　　그는 말을 매우 잘한다.
　(ⅰ)이 그 반례(反例)가 될 것이다. 그러나 이 문장에서 '会说话'는 번역에서 알 수

(5) *他 {很/更} 能 唱 歌。

(ⅳ) 조동사는 명사화될 수 없다.

(6) *他 是 能 的。

(ⅴ) 조동사는 주어의 앞에 올 수 없다.

(7) *能 他 唱 歌。

(ⅵ) 조동사는 직접목적어를 취할 수 없다.³

(8) *他 能 那 件 事。

이전에 조동사로 간주되어 조동사의 특성을 가지고 있다고 여겨졌던 단어들을 살펴보자.⁴ 위에서 언급한 기준에 의하면, 앞으로 살펴볼 단어들은 조동사가 아니라 동사이다.

먼저 '要'(원하다, want)를 살펴보자. (9)에서 '要'는 조동사가 아니라 확실히 동사이다. 왜냐하면 '要'가 직접목적어를 취하고 있기 때문이다.

있듯이 '말을 유창하게 하다'는 뜻의 숙어이다. 일반적으로 '会'의 앞에 '很'이나 '更'이 올 수 없다는 점에서 다른 조동사와 같다.
  (ⅱ) *他 {很/更} 会 游 泳。

3. 이러한 점에서 Chao(1968: 731)의 견해에 동의하지 않는다. 그는 "조동사는 목적어로 체언 대신에 다른 동사나 동사적 표현을 취한다"고 말했다. 그러나 이 말이 모든 동사가 목적어를 취할 수 있다는 것을 의미하지는 않는다. 만일 동사가 목적어를 가지면 그것은 조동사가 아니라 완전한 동사이다.
4. 예를 들어 Chao(1968: 731ff.), Teng(1975a: 74-78), d'Andrea(1978) 그리고 Alleton(1977)을 참고하라.

(9) 我 要 一 个 苹 果。
　　　나는 사과 한 개를 원해.

그러나 (10)에서 '要'는 다른 동사와 함께 쓰였기 때문에 조동사처럼 보인다.

(10) 我 要 洗 澡。
　　　나는 목욕하기를 원한다.

논의의 편의상 하나의 형태소가 둘 이상의 범주에 속할 수 있다고 가정한다고 하더라도 '要'의 의미를 유심히 살펴보면, '要'를 조동사로 보는 것은 정확한 분석이 아니며 (10)과 같은 문장에서는 '要'의 동사적 자질을 부정할 수 없음을 알 수 있다. '要'는 의미상으로 원하는 행위를 하는 참여자(주어)와 바라는 대상을 나타내는 또 다른 참여자(직접목적어)를 요구한다. (9)와 (10)의 유일한 차이는 주어가 하기를 원하는 대상이 본질적으로 다르다는 점이다. (9)의 직접목적어는 구체적인 실체이지만 (10)의 직접목적어는 사건(event)이다. 이러한 차이점을 더 확실하게 이해하기 위해서 (10)과 (11)을 비교해보자.

(11) 我 要 他 洗 澡。
　　　나는 그가 목욕하기를 바란다.

(10)과 (11)의 차이는, (10)에서는 목욕을 하는 사람이 그것을 '원하는' 사람과 동일하므로 '목욕하는' 주체를 다시 말할 필요가 없다는 것이다. 다시 말하면 (9)-(11)은 주요 동사(main verb)가 모두 '要'이며, '要'는 본래의 의미 때문에 주어와 직접목적어를 취할 수 있다. 또한 다양한 형식의 직접목적어가 올 수 있는데, (9)에서 직접목적어는 구체적인 것이지만 (10)과 (11)에서는 사건이다. 즉 (10)에서 사건은 '我洗澡'(나는 목욕한다)이며, (11)에서는 '他洗

澡'(그는 목욕한다)이다. (10)에서 '洗澡'의 주어는 주요 동사 '要'의 주어와 같기 때문에 생략되었다.

반면에 조동사 뒤에 오는 동사구는 사건을 나타내는 직접목적어가 아니다. 왜냐하면 그 동사구의 주어는 조동사의 주어와 같아야 하기 때문이다.

(12) 我 能 洗 澡。
　　　나는 목욕할 수 있다.

(13) *我 能 他 洗 澡。

(10)의 '要'를 '즉시' 또는 '가까운 미래에'라는 의미로 해석할 수도 있다. 이러한 의미로 (10)을 해석하면 (10)은 '나는 곧 목욕을 하려고 한다'가 된다. 그러나 '要'가 이러한 의미를 갖는다고 해서 그것이 조동사라고 단정할 수는 없다. '要'의 '가까운 미래에'라는 의미는 조동사의 특성이 아니기 때문이다. 예를 들면 다음과 같은 A-not-A 의문문의 A 요소로 쓰이는 '要'는 '원하다' 를 의미하지만, '가까운 미래에'라는 의미는 갖지 않는다.

(14) 你 要 不 要 洗 澡？
　　　너 목욕할래?

마찬가지로 생략된 문장(abbreviated sentence)인 (15)는 '내가 곧 ~하다'라는 것을 의미하지는 않고 '나는 원한다'는 의미를 나타낸다.

(15) 我 要。
　　　나 할래.

결국 '要'가 쓰인 문장에서 '要'는 '가까운 미래에'라는 의미를 갖지 않고 '원한다'라는 의미를 갖는다는 것을 알 수 있다.

(16) 我 不 要 洗 澡。
　　　　나는 목욕하지 않을래.

'要'가 '가까운 미래에'라는 의미를 가질 때는 동사적인 특성이 전혀 없기 때문에 부사의 기능을 갖는 것처럼 보인다(부사는 제8장 참고).

'要'처럼 조동사 같지만 조동사가 아닌 동사들이 있다. 예를 들면 '情愿'(바라다), '继续'(계속하다), '需要'(필요로 하다), '希望'(희망하다), '想'(생각하다), '表示'(표시하다) 등이다.

'情愿'과 '希望'는 항상 사건을 나타내는 직접목적어가 온다는 점에서 '要'(원하다)와 다르다. 그러나 '要'가 쓰인 문의 경우와 마찬가지로 주어가 있는 절 전체가 사건이 될 수 있으므로, 이러한 사건이 다음의 예문에서 밑줄 친 동사의 직접목적어이지, 조동사에 대한 주요 동사가 아님을 알 수 있다.

(17) a. 我 情愿 他 做 总 统。
　　　　나는 그가 총통이 되기를 바란다.
　　b. 我 情愿 做 总 统。
　　　　나는 총통이 되기를 바란다.
　　c. *我 情愿 氷 淇 淋。
(18) a. 我 希望 他 去 中 国。
　　　　나는 그가 중국에 가기를 희망한다.
　　b. 我 希望 去 中 国。
　　　　나는 중국에 가기를 희망한다.
　　c. *我 希望 中 国。

동사 '想'(생각하다)은 다음 예문에서 조동사로도 사용될 수 있는 것 같다.

(19) 我 想 喝 酒。
　　　　나는 술 마실 것을 생각한다./ 나는 술을 마시고 싶다.

앞에서 논의했던 동사와 마찬가지로 '想'도 동사이다. '要'처럼 '想'은 단순직접목적어(simple direct object)를 취할 수도 있고 사건을 직접목적어로 취할 수도 있다.

(20) 我 想 他。
　　　나는 그를 생각한다./ 나는 그를 그리워한다.
(21) 我 想 他 很 开 心。
　　　나는 그가 매우 기분이 좋다고 생각한다.

'想'(생각하다)과 '要'(원하다)의 차이점은 '想'이 그 주어와 동일한 주어를 갖는 단순직접목적어나 사건직접목적어(event direct object)와 함께 쓰일 때, '想'은 (19)와 (20)처럼 '그리워하다'(miss)라는 또 다른 의미를 가질 수 있다는 것이다. 그러나 '想'의 이러한 의미는 그것과 함께 쓰이는 직접목적어에 따라 본래의 '생각하다'라는 의미에서 자연스럽게 추론된 것이다.

'继续'(계속하다), '需要'(필요로 하다)와 '表示'(표시하다) 등은 '想'(생각하다)과 유사하다. 다음 예문에서 (a)는 직접목적어가 명사이지만 (b)는 직접목적어가 사건이다. (a)와 (b)의 동사는 통사적으로나 의미적으로 동일하다.

(22) a. 我 们 <u>继 续</u> 他 的 工 作。
　　　　우리는 그의 일을 계속한다.
　　 b. 我 们 <u>继 续</u> 工 作。
　　　　우리는 일을 계속한다.
(23) a. 我 们 <u>需 要</u> 飞 机。
　　　　우리는 비행기가 필요하다.
　　 b. 我 们 <u>需 要</u> 驾 驶 飞 机。
　　　　우리는 비행기를 조종해야 한다.
(24) a. 我 们 <u>表 示</u> 我 们 的 情 感。

우리는 우리의 느낌을 표현한다.
b. 我们表示赞成他的意见。
우리는 그의 의견에 찬성한다고 밝혔다.

이 외에 조동사로 착각하기 쉬운 동사로 '可能'(아마 ~일 것이다)이 있다. (25)와 같은 문장에서 '可能'은 조동사로 오해되기 쉽다.

(25) 他可能去美国。
그는 아마 미국에 갈 거야.

그러나 여기서 '可能'은 '容易'(쉽다)나 '难'(어렵다)과 같은 형용사성 동사 (adjectival verb)이다.

(26) 那个问题 { 容易 / 难 } 解决。
그 문제는 해결하기 { 어렵다. / 쉽다. }

무엇보다도 '可能', '容易', '难'은 형용사성 동사이기 때문에, '很'(매우)이나 '更'(더욱)과 같은 강의어의 수식을 받을 수 있다.

(27) 他很可能去美国。
그는 미국에 가기가 십상이다.
(28) 那个问题很 { 容易 / 难 } 解决。
그 문제는 해결하기 매우 { 어렵다. / 쉽다. }

(29) 他 更 可 能 去 美 国。
　　　그는 미국에 갈 가능성이 더 크다.
(30) 那 个 问 题 更 ﹛容 易﹜ 解 决。
　　　　　　　　　　 难
　　　그 문제는 해결하기가 더 ﹛어렵다.﹜
　　　　　　　　　　　　　　쉽다.

앞에서 지적했듯이 조동사는 '很'이나 '更'과 같은 강의어의 수식을 받을 수 없다. 예를 들면 (31)과 (32)는 비문법적이다.

(31) *我 很 能 来。
(32) *我 更 能 来。

둘째, 형용사성 동사는 '的'에 의해 명사화되어 '是'(~이다) 뒤에 올 수 있다. 그러나 조동사는 불가능하다.

(33) 那 种 冲 突 是 可 能 的。
　　　그런 충돌은 가능하다.
(34) *那 种 冲 突 是 能 的。

마지막으로, '可能'이 문두에 온 (35)를 일부 중국어 화자들은 문법적인 문장으로 받아들인다.

(35) 可 能 他 明 天 来。
　　　그는 내일 올 것 같다.

그러나 조동사는 결코 (35)처럼 문두에 쓰일 수 없다. 정확한 분석은, '可

'能'이 의미적으로 절을 주어로 삼을 수 있는 형용사성 동사(adjectival verb)라고 보는 것이다(21.2.2 참고). 그러므로 (25)는 의미적으로 '他去美国'(그가 미국에 간다)라는 사건이 일어날 가능성이 매우 높음을 의미한다. 마찬가지로 (26)에서 '容易'나 '难'은 형용사성 동사이며, 그들의 의미상의 주어는 '解决那个问题'(그 문제를 풀다)라는 절이다.

5.2 조동사와 부사(Auxiliary Verb versus Adverb)

부사는 조동사처럼 술어의 앞에 온다.

(36) 他 大概 吃 三 碗 饭。
　　　그는 아마 밥 세 그릇을 먹을걸.
(37) 他 一定 来。
　　　그는 반드시 온다.
(38) 他 快 (要) 来 了。
　　　그는 곧 올 것이다.

이러한 부사는 동사적인 특성이 없다는 점에서 조동사와 근본적으로 다르다. '能'(할 수 있다)과 같은 순수한 조동사를 살펴보자. 비록 '能'은 항상 동사와 함께 써야 하지만, 판단의문문에 대한 대답으로 동사가 암시된 문맥에서는 다음과 같이 주어와 함께 쓸 수 있다.

(39) a. 你 能 来 吗 ?
　　　　너 올 수 있니?
　　 b. 我 能。
　　　　나 갈 수 있어.

반면에 부사는 어떠한 문맥에서도 이와 같이 쓸 수 없다.

(40) a. 你 一定 来 吗 ?
　　　 너는 꼭 올 거니?
　　 b. *我 一定。

이러한 차이가 생기는 이유는 조동사가 동사적인 특성을 갖고 있기 때문이며, 이러한 사실은 문장의 주어와 조동사가 서로 의미적인 관계를 갖고 있음을 의미한다. 그러나 문장의 주어와 부사 사이에는 아무런 의미적 관계도 존재하지 않는다.

(41)의 경우처럼 조동사가 A-not-A 의문문의 A 요소가 될 수 있는 동사적 특성을 갖고 있다는 점에서도 조동사와 부사는 구별된다.

(41) 你 能 不 能 来 ?
　　 너 올 수 있니?

반면에 부사는 동사적 특성이 없기 때문에 (42)와 같이 쓸 수 없다.

(42) *你 一 定 不 一 定 来 ?

'一定'이 조동사가 아님을 설명하기 위해서 적용했던 원칙은 다른 부사들이 조동사가 아님을 보여주는 데서도 역시 적용될 수 있을 것이다.

5.3 조동사 일람표

앞에서 논의한 기준에 따라 상용되는 조동사를 정리하면 다음과 같다.

(43) 应该, 应当, 该 : ～해야 한다
   能, 能够, 会, 可以 : ～할 수 있다(능력)
   能, 可以 : ～해도 된다(허락)
   敢 : 감히 ～하다
   肯 : 기꺼이 ～하다
   得, 必须, 必要, 必得 : ～해야 한다
   会 : ～할 것이다(염원, 미래)/ ～할 줄 안다(통달함)

이 장의 첫부분에서 지적했듯이 한 언어에서 어떤 문법적 범주의 존재 여부를 결정하려면, 한 형태소군(group of morpheme)이 다른 형태소군이 전혀 갖고 있지 않은 일련의 특성을 가지고 있음을 보여주어야 한다.

조동사는 한 문장에서 동사나 부사가 올 수 있는 위치에 온다. 그러나 조동사는 동사나 부사가 갖지 않는 독특한 분포적 특성(distributional property)을 지니고 있다.

제6장
상(Aspect)

이 장에서는 언어학자들이 상(相)이라고 부르는 것을 살펴본다. 상(相)이란 상황을 파악하는 다양한 방법이다. 상의 범주(category of aspect)는 시제(tense)의 범주와는 다르다. 즉, 시제표지(marker of tense)는 상황이 발생한 시점을 그 상황이 담화에 옮겨진 시점과 연결시켜준다. 예를 들면 영어에는 다음과 같은 과거시제가 있다.

(1) I propose<u>d</u> a toast.
　　나는 건배를 제안했다.

여기서 접미사 '-ed'는 '주문하는' 행동이 발화되기 이전에 발생했음을 나타낸다. 중국어에는 시제표시가 없다. 중국어에는 상황발생시점과 발화시점의 관계를 나타내는 동사접사(verb affix)가 없다.
　반면에 상은 상황발생시점과 발화시점 간의 시간적 관계를 나타내주는 것이 아니라, 상황 자체가 그 내부구성에 대해 어떻게 파악되고 있는가를 나타내준다.[1] 먼저 영어 문장을 보자.

(2) Rosco was reading, when I came in.
내가 들어갔을 때, 로스코는 책을 읽고 있었다.

(2)에서 두 사건은 과거이다. 그러나 두 상황을 파악하는 방법에서 첫 번째 복합동사 'was reading'은 두 번째 복합동사 'came in'과 엄격히 다르다. 두 번째 복합동사는 그 내부의 시간요소(internal temporal constituency)에 대한 언급이 없이 '화자가 들어오는' 상황 전체를 나타낸다. 즉, 전체 상황(entire situation)은 분석될 수 없는 하나의 전체로서 파악된다. 사건을 전체로서 파악하게 하는 특별한 동사적 형태를 완료상(perfective aspect)이라고 한다. 중국어의 완료상표지는 '了₁'이다. 그러나 완료상은 '완료화 표현'(perfectivizing expression)에 의해 표현되기도 한다(6.1 참고).

반면 (2)의 첫 번째 복합동사 'was reading'은 전체로서 로스코가 책을 읽는 상황이 아니라 '읽는 행위'의 내부적 구성(internal makeup)을 명확히 나타낸다. 즉, 시작이나 끝은 언급하지 않고 단지 그 사건이 지속되고 있음을 나타낸다. 이처럼 지속적 상을 나타내는 동사표지는 미완료(imperfective)라고 할 수 있는 상에 포함되는데, 이를 지속(durative)이라 한다. 중국어의 미완료-지속표지(imperfective durative marker)는 '在'와 '着'가 있다(6.2 참고).

'了₁', '在', '着' 외에 '过'라는 동사상표지(verbal aspect marker)가 있다. 이를 경험상(experiential aspect)이라 하는데, 어떤 상황을 과거에 경험한 적이 있음을 나타낸다(6.3 참고).

마지막으로 특별한 형태소가 아니라 동사를 중첩해서 나타내는 잠시상 범주(delimitative aspect category)가 있다.

---

1. 이 논의는 Comrie(1976)를 참고했다. 여러 언어에 보이는 상에 관한 더 자세한 논의는 Comrie(1976)를 참고할 것. 이 장을 쓰면서 아래의 자료에서 예문과 내용을 취했다. Baron(1970), Teng(1975a), Spanos(1977, 1979), Rohsenow(1978), G. T. Chen(1979), Kwan- Terry(1979)와 Chao(1968).
  그러나 '了₁'이 '완성된 동작'(Completed action)을 나타낸다는 Chao(p.246)의 의견에는 반대한다. 앞으로 살펴보겠지만 '완료상'(perfective)은 '완성'(Complete)과는 다른 개념이다. R. McMillan Thompson, Paul Hopper, 그리고 Bernard Comrie와의 토론도 유익했다.

따라서 중국어에서 동사의 상(verbal aspect)에는 다음과 같은 것이 있다.
1. 완료(Perfective): '了₁'과 완료화 표현
2. 미완료(Imperfective) (지속): 在, 着
3. 경험(Experiential): 过
4. 잠시(Delimitative): 동사의 중첩

6.1 완료상(The Perfective Aspect)

동사상표지 '了₁'은 문말조사(sentence-final particle) '了₂'와 구별해야 한다. 문말조사 '了₂'가 사용되거나 '了₁'과 '了₂'가 함께 사용되는 문장은 모두 제7장에서 논의할 것이다.

6.1.1 '了₁'이 사용되는 경우: 제한된 사건

동사상표지 '了₁'은 완료를 나타낸다. 즉 '了₁'은 사건이 전체로서 파악되고 있음을 나타낸다. 사건이 시간적, 공간적 혹은 개념적으로 제한되면 그 사건은 전체로서 파악된다. 근본적으로 사건을 제한하는 방식에는 네 가지가 있다.

A. 양화된 사건(quantified event)의 경우
B. 한정적이거나 특정적인 사건(definite or specific event)의 경우
C. 동사의 의미 때문에 본래 제한적인 경우
D. 연속된 사건 중 첫 번째인 경우

A. 양화된 사건(A Quantified Event)

시간적, 공간적 혹은 개념적인 제약이 부가되어 있으면 그 사건은 제한된

것으로 파악된다. 즉, 문법적으로 동사에 의해 표시된 사건이 발생한 정도나 소요된 시간, 혹은 발생한 횟수 등을 밝혀주는 구(phrase)에 의해 제한을 받을 때, 동사는 일반적으로 '了'과 함께 써야 한다.

(3) 他睡了₁三个钟头。
그는 세 시간 동안 잠을 잤다.

(4) 我在那里住了₁两个月。
나는 거기에서 두 달 동안 살았다.

(5) 已经忍了₁这么多年, 我会再忍下去。
이미 이렇게 여러 해 동안 참았으니, 나는 계속 참을 것이다.

(6) 电灯亮了₁很多。
전등이 훨씬 밝아졌다.

(7) 我把狗打了₁一顿。
나는 개를 한 대 때렸다.

(8) 我把门踢了₁三脚。
나는 문을 세 번 걷어찼다.

(9) 敌人往后退了₁二十里。
적은 뒤로 20리 후퇴했다.

(10) 你高了₁一点。
너는 키가 조금 컸다.

(11) 他昨天来得晚了₁一点。
그는 어제 좀 늦게 왔다.

(12) 今天股票行市低了₁一点。
오늘 증권 시세는 약간 하락했다.

때때로 양화된 사건은 구에 의해 한계가 정해지기도 하는데, 그 구는 주어가 놓이게 되는 상태의 전체 범위를 나타낸다. 이러한 예로 (13), (14)를 보자.

(13) 这个地方不错, 就是吵了₁一点。
　　　이곳은 괜찮지만, 단지 약간 시끄럽다.
(14) 他年纪比我大了₁几十岁。
　　　그는 나이가 나보다 몇십 살 더 많다.

아래의 두 예문은 형용사가 과정을 묘사하느냐, 상태를 묘사하느냐에 따라 두 가지로 해석할 수 있다.

(15) a. (한 친구와 헤어진 뒤 그가 어떻게 변했는가를 이야기할 때)
　　　　他胖了₁一点。
　　　　그는 약간 살이 쪘다.
　　 b. (농구팀 후보를 선출하기 위해 논의할 경우)
　　　　他胖了₁一点。
　　　　그는 좀 뚱뚱해.
(16) a. (세탁한 옷이 줄어들었음을 말할 경우)
　　　　衬衫小了₁三寸。
　　　　셔츠가 세 치 줄어들었다.
　　 b. (옷을 입을 때)
　　　　衬衫小了₁三寸。
　　　　셔츠가 세 치가 작아.

(17)은 단지 사건만을 말하는 경우와 사건을 양화시켜 전체로서 파악하는 경우를 서로 비교할 수 있는 좋은 예문이다.

(17) 张三在博物馆门口等李四等了₁三十分钟。
　　　장싼은 박물관 입구에서 리쓰를 30분간 기다렸다.

앞의 '等'(기다리다)은 사건을 전체로서 파악하지 않고 단지 사건만을 말하고 있다. 따라서 '了₁'을 쓸 수 없다. 그러나 뒤의 '等'은 장싼이 기다린 시간을 말하는 구(三十分钟)에 의해 제한받고 있다. 따라서 이때에는 '了₁'을 사용해야 한다.

마찬가지로 양화된 특정한 직접목적어를 동반하는 동사도 일반적으로 '了₁'과 함께 쓰인다. 왜냐하면 양화된 직접목적어는 동사가 나타내는 사건을 한정하기 때문이다. (18)-(25)를 보자.

(18) 他说最近大学盖<u>了₁</u><u>不少的新宿舍</u>。
  그는 최근에 대학에서 새로운 기숙사를 적지 않게 지었다고 말했다.
(19) 那个警察对我行<u>了₁</u><u>一个礼</u>。
  그 경찰관은 나에게 한 번 경례했다.
(20) 他今天买<u>了₁</u><u>很多书</u>。
  그는 오늘 책을 많이 샀다.
(21) 他在面包上抹<u>了₁</u><u>一点牛油</u>。
  그는 빵 위에 약간의 버터를 발랐다.
(22) 我罚<u>了₁</u>他<u>五块钱</u>。
  나는 그에게 5원을 벌금으로 부과했다.
(23) 他们发<u>了₁</u><u>五十个请帖</u>。
  그들은 50매의 초대장을 보냈다.
(24) 这回考试我得<u>了₁</u><u>八十分</u>。
  이번 시험에서 나는 80점을 받았다.
(25) 墙上挂<u>了₁</u><u>一幅画</u>。
  벽에 한 폭의 그림이 걸려 있다.

(26)은 동목복합어(verb-object compound)인 '谈天'(이야기하다 - 하늘=한담하다)의 목적어 성분을 양화시켜서 경과된 시간을 나타내기 위해 문법적으로 '了₁'을 쓰고 있는 예이다.

(26) 我们谈了₁一夜的天。
우리들은 밤새 이야기를 나눴다.

이러한 예문들을 통해, 대화에서의 전달내용이 양화된 직접목적어에 의해 사건이 한정되는 경우에 '了₁'을 쓰는 것이 매우 보편적임을 알 수 있다. 그러나 양화된 직접목적어가 사건을 얼마나 제한하는지에 대해서는 화자에 따라 다를 수 있다.

(27) 他家养了₁一个很可爱的小猫。
그의 집에서는 매우 귀여운 새끼고양이 한 마리를 키웠다.

어떤 중국어 화자는 (27)에서 '了₁'을 사용할 필요가 없다고 말한다. 즉, 그들은 양화된 직접목적어 '一个很可爱的小猫'가 사건을 제한한다고 여기지 않는다. 반면에 어떤 중국어 화자들은 '了₁'을 쓰면 (27)은 새끼고양이에 대해 말하기 위해서 발화된 문장으로 받아들인다. 즉 그들이 그 사건을 제한적으로 파악하는 것은 양화된 목적어 때문이 아니라 그 사건이 일련의 언급 중 맨 처음에 나오기 때문이다. 물론 많은 중국어 화자는 (27)이 그 자체만으로도 충분하다고 느낀다. 그들은 단순히 양화된 직접목적어의 존재 때문에 사건이 제한되는 것으로 파악하기 때문이다.

최근의 연구는 이러한 논점을 명백히 해주고 있다.[2] (28)의 문장이 포함되어 있는 글을 62명의 중국어 화자에게 검증했다. 이 글의 작가는 '了₁'을 썼으나, 오직 대상자의 1/3만이 '了₁'이 필요하다고 생각했다.

(28) 忽然祖父嘘了₁一口气。
갑자기 할아버지는 한숨을 한 번 쉬었다.

---

2. 화자에 따라 '了₁'을 여러 형태로 사용하고 있다는 사실에 대한 더 광범위한 논의는 Spanos(1977, 1979)를 참고할 것. 예문 (28)은 Spanos(1977: 61-64)에서 재인용한 것이다.

이 예문에서 사건이 얼마나 제한되어 있는지에 대해서는 화자에 따라 다른 견해를 가질 수 있으며, 이에 따라서 '了₁'이 어떠한 상황에 쓰였는지가 결정될 것이다. (28)에서 '了₁'을 써야 한다는 사람들은 문장의 초점이 할아버지가 내쉰 것이 '한 번'의 한숨이었다는 것에 있다고 생각하는 것이며, 반면 '了₁'을 쓰지 않아야 한다는 사람들은 문장의 초점이 할아버지가 한숨을 쉬었다는 사실 자체에 있다고 느낀다.

B. 한정적이거나 특정적인 사건(Definite or Specific Event)

직접목적어가 한정적 명사구이면(4.2.5의 한정성에 대한 논의를 참고할 것) 대체로 그 사건은 제한된 것으로 이해된다. 또 '了₁'을 사용하느냐의 여부는 개인 화자가 그 사건을 어느 정도로 제한된 것으로 판단하느냐에 달려 있다. 한정적인 직접목적어의 유형은 다양하다.

(ⅰ) 이름(name)

(29) 我 碰 到 了₁ 林 惠。
　　　나는 린후이를 만났다.
　　　(문맥에서 중요한 정보는 내가 누구를 만났는가 하는 것임.)

(ⅱ) 대명사(pronoun)

(30) 你 毁 了₁ 你 自 己。
　　　너는 너 자신을 망쳤어.

(ⅲ) 속격 수식어(genitive modifier)

(31) 他 饶 了₁ 他 敌 人 了₂。
그는 그의 적을 용서했다.

(ⅳ) 지시사 수식어(demonstrative modifier)

(32) 我 想 出 来 了₁ 那 个 字。
나는 그 글자를 생각해냈다.

(ⅴ) 관계절 수식어(relative clause modifier)

(33) A: 你 怎 么 知 道 上 海 有 一 千 万 人？
당신은 어떻게 상하이의 인구가 천만 명이 되는지 알았습니까?
B: 因 为 我 看 了₁ 新 出 版 的 资 料。
나는 새로 출판된 자료를 보았기 때문이죠.

(ⅵ) '把'를 가진 명사구

(34) 他 把 车 卖 了₁。
그는 차를 팔았다.

(35)는 Spanos(1977: 45)에 인용되어 있는 예로, '了₁'이 사건의 특정성을 나타내고 있다.

(35) 她 问 我 昨 天 晚 上 做 (了₁) 什 么。
그녀는 나에게 어제 저녁에 무엇을 했느냐고 물었다.

이 문장에서 질문을 받은 39명 가운데 7명만이 '了₁'이 있어야 한다고 응답한 반면, 32명은 '了₁'이 없어야 한다고 응답했다. 그런데 이 질문에 관한 화자의 판단은 결정적으로 그 문장이 전달하는 내용의 성질에 달려 있다. '了₁'을 쓰면 그 사건은 한정되고, 따라서 특정한 것으로 판단된다. 문장의 주어인 '她'(그녀)는 문장의 화자가 행한 활동의 특정 항목에 관해 묻고 있다. '她'를 화자가 일을 지나치게 많이 하지는 않았는지를 확인할 필요가 있는 간호사라고 가정해보자. 따라서 이것은 비교적 색다른 언어맥락이므로 39명 중 7명만이 '了₁'을 써야 한다고 응답했다고 해도 이상할 것이 없다. 한편 '了₁'이 없으면 그 문장은 매우 중립적이고 '她'가 단지 일상적인 대화를 하고 있다는 의미를 함축한다. 후자의 경우는 매우 자연스러운 상황에 부합하므로 대다수의 화자가 이것을 그 문장의 가장 자연스러운 맥락으로 생각하고 '了₁'이 없어야 한다고 대답한 것이다.

이와 같은 경우인 (36a)와 (36b)를 비교해보자.

(36) a. 他 写 错 了₁ 那 个 字。
　　　　그는 그 글자를 틀리게 썼다.
　　 b. 他 写 错 那 个 字 了₂。
　　　　(내가 생각했듯이) 그는 그 글자를 틀리게 썼다.

(36a)는 그가 맞게 쓴 다른 글자와 대조되기 때문에 '那个字'(그 글자)가 강조되는 맥락에서 쓰인 것이다. 반면에 완료상표지 '了₁'을 쓰지 않는 (36b)에서 중요한 것은 다른 글자와 대조되는 것으로서의 '那个字'가 아니라, 그가 그 글자를 틀리게 썼다는 사실에 대한 현재의 관련성이다. 이러한 해석은 이 사태(state of affairs)가 현재와 관련성이 있음을 나타낸다(현재와의 관련성과 문말조사 '了₂'에 대한 자세한 논의는 제7장을 참고).

이와 같은 문제에 대한 화자들의 의견이 일치하지 않기 때문에 중국어를 배우는 사람이나 중국어를 분석하는 언어학자는 종종 실망하게 된다. 그들은 확실한 문법 규칙을 제시하고 싶어한다. 그러나 문법 규칙이 있기는 하지만,

그 문장이 사용된 맥락에서 문장이 전달하고자 하는 내용을 화자가 어떻게 판단하느냐에 따라 이 규칙이 바뀔 수 있다는 점을 반드시 인식해야 한다. 화자에게 문장이 단독으로 제시될 때 화자들이 의견을 달리하는 이유는 그들이 실제의 대화상황이 어떠한지를 생각해야 하고 이로 인해 다른 결론에 도달할 수 있기 때문이다. 그들이 실제로 서로 이야기할 때 사용하는 규칙은 간단히 말하면 다음과 같다. 한정된 직접목적어에 대해 이야기를 계속하기를 바라기 때문에, 혹은 언급될 수 있었으나 언급되지 않았던 또 다른 항목과 직접목적어가 대조되기 때문에 전체 대화에서 한정된 직접목적어가 갖고 있는 정보를 강조하는 것이 중요한 경우에는 '了$_1$'을 써야 한다.

C. 본래 제한된 의미를 지닌 동사

어떤 동사는 그 자체의 의미 때문에 특수하고 제한된 사건을 의미한다. 그런 동사 중 하나가 '死'인데, '死'는 그 자체의 의미 안에 종결점을 갖고 있다. '忘'도 이러한 동사에 속한다.

(37) 他 去 年 死 了$_1$。
그는 작년에 죽었다.
(38) 我 忘 了$_1$ 他 的 地 址。
나는 그의 주소를 잊었다.

'死' 또는 '忘' 같은 동사가 그 의미 속에 종결점을 포함하는 것은 중국어의 특징일 뿐, 세계 모든 언어의 보편적인 특질은 아니라는 사실을 주목해야 한다. 예를 들어 영어의 'die'는 그 의미 속에 '죽음'의 종결점이 포함되어 있지 않다. 따라서 (39)에서와 같이 그 동사를 지속상(durative aspect)으로 사용할 수 있다.

(39) He is dying.

그러나 '死'의 의미 속에는 죽음이라는 종결점이 이미 포함되어 있기 때문에 지속상으로 쓰일 수 없다. 따라서 (39)에 대응하는 중국어 문장 (40)은 비문법적이다.

(40) *他 死 着。

또한 영어의 'forget'은 지속상에 쓰일 수 있으나, 중국어 대응어 '忘'은 지속상에 쓰일 수 없다. 그러므로 영어 문장 (41)은 맞는 문장이지만 중국어 문장 (42)는 비문법적이다.

(41) He is forgetting his French.
(42) *他 忘 着 他 的 法 文。

'死'나 '忘' 같은 동사는 본래 의미적으로 제한되어 있기 때문에 일반적으로 완료상표지 '了'과 함께 쓰인다. 그러나 실제(reality)가 아닌 상황, 즉 비실현법(非实际法: irrealis mode)을 기술하는 동사를 사용할 경우에는 예외이다. 영어에서 비실현법은 전형적으로 want, like, prefer, hope, expect 등과 같은 동사의 뒤에 오는 비정형동사구(infinitive verb phrase)에 의해 전달된다. (43)의 예를 보자.

(43) He { wanted / wants } to die.

(43)의 중국어 대응문은 다음과 같다.

(44) 他 要 死。³

    그는 죽기를 원한다.

(44)에서 '死'는 비실현법이다. 일반적으로 비실현동사는 전체적으로 파악된 사건을 기술하지 않기 때문에 완료상표지 '了₁'과 함께 쓰이지 않는다.

(45)-(49)는 동사의 본래 의미가 그 자체의 종결점을 나타내는 예들이다. 이 문장에서의 동사는 비실현법으로 쓰일 때를 제외하고는 일반적으로 '了₁'과 함께 쓰인다.

(45) 他 睡 着 了₁ 吗?

    그는 잠들었니?

(46) 火 灭 了₁。

    불이 꺼졌다.

(47) 盖 子 掉 了₁。

    뚜껑이 떨어졌다.

(48) 这 个 椅 子 坏 了₁。

    이 의자는 망가졌다.

(49) 炸 弹 炸 了₁。

    폭탄이 터졌다.

D. 연속 사건 중 첫 번째 사건

가끔 어떤 사건은 연속 사건 중 첫 번째 사건에 의해 제한되는데, 그 경우

---

3. (i) 他 要 死 了。
    그는 곧 죽으려 한다.
   위와 같은 문말조사 '了₂'는 담화의 맥락에서 현재와의 관련성을 나타낸다. (i)에서의 동사 '死'는 여전히 비실현법이지만, 그것은 '了₂'의 영향을 받지 않는다는 것을 분명히 알아야 한다.

에는 한 사건이 발생한 뒤에 다른 사건이 일어나거나 새로운 상황이 발생한다. 이때 첫 번째 사건은 분석되지 않는 전체라는 점에서 중요하다. 즉, 화자는 첫 번째 사건의 발생이 두 번째 사건에 의해 제한된다는 사실을 말하는 것이다. 이런 경우에 '了₁'이 쓰이고, 그 문장은 대체로 영어의 '…하고나서, …한 후에', '…할 때', '…하면'으로 번역될 수 있다.

(50) 我 吃 完 了₁, 你 吃。
　　　내가 다 먹고 나서 네가 먹어.
(51) 我 看 完 了₁ 报, 就 睡。
　　　나는 신문을 다 보고 곧 잘게.
(52) 他 说 得 很 巧 妙, 让 人 听 了₁ 不 会 生 气。
　　　그는 아주 교묘하게 말을 해서 남이 듣고서 화를 낼 수 없게 한다.
(53) 怎 么 碰 了₁ 杯 子 也 不 喝？
　　　어떻게 잔을 부딪치고도 마시지 않니?
(54) 出 了₁ 这 个 检 查 室, 外 头 就 有 银 行 柜 台。
　　　이 조사실을 나가면 밖에 은행 카운터가 있습니다.
(55) 有 了₁ 这 个 日 光 灯, 厨 房 就 亮 多 了。
　　　이 형광등이 생겨서 부엌이 훨씬 밝아졌습니다.
(56) 他 开 了₁ 门, 你 就 进 去。
　　　그가 문을 열면/열 때 네가 들어가라.
(57) 我 泡 了₁ 喝 茶。
　　　나는 차를 타서 마셨다.
(58) 我 的 眼 睛 有 毛 病, 看 多 了₁ 书 就 不 舒 服。
　　　내 눈이 이상해요. 책을 많이 보면 불편해요.

(50)은 중국어에서 상(aspect)이 시제와는 무관함을 잘 보여준다. 문장이 발화되는 때를 기준으로 보면 (50)의 두 행동은 발화시점보다 미래일 수 있다.

(51), (53), (56)에서 사건이 연속해서 일어나는 사건 가운데 첫 번째 사건이면 '了₁'을 쓰기 위해 직접목적어를 양화시킬 필요가 없음을 알 수 있다. 그러나 양화되지 않은 (59)의 '发'와 (60)의 '茶'처럼 명사만 쓰인 직접목적어와 '了₁' 이 같이 쓰인 문장은 종종 어색하고 '미완결된' 듯한 느낌을 준다. 따라서 (59)와 (60)은 그 자체만으로는 불완전하고 이상한 문장이다.

(59) ?我 理 了₁ 发。
(60) ?我 喝 了₁ 茶。

그 이유는 쉽게 이해된다. 양화되지 않은 (59)의 '发'와 (60)의 '茶'와 같이 명사만 쓰인 직접목적어는 대개 비한정적이고 비지시적이며, 일반적으로 그러한 직접목적어를 가진 단순동사구는 제한을 받지 않는다. 이러한 문장은 뒤에 절이 오거나 현재와의 관련성을 나타내는 문말조사(제7장의 '了₂'에 대한 논의를 참고) '了₂'를 부가함으로써 제한받아야 할 필요가 있기 때문이다. 따라서 예를 들어 (59)는 (61), (62)와 같이 다른 절이 뒤에 오거나 현재와의 관련성을 나타내는 '了₂'가 부가되어야만 자연스러운 문장이 된다.

(61) 我 理 了₁ 发 就 去 散 步。
　　　나는 이발을 하고 산보를 갔다.
(62) 我 理 了₁ 发 了₂。
　　　나는 이발을 했다.

적절한 문맥에서 가끔 부사는 사건을 제한하는 역할을 할 수 있다. 예를 들어 그가 '언제' 이발을 했는지를 논쟁하는 상황에서 (63)과 같이 말할 수 있다. 마찬가지로 그가 돈을 번 것을 알지만 '어디에서' 벌었는가 하는 것이 문제가 될 때 (64)와 같이 말할 수 있다.

(63) 他 早上 理 了₁ 发。
　　그는 아침에 이발을 했다.
(64) 他 在加州 发 了₁ 财。
　　그는 캘리포니아에서 돈을 벌었다.

　문장의 문법을 이해하려면 항상 그 문장이 쓰인 문맥과 어떠한 관계가 있는지를 이해해야 한다는 사실을 위의 예로부터 알 수 있다. 이런 경우에 사건을 기술하는 문장은 상황과 분리될 수 없고 항상 좀 더 큰 대화나 담화맥락 속에서 이해되어야 한다. 문장이 제한된 사건을 표현하는지의 여부는 그 문장이 포함되어 있는 대화 상황에 의해 크게 좌우된다.
　지금까지의 논의를 통해 '了₁'을 사용하는 조건이 매우 명확하다는 사실을 알 수 있다. 즉 '了₁'은 문장에 의해 기술되는 사건이 완료되었을 때 쓰인다. 그리고 그것은 사건이 제한되어 있음을 의미한다. 그리고 한 사건이 제한되는 것은 ①그것의 시간적 혹은 공간적 한계가 명시되거나, ②그것이 특정 사건을 의미하고 그것의 직접목적어가 한정적이거나, ③그 문장의 동사의 의미 속에 제한성이 내재되어 있거나, ④그 뒤에 다른 사건이 오는 경우이다.
　'了₁'의 기능을 명확하게 이해하기 위해서는 어떤 경우에 '了₁'을 쓸 수 없는지를 아는 것도 중요하다. 다음 절에서는 이 점에 대해 논의하겠다.

6.1.2 '了₁'이 사용될 수 없는 경우

A. '了₁'에 대한 의미적 조건이 충족되지 않는 경우

　첫째, '了₁'은 제한된 사건임을 나타낼 수 없는 상태동사와는 함께 쓰일 수 없다.

(65) 我 喜 欢 (*了₁) 木 瓜。
    나는 파파야를 좋아한다.
(66) 他 姓 (*了₁) 吴。
    그는 오씨이다.
(67) 那 个 地 方 很 安 静 (*了₁)。
    그곳은 아주 조용하다.
(68) 我 是 (*了₁) 你 的 哥 哥。
    나는 너의 형이야.

또한 '了₁'은 진행 중인 동작을 나타내는 동사와 함께 쓰일 수 없다.

(69) 他 手 里 拿 着 (*了₁) 书。
    그는 손에 책을 들고 있다.
(70) 他 在 留 (*了₁) 胡 子。
    그는 수염을 기르는 중이다.

바꾸어 말하면 완료상표지 '了₁'은 지속상표지 '在' 또는 '着'와 함께 올 수 없다(6.2를 참고). 왜냐하면 완료의 (제한된) 의미와 지속상의 (제한되지 않은) 의미는 양립할 수 없기 때문이다.

완료상표지 '了₁'은 습관적이거나 반복되는 사건에 쓰일 수 없다. 이것들은 전체로서 파악된 제한된 사건이 아니기 때문이다. 예를 들어 (71)과 (72)는 습관적인 사건을 의미하기 때문에 '了₁'과 함께 쓰일 수 없다.

(71) 他 天 天 回 去 (*了₁)。
    그는 매일 돌아간다.
(72) 他 平 常 买 (*了₁) 很 多 书。
    그는 평소에 책을 많이 산다.

또한 '了₁'은 동보복합어의 가능형태와 함께 쓰일 수 없다(이 복합어에 대해서는 3.2.3을 참고). 이러한 동보복합어의 가능형태는 전체로서 파악된 사건이라기보다는 가능 또는 불가능의 일반적인 상태를 지시한다. 그러므로 '了₁'은 가능형태와는 양립할 수 없다. 따라서 (73)-(76)에는 가능접요사가 있는 동보복합어가 사용되고 있기 때문에 '了₁'이 올 수 없다.

(73) 他 压 不 住 (*了₁) 学 生。
　　　그는 학생들을 제압할 수 없다.
(74) 我 拉 不 开 (*了₁) 门。
　　　나는 문을 당겨 열 수 없다.
(75) 你 看 得 见 (*了₁) 他 的 脸 吗 ?
　　　너는 그의 얼굴을 볼 수 있니?
(76) 我 讲 得 过 (*了₁) 他。
　　　나는 그에게 말로 이길 수 있어.

완료상표지 '了₁'은 경험상 접미사 '过'와 함께 쓰일 수 없다('过'에 대해서는 6.3을 참고). 다음 예를 보자.⁴

---

4. '过'와 '了'는 문장 끝에서 함께 쓰이기도 한다. 그러나 이런 경우에 '了'는 완료상 '了₁'이 아니라 문말조사 '了₂'이다. 문장 끝에 '了₂'와 '过'가 함께 쓰인 전형적인 예를 보자.
　　(ⅰ) 这 篇 文 章 我 看 过 了。
　　　　이 글을 나는 본 적이 있다.
이와 같은 '了'가 완료상을 나타내는 '了₁'이 아니라 문말조사 '了₂'임을 판별하는 방법에는 두 가지가 있다. 한 가지 방법은 직접목적어가 동사의 뒤에 놓이면 그 문장은 비문법적이 된다는 것이다.
　　(ⅱ) *我 看 过 了 这 篇 文 章。
만약에 (ⅰ)에서 '了'가 완료를 나타낸다면 (ⅱ)는 (ⅰ)과 마찬가지로 문법적인 문장이 되어야 한다. 나머지 한 방법은 (ⅰ)에서의 '了'는 문말조사가 가져야 하는 현재와의 관련성의 의미를 정확하게 가지고 있다는 사실이다.

(77) 我 吃 过 (*了₁) 芭 乐。

　　나는 구아바를 먹어본 적이 있다.

(78) 他 去 过 (*了₁) 香 港。

　　그는 홍콩에 가본 적이 있다.

완료상표지 '了₁'은 일반적으로 부정문에 쓰이지 않는다.⁵ (79a)와 (79b)를 비교해보자.

(79) a. 纸 卖 光 了₁。

　　　종이가 다 팔렸다.

　　b. 纸 没 卖 光 (*了₁)。

　　　종이가 다 팔리지 않았다.

(80) a. 他 拨 错 了₁ 号 码。

　　　그는 전화번호를 잘못 돌렸다.

　　b. 他 没 拨 错 (*了₁) 号 码。

　　　그는 전화번호를 잘못 돌리지 않았다.

(81) a. 他 卖 了₁ 那 三 只 鸡。

　　　그는 그 닭을 세 마리 팔았다.

　　b. 他 没 卖 (*了₁) 那 三 只 鸡。

　　　그는 그 닭 세 마리를 팔지 않았다.

'了₁'가 부정문에 쓰일 수 없는 이유는 쉽게 알 수 있다. 즉, 어떤 사건이 발생할 수 없거나 어떤 사건의 상태를 획득할 수 없다는 부정문의 의미는 제

---

5. 한 가지 예외가 있다. '了₁'이 부정명령문에는 쓰일 수 있다(6.1.3 참고). '过'의 경우와 마찬가지로 문말조사 '了₂'가 부정문에 쓰일 수 있다는 사실도 알아야 한다.
　(ⅰ) 那 我 不 去 了。
　　　그러면 나는 안 갈래.
　더 자세한 것은 제7장을 참고할 것.

한된 사건을 의미하는 '了₁'의 의미와 양립할 수 없기 때문이다. 당연히 일어나지 않은 사건은 일반적으로 제한될 수 없다(부정명령문에서의 '了₁'에 대해서는 6.1.3을 참고. 부정과 상에 대해서는 제12장을 참고).

B. 완료화 표현이 '了₁'을 대신하는 경우

완료상표지 '了₁'을 사용하기 위한 조건이 충족된 것처럼 보이지만 '了₁'이 쓰이지 않는 경우가 종종 있다. 예를 들어 (82)-(85)는 전체로서 간주되는 제한된 사건을 표현하지만 '了₁'이 오지 않는다.

(82) 他 从 房 子 里 走 到 张 三 那 儿。
      그는 집안으로부터 장싼이 있는 곳으로 걸어갔다.
(83) 我 把 手 表 放 在 抽 屉 里。
      나는 손목시계를 서랍 속에 두었다.
(84) 我 寄 给 他 一 封 信。
      나는 그에게 편지 한 통을 부쳤다.
(85) 我 笑 得 站 不 起 来。
      나는 우스워서 일어날 수 없다.

왜 이 문장들에는 '了₁'이 없는가? 각 문장에는 동사를 완료화시키는 기능을 하는 또 다른 요소가 있기 때문이다. 즉 위의 문장에서 밑줄 친 부분은 '了₁'과 똑같은 기능, 즉 그 사건이 완전한 전체로서 파악되도록 하는 기능을 수행한다. (82)-(84)에서 완료화 표현은 방향구 '到张三那儿'과 처소구 '在抽屉里', 간접목적어구 '给他'인데, 이들이 공간적인 한계를 지시함으로써 '걷고', '놓고', '부치는' 한계를 제시하고 있다. (85)에서 완료화 표현은 정태보어구(complex stative phrase, 제22장 참고)인 '得站不起来'(일어설 수 없을 정도로)인데, 이 표현은 웃음이 일어나는 정도를 나타냄으로써 웃는 사건을 제한한다.

6.1.3 명령문에서의 '了₁'

일반적으로 명령문에서는 '了₁'을 쓸 수 없다. 예를 들어 다음과 같은 명령문에는 '了₁'을 쓸 수 없다.

(86) 拿 你 的 外 衣!
　　 네 코트 챙겨!
(87) 你 煮 这 顿 饭!
　　 네가 이번에 식사를 준비해라!
(88) 递 给 我 那 个 调 羹!
　　 내게 그 국자를 건네 다오!

그러나 긴급을 요할 때, 특히 어떤 것을 처분하거나 제거해야 할 때 '了₁' 은 명령문에 쓰일 수 있다. (89)와 (90)이 그 예이다.

(89) 吞 <u>了₁</u> 那 个 药 丸 子!
　　 그 약을 삼켜!
(90) 喝 <u>了₁</u> 那 杯 药!
　　 그 컵의 약을 마셔!

'了₁'은 명령문에서 '掉'(없애다)로 끝나는 결과동사(resultative verb)와 가끔 대조되는데, 이때 '了₁'은 더 다급함을 나타낸다.

(91) a. (중립적으로)
　　　　 关 掉 它。
　　　　 (라디오 등을) 꺼라.
　　 b. (매우 화나서)

关了₁它！

(라디오 등에서 나는 소리를) 꺼버려!

(92) a. (중립적으로)

擦掉它。

그것을 지워라.

b. (긴급하게)

擦了₁它！

(칠판에 쓰인 것 등을) 지워버려!

(93) a. (중립적으로)

脱掉它。

그것을 빼라. (예를 들어 상대의 반지를 끼어보고 싶을 때)

b. (강렬하게)

脱了₁它！

그것을 빼버려! (예를 들어 상대가 반지를 끼어서는 안 된다고 자신이 믿고 있을 때)

(94) a. (중립적으로)

倒掉它。

그것을 쏟아버려라.

b. (매우 화나서)

倒了₁它！

쏟아버려! (단번에 모두 쏟아버려!)

위의 예에서 '了₁'이 중요한 것은 행동의 종결점이라는 전달내용과 서로 관련되어 있기 때문이다. 행동을 잠시 동안 지속시키려 할 때는 '了₁'을 쓰지 않고 동사만을 중첩시킨다(6.4 참고).

(95) (사진을 찍으며)

笑 一 笑 (*了₁)。
　　좀 웃어봐.

(96)과 (97)을 보면 그 차이를 알 수 있다. 어떤 사람이 당신이 문을 열고 또 열어둔 채로 두기를 바란다면, 다음과 같이 말할 수 있다.

(96) 开 开 门。
　　문 좀 열어.

그러나 그 화자가 당신이 음료수 병마개를 단번에 열기를 바란다면 그는 이렇게 말할 것이다.

(97) 开 了₁ 它！
　　그걸 따버려!

일반적으로 부정명령문에서 '别'(하지 마라)가 쓰인 뒤에 '了₁'이 올 수 없다. (98)-(100)을 보자.

(98) 别 关 门。
　　　문을 닫지 마라.
(99) 别 加 酱 油。
　　　간장을 치지 마라.
(100) 别 倒 茶。
　　　차를 따르지 마라.

그런데 부정명령문에서 그 명령이 화자에게 경고가 될 때에는 '了₁'을 반드시 써야 한다. (101)-(103)이 그 예이다.

(101) 别 碰 了₁ 炉 子。
　　　　난로를 건드리지 마라.
(102) 别 撞 了₁ 狗。
　　　　개에 부딪치지 마라.
(103) 别 吞 了₁ 骨 头。
　　　　뼈를 삼키지 마라.

'了₁'이 있는 부정명령문과 '了₁'이 없는 부정명령문을 비교해보면 그 차이점을 명확하게 알 수 있다.

(104) a. 别 签 名。
　　　　사인하지 마라. (사인할 필요 없다.)
　　　b. 别 签 了₁ 名。
　　　　사인해서는 안 돼. (경고한다.)

(104b)는 '주의해라. 만약 사인을 하면 나쁜 일이 일어난다'라는 의미를 내포한다. 그러나 (104a)는 경고가 아니다. 다음 예도 마찬가지이다.

(105) a. 别 选 那 堂 课。
　　　　그 과목을 선택하지 마라. (내가 당신이라면 일부러 선택하지는 않겠다.)
　　　b. 别 选 了₁ 那 堂 课。
　　　　그 과목을 선택하면 안 돼. (선택하면 후회할 거다.)

어떻게 해서 '了₁'이 부정명령문에서 경고의 어기를 나타내게 된 것일까? 그 이유는 6.1.1.D에서 논의한 '了₁'의 연속적 기능(sequencing function)과 관계가 있다. 부정명령문에서의 사건은 그 자체로는 제한되거나 완료될 수 없다. 화자는 실제적으로 그것이 일어나지 않기를 촉구하고 있기 때문이다. 그러므로 부정명령문에는 일반적으로 '了₁'이 쓰일 수 없다. 그러나 '了₁'이 오면 그 사건은 그 자체로 저절로 제한될 수는 없기 때문에 그 뒤에 출현하는 사건에 의해 제한받아야 하며, 다음 사건은 생략될 수도 있고 문장에 나타날 수도 있다. (106)에서는 (105)의 뒤에 올 수 있는 절이 제시되어 있다.

(106) 别 选 了₁ 那 堂 课, 你 又 跟 不 上。
　　　그 과목을 선택하지 마라, 따라갈 수도 없으면서.

'了₁'이 포함되어 있는 다른 모든 '别' 명령문도 마찬가지이다. 그 문장은 그 자체로는 불완전해서 후행절(following clause)이 있어야만 이해할 수 있다. 후행절은 불리한 결과를 나타내며, 생략되기도 하고 실제로 제시되기도 한다. 대개 불리한 결과는 언급할 필요가 없을 만큼 명백하기 때문에 생략된다. (101)을 다시 보자.

(101) 别 碰 了₁ 炉 子。
　　　난로를 건드리지 마라.

(101)은 화로가 너무 뜨거워 만질 수 없는 상황에서 발화되었기 때문에 후행절을 써서, 화로를 만지면 청자가 데일 것이라는 정보를 덧붙일 필요가 없다. (101)은 '그렇게 하지 않으면 …'이라는 의미가 암시되어 있고, 청자는 그 암시된 의미를 미루어 짐작할 수 있다.

한편 경고의 이유가 분명하지 않을수록 후행절은 더 필요하다. 예를 들어 전화를 받지 말라고 경고할 경우에는 그 이유가 분명하지 않을 것이다. 그 경우에는 결과를 암시하는 후행절이 올 수 있다.

(107) 别 接 了₁ 电 话, 不 然 你 又 要 生 气。
　　　전화를 받지 마라. 그렇지 않으면 너는 또 화를 낼 거다.

따라서 경고문에서 '了₁'이 쓰이면, 그것은 연속된 사건에서의 첫 번째 사건임을 의미하는 기능을 갖는다. 두 번째 사건은 첫 번째 사건을 제한하는 역할을 하는데, 두 번째 사건은 대개 문맥 속에서 충분히 파악될 수 있으므로 자연스러운 담화맥락에서는 생략되는 경우가 많다.

6.1.4 '了₁'은 과거를 의미하지 않음

지금까지 '了₁'이 과거를 나타내지 않는 경우의 예를 살펴보았다. 지금까지의 논의를 요약하면 다음과 같다.

첫째, '了₁'은 명령문처럼 과거가 아닌 완료문에 사용된다.

(108) 喝 了₁ 它。
　　　그것을 마셔라.
(109) 別 打 破 了₁ 杯子。
　　　잔을 깨지 마라.

둘째, '了₁'은 미래를 나타내는 문장에 쓰인다.

(110) 明 天 我 就 开 除 了₁ 他。
　　　내일 나는 그를 제명할 거야.

셋째, 미래나 조건을 나타내는 절에 쓰인다.

(111) 我 吃 了₁ 饭 再 走。
　　　나는 밥을 먹고 나서 가겠다.
(112) 他 开 了₁ 门, 你 就 进 去。
　　　그가 문을 열면/열 때 네가 들어가라.

더욱이 과거 사건을 나타내는 많은 문장에도 '了₁'을 쓸 필요가 없는 경우가 많다. 예를 들면 완료화 표현의 제한된 사건은 '了₁'을 취하지 않는다.

(113) 昨天他跳在床上。
어제 그는 침상으로 뛰어올랐다.
(114) 他把肉切成小块。
그는 고기를 조그만 조각으로 잘랐다.

또한 과거시제와 관련이 있다고 하더라도 명확하게 제한되지 않은 사건에는 '了₁'이 사용되지 않는다.

(115) 他们前天叫我在这里等。
그들이 그저께 나에게 여기서 기다리라고 했다.
(116) 昨天夜里我梦见我母亲。
어젯밤 나는 꿈에서 어머니를 보았다.
(117) 那本书是我写的。
그 책은 내가 쓴 거야.
(118) 我早知道有一点不对。
나는 뭔가 좀 잘못됐다는 것을 벌써 알고 있었어.
(119) 我们到百货公司去买东西。
우리는 물건을 사러 백화점에 갔다.
(120) 他问我: "你年轻的时候在哪里念书?"
그는 나에게 "당신은 젊었을 때 어디서 공부했습니까?"라고 물었다.

그렇다면 '了₁'이 쓰인 문장이 왜 과거를 나타내는 것처럼 보이는가? '了₁'이 과거시제를 의미하지는 않지만 이미 발화되고 완료된 사건은 발화시점보다 앞서 일어나기 때문이다. 이것은 과거의 사건과 '了₁'의 출현 사이에 상관관계가 있음을 의미한다. 일반적으로 발화된 사건이 문맥상으로 명확히 다른 시점을 나타내지 않으면 '了₁'이 쓰인 완료문(perfective sentence)은 과거시제를 나타내는 것으로 이해될 것이다. 반면에 과거 사건은 반드시 완료상으로 쓰이는 것은 아니다. 즉, 단지 제한된 과거 사건만이 '了₁'과 함께 쓰인다.

6.1.5 '了₁'은 완성(completion)을 의미하지 않음

'了₁'이 완성을 나타낼 수 없다는 것을 인식하는 것이 중요하다. 물론 전형적으로 제한된 행위와 관련이 있는 사건은 완성된 경우가 대부분이다. 그러나 '了₁'이 반드시 완성된 행위를 나타내지는 않는다. (121)을 보자.

(121) 墙 上 挂 了₁ 一 幅 画。
  벽에 한 폭의 그림이 걸려 있다.
  (On the wall hangs a painting.)

(121)과 같이 동사 '挂'(guà, 매달다, 걸다)는 행위를 나타내지 않는다. 오히려 '挂'는 그림에 관한 정적인 사건을 묘사하고 있다. 영어 번역은 동사 '挂'의 이러한 정적인 용법을 정확하게 기술하고 있다. (121)에서 서술하고 있는 사건은 양화구(quantifying phrase)인 '一幅画'(한 폭의 그림)에 의해 제한되어 있다. 그리고 (121)에는 '了₁'이 사용되고 있다. 그러나 이 문장은 완성의 의미를 갖고 있지 않다.

'了₁'이 완성을 의미하지 않음을 명백히 나타내고 있는 다른 예를 살펴보자.

(122) 他 跑 了₁ 两 个 钟 头 了₂。
  그는 두 시간 동안 뛰었다.

(122)에서는 완료상표지 '了₁'과 문말조사 '了₂'(제7장 참고)가 함께 사용되

었다. 이처럼 두 종류의 '了'가 한 문장에 같이 사용된 (122)와 같은 경우에는 그 사건이 제한되어 있고(이러한 경우에 시간구도 사건을 제한하는 역할을 한다) 행위의 출발점((122)에서는 '跑'(뛰다)에 해당함)이 발화시점보다 먼저 일어났지만, 그 행위가 종결되지 않았음을 의미한다. 바꾸어 말하면 (122)에서 뛰는 행위는 발화시점보다 앞서 끝났을 수도 있고, 발화시점에 끝날 수도 있으며, 발화한 후의 어느 시점에 끝날 수도 있다. (122)에서는 오직 전체 문맥을 보아야만 그 행위가 정확히 언제 끝났는지를 알 수 있다. 만약 '了₁'이 완성된 행동을 의미한다면 (122)와 같은 문장에서 동사가 나타내고 있는 행위가 언제 끝났는가 하는 것이 불명확할 리 없다.

6.1.6 요약

'了₁'이 완료상표지(perfective marker)로 이해되고 또한 완료의 개념이 명확해진다면 '了₁'의 기능과 용법은 쉽게 파악된다. 완료상표지 '了₁'은 다음 네 가지 이유 때문에 제한된 것으로 파악되는 사건에 쓰인다. 즉 ① 사건이 양화된 경우, ② 사건이 특정적인 경우, ③ 동사가 본래 제한적인 의미를 가지고 있는 경우, ④ 뒤따르는 사건이 있는 경우에 '了₁'이 쓰인다. 또한 다른 완료화 표현이 올 때에는 '了₁'을 생략할 수 있고, 어떤 경우에는 '了₁'을 필요로 할 정도로 사건이 충분히 제한되어 있는지의 여부를 결정하는 것이 발화자에 따라 다를 수 있다는 것도 앞에서 살펴보았다.

'了₁'의 용법은 중국어를 배우는 인도-유럽어 사용자에게 가장 어려운 것 가운데 하나이다. 왜냐하면 그들의 언어에는 '了₁'과 같은 용법이 없기 때문이다. 완료상표지 '了₁'을 문말조사 '了₂'와 구별하기도 어렵다. 그러나 '了₁'을 영어의 시제와 같은 문법범주와 동일시하지 않고 그 대신에 완료성(perfectivity)과 제한성(boundedness)이란 의미적 관점에서 파악하려고 노력한다면 '了₁'을 더 쉽게 이해할 수 있을 것이다.

그러면 중국어의 그 밖의 상표지(aspect marker)에 대해서 살펴보자.

6.2 지속상(Durative Marker)

제6장의 서론에서 진행상표지는 진행 혹은 지속적인 성질을 나타낸다고 말한 바 있다.[6] 영어에서는 (123), (124)와 같이 be 동사 뒤에 '-ing'를 덧붙여 진행의 의미를 나타낸다.

(123) She is explaining the grammar.
(124) He was holding the baby.

중국어에서는 사건의 지속을 나타내는 두 가지 상표지가 있다. 즉 '在'와 '着'이다. 문장에 지속상표지를 사용하느냐의 여부는 동사의 의미에 따라 좌우된다. 아래에서 지속상표지와 여러 가지 동사의 의미유형 간의 관계에 대해 설명할 것이다.

6.2.1 동사의 의미유형과 지속상표지 '在'·'着'

A. 동작성 동사(Activity Verb)

명칭에서 알 수 있듯이 이러한 동사는 동작성을 나타낸다. 물론 가장 분명한 동작성은 '跑'(뛰다), '打'(치다)와 같은 동작(action)이다. 그러나 동작동사(action verb)는 동작성 동사의 하위 개념에 불과하다. 동작동사 외에도 '欣赏'(xīnshǎng, 감상하다), '看'(보다), '研究'(연구하다), '学'(배우다)와 같은 동사들은 동작이라고 볼 수는 없지만, 그럼에도 동작성을 나타내는 동사들이다.

동작성 동사를 식별하는 한 가지 방법은, 동작성 동사가 쓰인 문장에서는 일반적으로 유생주어(animate subject)가 적극적으로 동작에 참여한다는 점에

---

[6] 이 절에는 G. T. Chen(1979), Marney(1977: 38-52), Chu(1989)와 Teng(1979b)으로부터 시사받은 바 많다.

유의하는 것이다. 따라서 '胖'(뚱뚱하다), '有钱'(돈이 있다, 부유하다), '收到'(받다), '知道'(알다)와 '听说'(듣다 - 말하다=[어떤 정보에 대해서] 듣다)와 같은 동사는 동작성 동사가 아니다. 왜냐하면 이러한 동사들은 유생주어의 적극적인 참여를 의미하지 않기 때문이다.

(125) 张三收到了一封信。
　　　장싼은 편지 한 통을 받았다.

비록 장싼이 동사 '收到'의 유생주어이지만, 이 문장은 장싼이 적극적으로 어떤 동작성에 참여한다는 의미를 전달하고 있지 않다. 사실 (125)에서 장싼은 단순히 편지를 받는 소극적인 접수자이다. (126)도 이와 동일하다.

(126) 张三很胖。
　　　장싼은 매우 뚱뚱하다.

주어 장싼은 단지 '뚱뚱한' 것으로 묘사되어 있다. 그는 어떤 동작성에 적극적으로 참여하고 있지 않다. '동작성'을 동사 구분의 의미적 특징으로 간주한다면, 지속상표지를 사용하는 첫 번째 규칙은 다음과 같이 말할 수 있다.

(ⅰ) 동작성 동사만이 지속상을 표시하는 '在'를 취할 수 있다.

아래의 문장들은 (ⅰ)에서 말한 규칙을 예증한다. (127)-(130)은 동작성 동사를 포함하고 있는 문장이다. 비동작성 동사가 포함되어 있는 (131)-(135)는 비문법적이다.

(127) 张三在打李四。[7]
　　　장싼이 리쓰를 때리고 있다.

(128) 我 在 欣 赏 贝 多 芬 的 音 乐。
        나는 베토벤의 음악을 감상하고 있다.
(129) 张 三 在 练 跑。
        장싼은 달리기를 연습하고 있다.
(130) 李 四 在 解 释 文 法。
        리쓰는 문법을 설명하고 있다.
(131) *他 在 胖。
(132) *我 在 知 道 那 件 事。
(133) *张 三 在 有 钱。
(134) *瓶 子 在 破。
(135) *他 在 碰 见 朋 友。

동작성 동사의 지속성을 나타내기 위해서 '着…呢' 혹은 '在…着…(呢)'를 사용하는 중국어 방언도 있다.

(136) a. 张 三 打 着 李 四 呢。
          장싼은 리쓰를 때리고 있다.
      b. 张 三 在 打 着 李 四 (呢)。
          장싼은 리쓰를 때리고 있다.

B. 자세동사(Verb of Posture)

중국어에서 자세(posture)나 신체위치(physical position)를 나타내는 일군의

---

7. 이 절에서 일부 예문은 과거로 번역되기도 하고, 현재로 번역되기도 한다. 중국어에는 시제 구분이 없어 이러한 예문들은 항시 과거나 현재 중 어느 하나로 이해될 수 있다는 점을 염두에 둘 필요가 있다. 독해의 편의를 위해서 번역할 때 현재와 과거 두 가지를 모두 택하지 않고 임의로 그중 하나를 택했다.

동사들이 있다. '坐'(앉다), '站'(서다), '蹲'(dūn, 쭈그려 앉다), '歇'(xiē, 쉬다), '跪'(guì, 꿇어앉다), '躺'(눕다), '停'(멈추다)과 '睡'(자다) 등이 이러한 동사에 속한다. 이러한 동사들은 지속상표지인 '着'와 함께 쓸 수 있다. (137)-(141)이 그 예이다.

(137) 他 在 房 子 里 坐 着。
그는 집안에 앉아 있다.
(138) 我 在 墙 上 站 着。
나는 담 위에 서 있다.
(139) 李 四 在 客 厅 里 睡 着。
리쓰는 응접실에서 자고 있다.
(140) 车 子 在 外 面 停 着。
차가 밖에 멈춰 서 있다.
(141) 他 在 床 上 躺 着。
그는 침대 위에 누워 있다.

C. 동사의 동작성과 관련된 상태를 나타내는 동작성 동사

동사 '拿'에 대해 살펴보자. '拿'는 (142)처럼 동작성을 나타내며, 규칙 (ⅰ)에서 이미 언급했듯이 이 동사가 지속성을 나타내면 '在'를 취한다.

(142) 他 在 拿 报 纸。
그는 신문을 집어 들고 있다.
S/He is taking(picking up) newspapers.

반면에 (143)처럼 '拿'는 '잡다'(taking)라는 동작성과 관련이 있는 상태, 즉 '가지고 있다'(holding)라는 뜻으로 쓰이기도 한다. 이때 지속성은 접미사 '着'

로 나타낸다.

(143) 他 拿 着 两 本 书。
그는 책 두 권을 가지고 있다.
S/He is holding two books.

다른 예를 보자. 명령문인 (144)에서 보는 바와 같이 '挂'(매달다, 걸다)는 동작성 동사로 쓰일 수도 있다.

(144) 你 把 那 个 照 片 挂 在 这 儿。
너는 그 사진을 여기에 걸어라.

그러나 (145)에서와 같이 동사가 '걸다'라는 동작성과 관련이 있는 상태를 나타낼 수도 있다.

(145) 墙 上 挂 着 一 个 照 片。
벽에 사진 한 장이 걸려 있다.

그 밖의 예로 동사 '穿'을 들 수 있다. 이 동사는 '입다' 혹은 '입고 있다'는 의미를 나타낼 수 있다. 앞의 의미로 쓰이는 경우에 그 동사는 동작성 동사이지만 뒤의 의미로 쓰인 경우에 '穿'은 '입다'라는 동작과 관련이 있는 상태를 나타낸다. (146)의 두 문장은 이러한 의미적 차이를 보여준다.

(146) a. 他 在 穿 皮 鞋。
그는 구두를 신는 중이다.
  b. 他 穿 着 皮 鞋。
그는 구두를 신고 있다. (신은 상태이다).

(146a)에서 동사 '穿'은 동작성 동사로서 지속상표지 '在'를 취하고 있으며, (b)에서는 '穿'이 상태를 나타내면서 지속상표지 '着'를 취하고 있다.

이제 그 자신의 동작성 의미와 관련이 있으면서 상태를 나타내는 동작성 동사에 관한 규칙을 말할 수 있게 되었다.

(ⅱ) 그 자신의 동작성 의미와 관련이 있으면서 상태를 나타내는 동작성 동사는 지속상표지 '着'를 취한다.

동작성 동사가 상태를 나타내는 그 밖의 예를 살펴보자.

(147) 在 门 口 的 玻 璃 上 写 着 四 个 字。
  문 입구의 유리에 네 글자가 쓰여 있다.
(148) 我 问 他 钱 都 在 哪 里 搁 着。
  나는 그에게 돈을 모두 어디에 놔두었는지 물었다.

(ⅱ)에서 말한 규칙과 관련해 모든 동작성 동사가 상태를 나타낼 수 있는 것은 아니라는 사실을 지적할 필요가 있다. 예를 들면 '跳'(뛰다)는 동작을 나타내기 때문에 동작성 동사이다. 그러나 이 동사는 상태를 묘사할 수는 없다. 따라서 (149a)는 문법에 맞는 문장이지만 (b)는 비문법적이다.

(149) a. 张 三 在 跳。
  장싼은 깡충깡충 뛰고 있다.
  b. *张 三 跳 着。

6.2.1.B와 (ⅱ)에서 말한 규칙에서 분명히 알 수 있듯이, 지속상표지로서 '着'를 취하는 동사는 동작성을 나타내지 못한다. 반면에 모든 비동작성 동사들이 지속상표지인 '着'를 취할 수 있는 것은 아니다. 사실 대부분의 비동

작성 동사는 지속상표지인 '着'를 취할 수 없다. 따라서 (131)에서 '在' 대신에 (150)처럼 '着'를 쓴다고 하더라도 이 문장은 비문법적이다.

(131) *他 在 胖。
(150) *他 胖 着.

D. 강의어(Intensifier)로서의 '着…呢'

이 장에서 논술한, 지속상으로 쓰이는 '着'와는 구별되는 '着'의 또 다른 용법이 있다. '着'는 문말조사 '呢'와 함께 쓰여 강의어 기능을 할 수 있다. 다음 예를 보자.

(151) 那 个 房 间 黑 着 呢。
　　　 그 방은 매우 어둡다니까.

(151)의 의미를 살펴보면, 이러한 문맥에 쓰인 '着'는 지속을 의미하지 않는다는 것이 확실하다. 그러나 (151)과 같은 문장은 중국의 북방 방언에만 보인다. 강의어 '着'가 쓰이는 방언에서 '着'는 모든 형용사성 동사 뒤에 올 수 있다.

6.2.2 지속상표지 '着'가 포함되어 있는 복문

마지막으로 지속상표지 '着'는 한 사건이 다른 사건의 지속적인 배경이 되고 있음을 나타내는 두 절 중에서 첫 번째 절에 쓰일 수 있다. (152)를 보자.

(152) 小 狗 摇 着 尾 巴 跑 了。
　　　 개가 꼬리를 흔들면서 뛰었다.

꼬리를 흔드는 것이 뛰어가는 것에 대해 지속적인 배경으로 제시되었다. 아래의 예도 위와 동일한 경우이다.

(153) 他 <u>光 着</u> 脚 上 课。
　　　그는 맨발로 수업을 한다.
(154) 他 <u>哭 着</u> 跑 回 家 去 了。
　　　그는 울면서 집으로 뛰어 돌아갔다.
(155) 那 张 画 得 <u>蹬 着</u> 椅 子 挂。
　　　그 그림은 의자 위에 올라서서 걸어야 한다.
(156) 他 <u>闹 着</u> 要 买 大 衣。
　　　그는 야단법석을 떨면서 외투를 사려고 한다.
(157) 他 <u>斜 着</u> 眼 <u>笑 着</u> 看 我。
　　　그는 곁눈질을 하고 웃으면서 나를 봤다.
(158) 他 <u>躺 着</u> 看 报。
　　　그는 누워서 신문을 봤다.

이러한 구문에서 '着'는 단문(simple sentence)에서 '着'와 함께 쓰일 수 있는 동사뿐만 아니라 다른 여러 유형의 동사와도 함께 쓰일 수 있다. 예를 들면 동사 '听'(듣다)은 동작성 동사이기 때문에 일반적으로 지속상표지로 '在'를 취한다.

(159) 他 <u>在</u> 听 收 音 机。
　　　그는 라디오를 듣고 있다.

그러나 '听'이 다른 사건에 대해 지속적인 배경이 될 때 '听'은 (160)처럼 '着'와 같이 쓰일 수 있다.

(160) 他 听 着 收 音 机 睡 着 了。
　　　그는 라디오를 들으면서 잠들었다.

그러나 한 사건이 지속적이기 위해서는 그 사건이 일정 기간 동안 지속되어야 한다. 그렇기 때문에 순간적이고 다시 반복될 수 없는 동작을 묘사하는 동사는 지속적인 배경을 나타내는 동사로 쓰일 수 없다.

(161) *他 死 着 发 烧。
(162) *信 美 掉 着 钱 生 气。

'着'가 있는 복문에서는 두 개의 동사가 있기 때문에 두 개의 동사가 각각 부정될 수 있다. 따라서 부정사(negative particle)가 어느 동사와 함께 쓰였느냐에 따라 부정의 범위(부정의 범위에 대해서는 12.1을 참고)가 달라진다. (163)과 (164)를 비교해보자.

(163) 他 不 躺 着 看 报。
　　　그는 누워서 신문을 보지는 않는다.
(164) 他 闭 着 眼 不 说 话。
　　　그는 눈을 감은 채 말을 하지 않는다.

(163)에서는 부정사 '不'가 전체 동사구의 앞에 나오기 때문에 전체 동사구가 부정되고 있는 것이다. 즉, 누워서 신문을 보는 행동을 그가 하지 않는다는 것이다. 반면에 (164)에서는 그가 눈을 감고는 있으나 말하지 않고 있음을 의미한다.

이러한 유형의 예를 더 살펴보자.

(165) 我 一 向 不 光 着 脚 跑。

나는 여지껏 맨발로 뛰지는 않았다.

(166) 他 哭 着 <u>不 吃 饭</u>。
　　　그는 울면서 밥을 먹지 않는다.

반면에 조동사는 이러한 구문에서 보통 '着'와 함께 쓰인 동사 앞에 온다. 왜냐하면 주어가 해야 하거나 할 수 있다고 발화자가 주장하고 있는 것은 일반적으로 전체 행동이기 때문이다.

(167) 他 <u>能</u> 骑 着 马 射 箭。
　　　그는 말을 타면서 활을 쏠 수 있다.
(168) 他 <u>应 该</u> 坐 着 打 字。
　　　그는 앉아서 타자를 쳐야 한다.

6.3 경험상(The Experiential Aspect)

상 접미사(aspect suffix) '过'는 어떤 발화시점을 기준으로 해서 한 사건을 경험했음을 나타낸다.[8] 발화시점이 구체적으로 제시되지 않는 경우에는 '过'가 어떤 불확실한 시점(대개 불확실한 과거임)에 적어도 한 번은 어떤 사건을 경험했음을 의미한다.

(169) 我 吃 <u>过</u> 日 本 菜。
　　　나는 일본음식을 먹어본 적이 있다.

'过'가 포함되어 있는 문장을 부정하는 것은 어떤 사건을 경험한 적이 있

---

8. 이 절은 Ma(1977)에 포함되어 있는 예문과 내용에서 많은 도움을 받았다.

음을 부정하는 것이다. 또한 이러한 문장을 의문문으로 만들면 그것은 사건을 경험했는지의 여부를 묻는 것이다.

(170) 我没吃过日本菜。
　　　나는 일본 음식을 먹어본 적이 없다.
(171) 你吃过日本菜没有?
　　　너는 일본 음식을 먹어본 적이 있니?

또 다른 예문을 보자.

(172) 我的牙也疼过。
　　　나도 이가 아픈 적이 있다.
(173) 张三结过婚没有?
　　　장싼은 결혼한 적이 있느냐?
(174) 我摔断过腿。
　　　나는 넘어져서 다리가 부러진 적이 있다.

즉, '过'가 포함되어 있는 문장의 초점은 하나의 사건이 일어났었다는 것이 아니라 한 번은 일어났다는 것이다. '了'와 '过'를 비교하면 이 차이를 매우 분명히 알 수 있다. 다시 말해서 제한된 사건을 의미하는 완료상표지 '了$_1$'은 전형적으로 그 사건이 일어났다는 의미를 전달한다. 반면에 '过'는 어떤 사건을 적어도 한 번은 경험했음을 의미한다. 다음을 비교해보자.

(175) a. 他得到了$_1$一个和平奖金。
　　　　 그는 평화상 상금을 받았다.
　　　b. 他得到过一个和平奖金。
　　　　 그는 평화상 상금을 받은 적이 있다.

(176) a. 你 看 见 了₁ 我 的 眼 镜 吗 ?
  너는 내 안경을 보았느냐?
  b. 你 看 见 过 我 的 眼 镜 吗 ?
  너는 내 안경을 본 적이 있느냐?
(177) a. 他 在 日 本 住 了₁ 四 个 月。
  그는 일본에서 4개월간 살았다.
  b. 他 在 日 本 住 过 四 个 月。
  그는 일본에서 4개월간 산 적이 있다.

'了₁'이 포함되어 있는 문장에서는 초점이 전체적으로 파악된 사건에 있으며, 그것으로부터 그 사건이 이미 일어났었다고 추론할 수 있다. 반면에 '过'가 포함되어 있는 문장에는 구체적인 발화시점이 명시되어 있지 않다. 또한 이러한 문장의 번역은 그 사건을 말을 하기 이전인 과거에 적어도 한 번은 경험했음을 나타낸다. 발화시점이 주어졌을 때 그 문장의 초점은 그 시점을 기준으로 이전에 사건을 적어도 한 번은 경험했다는 것이다. 만약 구체적인 발화시점이 없거나 구체적인 발화시점이 과거인 경우에는 '过'가 포함되어 있는 문장의 초점은 그 사건을 적어도 한 번은 경험했고 지금은 이미 끝났다는 것이다. 아래 두 문장은 비슷한 뜻을 전달하지만, 그 초점이 다르다.

(178) a. 他 去 年 到 中 国 去 了₁。
  그는 작년에 중국에 갔다.
  b. 他 去 年 到 中 国 去 过。
  그는 작년에 중국에 간 적이 있다.

(178a)의 초점은 단지 이 사건이 일어났었다는 사실이다. 그 사람이 아직 거기에 있는지에 대해서는 언급하고 있지 않다. 반면에 (178b)는 그가 중국에 갔었음을 가정하고 그러한 사건이 작년에 적어도 한 번은 일어났으며 지금

은 끝났음을 의미한다. 그렇기 때문에 (178b)는 그가 현재 중국에서 돌아왔다는 것을 의미한다. 그가 돌아왔다는 사실은 '过'가 나타내는 의미의 일부가 아니라, '过'가 포함되어 있는 문장이 전달하는 '내용'의 일부이다. 왜냐하면 '过'의 의미로부터 그러한 사실을 추론할 수 있기 때문이다. 즉, 어떤 것을 경험했다면 그것은 이미 끝난 것을 함의하기 때문이다. 이와 같이 기본적인 것을 구별할 수 있으면 이와 유사한 경우를 이해하는 데 많은 도움이 된다. (179)를 비교해보자.

(179) a. 我 今 年 选 了 吴 教 授 的 课。
　　　　나는 올해 우 교수의 강의를 신청했다.
　　 b. 我 今 年 选 过 吴 教 授 的 课。
　　　　나는 올해 우 교수의 강의를 신청한 적이 있다.

위의 문장에서 (179a)는 화자가 아직은 계속되고 있을지도 모를 오 교수의 과목을 수강신청했음을 말한다. '过'가 포함되어 있는 (b)는 화자가 그 수업을 수강신청했다는 사실을 전제하고 그 경험이 현재 끝났음을 함의한다.

마지막으로 (180)에서 왜 이 문장이 그가 이제 더는 황양을 사랑하지 않음을 의미하는지 알 수 있다.

(180) 他 爱 过 黄 小 姐。
　　　그는 황양을 사랑한 적이 있다.

어떤 일을 경험했다고 말하는 것은 그것이 끝났음을 의미한다. 이제 '过'의 경험적인 의미와 그것으로부터 가능한 추론이 명백해졌기 때문에 '过'의 용법상의 제한을 쉽게 알 수 있다. 첫째, '过'는 사건을 반복할 수 없는 동사와는 함께 쓰일 수 없다.

(181) *他 死 过。
(182) *他 老 过。

(181), (182)와 (183)을 비교해보면, '늙는 것'과 '죽는 것'은 반복할 수 없기 때문에 (181)과 (182)는 비문법적임을 알 수 있다. 반면에 '살찌는 것'은 반복할 수 있기 때문에 (183)은 합문법적인 문장이다.

(183) 他 胖 过。
　　　그는 살찐 적이 있었다.

둘째, 비록 사람에게 무엇을 하라고 확실히 명령할 수는 있어도 사람에게 무엇을 '경험하라'고 명령할 수는 없기 때문에, '过'를 포함하는 명령문은 원칙적으로 성립하지 않는다.

(184) *喝 过 茶。

그러나 사람이 어떤 사건을 다시 경험해야 한다고 말하는 것은 가능하다. 따라서 (185)와 같은 명령문은 쓸 수 있다.

(185) 这 个 得 从 新 做 过。
　　　이것은 다시 해봐야만 한다.

셋째, '过'는 한 사건 혹은 일련의 사건이 일어났었다는 단순한 사실에 초점을 두는 그러한 문맥에서는 쓰이지 않는다. 그것은 완료상표지 '了₁' 혹은 완료화 표현을 필요로 하는 문맥이다.

(186) 昨 天 张 三 来 说 他 喜 欢 狗, 所 以 我 今 天 送 了 /*过 他 一 条 狗。

어제 장싼이 와서 그가 개를 좋아한다고 말했다. 그래서 나는 오늘 그에게
개 한 마리를 주었다.

(187) 我姐姐去年结婚, 今年生了/*过一个孩子。
내 누이는 작년에 결혼해서 금년에 아이를 하나 낳았다.

(188) 我昨天晚上看了/*过电视, 缝了/*过两双袜子就去睡觉。
나는 어젯밤에 TV를 보고, 양말 두 켤레를 꿰매고 잤다.

요약하면, 상표지 '过'은 어떤 사건을 적어도 한 번은 경험했음을 의미한
다고 할 수 있다. '过'의 기본적인 의미 때문에 원칙적으로 한 번 이상 일어
날 수 없는 사건에는 쓰이지 않으며, 명령문에서도 쓸 수 없을 뿐 아니라 사
건이 발생했다는 단순한 사실에 초점을 맞춘 문장에도 쓰일 수 없다.

6.4 잠시상(The Delimitative Aspect)

잠시상은 어떤 행동을 조금 혹은 짧은 시간 동안 한다는 것을 의미한다.[9]
잠시상은 구조면에서 보면 동사를 중첩(3.1.1.A 참고)시켜 표현한다. 이와 같
이 동사를 중첩시킬 때, (189)-(195)에서와 같이 동사와 중첩되는 음절 사이에
형태소 '一'를 수의적으로 첨가할 수 있다.

(189) 你试(一)试看。
네가 좀 해봐라.

(190) 这个花得养(一)养才会开。
이 꽃은 좀 길러야 꽃이 필 것이다.

(191) 你喜欢唱歌, 那你就唱(一)唱。

---

9. 이 절은 Chao(1968), Wang(1947), 그리고 '잠시상'(delimitative aspect)이라는 용어를
처음 쓴 Chui Lim Tsang의 미발표논문의 견해를 포함하고 있다.

네가 노래 부르는 것을 좋아하면 좀 불러봐라.

(192) 你们为什么不先讨论讨论这个问题呢？
너희들은 왜 먼저 이 문제를 좀 토론하지 않느냐?

(193) 他睡(一)睡就好。
그는 잠을 좀 자면 나을 거야.

(194) 他们听(一)听贝多芬的音乐就喜欢。
그들은 베토벤의 음악을 좀 들어보면 좋아할 것이다.

(195) 我问(一)问再决定。
나는 좀 물어보고 나서 결정하겠다.

'一'가 동사의 중첩과 함께 쓰였을 때, '一'와 그 뒤에 중첩된 동사는 부사에 관해 논술한 8.5에서 살펴볼 수량부사처럼 쓰인다.[10]

(196) 这本小说我看了三次。
이 소설을 나는 세 번 봤다.

'一'와 바로 뒤에 중첩된 동사가 문법적으로 수량부사처럼 쓰이고 있음을 말해주는 한 가지 흥미로운 증거는, 완료상표지 '了$_1$'이 중첩된 첫 번째 동사 뒤에서 '一'와 함께 쓰일 수는 있지만, '一'가 없으면 중첩된 첫 번째 동사 뒤에서 쓰일 수 없다는 것이다.

(197) a. 他睡了一睡。
그는 조금 잤다.
b. *他睡了睡。

---

10. Chao(1968: 312)에서 지적하고 있다.

6.1.1에서 살펴보았듯이, 완료상표지 '了₁'은 그 의미가 양화구(quantified phrase)에 의해 제한된 동사와는 함께 쓰일 수 있지만, 그 의미가 전혀 제한 되지 않은 동사와 함께 쓰이지는 않기 때문에 (197a)와 (197b) 사이에 이러한 차이가 생기는 것이다.

'一'와 바로 뒤의 중첩된 동사가 부사처럼 쓰이고 있다고 볼 수 있는 또 다른 증거는, '一'가 없으면 중첩된 음절은 보통 강세가 약화되어 경성이 되지만, '一'가 있으면 원래의 강세와 성조를 그대로 갖게 된다는 것이다. 수량부사도 일반적으로 강세를 받고 또 원래의 성조를 가지고 있기 때문에 위의 사실은 '一'와 중첩된 동사가 결합하면 문법상 수량부사로 쓰인다는 것을 의미한다. 만약에 중첩된 동사가 '猜' 또는 '买'와 같이 자연스러운 종결점을 이끄는 동작성을 의미하는 경우에 잠시상은 아래의 예와 같이 '(본동사) + 해보다'라는 뜻으로 쓰일 수도 있다.

(198) 你 猜 一 猜。
　　　네가 알아맞혀 봐라.

잠시상은 무엇을 잠시 동안 한다는 것을 의미하기 때문에, 잠시상을 나타내기 위해서 중첩시킬 수 있는 동사의 유형에 대해서는 몇 가지의 제한이 뒤따른다. 첫째, 동사는 반드시 동작성 동사여야 한다. 동작성 동사는 '打'(치다), '走'(걷다), '看'(보다), '跳'(뛰다)와 같이 동작을 나타낼 수 있고, '小心'(조심하다)과 같이 어떤 종류의 동작성을 함축할 수도 있다. 따라서 '胖'(살찌다)과 '有'(있다)와 같은 비동작성 동사는 잠시상을 나타내기 위해 중첩시킬 수 없다.

(199) *你 胖 胖。
(200) *屋 子 里 有 有 一 只 猴 子。

둘째, 잠시상을 나타내기 위해 중첩시킬 수 있는 이러한 동작성 동사는 반드시 의지동사(volitional verb)여야 한다. 의지동사는 일반적인 상황 하에서 주어의 의지를 함축하고 있는 동사라고 정의할 수 있다. 예를 들면 영어의 동사 'hit'을 살펴보자. 어떤 사람이 'I didn't intend to hit him; it was an accident.'(나는 그를 때리려는 것은 아니었다. 그것은 우연한 일이었다.)라고 말할 수 있다고 하더라도 'hit'은 보통 상황에서는 의지를 함축한다. 반면에 동사 'forget'(잊다)과 'fall'(떨어지다)은 의지동사가 아니다. 왜냐하면 일반적인 상황에서 그 동사들은 의지를 함축하지 않기 때문이다. 다시 말하면 의지가 없음을 명백히 언급하고 있지 않으면 의지동사는 일반적으로 의지를 수반한다. 또한 비의지동사인 경우에 의지가 있음을 명백히 언급하고 있지 않으면 그 동사는 일반적으로 의지를 수반하지 않는다. 잠시상은 주어가 어떤 것을 잠시 동안 하는 것을 의미하기 때문에 통제할 수 있는 사건을 표현하는 동사인 의지동사만을 잠시상을 나타내기 위해 중첩할 수 있다. 따라서 (201)은 비문법적이다. 왜냐하면 동사가 비의지동사이기 때문이다. 그러나 (202)는 의지동사가 쓰였으므로 문법에 맞는 문장이다.

(201) *你 忘 忘 他。
(202) 你 闻 闻 这 朵 花。
　　　너 이 꽃의 냄새 좀 맡아봐.

셋째, 동보복합어(3.2.3 참고)는 잠시상을 표현하기 위해서 중첩할 수 없다. 왜냐하면 동보복합어의 기능은 주어진 사건이 어떤 결과에 이르렀음을 나타내기 때문이다. 이런 동보복합어는 사건의 결과에 중점을 두기 때문에 무엇을 잠시 동안 행한다는 의미를 갖고 있는 잠시상과는 모순된다. 따라서 동보복합어를 잠시상을 나타내기 위해 중첩할 수 없다. (203)이 그 예이다.

(203) *你 打 开 打 开 那 个 门。

마지막으로 잠시상은 (204)처럼 무엇을 요구하는 문장에 특히 자주 쓰인다.

(204) 请 你 把 门 开 (一) 开。
    문을 좀 열어주십시오.
(205) 你 要 看 (一) 看 这 篇 文 章。
    이 글을 좀 봐야 해요.

요구하는 것을 부드럽게 해서 귀에 거슬리지 않게 하고자 할 때는 잠시상이 가장 적합하다. 왜냐하면 잠시상은 잠시 동안만 해달라는 것이기 때문에 듣는 사람의 입장에서 볼 때 요구하는 강도가 약해지기 때문이다.

6.5 요약

제6장에서 사건 혹은 상황을 어떻게 보느냐를 의미하는 상의 개념에 따라, '了₁', '在', '过'와 중첩의 기능에 대해서 살펴보았다. 우리가 발견한 사실을 아래와 같이 요약할 수 있다.

1. '了₁' : 전체적인 관점에서 제한된 사건
2. '在' : 진행 중인 동작성
3. '着' : 동작의 결과로 발생한, 진행 중인 자세 혹은 상태
4. '过' : 적어도 한 번은 경험했던 것으로 여겨지는 사건
5. 중첩 : 잠시 동안 일어난 것으로 여겨지는 사건

제7장
문말조사(Sentence-Final Particle)

문말에 나오는 대부분의 조사는 문맥에 따라 각각 다른 기능을 한다. 이 장에서는 조사의 다른 기능에 대해서도 논의하겠지만, 문말에 오는 조사의 의미적 기능과 화용적 기능에 중점을 둘 예정이다.

문말조사(文末助词)에는 다음과 같은 여섯 가지가 있다.

(1) 了 : 현재와 관련된 상태(Currently Relevant State)
    呢 : 예상에 대한 응답(Response to Expectation)
    吧 : 동의에 대한 간청(Solicit Agreement)
    呕 : 친절한 경고(Friendly Warning)
    啊/呀 : 강도의 완화(Reduce Forcefulness)
    吗 : 의문(Question)

이들은 모두 강세 없이 경성으로 읽힌다. 이들은 전형적으로 대화체의 담화나 문장에 쓰인다. 그 의미적 기능과 화용적 기능을 파악하기가 어려운 만큼, 언어학자들은 이들 각각의 일반적 특성을 기술하는 데 어려움을 겪고 있다. 이제 이러한 조사들을 하나하나 살펴보겠다. 단 '吗'는 제18장에서 별도로 다룰 예정이다.

7.1 '了₂'

중국어에서 문말조사 '了₂'는 두 가지 특징을 갖는다.[1] 첫째, '了₂'는 '啊', '呕'나 의문조사 '吗' 같은 다른 조사와 함께 쓰일 수 있으며, 이 경우 '了₂'는 반드시 이들 앞에 와야 한다.

(2) A: 老 王 也 是 学 生 吗 ?
　　　　왕군도 학생이니?
　　B: 他 当 然 是 了₂ 啊 !²
　　　　물론 그렇지!
(3) 他 买 房 子 了₂ 吗 ?
　　　그는 집을 샀니?
(4) 我 告 诉 他 那 件 事 了₂ 呕。
　　　나는 그에게 그 일을 알려주었어.

두 번째, '了₂'가 보통 일상대화에서 자주 사용되지만, 중국어를 배우는 학생들은 이에 숙달되기가 어렵다는 것이다. '了₂'는 다양한 대화상황에서 여러 가지 다양한 의미적 함의를 가지고 사용되는 것 같다. 그런데 아무도 '了₂'의 의미적 기능과 화용적 기능을 보편적 진술로 설명하지 못하고 있다. 여기에

---

1. Dale Elliott, Mary Erbaugh, Huang Shuan-fan, Robert McCoard, Claudia Ross, George Spanos, R. McMillan Thompson과 토론했던 것들이 이 절을 기술하는 데 많은 도움이 되었다. 또한 Chao(1968)와 Spanos(1977, 1979)로부터 몇 가지 견해를 취했다. 이 장의 거의 대부분의 예문들은 실제 대화에 쓰이는 것이다. 여기에 소개한 견해들에 관한 좀 더 자세한 논의는 Li, Thompson, and Thompson(forth-coming)을 참고하기 바란다.
2. 구어에서 '了'와 '啊'는 대개 '啦'로 압축된다.

서 이러한 일들을 시도해보려고 한다.

이 절에서는 먼저 '了₂'가 의사전달에 어떤 작용을 하는지를 살펴봄으로써 '了₂'의 전달기능에 대해 논의하겠다. 그 다음으로 '了₂'가 사용될 수 없는 위치를 살펴보겠다. 끝으로 문말의 '了₂'와 문말에서의 완료상(perfective aspect) 접미사 '了₁'을 구분하는 방법을 검토해보겠다(이 책에서 필요한 경우에 완료상 동사접미사는 '了₁', 문말조사는 '了₂'로 표시한다).

7.1.1 '了₂'의 의사전달 기능(Communicative Function of 'le')

'了₂'의 기본적인 전달기능은 '현재와 관련된 상태'를 나타내는 것이다. 즉, 어떤 사태가 특정 상황에 대해 특수한 현재 관련성을 가진다는 것을 '了₂'가 나타낸다.

'현재와 관련된 상태'라는 말이 의미하는 것을 좀 더 자세히 살펴보자. 먼저 '현재'라는 말부터 살펴보자. '了₂'는 어떤 사태가 특정 상황에서 현재임을 나타낸다. 다른 상황이 언급되지 않을 경우 '了₂'가 들어간 문장의 진술은 현재, 즉 화자와 청자가 참여하는 대화의 문맥과 관련되어 있다고 가정된다. 이것이 가장 보편적인 경우이다.

만약 다른 상황이 뚜렷이 언급되어 있으면 '了₂'가 들어간 문장의 진술은 그 특정 상황과 관련되어 있다. 몇 가지 예를 들어보자. 박양을 찾는 전화가 왔는데 마침 그녀가 없을 경우 전화를 받은 사람은 다음과 같이 말할 수 있다.

(5) 她 出 去 买 东 西 了₂。
그녀는 장보러 갔어요.

이 경우 '了₂'는 그녀가 장보러 나간 것이 특정 상황에서 현재임을 말하며, 다른 상황이 명백하게 언급되지 않았으므로 그녀가 장보러 간 것은 현재와 관련되어 있음이 가정된다. 즉 그녀는 전화가 걸려온 현재 상황에서 외출중인 것이다. 반면 박양이 이틀 전에 장거리 전화를 걸었는지에 대해 두 사람이 언쟁을 하고 있다고 가정해보자. 이 상황에서 한 사람이 다음과 같이 말할 수 있다.

(6) 那天她出去买东西了₂。
　　그날 그녀는 장보러 나갔어요.

이 경우에는 그녀가 장보러 나간 상태가 과거의 '그날'의 상황과 관련되어 있음을 의미한다. 여기 두 가지 유사한 예가 있다.

(7) 前一个星期票都卖光了₃。 ³
　　1주일 전에 표가 모두 매진되었다.
(8) 那个时候觉得有一点饿了₂。
　　그때 조금 배가 고프다고 느꼈다.

마찬가지로, 만일 어떤 사람이 다음 달에 당신을 만나길 바라지만, 다음 달에 당신이 일본에 있을 예정인 경우에는 다음과 같이 말할 수 있다.

(9) 下个月我就在日本了₂。
　　다음 달이면 나는 일본에 있을 거예요.

이 경우에 당신이 일본에 있는 상태는 '다음 달'로 지정된 상황에서 현재일 것이다.

---

3. '동사 + 了'로 끝나는 문장에서는 종종 이 '了'가 완료상표지 '了₁'(제6장 참고)인지 현재와의 관련성을 나타내는 문말조사 '了₂'인지를 판단하기 어렵다. (7)의 '了'는 두 가지 형태의 '了'가 결합된 것으로 보고 그것을 '了₃'으로 나타낸다. 이 두 형태의 결합에 대해서는 7.1.3에서 논의했다.

상황은 가정될 수도 있으며, 이 경우에 '了₂'는 문장의 진술과 가정된 상황을 연관시켜준다. 예를 들어 당신이 어떤 중국인에게 그가 미국인인지를 물었을 때, 그는 이렇게 대답할 수 있다.

(10) 我 是 美 国 人, 就 不 会 说 这 么 糟 的 英 文 了₂。
　　내가 미국인이라면 이렇게 영어를 못할 리가 없지요.

여기서 '了₂'는 화자가 미국인이라는 가정된 조건하에서는 그가 그렇게 서툰 영어를 하지 않는 상태가 되리라는 것을 나타낸다(조건문에 대해서는 문장연결(sentence-linking)에 관해 기술한 제23장을 참고).

이제 두 번째로 '관련'이라는 각도에서 지금까지 제시해온 예들을 살펴보자. '관련'은 '了₂'가 포함되어 있는 문장이 쓰이는 문맥과 관련된 개념이다. '了₂'는 문장이 표현하고 있는 어떤 사태가 화자와 청자에게 관련되어 있음을 나타낸다. 또 이것이 어떤 방식으로 관련되어 있는지는 문맥으로 추론할 수 있다. 다시 (5)를 보자.

(5) 她 出 去 买 东 西 了₂。
　　그녀는 장보러 나갔어요.

(5)에서 그녀가 장보러 간 상태는 전화를 건 사람이 그녀와 통화하려는 희망과 명백하게 관련되어 있다. 이 경우 전화를 건 사람은 그녀와 통화할 수 없는데, 그 이유는 그녀가 부재중이기 때문이다. 마찬가지로 그녀가 장거리 전화를 걸었는지에 대해 언쟁을 하고 있는 경우, (6)에서 그녀가 장보러 간 상태는 이와 관련되어 있다. 왜냐하면 이 문맥에서 그녀가 장거리 전화를 걸 수 없었다는 사실이 증명되었기 때문이다.

이와 마찬가지로, 어떤 사람이 다음 달에 당신을 보기를 바라는 문맥에서 (9)는 이 문맥과 관련되어 있다. 왜냐하면 당신이 다음 달에 일본에 있을 예정이기 때문에 그 사람은 당신을 볼 수 없을 것이라고 주장하고 있기 때문이다. 또한 (10)에서 그 중국인이 영어를 잘하지 못하는 상황은 그가 미국인일 것이라는 당신의 가정을 부인하는 것과 관련되어 있다.

다음에 제시한 (11a)와 (11b)는 단순한 진술과, 현재 지속 중인 어떤 일과 연관되어 있는 정보가 부가된 진술 간의 명백한 차이점을 보여준다. (11a)는 단순한 진술이다.

(11) a. 这 个 瓜 很 甜。
　　　 이 참외는 달다.

반면에 '了$_2$'가 쓰인 (11b)는 (11a)보다 더 많은 정보를 표현하고 있다.

(11) b. 这 个 瓜 很 甜 了$_2$。
　　　 이 참외는 참 달군요.

해석상으로는 전달되지 않지만 (11b)는 참외가 단 것이 현재 상황과 관련되어 있음을 나타낸다. 따라서 참외가 달 것이라고 추측하던 사람이 참외를 먹어보고 정말 달다는 사실을 발견했거나, 혹은 이와 반대로 참외가 달지 않을 것이라고 생각했던 사람이 참외를 먹어보고 나서 자신의 추측이 틀렸음을 발견했을 경우에 (11b)처럼 말할 수 있다. 화자가 참외가 달다는 새로운 '발견'을 상대방에게 알리려고 하거나 혹은 청자가 참외가 달다는 사실을 발견하기를 바라는 경우에도 (11b)처럼 말할 수 있다.

끝으로 (12)는 표준중국어 사용권에서 가장 자주 듣는 질문 가운데 하나이다.

(12) 你 吃 过 饭 了$_2$ 没 有 ?
　　　 너 밥 먹었니?

친구에게 안부를 묻는 문맥에서 자주 쓰이는 이 질문은 명백하게 현재와 관련되어 있다. 이와 같이 '了$_2$'는 항상 현재와 '관련'되었다는 의미를 내포한다.

'了$_2$'의 정의에서 세 번째로 살펴보아야 할 것은 '상태'(state)의 개념이다. 문장이 서술하고 있는 사건은 '了$_2$'에 의해서 사태로 전환되며, 그 상태는 어떤 상황과 현재 관련성을 갖는다. 실례로 (5)를 다시 보자.

(5) 她 出 去 买 东 西 了$_2$。
　　그녀는 장보러 나갔어요.

동사구 '出去买东西'는 동작을 나타내지만, '了$_2$'가 쓰인 (5)는 그녀가 외출한 동작이나 물건을 산 동작을 말하고 있는 것이 아니다. 그보다는 그녀가 시장에 간 상태를 나타내며, 또한 그 상태와 현재 상황과의 관련성을 말해준다. 뚜렷한 대조를 이루는 (13)을 통해 이러한 차이점을 분명하게 알 수 있다. 만일 어떤 사람이 당신에게 그가 한 일의 동작만을 묘사해 이야기하려고 할 경우에 그는 (13a)와 같이 말할 것이다.

(13) a. 我 喝 了$_1$ 三 杯 咖 啡。
　　　나는 커피를 세 잔 마셨다.

반면에 '了$_2$'가 있는 (13b)는 전혀 다른 내용을 표현하고 있다.

(13) b. 我 喝 了$_1$ 三 杯 咖 啡 了$_2$。
　　　나는 커피를 세 잔 마신 상태이다.

(13b)는 단순히 그가 커피 세 잔을 마셨다는 것만을 말하지는 않는다. 그러한 의미를 표현하려면 (13a)처럼 말한다. (13b)가 의미하는 것은, 그가 커피

세 잔을 마신 상태가 현재 상황과 관련되어 있다는 것이다. 예를 들어 당신이 화자에게 커피를 한 잔 더 마시라고 권할 때, 그가 당신에게 왜 그럴 수 없는지를 설명할 경우에 말할 수 있다. 혹은 커피를 싫어할 것이라고 여겼던 사람이 (13b)처럼 말해 자신이 커피를 좋아한다는 사실을 표현할 수 있다. 혹은 현재, 즉 지금 이 자리에서 그가 마신 커피가 세 잔이라는 사실만을 말할 수도 있다.

지금까지 '현재와 관련된 상태'라는 '了$_2$'의 정의의 세 부분을 검토해보았다. '了$_2$'는 항상 이러한 용법으로 쓰이지만, 이러한 용법이 명확하게 표현되지는 않으므로 세심하게 살펴보아야 한다. 지금까지의 연구 성과를 종합해보면, '了$_2$'가 현재와 관련된 상태를 나타내는 상황은 대략 다음과 같은 다섯 가지 범주로 분류할 수 있다.

    A. 변화된 상태를 나타낼 경우
    B. 잘못된 가정을 수정할 경우
    C. 현재까지의 진전을 보고할 경우
    D. 다음에 무슨 일이 일어날지를 결정할 경우
    E. 진술의 종결을 나타낼 경우

이 다섯 가지 범주는 각각의 문장이 진술하는 사태가 현재와 관련되어 있음을 '了$_2$'가 나타내는, 조금씩 다른 유형의 상황이다. 일단 이 다섯 가지 유형의 상황을 이해하면, '了$_2$'를 더 쉽게 사용할 수 있을 것이다. 이 다섯 가지 범주를 자세히 살펴보자.

A. 변화된 상태를 나타낼 경우

어떤 사태가 현재 상황과 관련을 갖는 가장 일반적인 방법 가운데 하나는 그 사태가 이전 상태로부터 변화된 것임을 나타내는 것이다.[4] 이것은 이전에는 일어나지 않았던 어떤 사태가 현재 일어났다는 것을 의미한다. 각각의 경우에 새로운 사태와의 관련성은 그것이 변화되었다는 사실로부터 알 수 있다.

(14) a. 他知道那个消息。

　　　그는 그 소식을 알고 있다.

　　b. 他知道那个消息<u>了</u>₂。

　　　그는 그 소식을 알게 되었다.

(15) a. (회의에 대해 알고 있는지를 물었을 때 이에 대한 대답으로)

　　　我知道。

　　　알아.

　　b. (이전에 회의가 개최될 방을 잘못 알고 다른 방에 들어갔던 화자가 회의가 어느 방에서 개최되는지를 상기하면서)

　　　知道<u>了</u>₂。

　　　(이제는) 알아.

(16) a. 他逃得出来。

　　　그는 도망나올 수 있어.

　　b. 他逃得出来<u>了</u>₂。

　　　그는 (이제) 도망나올 수 있게 되었어.

(17) a. (몇 사람이나 있는지를 묻는 웨이터에게)

　　　我们二十四个。

　　　우리는 스물네 명입니다.

　　b. (마침내 마지막 여행자가 버스에 오른 후에 한 여행 안내원이 다른 여행 안내원에게)

　　　我们二十四个<u>了</u>₂。

---

4. 많은 문법학자들은 실제로 바로 '了'의 기능 중 하나인 이 상태변화의 의미가 '了'의 유일한 의미라고 생각하고 있다. 그들은 '了'의 다른 기능을 모두 무시한다. 그러나 Chao(1968)와 Spanos(1977, 1979)만은 예외이다.

우리는 (이제) 스물네 명이 되었습니다.

(18) a. 我要去。

　　　갈 거야. (의도에 대한 단순한 진술)

　　b. 我要去了₂。

　　　(이제) 가려고 해.

　　　(그러니까 같이 가려면 서두르는 게 좋을 거야.)

아래의 예문을 더 살펴보자.

(19) 已经三点了₂。

　　벌써 세 시가 되었다.

(20) 下雨了₂。

　　(이제) 비가 온다.

(21) 我累了₂。

　　(이제) 나는 피곤해.

(22) 我肚子饿了₂。

　　(이제) 배가 고프다.

(23) 我肚子疼了₂。

　　(이제) 배가 아프다.

(24) 太阳出来了₂吗?

　　해가 떴니?

(25) 我们放弃那种手段了₂。

　　우리는 (이제) 그런 수단은 쓰지 않아.

(26) 他醒来了₂。

　　그는 (이제) 깨어났다.

(27) 电报发了₂吗?

　　전보 쳤니?

(28) 我的车让雪盖起来__了__₂。
　　 내 차는 눈에 덮였다.
(29) 装了这个日光灯, 厨房就亮多__了__₂。
　　 이 형광등을 설치하니까 부엌이 훨씬 밝아졌다.
(30) (세 살 된 아이가 나무토막으로 집쌓기를 끝내면서)
　　 房子__了__₂!
　　 (이제) 집이 되었다!
(31) a. (어떤 식당에 대해 물을 경우)
　　　 你有没有他们的电话号码?
　　　 그들의 전화번호가 있니?
　　 b. (전화번호부를 죽 훑어보다가 마침내 발견하고 나서)
　　　 有__了__₂, 有__了__₂。
　　　 있어, 있어.
(32) (교정 근처의 낡은 집을 가리키면서)
　　 这栋楼现在已经拨给我们学校用__了__₂。
　　 이 건물은 이제 우리 학교에서 사용하도록 할당되었어.
(33) 天黑__了__₂。
　　 (이제) 날이 어두워졌어.
(34) 你口渴__了__₂吗?
　　 (이제) 목이 마르니?
(35) 他发烧__了__₂。
　　 그는 (이제) 열이 나.
(36) 他好__了__₂。
　　 그는 (이제) 좋아졌어.
(37) 到中山路__了__₂。
　　 중산로에 도착했어.
(38) (음식을 나르거나 음료수를 따라주는 사람에게)

够 了₂。
　　(이제) 충분해요.
(39) 我孩子有一个牙活动了₂。
　　우리 아이가 이 하나가 흔들려요.

위에 제시한 예는 대부분 '了₂'가 형용사와 함께 쓰인 경우이다.(형용사의 범주에 대한 논의는 4.3.1 참고). 일반적인 규칙은 다음과 같다. '일반적'이거나 '습관적'인 상태가 아니라 새롭게 '변화된' 상태를 형용사로 묘사하려면, 상태가 새롭거나 새롭게 인식되었다는 사실을 전달하기 위해 '了₂'를 써야 한다. 다음의 각 예문은 동일한 형용사성 술어가 쓰였는데, (a)는 모두 일반적이거나 습관적인 상태를 나타내고 '了₂'가 쓰인 (b)는 새로운 상태를 나타낸다.

(40) a. 他很高。
　　　　그는 키가 매우 크다.
　　b. 他很高了₂。
　　　　그는 키가 상당히 자랐다.
(41) a. 这朵花很红。
　　　　이 꽃은 매우 붉다.
　　b. 这朵花很红了₂。
　　　　이 꽃은 (이제) 상당히 붉어졌다.
(42) a. 这个地方很安静。
　　　　이곳은 매우 조용하다.
　　b. 这个地方很安静了₂。
　　　　이곳은 매우 조용해졌다.
(43) a. 这个瓜很甜。
　　　　이 참외는 매우 달다.

b. 这 个 瓜 很 甜 了₂。

　　이 참외는 (이제) 매우 달다. (그러니까 먹을 만하다.)

본래 종결점(end point)을 그 의미의 일부로 갖는 형용사가 상태의 변화를 나타낼 때(6.1.1.C 참고), '了'는 완료상표지 '了₁'과 현재와의 관련성의 '了₂'의 복합체이다. 이러한 '了'는 '了₃'으로 표시하며, 7.1.3에서 논의할 것이다. 다음 예문에서 '了'는 모두 두 가지가 합해진 '了₃'이다.

(44) 氷 都 化 了₃。
　　얼음이 다 녹았다.
(45) 这 个 椅 子 坏 了₃。
　　이 의자는 망가졌다.
(46) 我 的 杯 子 炸 了₃。
　　내 컵이 터졌다.
(47) 她 怀 孕 了₃。
　　그 여자는 임신했다.
(48) 领 子 撕 破 了₃。
　　옷깃이 찢어졌다.
(49) 这 个 字 写 错 了₃。
　　이 글자는 잘못 썼다.
(50) 啤 酒 喝 光 了₃。
　　맥주를 다 마셨다.
(51) 我 被 冻 住 了₃。
　　나는 추위에 얼어버렸다.

'상태의 변화'라는 의미는 부정문에서 매우 보편적으로 쓰인다. 또 '了₂'가 쓰인 부정문에서 시간이 언급되지 않을 때 새롭게 변화된 상황은 문장이 발화된 문맥과 관련되어 있다고 생각된다. 먼저 다음 문장들을 비교하고 나서 더 많은 예문을 제시하겠다.

(52) (이 식당에 군만두가 있는지를 묻는 손님에게 종업원이)
  a. 没 有。
   없어요.
  b. 没 有 了$_2$。
   (이제) 없어요 (다 팔렸다는 의미)

(53) (음식을 나르는 사람에게)
  a. 我 不 吃。
   안 먹겠어요.
  b. 我 不 吃 了$_2$。
   (이제) 안 먹겠어요. (배가 부르거나 먹으려던 마음이 바뀐 경우, 즉 먹지 않는 것이 새로운 상황일 때)

(54) a. 他 看 不 见 人。
   그는 사람을 볼 수 없다.
  b. 他 看 不 见 人 了$_2$。
   그는 (이제) 사람을 볼 수 없다.

(55) a. 我 不 这 样 说 话。
   나는 이런 식으로 말하지 않아.
  b. 我 不 这 样 说 话 了$_2$。
   나는 (이제) 이런 식으로 말하지 않겠어.

(56) a. 信 封 里 装 不 下 这 些 照 片。
   봉투 안에 이 사진들을 넣을 수 없다.
  b. 信 封 里 装 不 下 这 些 照 片 了$_2$。
   봉투 안에 (더 이상) 이 사진들을 넣을 수 없다.

(57) 时 候 不 早 了$_2$。

(이제) 이른 게 아니야. (늦었다는 의미)

(58) 我 实 在 活 不 下 去 了₂。
나는 정말 (더 이상) 살 수가 없어.

(59) 可 惜 她 不 在 村 里 了₂。
그녀가 (이제) 마을에 없게 되어서 유감이다.

(60) (청자가 미국에 가야 할지에 대한 토론이 있은 후에)
啊, 原 来 你 父 亲 要 你 去, 那 我 们 不 必 讨 论 这 件 事 了₂。
아하, 알고 보니 네 아버지가 너를 가라고 하는구나. 그렇다면 우리는 (더 이상) 이 일을 토론할 필요가 없어.

(61) 他 近 视 得 连 他 太 太 都 认 不 出 来 了₂。
그는 근시여서 (이제) 자기 아내도 알아보지 못해.

(62) 别 迷 惑 他 了₂。
(더 이상) 그를 홀리지 마라.

(63) 别 迷 路 了₂。
(이번에는) 길을 잃지 마.

위에 제시한 예문은 모두 현재, 즉 말하는 시점에서 상태의 변화를 설명해 준다. 그러나 앞에서 언급했듯이 문장이 다른 시점, 즉 (64)-(66)처럼 일반적인 시간이나 (68), (69)처럼 미래를 나타낼 경우에 상태의 변화는 일반적인 시간이나 미래와 관련되어 있다. 문장에서 일반적인 시간이나 미래와, 변화된 상태와의 관계는 일반적으로 부사 '就'를 써서 나타낸다. 다음 예를 보자.

(64) 味 道 我 懂, 可 是 说 营 养, 我 就 外 行 了₂。
맛이라면 알지만, 영양에 대해서는 저는 문외한입니다.

(65) a. 公 馆 怎 么 去 ?
공관은 어떻게 갑니까?
b. 你 搭 三 号 车 在 公 馆 站 下 车 就 可 以 了₂。

3번 차를 타고 공관 정류장에 내리면 돼요.

(66) 过了上下班的时候,火车就空了₂。
    출퇴근 시간이 지나면 기차가 텅 빕니다.

(67) 收音机广播不久将来货物就要贵一点了₂。
    얼마 안 있어 물건들이 좀 비싸질 거라고 라디오에서 방송했다.

(68) 他们的学校明年就要招女生了₂。
    그들의 학교는 내년에 여학생을 모집할 것이다.

(69) 你把这两个句子换一下,意思就清楚多了₂。
    이 두 문장을 한번 바꿔보면 뜻이 훨씬 분명해질 거야.

변화된 상황이 과거일 수도 있다.

(70) (오후 내내 산책을 하고 나서)
    我们走得很累了₂。
    우리는 걸어서 아주 피곤했다.

(71) 他声明他退出那个组织了₂。
    그는 그 단체에서 탈퇴하겠다고 발표했다.

부정문에서도 '了₂'는 (72)-(74)처럼 일반적인 시간이나 (75), (76)처럼 미래의 변화된 상황을 표현할 수 있다. 또한 '就'는 일반적인 시간이나 미래를 변화된 상황과 연결시키는 데 사용된다.

(72) 结婚了以后生活就跟以前完全不一样了₂。
    결혼하고 나면 생활이 이전과는 완전히 달라진다.

(73) 那我就不走了₂。
    그렇다면 나는 가지 않겠다. (지금 막 가지 않기로 결심했다는 의미)

(74) 要是没带学生证,就不能买学生票了₂。

학생증을 갖고 있지 않으면 학생표를 살 수 없다.
(75) 我们多谈谈, 回家了就没时间谈了$_2$。
좀 더 이야기합시다. 집에 돌아가면 이야기할 시간이 없을 테니까요.
(76) 你打电话给他, 我就不用写信了$_2$。
네가 그에게 전화한다면, 나는 편지를 쓸 필요가 없다.

또한 긍정문에서처럼 부정문에서도 변화된 상황이 과거일 수 있다.

(77) 前年飞机出事, 在起飞的半个钟头以内还有电话, 以后就没连络了$_2$。
재작년 비행기 사고 때, 이륙한 지 반 시간 동안은 그래도 전화가 됐는데, 그 후로는 연락이 두절되었다.

때로는 변화가 객관적인 상태의 변화가 아니라 화자 쪽의 인식상의 변화만을 나타내기도 한다. 이를테면 Chao(1968: 78-98)는 (78)과 같은 문장을 비가 내리기 시작하는 그 순간뿐 아니라, 화자가 비가 오는 것을 모르고 있다가 알았을 때도 쓸 수 있다고 지적하고 있다.

(78) 下雨了$_2$。
비가 온다.

마찬가지로, 아이들은 갑자기 그들의 주의를 끄는 것을 발견했을 때도 종종 '了$_2$'를 사용한다.

(79) (동물원에서 막 앵무새를 발견한 세 살배기 아이가)
这是鹦鹉了$_2$!
앵무새야!

화자가 새롭게 인식한 상황에서 '了₂'를 사용하는 예를 더 보자.

(80) (B가 오랫동안 만나지 못했던 친구 A에게 그동안 어디 있었는지를 묻는 경우)
   A: 我 到 南 部 去 了₁ 一 趟。
      남부에 갔다 왔어.
   B: 啊, 原 来 你 到 南 部 去 了₁, 难 怪 好 久 没 看 见 你 了₂。
      아하, 알고 보니 너 남부에 갔던 거구나. 어쩐지 오랫동안 네가 보이지 않더라고.

(81) (화자가 대중 앞에서 연설할 것을 승낙할지에 대해 긴 토론을 끝낸 뒤)
   你 真 给 我 难 题 了₂。
   당신은 정말 제게 어려운 문제를 주시는군요.

(82) (막 수업을 끝내고 돌아온 룸메이트에게)
   你 回 来 了₂。
   돌아왔구나.

(83) 你 要 去 了₂。
   (알았어) 너는 (결국) 가려고 하는구나. (나는 네가 아직 있으려는 줄 알았어.)

(84) (치수가 더 작은 치마를 찾다가 돌아온 점원이)
   对 不 起, 这 是 最 小 的 了₂。
   죄송합니다. (알고 보니) 이것이 제일 작은 것이군요.

화자의 인식이 도달하기 어려운 경우, 약간의 짜증이나 성가심을 표현하기도 한다. 다음을 비교해보자.

(85) a. (90원짜리 버스표가 있는지에 대한 물음에 대답하는 매표소 직원이)
      也 有 的。
      그것도 있어요.
   b. (90원짜리 버스표가 있는지를 거듭 묻는 손님에게 짜증난 매표소 직원이)

也有的了₂!
　　그것도 있어요! (왜 분명하게 알아듣지 못해요?)

어떤 사람의 근황을 묻는 경우에는 대개 상대방에게서 새로운 정보를 끌어내려는 의도가 있는데, 이때에도 항상 '了₂'를 쓴다.

(86) A: 张美英怎么样?
　　　　장메이잉은 어떻게 지내니?
　　B: a. 她做教授了₂。
　　　　　그녀는 교수가 됐어.
　　　b. 她被开除了₂。
　　　　　그녀는 제명되었어.
　　　c. 她回国了₂。
　　　　　그녀는 귀국했어.
　　　d. 她结婚了₂。
　　　　　그녀는 결혼했어.
　　　e. 她怀孕了₂。
　　　　　그녀는 임신했어.
　　　f. 她辞职了₂。
　　　　　그녀는 사직했어.
　　　g. 她申请不到大学,所以就去做事了₂。
　　　　　그녀는 대학에 합격하지 못해서 취직을 했어.
　　　h. 我整一年没看见她了₂。
　　　　　나는 1년 내내 그녀를 보지 못했어.

　　이상의 예를 모두 종합해보면 다음과 같은 결론을 내릴 수 있다. 즉 '了₂'는 새롭거나 변화된 사태가 출현한 상황에서 '현재와 관련된 상태'를 나타낼 수 있다. '변화된' 것에는 사물의 변화뿐 아니라 화자의 인식의 변화도 포함된다.

B. 잘못된 가정의 수정(Correcting a Wrong Assumption)

사태가 특정 상황과 관련을 맺게 되는 또 다른 경우는, 사태가 '청자'가 가정하고 있던 것과 다를 때이다. 예를 들어 다음과 같은 경우를 보자. A가 B에게 언젠가 C에게서 전화가 왔었다고 말했다. 이때 B가 다음과 같이 말할 수 있다.

(87) 那 个 时 候 他 出 门 了$_2$。
　　　그때 그는 외출했었어.

위의 문장은 C가 전화했다고 생각하는 A의 믿음을 부정하는 것이다. 다음을 비교해보자.

(88) a. (아이가 음료수를 가리키며)
　　　　我 要 喝。
　　　　나는 마시고 싶어요. (중립적)
　　b. (아이가 음료수를 마시고 싶어 하리라고는 생각지 않는 어머니에게 아이가 말하기를)
　　　　我 要 喝 了$_2$。
　　　　(하지만) 나는 마시고 싶어요. (어머니의 믿음에 반대)
(89) (자신의 음료수 대신 어른들이 마시는 것을 달라고 조르는 아이에게 어머니가 화가 나서)
　　　一 样 的 了$_2$!
　　　똑같은 거야! (네 것이 저것과 다르다고 생각하는 것은 잘못이다.)

(90) (어떤 영화를 본 적이 있느냐고 묻는 친구에게)
　　我有一个月没看电影了₂。
　　나는 한 달 동안 영화를 보지 않았어. (즉 내가 최근에 영화를 보았을 것이라고 생각하는 너의 가정은 잘못된 것이다.)

(91) (누군가에게 모임에 대해서 말하기를)
　　地点在七号教室, 教室外边已经有布告了₂。
　　장소는 7호 교실이다. 교실 밖에 벌써 공고를 붙여놓았단 말이야. (너는 그것을 알고 있어야 했어.)

(92) (오후 내내 잠만 잤다고 꾸짖는 것에 대해)
　　我看了三本书了₂。
　　(무슨 얘기야!) 나는 책을 세 권 읽었어.

(93) (어떤 작가에 대해)
　　A: 你应该看, 他书写得好。
　　　너 꼭 봐. 그 사람 책을 잘 써.
　　B: 我看过他好几本书了₂。
　　　나는 그 사람 책을 꽤 여러 권 봤어. (내가 읽지 않았으리라는 너의 가정은 잘못이다.)

(94) (옛 남자친구를 잊지 못해 하는 친구를 위로하며)
　　他忘记你了₂!
　　(제발 좀 알아라!) 그 사람은 너를 잊었어! (그러니 그런 생각 버리고 새로운 일에 적응하도록 해.)

(95) (나가서 밤참을 사오길 원하는 친구에게)
　　我要写我的报告了₂。
　　(그런데) 나는 리포트를 써야 해. (즉, 내가 한가하다고 생각하는 너의 가정은 잘못이다.)

(96) (점원에게 돈을 더 지불해야 한다고 생각하는 친구에게)
　　我已经给他两百块钱了₂。

(그런데) 나는 벌써 그에게 200원을 주었어. (즉, 내가 다 주지 않았다고 생각하는 것은 잘못이다.)

(97) (무엇을 먹겠느냐고 끈질기게 묻는 친구에게)

我 吃 过 了₂。

(네가 아직 모르는 새로운 상황은 바로) 나는 벌써 먹었다.

(98) (충분히 마셨다는 것을 믿지 않는 어떤 사람에게 항의해)

我 喝 了 三 杯 了₂。

저는 세 잔이나 마셨어요.

(99) (출입구에서 떨어져 있으라고 말하는 버스 운전수에게)

再 过 两 站, 我 就 要 下 车 了₂。

두 정거장을 더 가면 저는 내릴 겁니다. (그러므로 나는 출입구 가까이에 있겠습니다.)

(100) (중국음식점 종업원이 밥을 더 가지고 오라고 재촉하는 손님에게)

好, 好, 饭 就 马 上 了₂。

예, 예. 밥 곧 나옵니다.

(101) A: 我 想 找 房 子 搬 家。

나는 이사갈 집을 찾으려 한다.

B: 你 不 是 马 上 就 回 日 本 了₂ 吗?

(그런데) 너는 곧 일본으로 돌아가지 않니?

(102) (편지 쓰라고 하시는 어머니에게 아들이 말하길)

我 明 天 就 写 了₂。

(알았어요) 내일 쓸게요. (즉, 내가 그것을 쓰지 않을 것이라고 생각하는 것은 잘못이다.)

(103) (아빠가 세 살배기 딸에게)

아빠: 要 不 要 爸 爸 洗?

아빠가 (너를) 씻겨줄까?

딸 : 不 要。

싫어요.

아빠: 要谁？

(그럼) 누가?

딸 : 妈妈。

엄마요.

아빠: 妈妈不洗了₂。

엄마는 씻겨주지 않아요. (너는 엄마가 너를 씻겨주리라고 생각하고 있지만.)

(104) (만화에서 강아지가 오리에게 왜 남쪽으로 날아가지 않고 연못에 있느냐고 묻자 오리가 대답하길)

不行, 我被冻住了₂。

안 돼. 얼어붙었는걸.

위에 제시한 예문들로부터 '了₂'가 사용된 문장은 대화가 진행되는 현재 상황과 관련을 맺고 있음을 알 수 있다. 왜냐하면 그것들은 선행하는 대화에서 명백히 도출된 가정을 부정하고 있기 때문이다. 그러나 때로 '了₂'는 전혀 언급되지는 않았지만 청자가 가정하고 있는 것이 화자가 알고 있는 가정과 모순되기 때문에 현재와 관련성을 가질 수 있다. 아주 좋은 예문을 신문의 만화에서 찾았다.

(105) (남쪽으로 날아가고 있다고 착각하는 오리 친구 꽥꽥이에게 강아지가)

嗨, 呱呱！ 你往北方去了₂！

야, 꽥꽥아! 너 북쪽으로 가고 있어!

다음도 역시 신문의 만화에서 발췌한 것인데, 꿀벌은 평상시의 습관적인 예상을 부정하고 있다.

(106) 你最好不要来看电视了₂, 我得了重伤风。
(평상시의 습관과는 반대로) 너는 이번에 TV 보러 오지 않는 게 좋겠다. 나는 심한 감기에 걸렸어.

평소에 없었던 일이 발생했을 경우, 종종 '了₂'를 쓴다. 왜냐하면 사태가 우리들의 상식적인 예상과 모순되기 때문이다. (107)은 이웃사람이 달려와서 증삼(曾參)의 어머니에게 말하는 내용이다.

(107) 曾參殺人了₂!
증삼이 사람을 죽였어요!

같은 예를 몇 가지 더 보자.

(108) 我昨天做了₁一件坏事了₂。
나는 어제 나쁜 짓을 저질렀어요 (제가 그러리라고는 생각하지 못했겠지요)
(109) (두 친구가 가벼운 인사를 주고받고 있다. A는 자신이 바쁘게 지낸다고 했다. B가 대답하길)
我也是忙得要死, 对了₁, 我要告诉你我们就要搬家了₂。
나도 바빠 죽을 지경이야. 참, 말해야 할 게 있는데, 우리 곧 이사갈 거야.
(110) 他把我的表拿走了₂!
(이봐!) 그가 내 시계를 가져갔어!
(111) (TV를 보면서 옆 친구들에게)
他们要抓他了₂!
(너희들은 믿지 않겠지만 이다음 장면에서) 그들이 그를 잡게 될 거야!

(108)-(111)은 '了₂'가 청자의 잘못된 가정을 바로잡기 위해 현재와 관련된 상황을 표시하는데, 앞에서 보았듯이 이러한 잘못된 가정은 대화 속에 명백

히 드러나 있을 수도 있고, 청자의 잘못된 가정을 화자가 이미 알고 있는 상황일 수도 있으며, 사람들이 통상적으로 생각하는 것일 수도 있다. 이러한 세 가지 형태의 잘못된 가정 중에서 어느 것이든 대화문맥에 포함되어 있다면, '了₂'는 그 잘못된 가정을 바로잡기 위해 현재와의 관련성을 지니고 있는 문장에 출현한다.

C. 현재까지의 경과(Progress So Far)

때로 청자와 화자 모두가 알고 있는 전반적인 계획이 현재까지 어느 정도 진전되었는가를 청자에게 알려줄 경우, 그 문장의 사태는 현재 상황과 관련된다. 예를 들어 B가 당시(唐诗)를 공부하고 있다는 것을 A가 알고 있을 경우, B는 다음과 같이 말할 수 있다.

(112) 唐 诗 三 百 首, 我 背 出 来 了₁ 一 半 了₂。
「당시삼백수」를 나는 (지금까지) 반을 외었어.

(112)에서 완료상표지 '了₁'과 현재와의 관련성을 나타내는 '了₂'가 함께 쓰였다는 사실에 주의할 필요가 있다. 현재까지의 경과를 나타내는 사건은 전형적으로 제한된 것이며, 따라서 완료된 것이다(여기서는 당시 150수를 암기한 것이다). 이 때문에 어떤 계획의 경과를 보여줌으로써 현재와 관련된 상태를 나타내는 '了₂'를 함께 사용하는 경우가 많다.[5] 예를 몇 개 더 보자.

(113) (자신의 앞으로 계획을 이야기하며)
我 在 那 里 住 了₁ 两 个 月 了₂。

---

5. 완료상표지 '了₁'에 대해 설명한 6.1을 보라. (112)는 더 많은 시들을 외워야 함을 암시하고 있다. 물론 두 개의 '了'를 포함한 문장에 항상 이러한 암시가 있는 것은 아니다. (108)을 보면 이런 암시가 없음이 명확하다.

나는 (지금) 그곳에서 두 달째 살고 있다.

(114) 那位女士怀了₁八个月孕了₂。
저 여자 분은 임신 8개월째야.

(115) (함께 영화구경 가려고 기다리는 친구에게)
我洗好了₁衣服了₂。
나는 옷을 다 빨았다. (내가 이 일을 해야 한다는 것을 너는 이미 알고 있었다.)

(116) 飞机出了₁毛病了₂。
비행기에 고장이 났습니다. (이제 출발하려고 하는 우리의 비행기 여행과 관련된 경과보고)

그런데 '지금까지의 경과'를 나타내는 '了₂'는 비완료문에 쓰일 수도 있다. 예를 들면, 중국을 방문해 될 수 있는 대로 많은 현지경험을 쌓으려고 하는 사람은 다음과 같이 말할 것이다.

(117) 我今天早晨吃油条了₂!
나는 오늘 아침에 油条을 먹었어! ('油条'는 중국인들이 아침식사로 상용하는 것임.)

마찬가지로 B가 장씨 집의 만찬에 갈 계획이었거나 또는 그 집에 초대받기를 바라고 있다는 것을 A가 알고 있을 경우, B는 (118)처럼 A에게 자신이 그러한 계획을 달성했음을 말해줄 수 있다.

(118) 我昨天到张家吃饭了₂。
(그런데 말이야) 나는 (드디어) 어제 장씨 집에 가서 저녁식사를 했어.

다른 예를 보자.

(119) (옷을 맞춘 일에 관해 언급하면서)
　　　裁縫把袖子剪短了₂。
　　　재봉사가 옷소매를 짧게 잘랐어. (즉 그가 너무 짧게 잘랐거나, 또는 나는 긴 것을 원하는데 짧게 만들었다.)

마지막으로, '了₂'의 특성을 잘 보여주는 예문을 보자.

(120) a. (연극의 전체적인 진행과는 무관하게 극중 한 연기자의 개성을 논하면서)
　　　　他太自私。
　　　　그는 너무 이기적이다.
　　 b. (극에서 연속으로 진행되는 사건과 관련해 어느 연기자의 특정한 행위를 논하면서)
　　　　他太自私了₂!
　　　　그는 너무 이기적이야!

문장에 '又'(또, 다시)가 있을 경우, 한 사건은 다른 사건과 연관되게 마련이다. 이때 이 문장은 두 사건을 포함하는 전반적인 계획의 경과를 보여주는 것으로 이해될 수 있다. 그러므로 문장에 '又'가 있을 경우 '了₂'가 함께 출현하는 경우가 많다. 예를 들면, 담배를 끊기로 한 친구가 다시 담배를 피울 경우 다음과 같이 말할 수 있다.

(121) 他又抽烟了₂。
　　　그는 또 담배를 피우기 시작했다.

또는 만약 세탁소를 동업하고 있다면 다음과 같이 말할 수 있다.

(122) 今天又该你洗衣服了₂。

오늘 또 네가 세탁할 차례야.

또는 화자가 장싼에게 말해야 할 것이 있다는 사실을 청자가 알고 있다면, 화자는 청자에게 (123)과 같이 말할 수 있다.

(123) 我 又 忘 记 告 诉 他 了。
　　　나는 그에게 말하는 것을 또 잊었어.

마지막으로, 아이가 계속 손을 더럽히고 있다면 부모는 다음과 같이 말할 수 있다.

(124) 别 又 弄 脏 了$_2$。
　　　또 더럽히지 말아라.

경과를 나타내는 '了$_2$'에서 한 가지 재미있는 것은 서로 잘 알고 있거나 관련이 있는 사람들끼리 서로 물어보거나 건의할 때 '了$_2$'를 쓴다는 것이다. 이러한 상황에서 화자는 일반적으로 청자의 전반적인 삶의 과정이나 하루하루의 일과 관련을 맺고 있다. 다음은 '了$_2$'의 이러한 용법을 뚜렷이 보여주는 흥미로운 예이다.

(125) a. (중립적인 질문. 서점 점원이 낯선 학생에게 취할 수 있는 태도이다.)
　　　　你 念 高 中 吗 ?
　　　　너 고등학교에 다니니?
　　 b. (오랫동안 알고 지내온 학생에게)
　　　　你 念 高 中 了$_2$ 吗 ?
　　　　너, (이제) 고등학교에 다니니?
(126) a. (학교 직원이 등록하러 온 아이에게)

你 几 岁？
몇 살이니?

b. (친구의 아이에게)
你 几 岁 <u>了</u>₂？
몇 살 됐지?

서로 잘 아는 이들 사이의 질문은 보통 청자의 삶의 과정에 대한 화자의 관심을 반영하므로 '了₂'를 사용한 의문문은 친밀하고 다정하며 깊은 관심이 표명된 것으로 느껴지지만, '了₂'를 사용하지 않으면 상대적으로 형식적이며 차갑고 무관심한 것으로 느껴진다. 다음 예를 보자.

(127) a. (무심코 묻는 중립적인 질문)
你 昨 天 晚 上 听 到 雷 声 吗？
(이봐) 어제 저녁에 천둥소리 들었니?

b. (상대방과 천둥소리에 대해 이야기하다가)
你 昨 天 晚 上 听 到 雷 声 <u>了</u>₂ 吗？
(그래) 어제 저녁에 천둥소리 들었니?

(128) a. (华양의 직장동료가 다른 사람에게)
华 小 姐 下 个 月 要 休 假 吗？
화양은 다음 달에 휴가입니까?

b. (华양의 친한 친구가 다른 사람에게)
华 丽 珍 下 个 月 要 休 假 <u>了</u>₂ 吗？
화리전은 다음 달에 휴가입니까? (즉, 나는 그녀가 그렇게 계획하고 있다는 것을 알고 있으며, 그녀가 갈 수 있는지 없는지에 관심이 있다.)

제안의 경우에도 동일한 방식으로 진행된다. 즉, 청자와 관련된 일련의 행동의 경과에 관심이 있을 때 화자가 말하는 문장에 '了₂'를 사용한다.

(129) a. (택시 기사와의 일상적인 대화에서 어떤 정치가가 거론되었을 때)

　　　他 年 纪 多 大 ?

　　　그 사람 몇 살이죠?

b. (어느 정치가의 현재의 행적을 거론할 때)

　　　他 年 纪 多 大 了$_2$?

　　　그 사람 (지금) 몇 살이죠?

다른 예를 보자.

(130) a. (차가우며 거의 명령투에 가깝다.)

　　　你 累 了$_2$, 你 可 以 去 睡。

　　　당신이 (지금) 피곤하면 자러 가도 좋소. (즉, 그 행위가 용서된다.)

b. (졸려 보이는 친구에게 걱정스럽게)

　　　你 累 了$_2$, 你 可 以 去 睡 了$_2$。

　　　네가 (지금) 피곤하면 자러 가도 돼. (즉, 너무 오랫동안 일했다.)

(131) a. (농구경기에서 동료선수에게 혹은 교사가 학생에게)

　　　小 李, 该 你。

　　　리군, 네 차례야.

b. (자기소개 시간이나 윤독회를 할 때 친구에게)

　　　小 李, 该 你 了$_2$。

　　　리군, (이제) 네 차례야.

(132) a. (다음 날 만나기로 약속을 정하면서 사업 파트너에게

　　　那 我 们 明 天 再 见。

　　　그러면 내일 봅시다.

　b. (친한 친구나 애인에게)

　　　那 我 们 明 天 再 见 了$_2$。

　　　그러면 내일 보자. (우리의 지속적인 관계에 대해 말하는 상황에서)

(133) a. (마음에 들지 않는 상황에 대해 친구에게 불평을 하며)
既 然 他 们 只 卖 汽 水, 我 们 就 喝 汽 水。
그들이 사이다만 팔고 있으니 사이다를 마셔야겠군.
b. (상황에 최대한 잘 대처할 수 있는 방법을 친구에게 충고하며)
既 然 他 们 只 卖 汽 水, 我 们 就 喝 汽 水 了$_2$。
그들이 사이다만 팔고 있으니, (이런 상황에서 최선의 방책은) 사이다를 마시자(는 것이다).

사업 계획의 현재까지의 경과를 말하거나 진행 상황에 대한 관심을 표명하는 문장에서 '了$_2$'를 사용한다는 것은, 사태가 현재와 관련된다는 것을 보여주는 또 하나의 명확한 증거이다. 즉, 그것은 정해진 계획이 어느 정도 수행되었는가를 평가하는 것과 관련이 있다.

D. 다음에 무엇이 일어날 것인가?

사태가 현재와 관련성을 갖는 또 다른 부류는 다음에 무엇이 일어날지를 사태가 결정하는 경우이다. 우리는 앞에서 (115)를, 청자가 이미 옷세탁에 관한 내용을 알고 있는 문맥이라고 설명했다.

(115) 我 洗 好 了$_1$ 衣 服 了$_2$。
나는 옷을 다 빨았다.

그런데 이 문장은 또한 이제 무엇인가 일어날 것이라고 신호를 청자에게 보내고 있다는 점에서 현재와 관련될 수 있다.

(134) 我 洗 好 了$_1$ 衣 服 了$_2$。
나는 옷을 다 빨았다. (그러므로 이제 우리는 영화구경을 갈 수 있다, 혹

은 당신은 세탁실에서 요가를 해도 된다, 혹은 나는 당신과 장기를 둘 수 있다 등등)

앞에서 제시했던 (98)도 위와 동일한 방식으로 설명할 수 있다.

(98) 我 喝 了₁ 三 杯 了₂。
　　(이봐) 나는 세 잔을 마셨어. (그러므로 나에게 더 이상 권하지 마라, 혹은 나에게 '건배'하자고 하지 마, 혹은 이제 이야기를 나눕시다 등등)

즉, (98)에서 말하고 있는 새로운 상황은 두 가지이다. 하나는 화자가 술을 더 마시려 한다고 생각하는 잘못된 가정을 수정하는 것이고, 또 하나는 청자가 다음에 무엇을 해야 하는가를 제시하는 것이다.

(135)-(137)은 이러한 상황을 아주 명확히 보여준다.

(135) a. 我 吃 过 木 瓜。
　　　　나는 파파야를 먹어본 적이 있다. (즉, 나에게 그런 경험이 있다.)
　　　b. 我 吃 过 木 瓜 了₂。
　　　　나는 파파야를 먹었다. (그러니 이제는 나에게 파파야를 더 먹으라고 하지 마라.)
(136) a. 我 们 去 过 狄 斯 耐 乐 园。
　　　　우리는 디즈니랜드에 가본 적이 있다. (우리에게 그러한 경험이 있다.)
　　　b. 我 们 去 过 狄 斯 耐 乐 园 了₂。
　　　　우리는 디즈니랜드에 가봤어. (그래서 우리는 오늘 오후에 너와 같이 그곳에 가지 않으려는 거야.)
(137) (택시가 목적지에 도착해 주머니를 뒤지는 친구들에게)
　　　　我 有 了₂。
　　　　내게 있어. (즉, 내가 지불할 테야. 너희들은 그만둬.)

'了₂'가 포함된 문장은 종종 새로운 사태가 발생할 것이며, 그러므로 청자가 적절한 조치를 취해야 할 것이라는 사실을 표명하는 데 쓰이기도 한다.⁶

(138) a. 小 黄 就 要 来。
    황군이 곧 올 거야. (단순히 중립적인 언급이거나 질문에 대한 대답)
  b. 小 黄 就 要 来 了₂。
    (서둘러!) 황군이 곧 올 거야. (그러니 선물을 숨겨라, 혹은 옷을 입어라, 혹은 '반가워'라고 외칠 준비를 하자 등등)

다음은 매우 친숙한 예문이다.

(139) (손님에게)
    来 了₂, 来 了₂！
    갑니다, 가요! (그러니 재촉하지 마세요.)

다른 예를 더 보자.

(140) 我 们 该 走 了₂。
    우리 이제 가야겠다. (그러니 외투를 입어라, 혹은 작별인사를 해라 등등)

---

6. 이것은 가끔 '급박한 동작'(imminent action)을 나타내기도 하는 '了₂'가 쓰인 예문의 한 부류이다. 그러나 불행히도 이것은 적절한 용어가 아니다. 왜냐하면 다음과 같이 '급박한 동작'을 표현하는 문장들은 새로운 상황을 예고하지 않기 때문에 '了₂'를 쓰지 않는다.
   (i) 我 去 换 一 些 钱。
       나는 돈을 좀 바꾸러 간다.
   (ii) 我 去 泡 一 些 茶。
       나는 차를 좀 끓이러 간다.
   (iii) 我 喝 一 杯 咖 啡。
       나는 커피를 한 잔 마시겠다.

(141) (동화책에서 이리가 东郭先生에게)
　　　猎 人 追 来 了₂, 让 我 在 你 的 口 袋 里 躲 一 会 儿 吧。
　　　사냥꾼이 쫓아와요. 저를 잠시 동안 당신의 주머니 속에 숨겨주세요.
(142) 快 要 下 雨 了₂。
　　　곧 비가 내리겠다. (그러니 우리는 어떻게 해야 하지? 우산을 준비해라, 혹은 우리는 산보하러 나갈 수 없어 등등)
(143) (자명종을 가리키며)
　　　快 响 了₂。
　　　곧 종이 울리겠다. (그러니 스톱 버튼을 눌러라, 혹은 일어나자 등등)
(144) 饭 快 潽 出 来 了₂。
　　　밥이 끓어 넘치겠다. (그러니 빨리 불을 꺼라, 혹은 뚜껑을 열어라, 혹은 불을 줄여라 등등)
(145) 火 车 快 要 开 了₂。
　　　기차가 출발하려 한다. (그러니 승차하도록 해라, 혹은 여기 너의 점심밥이 있다, 혹은 나에게 키스를 해주고 가렴 등등)

마지막으로, 다음은 Chen Ruoxi(陈若曦, 1976: 4)의 단편소설「晶晶的生日」(晶晶의 생일)에서 옮긴 예문이다.

(146) 记 得 是 那 年 九 月 初, 外 子 从 苏 北 来 信, 说 他 们 劳 动 快 结 束 了₂。
　　　내가 기억하기에 그해 9월 초였다. 남편이 쑤베이에서 편지를 보내왔는데, 그들 일이 곧 끝나게 될 거라고 말했다.

즉, 이 글을 통해 남편이 곧 집으로 돌아올 수 있다는 것을 알 수 있으므로 (146)은 현재와 관련성을 갖는다.
그렇다면 사태가 장차 일어날 일을 결정하는 것과 관련이 있을 때는 항상

'了₂'를 쓰는 것이 적절하다.

E. 진술의 종결(Closing a Statement)

사태의 현재 관련성을 나타내는 '了₂'의 용법 중에서 흥미로운 것은 종결표지(marker of finality)로서의 기능이다. 즉 '了₂'를 쓰는 많은 대화에서 '了₂'는 문장을 종결짓는 역할을 한다. '了₂'가 없으면 문장은 불완전하며, 화자가 더 말을 계속할 것처럼 느껴진다. '了₂'는 거의 문말표지의 기능을 한다.

그러나 많은 대화문에서 '了₂'가 쓰이지 않는 경우도 많다. 그런데 문장이 끝났다는 것을 나타내기 위해서 일부 문장에 '了₂'를 써야 하는 이유는 무엇인가? 화자가 어떤 일이 발생했는지를 말하거나, 다른 사람의 질문이나 진술에 대한 대답이 아닌 자신의 의견으로서의 사태를 언급할 때, 그는 그 내용을 소개하는 이유를 청자에게 밝히기 위해 '了₂'를 사용한다. 이러한 방식으로 '了₂'를 사용하는 화자는 '이상이 대화에서 내가 말하고자 하는 것이다'라는 의미를 나타낸다. '了₂'를 사용하지 않으면, 그 내용을 소개하는 목적을 명백히 밝혀주기 위해 '따라서'(so), '왜냐하면'(because), '그러나'(but)와 같은 의미의 접속사로 시작되는 또 다른 절을 추가해야 한다. 다시 말하면 '了₂'는 그 자체에 '새로운 소식'이라는 의미를 가지므로 청자에게 그 제안이 발화상황(speech situation)과 관련이 있다는 것을 나타내준다. 화자는 대화시점에서 대화 속에 새로운 사실을 소개하기 위해 '了₂'를 첨가함으로써 현재와 관련된 상황을 진술한다.

다음에 두 가지 예문이 있다. 하나는 '了₂'가 쓰였고, 다른 하나는 '了₂'가 쓰이지 않았다.

(147) A: (아이에게)
你 为 什 么 肚 子 这 么 大？
너 왜 이렇게 배가 크니？

B: 我 吃 得 太 饱。
제가 너무 많이 먹었어요.

(148) (친구에게 연회 후의 소감을 말할 경우)
我 吃 得 太 饱 了₂。
나는 너무 많이 먹었어.

위에서 차이점을 발견할 수 있다. 질문에 대한 대답인 (147B)는 그 관련성이 명백하므로 그것을 다시 표시하기 위해 '了₂'를 쓸 필요가 없다. 반면에 (148)처럼 질문에 대한 대답이 아닌 경우에 화자가 그 순간에 자발적인 정보 (volunteered information)를 대화 속에 소개한다는 것을 나타내기 위해 '了₂'를 써야 한다. 예를 들어 다음 예를 보자.

(149) a. (어떤 특정 대학을 선택하지 않은 이유가 무엇인지를 묻는 친구에게)
因 为 那 里 学 费 太 贵。
거긴 학비가 너무 비싸기 때문이야.
b. (학비를 내기 위해 줄을 서서, 한 학생이 다른 학생에게)
学 费 太 贵 了₂。
학비가 (정말) 너무 비싸.

'了₂'의 이러한 기능을 약간 다른 관점에서 고찰할 수 있다. 질문에 대답하는 문장은 그 관련성이 명백하기 때문에 '了₂'를 필요로 하지 않는다(물론 앞에서 살펴본 다른 유형의 관련성 중 하나를 나타내기 위해서 '了₂'를 쓰는 것은 가능하다). 반면에 동일한 형태의 문장이 자발적인 정보를 전달하고자 할 경우에 그 문장을 종결시키기 위해서, 또 그때 그것이 화자가 대화 속에 소개하는 내용임을 나타내주기 위해서 '了₂'를 써야 한다. '了₂'를 쓰지 않은 문장은 뒤에 다른 절이 와서 그 절이 나타내는 추가된 정보에 대한 배경으로 쓰일 수 있다. 예를 들어 (150a)와 (150b)를 비교해보자.

(150) (두 사람이 서로 알고 있는 친구에 대해서 말할 때)
　　a. 他已经离开美国了₂。
　　　 그는 이미 미국을 떠났다.
　　b. 他已经离开美国, ① 所以他不必缴税。
　　　 그는 이미 미국을 떠나서,　세금을 낼 필요가 없다.
　　　　　　　　　　　② 现在在中国教书。
　　　　　　　　　　　　지금 중국에서 교편을 잡고 있다.

(150a)는 (148)이나 (149b)와 같은 형태의 예문임을 쉽게 알 수 있다. 그리고 그것은 청자에게 사태의 종결을 나타내주므로 당연히 문말에 '了₂'를 써야 한다. (150b)는 (150a)와 문장이 같지만 '了₂'를 쓰지 않았다. 이 경우에 이 문장 뒤에 또 다른 절이 와야 하며, 그 문장은 다른 사건의 배경이 되고 있다.

다음을 비교해보자.

(151) a. 我在那里住了₁两个月了₂。
　　　　 나는 그곳에 거주한 지 2개월이 되었다.
　　 b. 我在那里住了₁两个月, 可是还不太习惯。
　　　　 나는 그곳에 거주한 지 2개월이 되었지만, 아직 그다지 익숙하지 않다.

마찬가지로 '好'와 '好了'의 차이는 다음과 같다. '好了'는 새로운 상황을 알려주는 반면, '好'는 오직 질문에 대한 대답이나 다른 대화의 배경으로 사용된다.

(152) (이미 끝난 일을 가지고 논쟁하는 친구에게)
　　　　 好了₂!⁺
　　　　 됐어!

(153) A: 你好吗？
　　　　잘 지냈니?

　　 B: 好。
　　　　응.

(154) A: 我们去喝一杯咖啡吧。
　　　　우리 커피 한잔 마시러 가자.

　　 B: 好。
　　　　좋아.

(155) 好, ① 明天见。　　그래, 내일 보자.
　　　② 我们走吧。　　그래, 우리 가자.
　　　③ 你说。　　　　그래, 네가 말해.

'了₂'의 이러한 용법은 이야기를 '매듭짓는'(wrapping up) 역할을 하는 것처럼 보인다. 여기서 '了₂'는 그 이야기가 이제 끝났음을 나타냄으로써 전체 이야기 중에서 마지막 문장의 사태가 현재와 관련성을 가지고 있음을 보여준다. 다음 예문은 이야기가 끝났음을 나타내고 있다.

(156) 结果我们就搬回中国了₂。
　　　결국 우리는 중국으로 돌아갔습니다.

화자가 대화 속에 자신이 전달하는 내용을 소개한다는 느낌을 전달하기 위해 '了₂'를 사용한다는 사실은 중국어 학습자가 의식적으로 배워야 할 매

---

† 이에 해당하는 영어 번역으로 저자는 다음과 같은 5가지를 제시하고 있다.
　That's it!
　Stop it!
　That's enough!
　It's done!
　It's over!

우 중요한 사항이다. 그 이유는 다음 세 가지이다.

첫째, 사태의 변화와 관련이 있거나 현재까지 계속된 잘못된 가정을 수정하거나 다음에 무슨 일이 발생하는가를 결정하는 상황을 현재와 관련된 진술의 예로써 파악해야 하기 때문이다. 그러나 화자가 전달 내용을 소개한다는 사실을 나타내는 '了$_2$'가 쓰인 예문들을 청자가 현재와 관련된 것으로 인식하기는 다소 어렵다. 그러나 현재 상황과의 관련성은 매우 강하다. 다음에 논의하겠지만, 이 경우의 '了$_2$'는 화자가 말하고자 하는 내용을 다 언급했음을 청자에게 알려주는 역할을 한다. 따라서 청자는 언제든지 자신의 의견을 말할 수 있다. 이러한 의사소통은 분명히 두 사람 간의 대화의 흐름과 관련되어 있다.

둘째, 우리가 중국어를 배울 때 종종 교사나 친구들에게 어떤 내용을 어떻게 말해야 하는지를 묻는다. 이때 '了$_2$'의 용법을 분명히 알아두는 것이 중요하다. 대답에는 흔히 '了$_2$'가 쓰인다. 이는 그 문장이 일반적인 진리나 완성된 사건을 나타내지 않는 한 완료되지 않기 때문이다. 예를 들어 만약 표준중국어를 사용하는 중국인에게 '그는 외투를 벗었다'를 중국어로 어떻게 말하느냐고 물으면 다음과 같이 말할 것이다.

(157) 他 把 大 衣 脱 下 来 了$_2$。
　　　 그는 외투를 벗었다.

중국어를 배우는 사람은 여기에 쓰인 '了$_2$'가 무슨 기능을 하는지 궁금해 할 것이다. '了$_2$'가 없는 문장은 화자가 더 말할 것이 있어 문장이 아직 끝나지 않은 것처럼 불완전하게 들리며, '了$_2$'가 쓰인 문장은 대화과정에서 화자의 말이 완결된 것처럼 들린다.

셋째, 비모국어 화자는 '了$_2$'를 빠뜨리기 쉽기 때문에 이러한 용법을 체득해야 한다. 비모국어 화자는 종결조사인 '了$_2$'를 사용해야 할 곳에 쓰지 않는 경우가 많다고 중국인들은 지적한다. 물론 서양의 언어는 대화에서 '了$_2$'와 똑같은 기능을 하는 요소가 없기 때문에 당연히 '了₂'를 쓰지 않는 경우가 많다. 그러나 비모국어 화자는 대화 속에 자신이 전달하고자 하는 것을 나타내기 위해 '了₂'를 직접 사용해보거나, 다른 사람이 사용하는 것을 주의 깊게 들어서 익숙해지도록 노력해야 한다.

더 중요한 것은 이 절에서 살펴본 문장들이 '了₂'가 없다 해도 문법에 맞지 않는 것은 아니라는 사실이다. 이러한 문맥에서 '了₂'를 사용하지 않으면 중국인은 그것을 듣고 불완전하다는 느낌을 받는다. 그러나 그 정도는 영어 모국어 화자가 다음과 같은 문장을 들었을 때 느끼는 것과는 전혀 다르다.

(158) *I am living in Chicago three years.

(147b)나 (149a) 같은 문장들은 질문에 대한 대답이 아니라면 화자가 말을 끝내지 않았다고 청자가 느끼므로 다소 불완전할 뿐이다. 즉, 이 문장은 완전히 끝나지 않은 것처럼 느껴진다. 엄격히 말하면, 청자는 아직 자기가 말할 차례가 되지 않았으므로 불안한 느낌을 갖는다.

F. '了₂'의 복합적 용법

때로 '了₂'가 쓰인 문장은 문맥에 따라 위에서 언급된 다섯 가지 중에 둘 이상의 방식으로 현재와의 관련성을 갖는다. 다음 예를 보자.

(159) 他 进 来 了₂。
　　　그가 들어왔다.

(159)는 아래의 (ⅰ)과 같이 변화된 상태로서 현재 상황과 관련된 것으로 이해될 수 있다.

(ⅰ) S/He has come in.

또한 긴급한 상황에서는 (ⅱ)와 같이 그가 곧 오지 않는다는 어떤 사람의 가정을 반박하는 말로 이해될 수도 있다.

(ⅱ) S/He's coming in.

또한 (ⅲ)과 같이 긴급한 상황이 아닌 경우에 그가 오고 있지 않다는 어떤 사람의 가정을 수정하는 것으로 이해될 수도 있다.

(ⅲ) S/He is coming in.

다음 예문도 마찬가지이다.

(160) 他 昏 倒 了$_2$。
　　　 그는 기절했다.

(160)은 여러 가지 관점에서 현재 상황과 관련된 것으로 이해될 수 있다. 예를 들면, 화자가 이전의 사건을 보고하고 있다면 '了$_2$'는 화자가 전달하고자 하는 내용을 소개하는 것이 끝났음을 나타내며, 그 문장은 단순히 (ⅰ)과 같은 의미를 갖는다.

(ⅰ) S/He fainted.

또한 (160)은 발화시점을 기준으로 해서 변화된 상태를 서술하기 위해 사용될 수 있다. 이러한 경우는 다음과 같은 의미를 갖는다.

(ii) S/He has fainted.

물론 이러한 문장이 단독으로 쓰였을 때 둘 이상의 방식으로 이해될 수 있다는 것은 놀라운 일이 아니다. 대화에 따라서 '了₂'가 현재와의 관련성을 나타내는 방식은 다양하다. 어느 한 시점에서 다섯 가지 형태의 현재와의 관련성 중에서 어느 것을 전달하느냐는 항상 문맥으로부터 추론할 수 있다.

G. 요약

지금까지 '了₂'가 현재와의 관련성을 갖는 여러 가지 경우를 살펴보았다. 즉 ① 변화된 상태를 나타내는 경우, ② 잘못된 가정을 수정하는 경우, ③ 현재까지의 진전을 보고하는 경우, ④ 다음에 무슨 일이 일어날지를 청자에게 알려주는 경우, ⑤ 현재 화자가 전달하고자 하는 내용을 소개하는 것이 끝났거나 그의 언급이 끝났음을 나타내는 경우이다. 각각의 경우에 '了₂'는 그것을 포함하고 있는 문장이 나타내는 사태가 현재와 관련되어 있음을 나타낸다. 그래서 사태가 현재와 어떠한 관련을 가지는지는 청자와 화자 간의 관계나 그들이 서로 작용하는 상황, 그리고 전체로서의 세계에 대한 지식에 의해 청자 자신이 결정해야 한다.

7.1.2 '了₂'를 쓰지 않는 경우

완료상표지 '了₁'과 현재와의 관련성을 나타내는 '了₂'를 구별하기 어려운 경우를 논의하기에 앞서, '了₂'를 쓰지 않는 경우를 살펴봄으로써 '了₂'의 쓰임에 대한 이해를 높이고자 한다. 이렇게 해서 독자가 '了₂'를 써야 하는 다섯 가지 유형을 확실히 이해하는 데 도움이 되길 바란다.

이제까지 '了₂'가 현재와의 관련성이라는 특성을 지니고 있음을 강조해왔다. 사태가 주어진 시간틀(time frame)과 관련된 것으로 여겨지는 다섯 가지 유형을 다시 살펴보면, 그것들이 상당히 '대화적인' 상황임을 쉽게 알 수 있을 것이다. 앞에서 살펴본 바와 같이 시간틀은 현재, 과거 혹은 미래일 수 있다. 그러나 전형적으로 오직 대화에서만 그러한 시간틀과 사태가 관련이 있는 것으로 파악할 필요가 있다.

이것은 '了₂'가 일반적으로 설명적·기술적인 성격을 갖고 있는 산문에서는 사용되지 않으며 보도, 연설, 강연, 선언과 같은 공식적인 구어체에서도 거의 사용되지 않음을 의미한다. 예를 들어 'Southern California Chinese Service Association'에서 출판하고 있는 *Southern California Chinese News Dispatch*, 1979년 3월 23일 판에서 임의로 선택한 일곱 가지 이야기에서 '了₂'는 한 번도 쓰이지 않았다. *A Twelve Point Proclamation by the Non-Nationalist Politicians in Taiwan* (1978)도 역시 마찬가지이다. 중화인민공화국에 대한 미국의 인식이 변함에 따라 대만의 그 정치그룹들은 또 다른 선언을 했는데, 거기서도 '了₂'가 전혀 쓰이지 않았다. 중국공산당 부서기 등소평과 지미 카터 미국 대통령의 정상회담에 대한 중국 속보(1979. 2. 1)에서도 '了₂'가 한 번도 쓰이지 않았다.

마찬가지로 기술적인 서술에도 거의 '了₂'를 쓰지 않는다. 예를 들면 B. Z. Jian 등이 쓴 『중국역사개요(中国历史概要)』(베이징: 인민출판사, 1956)에서 20여 쪽(1-5, 34-45, 51-55, 84-86쪽)을 임의로 뽑아본 결과 '了₂'가 단 한 번 쓰였다.

이처럼 '了₂'가 거의 쓰이지 않는다는 사실로 보아 '了₂'의 용법이 주어진 사태가 특별한 시간들과 관련이 있음을 나타낸다는 것을 쉽게 알 수 있다.

물론 '了₂'는 (77)에서와 같이 이야기를 대화체가 아닌 서술형으로 풀어쓴 문장에도 쓰일 수 있다.

(77) 前年飞机出事, 在起飞的半个钟头以内还有电话, 以后就没连络<u>了</u>₂。
　　　재작년 비행기 사고가 있었는데, 비행기가 이륙하고 30분 동안은 전화연락이 있었는데 그 이후로는 연락이 끊겼다.

이때 '了₂'는 사태와 이야기하는 시점을 서로 연결시켜주는 역할을 한다. Chen Ruoxi(陈若曦, 1976: 2)의 작품 『晶晶的日记』에서 예를 들어보자.

(161) 那 时 我 正 怀 着 老 二, 已 经 八 个 月 了₂。
그때 나는 둘째아이를 임신하고 있었는데, 이미 8개월이나 되었다.

그러나 심지어 대화문에서조차 '了₂'를 쓰지 않는 몇 가지 경우가 있다.
첫째, 아무런 변화도 없는 평범한 대화에서 화자가 단순히 일반적인 사실을 말할 때는 '了₂'를 쓰지 않는다.

(162) 中 国 人 东 南 西 北 的 口 味 都 不 一 样。
중국인은 동서남북 지역의 (음식)맛이 모두 다르다.
(163) 他 们 只 批 发, 不 零 卖。
그들은 도매만 하고 소매는 하지 않는다.
(164) 他 太 太 的 性 情 很 温 柔。
그의 아내의 성품은 매우 온순하다.
(165) 我 每 天 早 上 吃 稀 饭。
나는 매일 아침 죽을 먹는다.
(166) 他 唱 歌 唱 得 不 错。
그는 노래를 잘 부른다.
(167) 我 常 常 跟 他 学 拳。
나는 자주 그에게 권법을 배운다.

마찬가지로 아무런 변화도 없는 일반적인 진술이나 지속되는 상황에서도 일반적으로 '了₂'를 쓰지 않는다. 다음 예를 보자.

(168) 公 司 的 帐 目 很 清 楚。

회사의 회계장부는 매우 명확하다.

(169) 他说的跟你说的不一样。
그가 말하는 것은 네가 말하는 것과 다르다.

(170) 你的农场有多少英亩？
너의 농장은 몇 에이커나 되니?

(171) 那条马路是围着湖边走。
그 길은 호숫가 주위를 돌고 있다.

(172) 他捏着一点盐。
그는 약간의 소금을 집고 있다.

(173) 他在睡觉。
그는 잠을 자고 있다.

'$了_2$'를 쓰지 않는 또 다른 상황은 과거에 일어난 사건을 단순하게 진술하는 경우이다. 만일 그 사건이 완료상을 나타내면, 완료상표지 '$了_1$'을 쓸 수 있으나, 현재와의 관련성을 나타내는 '$了_2$'는 쓸 수 없다.

(174) 我说可以。
나는 좋다고 말했다.

(175) 我昨天考了$_1$两堂试。
나는 어제 2교시 동안 시험을 쳤다.

(176) 他收下了$_1$我给他的钱。
그는 내가 그에게 주는 돈을 받았다.

(177) 温度降得很快。
기온이 빠르게 내려갔다.

(178) 我一下车, 就过来了$_1$一个警察。
내가 차에서 내리자마자 한 경찰관이 다가왔다.

일반적으로 미래의 사건이나 상황, 요구, 제안, 명령을 나타내는 문장에서도 '了₂'를 쓰지 않는다.

(179) 我 所 知 道 的 都 告 诉 你。
　　　내가 아는 것은 모두 너에게 알려줄게.
(180) 我 明 天 回 来。
　　　나는 내일 돌아올 거야.
(181) 你 看 会 下 雨 吗？
　　　네가 보기에 비가 올 것 같니?
(182) 我 们 过 天 桥 吧。
　　　우리 육교로 건넙시다.
(183) 我 一 定 尽 量 早 一 点 做 完。
　　　나는 반드시 될 수 있는 대로 좀 일찍 끝내도록 하겠습니다.
(184) 这 个 牙 要 拔。
　　　이 치아는 뽑아야 해.
(185) 我 们 要 一 盘 泡 菜。
　　　우리 김치 한 접시 주세요.
(186) 把 菜 单 递 给 我。
　　　차림표를 나에게 건네주세요.

그리하여 위의 예문이 쓰이는 문맥, 즉 현재와 관련된 사태가 개입되지 않는 단순한 일반적인 사실, 지속되는 상태, 과거와 미래의 사건이나 명령·제안·요구에 대해서 이야기할 때는 '了₂'를 쓰지 않는다. 이것은 (162)-(186)의 예문에 모두 '了₂'를 쓸 수 없음을 의미하는 것은 아니다. 적절한 문맥을 설정할 수 있을 때는 '了₂'가 쓰일 수 있다. 그러나 이때 '了₂'는 위의 7.1.1에서 논의된 다섯 가지 중 한 가지 경우로, 항상 현재와 관련이 있다는 것을 나타낸다.

7.1.3 완료상 '了₁'과 현재와의 관련성의 '了₂'

'了'가 문말에서 동사가 아닌 단어의 뒤에 오면 그것이 현재와 관련되는 '了₂'임을 쉽게 알 수 있다. 다음 예를 보자.

(187) 他们要抓他了₂。
　　　그들은 그를 잡으려 한다.

그러나 가끔 '了'가 문말에서 동사 뒤에 쓰였을 때는 그것이 완료상표지 '了₁'인지, 현재와의 관련성을 나타내는 '了₂'인지 구별하기가 매우 어렵다. 다음에서 문맥에 따라 어떻게 '了'가 분석되는지를 알아보자. '了₁'인지 '了₂'인지를 알아보는 첫 단계는 다음 중 어느 경우인가를 알아내는 것이다. 문말에서 동사 뒤에 '了'가 사용된 문장은 반드시 다음 세 가지 중 하나이다.

　(ⅰ) 문장이 현재와 관련된 의미를 가지면 '了₂'이다.
　(ⅱ) 문장이 완료의 의미를 가지면 '了₁'이다.
　(ⅲ) 문장이 현재와 관련된 사태이면서 완료의 의미를 가지면 음성학적으로 '了₁'과 '了₂'가 '-le le'로 표현될 수 없으므로 '了₁'과 '了₂'의 기능을 동시에 갖는다.

세 가지 경우를 차례로 살펴보자. (ⅰ)의 경우 '了'는 단순히 '了₂'이며, 완료의 의미는 전혀 없다. 이러한 상황을 설명하기 위해서는 완료되지 않고, 즉 제한되지 않고 현재와 관련을 가지는 예문을 찾아내야 한다. 어떤 반응이 요구되는 급박한 상태를 나타내는 문장(7.1.1 참고)이 좋은 예가 될 수 있다.

(188) 小黄快要来了₂！
　　　황군은 곧 올 거야!

(189) 火车马上就开了₂!
　　　기차가 곧 떠나!

다른 예로서 (190)을 보자.

(190) 我不进来了₂!
　　　나는 안 들어갈래!

(190)은 부정문이지만 제한된 사건이 아니다. 그러나 '내가 들어간다'라는 잘못된 가정을 정정하기 위해서 쓰였다면, 그 문장은 현재와 관련된 상태를 나타낼 것이다(7.1.1.B 참고). 그래서 (191)은 비완료인 변화된 상태가 현재와 관련성을 가지고 있음을 나타낸다.

(191) 过了₁上下班的时候, 公共汽车就空了₂。
　　　출퇴근 시간만 지나면 버스는 텅 빈다.

마지막으로, 다음의 예문들도 순수한 '了₂'가 쓰인 좋은 예이다.

(192) 我醒过来了₂。
　　　나는 깨어났다.
(193) 他把画撕破了₂。
　　　그는 그림을 찢어버렸다.
(194) 他把信拆开了₂。
　　　그는 편지를 뜯어서 열었다.

위의 세 예문은 7.1.1.E에서 논의된 상황에 해당된다. 7.1.1.E에서 화자는 대화 속에 자신이 전달하고자 하는 내용을 소개하기 위해 '了₂'를 써서 진술을 종결짓고 현재와의 관련성을 나타낸다고 했다. 위의 예문에서 뭔가 더 할 말이 있는 경우에만 '了₂'를 생략할 수 있다.

그래서 전혀 제한되지 않은, 현재 관련성을 나타내는 문장에서 '了'가 동사 뒤이면서 동시에 문말에 위치한 경우에는 항상 '了₂'이다.

(ii)의 경우를 살펴보기 위해서 문말의 '了'가 오직 완료로 쓰인 예를 알아보아야 한다. 완료상표지 '了₁'은 제한된 사건을 나타내기 위해서 쓰이기 때문에 문말의 '了'는 '灭'(miè, 소멸하다)나 '死'(죽다)와 같이 본래 종결의 의미를 갖는 동사와 함께 쓰여야만 완료상표지 '了₁'으로 쓰일 수 있다. (195)-(197)은 현재와의 관련성을 갖지 않는다(만일 현재와의 관련성을 가지면 (iii)의 경우에 해당되는 예문으로 파악해야 할 것이다. 이 경우는 다음에 살펴보자).

(195) 炸弹爆了₁。
　　　폭탄이 터졌다.
(196) 火昨天晚上灭了₁。
　　　불은 어제 저녁에 꺼졌다.
(197) 他一九六九年死了₁。
　　　그는 1969년에 죽었다.

문말의 동사가 그 자체의 의미 안에 종결점을 함축하고 있을 때에 사건은 제한되며, 만일 문장이 현재와 관련된 상태를 나타내지 못하면 문말의 '了'는 분명히 완료상표지 '了₁'이다.

(iii)의 경우를 보자. 이 경우에 문말의 '了'는 사실상 완료상표지 '了₁'과 현재와의 관련성을 갖는 문말조사 '了₂'의 두 가지 기능을 모두 갖고 있다. 이 경우 '了₃'으로 표기하고, 이것은 두 가지 기능을 모두 갖고 있음을 나타낸다. 다시 말하면 Chao(1968: 247)가 지적했듯이, 음성학적으로 '-le le'는 항상 '-le'로 나타난다. 따라서 이처럼 두 가지가 합해진 '了'를 완료상표지 '了₁'

나 현재와의 관련성의 '了$_2$'와 구별하기 위해서 '了$_3$'으로 표기하기로 하자.

이러한 예를 들기 위해서 (ii)의 경우에 해당하는 완료의 예를 가지고 그것이 현재 관련성을 나타내는 상황에서 활용해보자.

예를 들면, 화자가 대화 속에서 전달하고자 하는 내용을 소개하는 문맥에서 (195)를 생각해보자. (195)가 현재와의 관련성과 완료성을 모두 나타내면 (198)이 된다.

(198) 炸 弾 爆 了$_3$。
   폭탄이 터졌다(는 것이 내가 말하려는 것이다).

만일 (195)에 특정한 시간을 나타내는 시간구가 오면, '了'의 완료의 의미는 더 명백해질 것이다. 다음 예를 보자.

(199) 炸 弾 九 点 钟 爆 了$_1$。
   폭탄이 9시에 터졌다.

이와는 달리 '已经'(이미)이 붙으면 '了'는 현재와의 관련성만 갖게 된다. 이 경우에 (200)은 전형적으로 상태를 서술하는 경우에 쓰인다.

(200) 炸 弾 已 经 爆 了$_2$。
   폭탄이 벌써 터졌다.

(201)도 마찬가지이다.

(201) 火 灭 '了'。
   불은 꺼졌다.

단순히 완료로 해석될 경우에 '了'는 완료상표지 '了₁'이고, 그 의미는 (i)과 같다.

(i) The fire went out.

시간구가 있으면 이러한 해석이 더 명료해진다.

(196) 火 昨 天 晚 上 灭 了₁。
불은 어제 저녁에 꺼졌다.

불이 꺼진 것이 현재의 담화 상황과 관련이 있음을 나타낼 때 '了'는 '了₂'이다. 따라서 (201)은 (ii)와 같은 의미를 가질 수도 있다.

(ii) The fire has gone out.

여기서도 '已经'(이미)은 이러한 해석을 더욱 명확하게 해준다.

(202) 火 已 经 灭 了₂。
불은 이미 꺼졌다.

끝으로 (201)은 현재 관련성과 완료성을 모두 나타낼 수 있다. 이러한 경우 '了'는 '了₃'이며, (196)은 (iii)과 같은 의미를 갖는다.

(iii) The fire went out, and that's what I am telling you.

따라서 우리가 논의해온 것을 요약하면, 문말에서 '了'가 동사 뒤에 쓰인 경우에 다음 세 경우 중 최소한 하나로 분석될 수 있다는 것이다.

(i) 문장이 현재와 관련된 상태만 나타낼 때는 현재 관련성의 '了$_2$'로 해석된다.
(ii) 문장이 완료성만 나타낼 때 '了'는 완료상표지 '了$_1$'으로 해석된다.
(iii) 문장이 현재 관련성과 완료성을 모두 나타낼 때 '了'는 '了$_3$'으로 해석된다.

완료상표지 '了$_1$'과 현재 관련성의 '了$_2$'가 똑같이 발음되고, '了$_3$'은 실제적으로 똑같이 발음되는 '了$_1$'과 '了$_2$'를 동시에 나타내므로 처음에는 그런 문장을 분석하기 어렵다. 그렇지만 '了$_1$'과 '了$_2$'의 복잡한 기능을 명확하게 이해한다면, 문말에 그것들이 쓰였을 때 그것이 어느 '了'에 해당하는지를 구별할 수 있을 것이다.

7.2 '呢'

7.2.1 기대에 대한 응답으로서의 '呢'

'呢'는 평서문(declarative sentence)의 문말조사로서, 그 문장이 전달하는 정보가 청자의 어떤 주장이나 신념 또는 기대에 대한 화자의 응답임을 나타내는 의미적 기능을 한다. '呢'는 의미적 기능면에서 볼 때, 문장이 전달하는 정보가 청자의 주장이나 신념 또는 기대에 대한 화자의 응답임을 나타내므로 청자가 전달되는 정보에 대해 특별한 주의를 기울일 것을 요구한다. 문말조사 '呢'가 있는 평서문과 '呢'가 없는 평서문을 비교해보자.

(203) a. 他 们 有 三 条 牛。
　　　　그들에게는 소가 세 마리 있다.
　　 b. 他 们 有 三 条 牛<u>呢</u>。

그들에게는 소가 세 마리 있어.

(203b)가 전달하는 내용은 (204)이다.

(204) 이봐요. 그들은 소가 세 마리 있어요.

즉, (203b)에서 쓰인 '呢'는 청자가 이전에 주장했던 것에 관해 화자가 말하는 것임을 청자에게 알림으로써 그 문장이 지니는 정보에 청자가 주의를 기울이도록 한다. 한편 (203a)는 문장의 화용적 기능상 완전히 중립적이다. (203a)는 단지 '그들에게는 소가 세 마리 있다'는 사실만 진술할 뿐이다. 따라서 공식 보도에서는 (203a)가 적합하고, (203b)는 적합하지 않다. 반면에 (203b)를 써야 하는 다양한 맥락에 (203a)를 쓰면 비록 적절하지는 않지만 (203b)가 전달하는 부가적인 뉘앙스를 전달하지 못한다. 예를 들어 (203b)가 완전한 응답이 될 수 있는 문맥을 가정해보자. A가 '그들은 돈도 없고 가난하다'고 말하자 B가 A의 주장을 반박하면서 (203b)와 같이 말했다고 하자. 이러한 맥락에서 (203a)와 같이 말할 수 없는 것은 아니지만 (203b)만큼 반박의 뜻을 전달하는 효과는 없다. 따라서 (203b)가 전달하는 정보는 그것이 청자의 기대와 모순된다는 점에서 청자가 방금 말했던 것과 관련지어 볼 때 매우 중요하다.

물론 (203b)가 전달하는 내용은 청자의 주장이나 기대에 대한 반박일 수도 있고, 그 밖의 다른 상황에서도 쓰일 수 있다. 예를 들어 (203b)에 대한 또 하나의 언어맥락(speech context)으로 다음과 같은 경우가 있을 수 있다. 즉, A가 그들이 얼마나 부유한가를 이야기하고 있는데, B가 A의 주장을 지지하면서 (203b)와 같이 말할 수 있다. 이러한 맥락에서 부사 '还'(…까지, …도)를 동사 '有' 앞에 써서 그 문장이 '아시다시피 그들은 소도 세 마리나 있어요'라는 의미로 쓴다면 (203b)는 더 적절할 것이다.

Chao(1968: 802-804)가 말한 '呢'의 의미적 기능 네 가지를 검토해보자. 첫째, Chao는 '呢'가 (205)와 같이 상태의 지속을 나타낸다고 주장했다.

(205) 张 三 说 着 话 呢。
　　　장싼은 이야기하는 중이다.

Chao에 의하면, '呢'는 두 번째로 '…만큼'(as much as)이라는 의미를 갖는데, 비슷한 정도를 나타낸다고 했다.

(206) 有 一 百 尺 呢。
　　　백 자 정도이다.

셋째, '呢'는 추가된 정보에 대한 흥미를 나타낸다.

(207) 他 们 还 卖 古 琴 呢。
　　　그들은 거문고도 판다.

넷째, '呢'는 '조심해'라는 의미를 지닌다고 Chao는 주장했다. 즉, 가벼운 경고를 나타낸다.

(208) 这 倒 很 危 险 呢。
　　　이것은 의외로 위험하니 조심해.

(206)에서 조사 '呢'가 비슷한 정도를 나타내는 것을 강조한다고 Chao가 설명한 것은 '呢'가 갖는 의미적 기능과 일치한다. (208)에서 Chao가 주장했던 '呢'의 '조심해'라는 의미는 앞에서 말한 기능, 즉 청자의 주장이나 기대에 관해 문장이 전달하는 정보에 청자가 주의를 기울이도록 하는 기능과도 잘 부합된다. 그러나 (205)가 전달하는 '상태의 지속'이라는 의미는 '呢'로 인

해서 생긴 것이 아니라 지속상표지 '着'(6.2 참고)에 의해 생긴 것이다. (205)에서의 '呢'의 의미적 기능을 이해하기 위해 (205)와 같이 말할 수 있는 맥락을 생각해보자. 어떤 사람이 장싼의 사무실에 와 장싼을 만나기를 원하는데, 만나고자 하는 사람의 요구에 대한 응답으로서 (205)가 제시되었다고 하자. 그때 (205)에서 '呢'는 방문객의 기대와는 반대로 장싼은 그를 만날 수 없다는 것에 방문객이 주의를 기울이도록 하는 역할을 한다.

(207)이 전달하는 전체적인 의미는 (209)와 같이 서술될 수 있다.

(209) 당신은 그들이 거문고도 판다는 것을 알면 흥미로울 것이다.

(207)에 대해 적절한 맥락을 생각해보자. 화자가 자신의 친구와 함께 악기점에 들렀다고 하자. 친구가 그 가게에서 몇몇 특이한 악기를 파는 것을 발견했을 때 화자는 (207)과 같이 응수할 수 있다. 다시 말하면 (207)의 '呢'는 친구가 발견한 것에 대한 응수로서, 청자인 친구로 하여금 그 문장이 전달하는 내용에 주의를 기울이도록 하는 역할을 한다. (207)을 '呢'가 없는 (210)과 비교해보자.

(210) 他们还卖古琴。
　　　그들은 거문고도 판다.

(207)은 이전의 화제에 대한 '응답'으로서만 발화될 수 있는 반면에 (210)은 화자 자신이 지금까지 말해온 어떤 화제에 대해 계속 이어서 일단의 중립적인 정보를 제공하고자 할 때 발화될 수 있다. 적절한 문맥에서는 평서문은 청자의 주장이나 기대에 대한 중요한 정보를 제공할 수 있기 때문에 '呢'는 모든 평서문에서 쓰일 수 있다. 다음 예를 보자.

(211) (더 이상 걱정할 것이 없다고 어떤 사람이 말하는 것에 대해 화자가 응답해)

我还得写一篇论文呢。

나는 또 논문 한 편을 써야 해.

(212) (한 친구가 사고가 났는데도 그다지 불안해하지 않는 것처럼 보인다고 어떤 사람이 말하는 것에 대한 응답으로)

他很开心呢。

그는 기분이 좋을걸요.

(213) (운동을 하라는 말을 듣고 화자가 응답해)

我们要打纲球呢。

우리는 테니스를 치려고 해요.

(214) (장싼이 자주 여행한다는 사실에 대해 이야기하는 중에)

张三买飞机票去中国呢。

장싼은 중국에 가려고 비행기표를 샀대요.

(215) (소녀가 돈벌이를 하지 않는다고 친척이 불평하는 데 대해)

他还是个小孩子呢。

그는 아직 어린애란 말이에요.

청자의 주장이나 기대·신념을 이야기할 때 화자는 청자가 어떤 주장이나 기대·신념을 가졌다고 일방적으로 가정할 수 있어야 한다.

예를 들어 (207)을 다시 보자. 악기점에서 비록 화자의 친구가 아무 말도 하지 않았을지라도 화자는 일방적으로 친구가 그 상점에서 특이한 악기를 판다는 사실을 몰랐을 것이라고 가정해야만 (207)처럼 말할 수 있다.

'呢'에 대해서는 다음과 같은 결론을 내릴 수 있다. '呢'는 대화체가 아닌 평서문에서는 쓰이지 않는다.

바꾸어 말하면 '呢'는 적어도 두 사람의 대화자를 필요로 하는 엄격한 대화조사(conversational particle)이다. 왜냐하면 '呢'는 청자의 주장이나 기대·신념과 관련해 그 문장이 전달하는 정보의 중요성에 청자가 주의를 기울이도록 하는 역할을 하기 때문이다. 따라서 과학적인 기록이나 설명문에서는 '呢'

가 쓰인 예를 발견할 수 없다.

마찬가지로 '呢'는 일반적으로 제시문에도 쓰이지 않는다. 제시문은 전형적으로 대화의 첫머리를 이끌어내는 역할을 하기 때문이다.

(216) ?有 一 个 人 要 进 来 呢。

7.2.2 의문조사로서의 '呢'

(217)에서 알 수 있듯이 '呢'는 '吗'처럼 평서문을 의문문으로 변환시킬 수 없다.

(217) a. 你 好 吗 ?
  잘 지냈니?
 b. *你 好 呢 ?

그런데 '呢'는 의문조사로서 A-not-A 의문문과 의문사 의문문, 하나의 명사만으로 이루어진 생략의문문(truncated question)에 쓰일 수 있다. 예문을 통해서 세 가지 문맥을 각각 살펴보자.

(218) 你 喜 欢 不 喜 欢 他 呢 ?
  (그렇다면) 너는 그를 좋아하니?
(219) 他 要 吃 什 么 呢 ?
  (그렇다면) 그는 무엇을 먹으려고 하지?
(220) A: 他 明 天 去 学 校。
  그는 내일 학교에 가.
 B: 你 呢 ?
  너는?

평서문에서 '呢'가 갖는 의미적 기능은 의문문에 쓰인 '呢'에 대해서도 마찬가지로 적용된다. 즉, '呢'는 '당신이 이전에 지녔던 주장이나 기대·신념에 대해 내가 말하고자 하는 것은 이것이다'라는 의미를 지닌 조사이다. 물론 의문문의 경우에 '呢'의 엄밀한 의미는 다음과 같다. '당신의 주장이나 기대가 무엇인지 나에게 알려주십시오.' 따라서 의문문 (218)과 (219)를 해석할 때는 '당신이 방금 말한 점에 대해 묻고자 한다'라는 의미를 갖는 '그렇다면'(in that case)이라는 표현을 앞에 덧붙인 것이다.

이러한 표현이 전달하는 내용은 (220b)와 같이 '呢'로 끝나는 생략의문문에서 명확히 알 수 있다. (220)에서 B가 '그러면 너는 어때?'라고 말할 때, 그 문장은 분명히 A가 방금 말한 '그는 내일 학교에 가'라는 말과 관련되어 있다.

또 '呢'가 포함되어 있는 평서문과 마찬가지로 '呢'를 가진 의문문도 청자의 주장이나 기대·신념이 가정되었거나 이미 알려져 있지 않으면 쓰일 수 없다. 또한 '呢'가 쓰인 의문문은 '呢'의 기능이 갖는 대화적 특성 때문에 과학적인 기록이나 설명문에서는 거의 발견되지 않는다는 점에서 '呢'가 쓰인 평서문과 같다.

'呢'와 '吗'는 의문문에 쓰이는 문말조사로서, 상보적 분포(complementary distribution)를 이룬다. '吗'는 '呢'와는 달리 단순한 의문문 표지이고, (221)-(223)에서와 같이 A-not-A 의문문, 의문사 의문문, 생략의문문에는 쓰이지 않는다.

(221) *你喜欢不喜欢她吗？
(222) *他要吃什么吗？
(223) A: 他明天去学校。
　　　 그는 내일 학교에 가.
　　 B: *你吗？

한편 '吗'가 쓰인 의문문에서 '吗' 대신 '呢'를 쓸 수는 없다. 위의 (217a)와 (217b), 다음의 (224a)와 (224b)에서 이러한 사실을 알 수 있다.

(224) a. 你 开 心 吗 ?
너 기분 좋니?
b. *你 开 心 呢 ?

'吗'가 A-not-A 의문문이나 의문사 의문문에서 쓰일 수 없는 이유는 명백하다. 이러한 두 유형의 의문문은 모두 이미 그 구조가 의문문이라는 정보를 알려준다. 따라서 의문문임을 표시하는 기능만을 하는 '吗'를 다시 쓸 필요가 없다. 생략의문문은 항상 청자가 믿고 있거나 방금 말했던 것에 대한 응답으로서만 발화되기 때문에 '吗'가 아니라 '呢'를 써야 한다.

7.3 '吧'

'吧'는 진술에 부가되는 '그렇죠?'(Don't you think so?)나 '맞죠?'(Wouldn't you agree?)라는 의문문 유형이 갖는 의미적 기능과 같은 기능을 한다. 따라서 '吧'는 청자의 찬성이나 동의를 구하는 역할을 한다. 이 때문에 '吧'는 1인칭 복수명령문(명령문에 관한 제14장 참고)에 대한 표지로 자주 쓰인다.

(225) 我 们 走 吧。
가자.
(226) 起 来 吧。
일어나자.

명령문의 주어가 화자를 포함하는 '우리'이고 문말조사 '吧'가 문장이 전달하는 정보에 대해 찬성이나 동의를 바라는 화자의 희망을 나타낼 때, 당연히 '～하자'라는 의미가 동반된다.

'吧'의 의미적 기능의 관점에서 보면, Chao가 '吧'를 권유조사(advisative particle)로 파악한 이유를 짐작할 수 있다. 왜냐하면 문장의 주어가 2인칭이고 '吧'가 문말조사로 쓰여 문장이 포함하고 있는 정보에 대해 청자의 동의나 찬성을 요구하는 경우에 그 문장은 전체적으로 '권유'의 의미를 갖기 때문이다. 다음 예를 보자.

(227) 你 喝 水 吧。
　　　물 마셔라.
(228) 你 想 一 想 吧。
　　　너 생각 좀 해봐.

문장의 주어가 1인칭일 때 문말에 '吧'가 오는 경우와 오지 않는 경우를 비교해보면 '吧'의 의미적 기능을 쉽게 알 수 있다.

(229) a. 我 喝 半 杯。
　　　　나는 반 잔을 마시겠어.
　　　b. 我 喝 半 杯 吧。
　　　　나는 반 잔을 마시겠어, 됐지?

(229a)는 중립적인 진술이다. 예를 들면 (229a)는 다음과 같은 의문문에 대한 대답일 수 있다.

(230) 你 喝 多 少 ?
　　　너는 얼마나 마실래?

한편 (229b)는 반 잔을 마시겠다는 화자의 의지에 대해 청자가 동의해주기를 요구하는 맥락에서만 쓰인다. 다른 예를 보자.

(231) a. 他 不 会 做 这 样 的 事。
　　　　그는 이런 일을 하지 않았을 거야.
　　　b. 他 不 会 做 这 样 的 事 吧。
　　　　그는 이런 일을 할 리가 없겠지?

여기서 장싼이 하지 말았어야 할 어떤 일을 했는지에 대해 A와 B가 언쟁을 하고 있는 맥락을 상상할 수 있다. 만약에 장싼을 변호하는 사람이 화가 났다면 (231a)와 같이 말해서 장싼을 변호할 수 있다. 반면에 청자의 동의를 구하려는 (231b)의 친절하고 타협적인 어조는 장싼을 변호하는 사람이 화가 난 상황과는 어울리지 않는다.

'吧'의 동의를 청하는 기능은 부가의문문의 기능과 비슷한데, 부가의문문은 진술에 대한 확인을 요구한다(18.4 참고). 따라서 (232a)와 (232b)는 비슷한 내용을 전달한다.

(232) a. 他 很 好 看 吧 ?
　　　　그는 정말 잘 생겼지?
　　　b. 他 很 好 看, 对 不 对 ?
　　　　그는 정말 잘 생겼어, 그렇지?

그렇다면 의문문에 또 다시 '吧'를 쓸 수 없다는 것은 당연하다.

(233) a. *他 好 看 不 好 看 吧 !
　　　b. *谁 喝 酒 吧 ?
　　　c. *你 好 吗 吧 ?

'吧'가 의문사 의문문이나 A-not-A 의문문, '吗' 의문문에 쓰일 수 없는 이유는 간단하다. 이러한 유형의 의문문은 이미 어떤 정보를 요구하는 기능을 하고 있어서 일반적으로 이러한 의문문은 어떤 진술에 대해 청자의 동의를 구하는 문장 유형으로 바뀔 수 없기 때문이다. Chao(1968: 807)는 흥미로운 반증례를 제시하고 있다. (234)는 '吧'가 쓰인 의문사 의문문이다.

(234) 你 到 底 要 什 么 吧 ?
　　　말해 봐. 너는 도대체 무얼 요구하는 거야?

(234)를 (235)와 비교해보라. (234)는 문법에 맞지만, (235)는 문법에 맞지 않는다.

(235) *他 要 什 么 吧 ?

(234)와 (235)의 차이는 다음과 같다. 첫째, (234)의 주어는 '你'(너)이지만 (235)의 주어는 '他'(그)이다. 둘째, 부사 '到底'가 (234)에는 쓰였지만 (235)에는 없다. 이 두 가지 차이점은 (234)가 쓰이는 문맥과 관계가 있다. 이 문장이 쓰일 수 있는 가장 자연스러운 문맥은 두 사람이 싸우는 중에 한 사람이 몹시 화가 난 경우이다.

(236)은 (234)가 전달하고자 하는 의미이다.

(236) 좋아. 도대체 네가 무엇을 원하는지를 내게 알려주어야 한다고 생각
　　　하지 않니?

(236)은 청자 자신의 요구를 분명하게 밝히는 데 동의해주기를 요구하는 '吧'의 기능을 분명히 나타내고 있다. 그러나 (235)에서처럼 그 의문문의 주어가 '他'일 때, (237)과 같이 화자가 청자에게 제3자의 요구를 분명히 밝혀

주기를 요구하고 또 그 요구에 대한 동의를 구하는 문맥을 상상하기란 결코 쉽지 않다.

(237) 좋아. 도대체 그가 무엇을 원하는지를 내게 알려주어야 한다고 생각하지 않니?

7.4 '呕'

'呕'(ou)는 의미적으로 화자의 관심과 염려를 나타내는 친절한 경고를 의미한다. '呕'는 '당신에게 친절히 경고하겠습니다'라는 뜻을 나타낸다. Chao (1968)는 '呕'를 '경고신호'(warning reminder)라고 했는데, 그것은 '呕'의 특징을 정확하게 나타내주는 용어이다. 그러나 '呕'는 또 '친절'(friendliness)이라는 의미를 함축하고 있어서 화자가 염려하고 있다는 것을 나타낸다. 따라서 '呕'는 종종 (238)-(240)에서처럼 명령을 부드럽게 하는 역할을 한다. 이때 '呕'는 명령을 친절한 경고로 바꾸어준다.

(238) 小心呕！
　　　조심해야지!
(239) 要做功课呕！
　　　숙제해야지!
(240) 别生气呕！
　　　화를 내지 말아야지!

또한 조건문도 종종 경고의 역할을 할 수 있다. 따라서 '呕'는 조건문에도 쓰일 수 있다.

(241) 你 不 来, 他 就 伤 心 呕。
　　　네가 오지 않으면 그는 상심할 거야.
(242) 如 果 他 去 美 国, 我 就 骂 他 呕。
　　　만약 그가 미국으로 간다면 나는 그를 꾸짖을 거야.
(243) 你 吃 多 了, 就 肚 子 疼 呕。
　　　너 많이 먹으면 배가 아플 거야.

'呕'의 의미적 특성 때문에 '呕'는 일반적으로 어른이 어린이에게 하는 말에 쓰인다. 마찬가지로 '呕'는 화자의 걱정과 염려를 담고 있으므로 적의를 품은 말이나 공식적인 말과 글에서는 쓰이지 않는다. 예를 들어, 부모가 개구쟁이 아이에게 다음과 같이 경고하는 경우를 상상할 수 있다.

(244) 我 要 打 你 呕。
　　　내가 너 때릴 줄 알아!

한편 권투시합이나 패싸움에서는 도전자가 상대에게 (244)와 같이 말한다는 것은 상상만 해도 우스운 일이다. 그러한 상황에서 화자가 상대방에 대해서 우려하거나 근심하는 경우는 없기 때문이다.

7.5 '啊/呀'

'啊/呀'는 그 문장이 전달하는 내용의 강도를 완화시키는 기능을 한다. '啊/呀'가 A-not-A 의문문이나 의문사 의문문 뒤에 올 때는 Chao가 관찰한 대로 영어의 'excuse me', 'by the way', 'to change the subject'와 같이 의문문을 부드럽게 하는 의미적 효과를 나타낸다. 그러면 '啊/呀'가 쓰인 A-not-A 의문문과 의문사 의문문을 살펴보자.[7]

(245) 谁 啊/呀?
　　　누구세요?
(246) 你 去 哪 儿 啊/呀?
　　　너 어디 가는 거니?
(247) 你 喜 欢 不 喜 欢 这 个 车 子 啊/呀?
　　　너는 이 차를 좋아하니?
(248) 你 想 不 想 他 啊/呀?
　　　너는 그를 그리워하니?

(245)-(248)의 의문문을 문말조사 '啊/呀'가 없는 의문문과 비교해보면, 조사 '啊/呀'가 쓰인 의문문이 훨씬 부드럽고 따라서 화자의 친절을 보여주는 경향이 있음을 알 수 있다. 물론 이 효과는 '啊/呀'의 의미로부터 나온 것이며, '啊/呀'는 문장이 전달하는 내용의 강도를 완화시키는 역할을 한다.

Chao(1968)는 '啊/呀'의 열 가지 다른 의미를 제시했는데, 그중 몇 가지만이 문말조사로서의 '啊/呀'와 관계가 있다. 여기서는 문말조사로 기능하는 '啊/呀'만을 다루겠다. 좀 더 자세히 살펴보면 이러한 기능은 대개 '啊/呀'가 쓰인 문장의 의미에 의거해 이해되어야 한다. 바꾸어 말하면 이러한 여러 가지 '啊/呀'의 기능을 '啊/呀'의 속성으로 돌려서는 안 된다. 우리는 앞에서 의문문을 살펴보았다. 이제 Chao가 '啊/呀'의 속성으로 여겼던 것들을 살펴보자.

　　(ⅰ) 확인 질문(confirmational question): 중국어에서는 의문문의 억양만 사용해도 확인을 구할 수 있다. 따라서 A는 B가 여기 오겠다고 말한 것 같아서 확인하고자 한다면, 상승억양을 가진 평서문인 (249)나 문말조사 '啊/呀'가 쓰인 (250)과 같이 말할 수 있다.

---

7. '啊'와 '呀'는 중국어 방언에 따라 다르다.

(249) 你 来 ?
　　　너 오니?
(250) 你 来 啊 ?
　　　너 온다고?

(249)와 (250)은 이미 주어진 문맥에서 확인하는 질문이다. (249)나 (250)을 비교해보면 (250)은 (249)보다 덜 강압적이고 더 친절하며 공손하다. 그래서 (250)의 '啊'는 의문문의 강도를 완화시키는 역할을 하지만, '啊'만 가지고는 그 의문문이 확인의문문임을 나타낼 수 없다.

　(ⅱ) 호격조사(Vocative particle): 조사 '啊/呀'를 써서 부르는 것이 조사 없이 직접 부르는 것보다 덜 무뚝뚝하다고 Chao가 설명한 것은 맞다. 그러나 호격(呼格)은 '啊/呀'가 가지고 있는 원래의 의미나 기능이 아니다. (251a)와 (251b)는 모두 직접 청자를 부르는 것이므로 호격이다. 다만 (251a)보다 (251b)가 더 친절하다는 차이가 있을 뿐이다.

(251) a. 张 三 !
　　　장싼!
　　b. 张 三 啊/呀 !
　　　장싼아!

　(ⅲ) 명령문(command): '啊/呀'는 명령문에 쓰인다. 그러나 그 문장이 명령문임을 나타내는 것이 '啊/呀'의 기능은 아니다. 그 문장 자체가 명령문이고 '啊/呀'는 명령문의 강도를 완화시키는 기능을 한다. 예를 들어 (249)의 의문문의 상승억양을 (252)처럼 명령문의 하강억양으로 바꾸면 명령문이 된다.

(252) 你 来 !

너 와!
(253) 你 来 啊/呀!
어서 와!

만약 (253)처럼 '啊/呀'를 쓰면, 명령보다는 제의나 권유의 내용을 전달하는 것으로 받아들여진다. 이는 '啊/呀'가 발화의 강도를 완화시키는 기능을 하기 때문이다.

다음을 비교해보자.

(254) a. 吃 饭!
　　　　밥 먹어!
　　　b. 吃 饭 啊/呀。
　　　　밥 먹자.

(254b)는 (254a)보다 훨씬 더 친절한 명령이다. (254a)는 식당에서 하사관이 사병들에게 말하는 상황에서 쓰일 수 있다. 이러한 상황에서 가혹하기로 악명 높은 하사관이 (254b)처럼 말했다면 이상할 것이다. 한편 부모가 걱정하면서 아이에게 밥을 먹으라고 재촉하는 상황을 상상할 수 있다. 그런 상황에서는 (254b)가 적절한 표현이고 (254a)는 부적절하다.

(ⅳ) 조급한 진술(Impatient statement): '啊/呀'는 조급함을 나타내는 문장에 쓰일 수 있다. 그러나 화자가 조급해 하고 있다는 것은 '啊/呀'에 의해서 표현되는 것이 아니라 문장 그 자체에 의해서 표현된다. 다음 예문들이 보여주듯이 '啊/呀'는 전달내용의 강도를 완화시키는 기능만을 한다.

(255) 我 并 没 做 错 啊/呀。
　　　나는 결코 잘못하지 않았단 말이야.

(256) 我 并 没 做 错。
　　　나는 결코 잘못하지 않았어.

　(255)과 (256)은 화자가 조급해 한다는 내용을 표현할 수 있지만, 각각 부정적인 의미와 부사 '并'(결코)을 사용했기 때문에 조급함을 암시하고 있다.
　그러나 (255)가 전달하는 문장 전체의 의미와 (256)이 전달하는 문장 전체의 의미에는 차이가 있다. (255)는 더 타협적이고 덜 호전적인 진술이다. 반면에 (256)은 두 친구나 친척 사이에 분쟁이 생겼을 때 말할 수 있다. 예를 들어 적의를 가진 증인이 변호사에게 (256)과 같이 말할 수 있지만, (255)와 같이 말할 수는 없다.

　（ⅴ） 경고: '啊/呀'는 경고의 의미가 담겨 있는 문장에 쓰일 수 있다. 여기서도 '啊/呀' 자체가 경고를 의미하는 것은 아니다. Chao(1968: 805)가 제시했던 다음 예를 보자.

(257) 这 个 人 的 话 是 靠 不 住 的 啊！
　　　이 사람의 말은 믿을 수가 없어요.

　(257)이 나타내고 있는 경고의 의미는 그 문장의 문자적인 의미, 즉 '이 사람의 말을 믿을 수 없다'로부터 추론된다. (257)과 '啊'가 없는 (258)을 비교해보자.

(258) 这 个 人 的 话 是 靠 不 住 的。
　　　이 사람의 말을 믿을 수 없다.

　(257)과 (258)은 둘 다 '경고'라는 기본적인 의미를 갖는다. 그러나 문말조사 '啊/呀'가 없는 (258)은 (257)보다 더욱 급박하며 공식적이고 냉담하다. 어

떤 군사정보 책임자가 부하들에게 밀고자에 대해 지시를 내릴 때 (258)은 적합하지만 '啊/呀'가 포함되어 있는 (257)은 어색하다. 한편 (257)은 어떤 사람이 젊은이에게 '이 사람의 말'을 믿지 말라고 친절하게 경고하는 맥락에서 쓰일 수 있다. 따라서 '啊/呀'는 이 절 앞부분에서 기술했던 기능, 즉 문장이 전달하는 내용의 강도를 완화시키는 기능을 갖는다고 할 수 있다.

7.6 결론

전통적인 중국어문법에서는 문말조사를 '어기사'(语气词: mood words)라고 한다. 이 어기사라는 용어를 통해서 우리는 이러한 문말조사가 그것이 쓰인 문장을 여러 가지 방식으로 대화 맥락과 관련시켜주고, 또 이 문장이 청자에게 받아들여지는 방식을 보여주고 있다는 것을 알 수 있다.

제8장
부사(Adverb)

중국어에서 부사는 전형적으로 주어 뒤에 나오거나 주어가 없는 경우에는 화제 뒤에 나온다(주어와 화제에 대해서는 4.1 참고).[1]

(1) 张 三 <u>刚</u> 来。
    장싼이 방금 왔다.
(2) 张 三 <u>太</u> 高。
    장싼은 너무 키가 크다.
(3) 张 三 <u>真</u> 聪 明。
    장싼은 정말 똑똑하다.
(4) 张 三 <u>常 (常)</u> 跳 舞。
    장싼은 자주 춤을 춘다.
(5) 苹 果 张 三 <u>只</u> 买 了 一 个。
    사과를 장싼은 한 개만 샀다.

---

1. 개사구까지 포함하는 다양한 유형의 부사성분 및 그들 간의 상호작용과 동사구의 여러 부분과의 상호작용에 대해서는 Tai(1973)에 광범위하게 서술되어 있다. 우리는 또한 Mei(1972)로부터도 몇 가지 착상을 얻었다.

한 문장에 부사와 조동사가 같이 있을 때는 부사가 언제나 조동사 앞에 온다. 바꿔 말하면 (6)에서처럼 부사는 주어 바로 다음에 나온다.

(6) 张 三 一 定 能 跳 舞。
    장싼은 분명히 춤을 출 수 있다.

이 장에서는 다음과 같은 몇 가지 유형의 부사(어)에 대해 살펴볼 것이다.

1. 이동성 부사(movable adverb): 이러한 부사는 문두나 주어 혹은 화제 뒤에 위치하며 문장 전체를 수식한다.
   a. 시간부사(time adverb)
   b. 태도부사(attitude adverb)

2. 비이동성 부사(nonmovable adverb): 이러한 부사는 오직 주어나 화제 뒤에만 올 수 있다.
   a. 양태부사(样态副词, manner adverb)
   b. 비양태부사(非样态副词, nonmanner adverb)

3. 동사후치부사어(postverbal adverbial): 이러한 부사는 동사 뒤에만 오며 빈도나 지속되는 시간을 나타낸다.

8.1 이동성 부사(Movable Adverb)

부사 가운데 일부분은 문장의 화제 뒤에 올 수 있을 뿐만 아니라 문두, 즉 화제 앞에 올 수도 있다. 이러한 부사들을 흔히 이동성 부사라고 한다. 왜냐 하면 이러한 부사들은 문장의 주어나 화제의 앞과 뒤에 모두 올 수 있기 때문이다. 이동성 부사의 중요한 특징은 사건이 그 문장에 포함되어 있는 이동성 부사의 의미틀(semantic frame) 안에서만 일어난다는 것을 나타내는 문장부사(sentential adverb)라는 점이다. 이러한 문장부사는 '明天'(내일)처럼 시간과 관련이 있을 수도 있고 '显然'(확실히)처럼 태도(attitude)와 관련이 있을 수도 있다.

8.1.1 이동성 시간부사(Movable Adverb of Time)

이동성 부사로는 첫째로 시간부사를 들 수 있다. '今天'(오늘), '去年'(작년에), '将来'(앞으로), '近来'(최근에), '现在'(현재), '下午'(오후에), '暂时'(zànshí, 잠시), '三点钟'(3시에), '刚才'(방금) 등이 시간부사에 속한다. 다음 예를 보자.

(7) a. <u>今天</u> 我 不 舒 服。
　　　　오늘 나는 몸이 불편해.
　　b. 我 <u>今天</u> 不 舒 服。
　　　　나는 오늘 몸이 불편해.
(8) a. <u>暂时</u> 我 住 在 这 儿。
　　　　잠시 동안 나는 여기에 살 거야.
　　b. 我 <u>暂时</u> 住 在 这 儿。
　　　　나는 잠시 동안 여기에 살 거야.

이러한 시간부사들은 분명히 문장부사로 쓰이고 있다. 즉, 이러한 부사는 문장에서 말하고 있는 전체 사건이 일어나는 동안, 혹은 바로 그때의 시간을 나타낸다. 이러한 면에서 이들 부사들은 의미적으로 비슷하지만, 전체 문장보다는 동사와 관련이 있는 '已经'(이미) 혹은 '常常'(항상)과 같은 부사들과 비교된다.

8.1.2 이동성 태도부사(Movable Adverb of Attitude)

이동성 부사의 또 다른 종류는 태도부사이다. 이러한 부사는 문장이 말하고 있는 사건의 평가, 혹은 사건에 대한 화자의 태도를 나타낸다. 예를 들어 (9)에서 부사 '显然'(확실히)을 보자.

(9) a. <u>显然</u> 张 三 不 高 兴。
　　　 분명히 장싼은 기분이 안 좋다.
　　b. 张 三 <u>显然</u> 不 高 兴。
　　　 장싼은 분명히 기분이 안 좋다.

(9a)와 (9b)가 나타내고 있는 것은 그 문장의 화자가 보기에 분명히 장싼이 기분이 나쁘다는 것이다. 따라서 (9)의 '显然'은 화자의 태도에 대한 정보를 전달한다. 이와는 달리 (10)의 비이동성 태도부사 '静静地'(조용히)를 보자.

(10) 他 <u>静 静 地</u> 坐 在 那 儿。
　　　그는 조용히 저기에 앉아 있다.

(10)에서 알 수 있듯이 '静静地'는 화자의 평가와 무관하게 주어 '他'(그)가 행하고 있는 양태(样态, manner)를 묘사한다. '显然' 외에도 '也许'(아마), '大概'(대개), '大约'(대략), '幸亏'(xìngkuī, 다행히), '难道'(설마), '究竟'(jiūjìng, 결국), '当然'(당연히), '突然'(갑자기), '忽然'(갑자기), '原来'(알고 보니), '本来'(본래), '其实'(사실), '反正'(어쨌든), '横竖'(héngshù, 어쨌든), '好歹'(hǎodǎi, 어쨌든)와 제23장에서 다룰 문장연결부사(sentence-linking adverb)가 이동성 태도부사에 속한다.

8.2 비이동성 부사(Nonmovable Adverb)

위에서 지적한 것처럼 중국어의 부사는 대부분 비이동성 부사이다. 즉, 이러한 비이동성 부사들은 주어나 화제 바로 뒤, 즉 동사 앞에 놓인다. 비이동성 부사는 양태부사와 비양태부사로 크게 나눌 수 있다. 아래에서 각각 나누어 살펴본다.

8.2.1 양태부사(Manner Adverb)

양태부사는 동사구를 수식하며, 명칭에서도 알 수 있듯이 동사구가 행하는 행위의 양태를 나타낸다. '故意'(고의로)와 같이 몇몇 예외는 있지만 양태부사는 대부분 형용사로부터 파생되었다. 형용사를 부사로 만들기 위해서는 형용사를 중첩시키고 접미사 '地'를 덧붙인다. 예를 들면, 형용사 '快'(빠르다)를 (11)처럼 중첩시키고 접미사 '地'를 덧붙여 부사로 변형시킬 수 있다.

(11) 他 <u>快 快 地</u> 走。
     그는 빨리 걷는다.

형용사가 2음절일 때는 '快乐'(즐거운)를 '快快乐乐地'(즐겁게)로, '舒服'(편안한)를 '舒舒服服地'(편안하게)로 변형하는 것처럼, 각각의 음절을 중첩시킨다(중첩에 대한 상세한 설명은 3.1.1을 참고).[2]

---

2. '快'(빠르다), '慢'(느리다), 그리고 '好'(좋다)와 같은 단음절형용사에서 파생된 양태부사들은 명령문에서 중첩시키지 않고, 접미사 '地' 없이 쓰일 수 있다.
  (i) 快 吃。
      빨리 먹어라.
  (ii) 慢 走。
      천천히 가세요. (살펴 가십시오.–배웅하는 인사말)
중첩된 음절로 구성된 부사들이 모두 형용사에서 파생된 것은 아니다. 일부 단음절 부사들은 의미의 변화 없이 중첩할 수 있다. '常/常常'(종종), '偏/偏偏'(일부러), '刚/

현재 쓰이고 있는 양태부사 중에는 최근에 인도-유럽어족의 영향을 받아 형용사로부터 파생된 것이 많다. 이러한 형용사는 대부분 중첩시키지 않고 간단히 접미사 '地'를 덧붙여서 부사로 만들 수 있다. '兴奋地'(흥분하여), '仔细地'(자세하게), '简单地'(간단하게), '镇定地'(zhèndìng de, 침착하게) 등이 그 예이다.

의미적으로 양태부사는 대개 주어의 행동 양태를 묘사한다. 다음 예를 보자.

(12) 他 兴 奋 地 跑 进 来。
　　　그는 흥분해서 뛰어들어 왔다.
(13) 他 静 静 地 躺 在 草 上。
　　　그는 조용히 풀 위에 누워 있다.
(14) 我 严 厉 地 责 备 他 了。
　　　나는 엄하게 그를 꾸짖었다.

그러나 양태부사가 被-구문(제16장 참고)[3]에 쓰이면 흥미로운 문제가 발생한다. 被-구문에 대해 간단하게 살펴보자.

(15) NP_1 + 被 + NP_2 + 동사

이러한 문형에서 문두에 있는 첫 번째 명사구인 NP_1은 일반적으로 직접목적어이고 '被'는 피동표지이며, 두 번째 명사구인 NP_2는 행위자(agent)이다.

(16) 张 三 被 李 四 批 评 了。
　　　장싼은 리쓰에게 야단맞았다.

　　'刚刚'(방금) 등이 그 예이다. 이러한 부사들은 접미사 '地'를 취하지 않는다는 점에서, 형용사로부터 파생된 부사와 다르다.
3. 이것에 대해서는 Hashimoto(1971b)를 많이 참고했다.

일반적으로 부사는 항상 주어로 쓰이는 NP₁ 바로 다음에 오기 때문에 피동구조에서도 NP₁ 바로 뒤에 놓일 것이라고 예측할 수 있다. 이것은 (17)과 (18)에서와 같이 대부분의 부사에 해당된다.

(17) 张 三 已经 被 李 四 批 评 了。
장싼은 이미 리쓰에게 야단맞았다.
(18) 张 三 昨 天 被 李 四 批 评 了。
장싼은 어제 리쓰에게 야단맞았다.

그러나 양태부사 중에는 의미상 단지 행위자와 관련된 행동만을 수식하는 것이 많다. 이러한 양태부사를 행위자지향 부사(agent-oriented adverb)라고 한다. '公平地'(공평하게), '严格地'(엄하게), '骄傲地'(jiāo'ào de, 교만하게), '有礼貌地'(공손하게), '镇定地'(침착하게), '残忍地'(cánrěn de, 잔인하게), '野蛮地'(yěmán de, 야만스럽게) 등이 행위자지향 부사에 해당한다. 이러한 행위자지향 부사는 피동구문에서 일반적으로 부사가 놓이는 위치인 NP₁ 바로 뒤에 놓일 수 없다. 예를 들면 (19)는 문법에 맞지 않는다.

(19) *张 三 公 平 地 被 李 四 批 评 了。

그 반면에 행위자지향 부사는 (20)처럼 행위자인 NP₂ 바로 뒤에 와야만 한다.

(20) 张 三 被 李 四 公 平 地 批 评 了。
장싼은 리쓰에게 공평하게 야단맞았다.

행위자지향 부사가 이러한 분포적 특성을 갖는 이유는 명백하다. 즉, 행위자지향 부사는 직접목적어에 대해서 언급하고 있는 것이 아니라 행위자에 대해 언급하고 있기 때문에, 직접목적어 뒤에 올 수가 없고 반드시 행위자 뒤에 와야 한다.

그 반면에 그 의미가 반드시 행위자를 언급할 필요가 없는 양태부사는 피동구문에서 NP₁ 혹은 NP₂의 뒤에 모두 올 수 있다. 그러나 이 두 구문은 의미상의 차이가 있다. 즉, 명확히 행위자지향 부사가 아닌 양태부사는 그 양태부사의 앞에 있는 명사구를 묘사한다. (21)에서 부사 '高高兴兴地'(즐겁게)를 보자.

(21) a. 张 三 高 高 兴 兴 地 被 李 四 夸 奖 了 一 顿。
　　　　장싼은 신나게도 리쓰에게서 한 차례 칭찬을 들었다.
　　　　(Zhangsan was happy in being praised by Lisi.)
　　b. 张 三 被 李 四 高 高 兴 兴 地 夸 奖 了 一 顿。
　　　　장싼은 신이 난 리쓰에게서 칭찬을 한 차례 들었다.
　　　　(Zhangsan was praised in a happy way by Lisi.)

번역이 다소 어색한 면이 있지만 (21a)에서 '高高兴兴地'는 장싼의 심리상태를 지시하며, (21b)에서는 리쓰의 심리상태를 지시한다. 또 다른 예로 '空手'(맨손으로)를 보자.

(22) a. 张 三 空 手 被 李 四 制 服 了。
　　　　장싼은 맨손으로 리쓰에게 굴복당했다.
　　b. 张 三 被 李 四 空 手 制 服 了。
　　　　장싼은 리쓰의 맨손에 굴복당했다.

맨손인 사람이 누구냐 하는 것은 비행위자지향 부사(nonagent-oriented manner adverb)인 양태부사 '空手'의 위치에 따라 변한다. 이외에 비행위자지향 양태부사로, '满头大汗地'(땀이 비오듯이), '自由自在'(자유자재로), '羞羞地'(xiūxiū de, 부끄럽게), '昏头昏脑地'(멍하게), '焦急地'(초조하게), '默默地'(묵

묵히) 등이 있다.

이와 마찬가지로 지속상표지 '着'(6.2.2 참고)로 이루어진 부사절도 피동태에서 행위자지향 부사가 쓰인 것과 동일하게 쓰인다. 즉, 그 부사절이 지시하는 명사가 무엇인지는 그것의 위치에 의해 정해진다. 다음 예문을 보면 의미상의 차이를 명확히 알 수 있다.

(23) a. 张 三 <u>光 着 脚</u> 被 李 四 踢 伤 了。
　　　 장싼은 맨발인 채로 리쓰에게 발길질 당해서 다쳤다.
　　b. 张 三 被 李 四 <u>光 着 脚</u> 踢 伤 了。
　　　 장싼은 맨발인 리쓰에게 발길질 당해서 다쳤다.

그러나 양태부사 중에는 직접목적어(NP₁) 혹은 행위자(NP₂) 뒤에 모두 올 수 있지만 항상 NP₁만을 묘사하는 것도 있다. '不知不觉地'(모르는 사이에), '半生半死地'(초죽음 상태로), '活生生地'(생생하게) 등이 이러한 부사이다.

(24) a. 张 三 <u>不 知 不 觉 地</u> 被 李 四 赶 上 去 了。
　　　 장싼은 모르는 사이에 리쓰에게 따라잡혔다.
　　b. 张 三 被 李 四 <u>不 知 不 觉 地</u> 赶 上 去 了。
　　　 장싼은 리쓰에게 모르는 사이에 따라잡혔다.

(24a)와 (24b)에서 부사 '不知不觉地'는 행위자 '李四'를 묘사할 수는 없고, 직접목적어 '张三'을 묘사한다.

그 이유는 발화가 이루어지는 실제 상황에서 한 사람이 다른 사람에게 어떤 행위를 하고 있다면, 행위자(즉 '李四')는 그 상황을 모를 리 없으며 동작을 받는 사람(즉 '张三')은 그 상황을 모르고 있을 가능성이 있기 때문이다. 따라서 피동문에서는 양태부사의 의미에 의해 양태부사의 위치가 결정되며, 또 양태부사가 행위자와 직접목적어 중에서 어느 것을 묘사하는지가 결정된다.

중국어의 양태부사 중에는 인도-유럽어족, 특히 영어의 영향을 받아 추상명사로부터 온 것들이 있다. '科学地'(과학적으로)는 '科学'으로부터, '创造性地'(창조적으로)와 '决定性地'(결정적으로)는 각각 '创造性'과 '决定性'에서 파생된 것이다.

(25) 我们科学地研究那个问题。
　　　우리는 과학적으로 그 문제를 연구한다.
(26) 我们创造性地解决那个问题。
　　　우리는 창조적으로 그 문제를 해결한다.

의성부사(onomatopoeic adverb)도 양태부사에 속한다. 이것은 여러 가지 행동과 관련이 있는 자연적인 소리를 모방한 부사이다.

(27) 那个钟叮当叮当地响。
　　　그 종은 딩동딩동 울린다.

다른 부사와 마찬가지로 의성 양태부사(onomatopoeic manner adverb)도 접미사 '地'를 취한다. 그러나 때로는 (28)과 같이 임의로 '地'를 생략할 수도 있다.

(28) 他噗嚓跌了一跤。
　　　그는 쿵 하고 넘어졌다.

8.2.2. 비양태부사(Nonmanner Adverb)

비이동성 비양태부사로는 '已经'(이미), '一直'(곧장), '常'(자주), '早'(일찍) 등과 같은 것이 있다.

(29) 他 已 经 走 了。
　　　그는 이미 갔다.

다음 부사들은 의미적으로 유의할 점이 있기 때문에 여기에서는 이들 부사에 대해 자세히 살펴보겠다. '也'(…도), '再'(다시), '就'(곧), '只'(다만…만), '很'(매우), '才'(비로소), '都'(모두), '还'(아직, 그래도), '又'(또) 등이 여기에 해당한다.[4]

A. 又, 再

'再'는 아직 일어나지 않는 사건을 지시하는 반면에 '又'는 과거나 현재 사건에 적용된다. 다음 예를 보자.

(30) a. 他 又 吃 了。
　　　　그는 또 먹었다.
　　 b. 他 昨 天 又 吃 了。
　　　　그는 어제 또 먹었다.
　　 c. *他 明 天 又 吃 了。

(30c)는 '明天'(내일)이 아직 일어나지 않은 사건을 나타내기 때문에 문법에 맞지 않는다. 반면에 '再'는 일어났거나 일어나고 있는 사건을 지시하는 데 쓰일 수 없다. 따라서 (31a)는 문법에 맞지 않는다.

(31) a. *他 昨 天 再 吃。
　　 b. 他 明 天 再 吃。
　　　　그는 내일 또 먹을 거야.

---

4. 이 가운데 다음 일곱 가지는 Alleton(1972: 51ff.)이 상세히 기술하고 있다.
　　'都', '也', '又', '再', '还', '才', '就'

'再'는 명령문에 쓰일 수 있다. 명령문은 발화의 시점에서 볼 때 그 행동이 미래에 일어나기 때문이다.

(32) (你) 再 吃!
　　 (너) 더 먹어!

'再'는 (30)과 같이 아직 일어나지 않은 사건을 기술할 때에도 쓰일 수 있다.

(33) 老张 离 开 了 这儿 以 后, 他 就 没 有 再 回 来 过。
　　 장씨는 여기를 떠난 이후에 다시 돌아온 적이 없다.

다음 두 문장을 비교해보면 '又'와 '再'의 의미 차이를 확실히 알 수 있다.

(34) a. 他 明 天 又 要 吃 了。
　　　　그는 내일 또 먹으려고 할 것이다.
　　　　S/he again want to eat tomorrow.
　　 b. 他 明 天 要 再 吃。
　　　　그는 내일 다시 먹을 것이다.
　　　　S/he want to eat again tomorrow.

(34a)에서 '又'는 현재의 사건, 즉 그가 '또 원한다'는 의미를 전달하는 데 사용된 반면, (34b)에서 '再'는 아직 일어나지 않은 사건, 즉 그가 '다시 먹을 것이다'를 말하기 위해 쓰였다.

어떤 문맥에서는 '又'가 '다시'(again)보다는 '또, 또한'(also)의 의미를 갖는다. 예를 들어 (35)를 보자.

(35) 他 带 了 一 只 猫, 又 买 了 一 条 狗。
　　　그는 고양이 한 마리를 가지고 있는데 또 개를 한 마리 샀다.

부사 '又'가 '다시'(again)를 의미하는지 혹은 '또'(also)을 의미하는지는 완전히 담화문맥에 의해 결정된다.

B. 就

'就'의 가장 보편적인 용법은 '그 다음에'(then), '그 후 즉시'(thereupon)를 의미하는 접속요소의 기능이다(제23장 참고). (36)에서처럼 이 용법으로 쓰일 때 '就'는 경성으로 발음된다.

(36) 我 来 了 以 后, 他 就 不 高 兴。
　　　내가 온 이후로 그는 기분이 좋지 않아.

'就'는 또한 단문에 쓰여 '곧' 혹은 '발화 순간과 연관되어 곧'을 의미할 수도 있다.

(37) a. 我 就 去。
　　　　내가 곧 갈게.
　　　b. *我 昨 天 就 去。

'就'가 강조사(emphatic particle)로 쓰일 때, '就'는 특히 강세를 받으며 경성으로 읽히는 계사 '是'(…이다)와 함께 쓰인다.

(38) 他 就 (是) 坐 在 那 儿。
　　　그는 바로 저기에 앉아 있어.

'就'는 또한 '오직 …만'을 의미하기도 한다.

(39) 他 就 喜 欢 张 三。
　　그는 오직 장싼만을 좋아해.

문장에서 '就'의 정확한 의미는 문맥에 따라 결정된다.

C. 只

'只'는 '오직 …만'(only)이라는 뜻을 갖는다. '只'는 중국어에서 술어수식 부사(predicate-modifying adverb)이기 때문에 '就'(오직 …만)처럼 술어구 전체를 수식한다. 다음 예를 보자.

(40) 我 们 只 要 咖 啡。
　　우리는 커피만 원해.

즉, 영어의 'only'는 명사구를 수식할 수 있지만, 중국어의 '只'는 명사를 수식할 수 없다. 따라서 (41a)는 문법에 맞는 영어 문장이지만, 이것의 중국어 대응문인 (41b)는 문법에 맞지 않는다.

(41) a. Only passengers can board the ship.
　　　　승객만이 이 배를 탈 수 있다.
　　b. *只 坐 船 的 可 以 上 船。

D. 才

'才'는 기본적으로 '방금'(just now)과 '그때야 비로소'(only then)라는 두 가지 의미를 갖는다. 첫 번째 의미는 부사 '刚'(방금)과 같다.

(42) 我 才 到。
　　 나는 방금 도착했어.

'才'가 두 번째 의미인 '그때야 비로소'의 뜻으로 쓰이려면, '才'를 포함하는 술어가 실현되는 시간이나 조건을 나타내는 요소의 뒤에 와야 한다. 보통 같은 절에서 앞에 나오는 단어 혹은 구가 이러한 요소로 기능한다.

(43) 我 明天 才 走 呢。
　　 나는 내일(이 되어서야) 떠나.
(44) 最有钱的人 才 能 买 这 种 瓷器。
　　 돈이 제일 많은 사람이라야 이런 도자기를 살 수 있다.

술어가 실현되는 시간이나 조건을 나타내는 요소가 '才'의 앞에서 절을 이룰 수도 있다.

(45) 我昨天来看你, 他 才 不 高兴。
　　 내가 어제 너를 만나러 와서 그는 기분이 나쁘다.
(46) 我 到 了 那 儿 才 念 书。
　　 나는 거기에 도착하고 나서야 공부를 했다.
(47) 有 两 个 人 才 搬 得 动。
　　 두 사람이 있어야 옮길 수 있다.

　　E. 还, 也

'还'에는 세 가지 의미가 있다. '아직(도)/더'(still/even), '또, 또한'(also)과

'그런대로'(moderately)가 그것이다. (48)-(50)은 '아직'의 뜻을 나타내는 '还'에 대한 예문이다.

 (48) 我 们 还 不 知 道。
   우리들은 아직 모른다.
 (49) 他 们 比 我 们 还 穷。
   그들은 우리보다도 더 가난하다.
 (50) 你 们 还 要 去 吗?
   너희들은 아직도 가려고 하니?

이러한 의미로 쓰일 때 '还'는 임의로 계사를 취할 수 있다.

 (51) 他 还 (是) 喜 欢 李 四。
   그는 아직 리쓰를 좋아한다.

'또'(also)를 의미하는 '还'와 '也' 사이에는 명확한 차이가 있다. '还'는 술어에 적용되지만 '也'는 술어가 아니라 주어에 적용된다. 다음 예를 보자.

 (52) 他 还 买 了 一 个 花 瓶。
   그는 꽃병도 하나 샀다.
 (53) 他 也 买 了 一 个 花 瓶。
   그도 꽃병 하나를 샀다.

(54)와 (55)는 '또'(also)의 뜻으로 쓰인 '还'의 또 다른 예이다.

 (54) 这 边 还 有 玫 瑰。
   여기에 장미도 있다.

(55) 你 还 有 多 少 钱 ?
너는 돈이 얼마나 더 있니?

'还'가 '그런대로'의 뜻으로 쓰인 예를 보자.

(56) 这 个 办 法 还 可 以。
이 방법은 그런대로 괜찮아.
(57) A: 你 住 的 地 方 怎 么 样 ?
네가 사는 곳은 어떠니?
B: 还 好。
그런대로 괜찮아.
(58) 他 还 能 干。
그는 그런대로 재주가 있어.

F. 都, 连 … 都/也

'都'(모두)는 중국어의 부사 중에 선행하는 명사구를 지시할 수 있는 유일한 부사이다. 선행하는 명사구는 일반적으로 주어나 화제이다.[5] (59)에서 '都'는 화제를 지시하며, (60)에서는 주어를 지시한다.

(59) 这 些 孩 子 我 都 喜 欢。
이 아이들을 나는 모두 좋아한다.
(60) 这 个 孩 子 我 们 都 喜 欢。
이 아이를 우리들은 모두 좋아한다.

---

5. '都'에 대해서는 Alleton(1972:51 ff)에 상세히 기술되어 있다. '连…都/也' 구문에 대해서는 Paris(1979b)를 보라.

즉 (59)에서 내가 좋아하는 것은 아이들 모두인 반면, (60)에서 아이를 좋아하는 것은 우리들 모두이다.

이들 문장에서 '都'는 선행하는 복수 명사구만을 지시할 수 있기 때문에 오직 한 가지로만 해석된다. 만약 화제와 주어가 모두 복수이면 '都'는 이 중 하나를 지시할 수 있기 때문에 이러한 문장은 세 가지 해석이 가능하다.

(61) 这 些 孩 子 我 们 都 喜 欢。

(ⅰ) '都'가 화제를 지시하는 경우: 이 아이들 모두를 우리는 좋아한다.
(ⅱ) '都'가 주어를 지시하는 경우: 이 아이들을 우리 모두는 좋아한다.
(ⅲ) '都'가 둘을 모두 지시하는 경우: 이 아이들 모두를 우리 모두는 좋아한다.

(59)-(61)은 '都'가 선행하는 명사구 중에서 의미적으로 적합한 명사구를 지시할 수 있음을 보여준다. '都'는 그 뒤에 나오는 명사구를 지시할 수 없다.

(62) a. 我 喜 欢 这 些 孩 子。
　　　　나는 이 아이들을 좋아해.
　　 b. *我 都 喜 欢 这 些 孩 子。

'都'가 지시하는 명사구가 두 가지 지시물인 경우에 '都'는 '둘 다 모두'(both)로 해석될 수 있다.

(63) 这 只 鸟 跟 那 只 鸟 都 是 我 的。
　　　이 새와 저 새는 모두 내 거다.

물론 '都'는 지시물의 전부 혹은 불가산명사(mass noun)를 지시할 수도 있다.

(64) 今天的报纸我都看了。
　　오늘 신문을 나는 모두 보았어.
(65) 啤酒都喝光了。
　　맥주를 모두 마셔버렸다.

비이동성 부사를 정의할 때, 비이동성 부사는 (주어가 있으면) 주어 뒤에 혹은 (주어가 없으면) 화제 뒤, 즉 동사 앞에 와야 한다고 언급한 바 있다. 이것은 대부분의 문장에서 '都'가 올 수 있는 위치는 단지 한 군데밖에 없음을 의미한다. 그러나 주어나 화제 뒤, 즉 동사 앞에 오는 개사구(coverb phrase, 제9장 참고)가 쓰인 문장에서 '都'는 개사구 전후에 모두 올 수 있다. 이러한 경우에 의미 차이가 있다. 즉 '都'는 바로 앞에 나오는 복수 명사구를 지칭한다. 다음을 비교해보자.

(66) 我们把这些书都送给我们的朋友。
　　우리는 이 책들을 모두 우리 친구들에게 주었다.
(67) 我们都把这本书送给老师。
　　우리는 모두 이 책을 선생님께 드렸다.

'连…都/也'는 '심지어 …도(even)'라는 의미로, 원래의 문장에서 뽑아낸 요소의 앞에 '连'(…조차도)을 쓴 구조이다. 일반적으로 '连…'은 문장에서 '都'나 '也'의 앞에 놓이지만, 반드시 그것의 바로 앞에 둘 필요는 없다.

(68) 连他都生气。
　　심지어 그도 화를 낸다.
(69) a. 我连他都不喜欢。
　　　나는 심지어 그도 좋아하지 않는다.
　　 b. 连他我都不喜欢。

심지어 그도 나는 좋아하지 않는다.

(69a)에서는 '连他'가 주어 뒤에 왔고, (69b)에서는 주어 앞에 왔지만 의미는 동일하다.

'连'을 써서 전치시킨 요소가 동사구나 개사구일 수도 있다.

(70) 他 <u>连 打 字 都</u> 不 会。
    그는 타자도 칠 줄 모른다.
(71) 他 <u>连 跟 他 女 儿 都</u> 不 说 话。
    그는 심지어 자기 딸에게도 말을 하지 않는다.

G. 很

부사 '很'은 (72)처럼 형용사성 동사 앞에 가장 많이 쓰인다.

(72) 他 <u>很</u> 高。
    그는 키가 매우 크다.

일부 동목복합어는 숙어적인 의미를 갖기 때문에 형용사적으로 쓰인다. (73)처럼 이러한 복합어가 형용사적으로 쓰이는 경우, '很'의 수식을 받을 수 있다.

(73) a. 他 <u>很</u> 有 钱。
    그는 돈이 매우 많다.
   b. 那 件 古 董 <u>很</u> 有 价 值。
    저 골동품은 매우 가치가 있다.
   c. 这 个 人 <u>很</u> 有 权。
    이 사람은 매우 권세가 있다.

형용사성 동사와는 다른 것으로 경험동사(experiential verb) 가운데 부사수식어 '很'을 취할 수 있는 것들이 있다. 이러한 경험동사는 생물의 정신적 기질을 의미하는 동사 부류이다.

(74) 他 很 想 我。
    그는 나를 매우 그리워한다.
(75) 我 很 怕 狗。
    나는 개를 매우 무서워한다.
(76) 我 们 很 注 重 才 干。
    우리들은 능력을 매우 중시한다.

중국어의 구어에서 형용사성 동사와 함께 쓰이는 '很'이 강세를 받지 않으면 '很'의 원래 의미가 상실된다. 그 예로 (72)는 (77)처럼 해석할 수도 있다.

(77) 그는 키가 크다.

8.3 부정과 부사(Negation and Adverb)

부정에 대해서는 제12장에서 상세히 다루겠지만, 여기서는 부정사(negative paricle) '不'와 '没'가 전형적으로 문장의 화제나 주어 바로 뒤에 나오며 그 자체가 부사라는 사실에 주목하자. 이 절에서는 부정사에 대한 논의를 다른 부사와의 상호작용만으로 한정한다.

8.3.1 부정과 이동성 부사(Negation and Movable Adverb)

지구상의 언어에서 부정사나 부사와 같은 요소가 영향을 미치는 범위(영향권)는 문장에서 그 요소에 의해 의미상 '영향을 받는' 부분을 말한다. 어떤 요소에 의해 의미상 영향을 받는 부분은 그 요소의 의미적 영역(domain) 안에 있다. 대개 어떤 요소의 영향을 받는 부분은 그 요소에 후행한다. 따라서 전형적으로 부정사의 영향권은 문장에서 부정사 뒤에 오는 부분인 술어이다.

(78) 张 三 <u>不</u> 喜 欢 李 四。
　　　장싼은 리쓰를 좋아하지 않는다.

즉 (78)에서 '不'는 '张三'을 부정하는 것이 아니라 '喜欢李四'를 부정한다. 이동성 부사는 문장에 의미적 틀을 제공한다는 의미에서 문장부사(sentential adverb)이므로 부정은 그 영향권 안에 이동성 부사를 포함할 수 없다. 사실 부정은 일반적으로 술어를 부정하므로 부정문이나 부정술어는 이동성 부사의 영향권 안에서 찾아야 한다. 이동성 부사는 부정사의 영향권 안에 포함되지 않으므로 당연히 부정사에 후행하지 않고 선행한다. 이것은 (79a)와 (79b)는 가능하지만 (79c)는 문법에 맞지 않는다는 사실에서 확인할 수 있다. 여기에 쓰인 이동성 부사는 '有(的)时候'(어떤 때에는)이다.

(79) a. <u>有 (的) 时 候</u> 张 三 <u>不</u> 喜 欢 李 四。
　　　　어떤 때에는 장싼이 리쓰를 좋아하지 않는다.
　　b. 张 三 <u>有 (的) 时 候</u> <u>不</u> 喜 欢 李 四。
　　　　장싼이 어떤 때에는 리쓰를 좋아하지 않는다.
　　c. *张 三 <u>不</u> <u>有 (的) 时 候</u> 喜 欢 李 四。

(80)과 (81)의 예문도 이동성 부사가 부정의 영향권 안에 들어갈 수 없음을 보여준다.

(80) a. <u>以 前</u> 我 <u>不</u> 抽 烟。

이전에 나는 담배를 피우지 않았다.
　b. 我 <u>以 前</u> <u>不</u> 抽 烟。
　　　나는 이전에 담배를 피우지 않았다.
　c. *我 <u>不</u> <u>以 前</u> 抽 烟。
(81) a. <u>下 午</u> 我 <u>不</u> 做 事。
　　　오후에 나는 일을 하지 않는다.
　b. 我 <u>下 午</u> <u>不</u> 做 事。
　　　나는 오후에 일을 하지 않는다.
　c. *我 <u>不</u> <u>下 午</u> 做 事。

8.3.2 부정과 비이동성 부사(Negation and Nonmovable Adverb)

부정과 비이동성 부사 간의 상호작용은 부사와 부정사의 영향권, 그리고 부사의 의미와 관계가 있다. 부사가 부정사의 영향권 안에 있을 때 일반적인 순서는 다음과 같다.

(82) … 부정사 + 부사 …

부정사가 부사의 영향권 안에 있을 때의 순서는 다음과 같다.

(83) … 부사 + 부정사 …

즉, 어떤 요소(A)가 다른 요소(B)를 그 영향권 안에 포함할 경우 (A)는 (B)의 앞에 온다.

(84) a. 他 <u>仔 细 地</u> 做 事。
　　　그는 세심하게 일을 한다.

b. 他 不 仔细地 做 事。
　　그는 세심하게 일하지 않는다.
c. *他 仔细地 不 做 事。

'仔细地'(세심하게)를 써서 '어떤 행동을 하지만 세심하게 하지 않는다'는 것을 표현할 수 있다. (84b)가 바로 이러한 의미로 쓰인 문장이다. 그런데 '仔细地'를 써서 (84c)처럼 '어떤 일을 하지 않는 것이 세심하다'라고 표현할 수는 없다. 어떤 일을 하지 않으려고 조심한다는 것은 가능하지만, 어떤 일을 하지 않으려고 세심하다는 것은 말이 되지 않기 때문이다. '仔细地'는 동작을 행하는 방법만을 묘사할 수 있다. (84c)가 문법에 맞지 않는 이유가 바로 여기에 있다. 지금까지의 논의는 다음과 같은 일반원리를 풀어서 설명한 것에 지나지 않는다. 즉 '仔细地'는 그 자신의 의미 때문에 '不'의 영향권 안에 들어갈 수 있지만, 자신의 영향권 안에 '不'를 포함시킬 수는 없다.

대부분의 행위자지향 부사들은 '仔细地'처럼 쓰인다. 만약 그런 부사들이 부정사와 함께 쓰이면 반드시 부정사 뒤에 와야 한다.

(85) a. 我 们 残 忍 地 拷 问 他。
　　　우리는 잔인하게 그를 고문했다.
　　b. 我 们 不 残 忍 地 拷 问 他。6
　　　우리는 그를 잔인하게 고문하지 않았다.
　　c. *我 们 残 忍 地 不 拷 问 他。
(86) a. 我 们 野 蛮 地 对 待 他。
　　　우리는 그를 야만적으로 다뤘다.

---

6. 행위자지향 양태부사의 대다수는 요즘 새로 생긴 어휘이다. 이러한 신조어를 모국어 화자가 자연스런 발화로 받아들이는지의 여부는 경우에 따라, 그리고 화자에 따라 다르다. 대개 모국어 화자들은 이러한 부사들이 신문잡지류의 기사에 쓰인다는 사실을 알고 있기 때문에 이러한 부사들이 사용되고 있는 경향이 있음을 알고는 있지만, 보수적인 사람들은 이상하다고 느낄 것이다.

b. 我们 不 野 蛮 地 对 待 他。⁷

　　우리는 그를 야만적으로 다루지 않았다.

c. *我们 野 蛮 地 不 对 待 他。

(85c)와 (86c)가 문법에 맞지 않는 이유는 (84c)가 문법에 맞지 않는 이유와 같다. 다시 말해 어떤 일을 하지 않는 것, 즉 일어나지 않는 행동에 대해 잔인하거나 야만적이라고 말할 수는 없기 때문이다.⁸

의성부사도 정확하게 동일한 원칙이 적용된다. 앞에서 말했듯이 의성부사는 술어에 의해 지정된 동작과 관련된 자연스러운 소리를 모방한다. (87)을 보자.

(87) 大 雨 哗 啦 啦 地 倒 下 来。

　　큰비가 후두둑 쏟아졌다.

의성부사는 동작술어와 관련된 소리를 나타내므로 그것을 부정의 영향권 안에 포함시키지 않은 채 술어를 부정할 수는 없다. 즉 우리는 '哗啦啦'라는 소리 없이 비가 온다고 말할 수 있다.

(88) 大 雨 没 有 哗 啦 啦 地 倒 下 来。

　　큰비가 후두둑 쏟아지지는 않았다.

그러나 비가 전혀 오지 않았다면 그런 소리를 낸다고 말할 수 없다.

(89) *大 雨 哗 啦 啦 地 没 有 倒 下 来。

---

7. 위의 주 6을 참고
8. 물론 잔인하게 어떤 일을 거절할 수는 있지만, 이 경우에는 분명하게 '거절하다'라는 의미를 갖는 동사를 사용해야 한다.

이제 이와 반대되는 유형의 예문을 보자. 이때 부정사는 '还'(여전히)에 후행한다.

(90) a. 他 还 喜 欢 中 国 菜。
        그는 여전히 중국요리를 좋아한다.
   b. *他 不 还 喜 欢 中 国 菜。
   c. 他 还 不 喜 欢 中 国 菜。
        그는 여전히 중국요리를 좋아하지 않는다.

여기서 부사 '还'는 현재 사실인 어떤 사태가 이전에도 사실이었다는 것을 의미한다. 이때 이러한 경우는 (90a)처럼 긍정될 수도 있고, (90c)처럼 부정될 수도 있다. (90c)가 전달하는 의미는 '그가 중국요리를 좋아하지 않는다는 사실이 여전하다'는 것이다. 그런데 그가 중국요리를 좋아한다는 사실이 '여전하지 않다'라는 의미의 문장은 불가능하다. 따라서 (90b)는 문법에 맞지 않는다. 그러므로 '还'은 그 영향권 안에 '不'을 가질 수 있지만, '不'는 그 영향권 안에 '还'을 가질 수 없다.

8.2.2에서 논의한, 시간과 관련된 의미를 나타내는 비이동성 부사는 '还'와 동일한 방식으로 쓰인다. 이러한 부사로는 '刚刚', '已经', '就', '才'가 있다.

(91) a. 他 刚 刚 不 说 话。
        그는 조금 전에 말을 하지 않았다.
   b. *他 不 刚 刚 说 话。
(92) a. 他 已 经 不 做 坏 事 了。
        그는 이미 나쁜 짓을 그만두었다.
   b. *他 不 已 经 做 坏 事 了。
(93) a. 我 就 不 去 了。
        나 그러면 가지 않겠어.

b. *我 不 就 去 了。

　이런 부사들은 각각 그 의미의 일부로서 '어떤 시점에서는', '어떤 시점으로부터'라는 뜻을 내포한다. '刚刚'은 '조금 전부터'를 의미하고 '已经'은 '(의외로) 현재 이미'를 의미하며, '就'는 '(대화에 언급된) 이전의 어떤 사건부터'를 의미한다. 앞에서 '还'의 경우에 제시했듯이, 일정한 시점에서 어떤 사건이나 상황이 사실이거나 사실이 아니라고 말하는 것은 의미가 통하지만, 일정한 시점이 부정된 상태에서 어떤 사건이 사실이라고 한다면 의미가 통하지 않는다. '어떤 시간부터'라는 개념은 그 영향권 안에 문장의 나머지 부분 전부를 포함해야 한다.

　일부 비이동성 부사들은 두 가지가 모두 가능하다. 즉, 그것들은 부정사에 선행할 수도 있고 후행할 수도 있다. (94)를 보자.

(94) a. 他 常常 喝 酒。
　　　　그는 자주 술을 마신다.
　　 b. 他 不 常常 喝 酒。
　　　　그는 자주 술을 마시는 것은 아니다.
　　 c. 他 常常 不 喝 酒。
　　　　그는 보통 술을 마시지 않는다.

　(94b)에서는 부사 '常常'이 부정사 '不'의 영향권 안에 있는 반면에 (94c)에서는 부정사 '不'가 부사 '常常'의 영향권 안에 있다. 공교롭게도 (94b)의 '자주 술을 마시는 것은 아니다'와 (94c)의 '보통 술을 마시지 않는다'와 본질적으로 같은 의미이다.† 두 가지 순서, '부정사 + 비이동성 부사'와 '비이동성 부사 + 부정사' 간의 의미상의 차이점은 '故意'(고의로)의 예를 보면 좀더 확실해질 것이다.

(95) a. 他 故意 喝 酒。

　　　그는 고의로 술을 마신다.

　　b. 他 不 故意 喝 酒。

　　　그는 고의로 술을 마시지 않는다.

　　c. 他 故意 不 喝 酒。

　　　그는 고의로 술을 마시지 않는다.

(95b)와 (95c)의 의미 차이는 분명하다. 즉 (b)에서 그는 술을 마시지만 고의가 아닌 반면에, (c)에서 그는 술을 마시지 않은 것이 고의적이다. 여기에서 알 수 있듯이 위치의 차이는 영향권의 차이와 밀접한 관련이 있다.

대다수의 비이동성 양태부사들(후에 논의될 약간의 예외를 포함해서)은 '故意'와 같은 방식으로 쓰인다. 그들은 부정사의 앞이나 뒤에 모두 올 수 있으며, 이에 따라 의미의 차이가 생긴다. 또 다른 예로 '心甘情愿地'(기꺼이)를 보자.

(96) a. 他 不 心 甘 情 愿 地 唱 歌。

　　　그는 진정으로 원해서 노래하는 것이 아니다. (그는 진정으로 원해서 노래 부르는 것이 아니다.)

　　b. 他 心 甘 情 愿 地 不 唱 歌。

　　　그는 진정으로 원해서 노래하지 않는다. (그는 진정으로 그러고 싶지 않아 노래 부르지 않는다)

---

† (94b)와 (94c)가 본질적으로 같은 의미라는 것에 대해 좀 더 부연 설명할 필요가 있다. (94b)와 (94c)를 분석해보면 다음과 같이 다시 쓸 수 있다.
　(94) b. 그가 술을 마시는 것은 종종이 아니다.
　　　 c. 그가 술을 마시지 않는 것이 종종이다.
다시 말하면 (94b)는 종종은 아니지만 뜸하게 마시든가 할 수 있는 것이고, (94c)는 술을 마시는 때가 가끔 있다는 의미를 갖는다. 즉, 둘 다 술을 마시지 않는다는 것을 나타내는 것이 아니라, 자주 아니지만 가끔 술을 마신다는 것을 의미한다.

앞서 '故意'의 예에서 지적했듯이 '不'나 부사는 그 영향권 안에 다른 요소를 포함할 수 있다. (96a)에서는 그가 노래를 부르기는 하지만 자진해서 하는 것은 아닌 반면, (96b)에서는 그가 자진해서 노래를 하지 않는다는 의미를 갖는다.

부정사 '不'나 '没(有)'와 부사의 순서에 대한 일반화된 법칙에 의거해 의미의 영향권이라는 개념을 정확하게 정의할 수 있게 되었다. 즉, 어떤 사건이 일어날 수 있지만 부사에 의해 지적되는 방법으로가 아니라는 사실을 부사가 의미할 경우에 부사는 부정사의 영향권 안에 있을 수 있으며, 이것은 부사가 부정사 뒤에 올 수 있음을 의미한다. '仔細地'(세밀하게)와 같은 부사가 여기에 해당한다.

그러나 부사의 의미가 어떤 사건이 사실이거나 사실이 아닌 틀을 제공해 줄 경우에 긍정술어나 부정술어는 부사의 영향권 안에 있어야 하며, 따라서 부정사는 부사의 뒤에 와야 한다.

이와 같은 일반화는 일반적이고 중립적인 대화 상황에서 적용된다. 그러나 부정문은 종종 특수하고 비중립적인 대화 상황에 쓰이기도 한다. 예를 들어 긍정명제와 부정명제를 대비시키거나 다른 사람이 말한 것을 강하게 부정할 경우 '不是'(…이 아니다)를 쓸 수 있으며, 이것은 항상 부사를 포함하는 술어에 선행한다.

(97) 他 <u>不 是</u> 还 在 海 边, 他 是 还 在 学 校。
    그는 아직 바닷가에 있는 것이 아니라 아직 학교에 있다.

비중립적인 대화상황의 또 다른 예는 화자가 대답을 바라지 않는 수사의문문(rhetorical question)의 경우이다.

일반적으로는 불가능하지만 수사의문문의 경우에는 종종 부정사가 부사 앞에 올 수 있다.

(98) 他 不 就 来 吗?
그는 곧 오지 않겠니?

(99) 他 不 还 做 事 吗?
그는 아직 일을 하지 않겠니?

8.4 부사와 把-구문(Adverb and the 把 Construction)

把-구문(제15장 참고)은 다음과 같은 구조를 갖는다.

(100) NP_1 + 把 + NP_2 + 동사

把-구문에서 직접목적어 명사구인 NP_2는 개사 '把'의 뒤에 놓이며 동사 앞에 온다. 把-구문에서의 부사의 기능을 검토해보자. 이동성 부사인 시간부사나 양태부사는 다른 문장에서처럼 把-구문에서도 문두나 화제/주어 뒤에 올 수 있다. 그러나 시간부사는 양태부사와는 달리 把-구문 뒤에도 올 수 있다. 따라서 (101c)는 맞는 문장이지만, (102c)는 문법에 맞지 않는다.

(101) a. 昨 天 我 把 车 子 卖 了。
　　　　어제 나는 차를 팔았어.
　　 b. 我 昨 天 把 车 子 卖 了。
　　　　나는 어제 차를 팔았어.
　　 c. 我 把 车 子 昨 天 卖 了。
　　　　나는 차를 어제 팔았어.
(102) a. 显 然 他 把 李 四 赶 出 去 了。
　　　　분명히 그가 리쓰를 내쫓았다.
　　 b. 他 显 然 把 李 四 赶 出 去 了。

그가 분명히 리쓰를 내쫓았다.
c. *他 把 李四 显然 赶 出 去 了。

앞에서 비이동성 부사는 주어 뒤, 동사 앞에 온다고 정의했다. 그러나 把-구문에서 주어 뒤, 동사 앞이라는 위치는 두 가지가 있는데, 바로 把-명사구의 앞(A)과 뒤(B)를 말한다. 공식으로 나타내면 (103)과 같다.

(103) NP_1 (A) 把 NP_2 (B) 동사

따라서 비이동성 부사는 문두에 오지는 않지만 把-구문에서 동사 앞의 두 위치에 모두 올 수 있으며, 이 경우 의미는 변하지 않는다. 다음 예를 보자.

(ⅰ) 행위자지향 양태부사

(104) a. 我 把 他 严 厉 地 骂 了 一 顿。
나는 그를 엄하게 한 번 꾸짖었다.
b. 我 严 厉 地 把 他 骂 了 一 顿。
나는 엄하게 그를 한 번 꾸짖었다.

(ⅱ) 비행위자지향 양태부사

(105) a. 我 把 他 惭 愧 地 骂 了 一 顿。
나는 그를 창피스럽게 한 번 꾸짖었다.
b. 我 惭 愧 地 把 他 骂 了 一 顿。
나는 창피스럽게 그를 한 번 꾸짖었다.
(106) a. 我 把 那 本 书 甘 心 情 愿 地 卖 了。
나는 그 책을 기꺼이 팔았다.

b. 我 甘 心 情 愿 地 把 那 本 书 卖 了。
  나는 기꺼이 그 책을 팔았다.

(iii) 비이동성 비양태부사

(107) a. 我 再 把 他 骂 一 顿。
   나는 다시 그를 한 번 꾸짖겠다.
   b. 我 把 他 再 骂 一 顿。
   나는 그를 다시 한 번 꾸짖겠다.

(iv) 의성부사

(108) a. 我 啪 地 把 他 打 了 一 掌。
   나는 찰싹 그를 한 대 때렸다.
   b. 我 把 他 啪 地 打 了 一 掌。
   나는 그를 찰싹 한 대 때렸다.

반면에 양태부사는 아니지만 부사의 위치에 따라 把-구문의 의미가 달라지는 부사가 있다. 예를 들어 '也'(…도)가 이런 유형의 부사이다.

(109) a. 我 也 把 他 请 来 了。
   나도 그를 오라고 초청했어.
   b. 我 把 他 也 请 来 了。
   나는 그도 오라고 초청했어.

(109a)는 내가 그를 초대했듯이 다른 사람도 그를 초대했다는 의미를 내포하는 반면, (b)는 내가 그 외에 다른 사람도 초대했다는 의미를 내포한다.

따라서 把-구문에서는 '也'와 같은 유형의 부사를 제외한 비이동성 부사는 의미의 변화 없이 把-명사구의 앞이나 뒤에 모두 올 수 있다.

8.5 수량부사구(Quantity Adverbial Phrase)

수량부사구는 하나 이상의 단어로 구성되기 때문에 부사라기보다는 부사구라고 해야 한다. 이러한 구들은 동작의 횟수나 지속된 시간을 나타내며 동사 뒤에 온다. 그것은 수사, 분류사(필요한 경우에만 쓰임),[9] 그리고 명사로 이루어져 있다. 다음 예를 보자.

(110) 他 走 了 <u>十 分 钟</u> 了。
　　　그는 (지금까지) 10분 동안 걸었다.
(111) 他 睡 了 <u>三 个 钟 头</u> 了。
　　　그는 (지금까지) 세 시간 동안 잤다.
(112) 他 找 了 <u>两 次</u> 了。
　　　그는 두 번 찾았다.

(110)-(112)에서 밑줄 친 부분은 수량부사구로서, 어떤 동작이 행해진 횟수나 어떤 사건이 발생한 이후 지속된 시간을 나타낸다. 아래 예문에서 밑줄 친 구들은 이와 같은 부사가 아닌 것 같지만, 자세히 살펴보면 분명히 형태와 기능면에서 (110)-(112)와 동일한 경우이다.

(113) 他 把 我 踢 了 <u>一 脚</u>。
　　　그는 나를 한 번 찼다.

---

9. 때로는 수량부사구에 보이는 명사들뿐 아니라 '年', '天' 같은 몇몇 시간명사들도 분류사를 취하지 않는다(4.2.1 참고).

(114) 他 把 我 咬 了 <u>一 口</u>。
　　　그는 나를 한 입 깨물었다.
(115) 我 把 他 打 了 <u>三 拳</u>。
　　　나는 그를 세 방 때렸다.
(116) 那 个 地 方 我 已 经 跑 了 <u>好 几 趟</u> 了。
　　　그곳은 내가 이미 여러 번 다녀왔다.

(113)-(116)에서 밑줄 친 부분은 두 가지 특징을 가지고 있다. 첫째, 그들은 관용어적인 의미를 가지고 있어서 별도로 익혀 두어야 한다(예를 들어, '一脚'는 '踢' 이외에는 어떠한 동사와도 함께 쓰이지 않는다). 둘째, '脚'나 '口'와 같은 명사들은 일반적으로 분류사와 함께 쓰이지만, 이와 같은 표현에서는 분류사 없이 쓰인다. 이런 두 가지 특징 때문에 Chao(1968: 313)는 이들을 '동족목적어'(cognate object)라고 불렀다. 그러나 기능상 이들은 목적어가 아니다. 예를 들어 (114)에서 물린 것은 '一口'가 아니라 '我'이다. 따라서 (114)에서 직접목적어는 '我'이다. 그 대신에 이러한 형태들은 (110)-(112)에서처럼 동작의 횟수나 지속된 시간을 나타내며 부사구로 쓰이기 때문에 수량부사구로 분류되어야 한다.

제9장
개사/전치사(Coverb/Preposition)

9.1 개사의 기능

중국어에서 개사라는 용어는 처소구문에 쓰이는 '在'(제11장 참조), 把-구문의 표지 '把'(제15장 참조), 비교를 나타내는 형태소 '比'(제19장 참조), 피동구문의 표지 '被'(제16장 참조), 수혜자 및 간접목적어구문의 표지 '给'(제10장 참조) 등의 특정 구문에서 특별히 사용된 형태소뿐만 아니라 '跟', '从', '朝', '沿', '离' 등을 포함하는 일군의 형태소를 가리킨다.[1] 자세한 목록은 이 장 마지막 부분의 <표 9-1>로 정리되어 있다.

개사는 명사구를 이끌며[2] '개사 + 명사구'로 이루어진 개사구는 대개 주요 동사 앞이나 화제/주어 뒤에 온다.

(1) {화제 / 주어} + 개사 + 명사구 + 동사 + (명사구)

---

1. 이 장은 Li and Thompson(174a, 1974c)과 Chao(1968), Cartier(1970), Huang (1974a, 1978), Chang(1977)을 참고했다. 중국어 및 기타 언어의 개사에 대한 상세한 논의는 Hagege(1975) 참조.
2. 명사구 없이도 쓰일 수 있는 유일한 개사는 피동표지인 '被'이다(제16장 참조).

다음 예문을 보자.

(2) 我要<u>跟</u>他说话。
　　 나는 그와 이야기하려 한다.

(3) 你<u>从</u>哪儿来?
　　 당신은 어디에서 오십니까?

(4) 他<u>朝</u>东站着。
　　 그는 동쪽을 향해 서 있다.

(5) 我家<u>离</u>公园不远。
　　 우리 집은 공원에서 멀지 않다.

(6) 我们<u>按</u>他的意思办。
　　 우리는 그의 생각에 따라 한다.

(7) <u>往</u>南看。
　　 남쪽을 봐.

(8) 你<u>替</u>我买票吧。
　　 나 대신에 표 좀 사줘.

(9) 人民代表应该<u>由</u>人民来选。
　　 국민의 대표자는 국민이 뽑아야 한다.

(10) 我<u>对(于)</u>这件事没有意见。
　　 나는 이 일에 대해 의견이 없다.

(11) 他<u>在</u>后园里念书。
　　 그는 뒤뜰에서 공부하고 있다.

(12) 他<u>把</u>书放下来了。
　　 그는 책을 내려놓았다.

(13) 我<u>被</u>他追了三天。
　　 나는 그에게 사흘 동안 쫓겨 다녔다.

(14) 妈妈<u>给</u>我做饺子。
　　 어머니가 나에게 만두를 만들어주셨다.

주요 동사의 앞에 위치하지 않아도 되는 개사도 있다. 이러한 개사들 중에서 가장 대표적인 '在'와 '到'는 처소구와 방향구에 관해 서술할 제11장에서 논의할 것이며 '给'는 간접목적어와 수혜자에 관해 서술할 제10장에서 논의할 것이다.

제10장, 제11장에서 설명하겠지만, 이 세 종의 개사는 각각 일정한 조건 하에서 동사 뒤에 쓰일 수 있다.

(15) 我 住 在 青 岛。
　　　나는 칭다오에 살고 있다.
(16) 念 到 第 五 行。
　　　다섯째 줄까지 읽어라.
(17) 把 那 个 杯 子 递 给 我。
　　　그 컵을 내게 건네줘.

어떤 개사는 문두에 쓰이기도 한다.

(18) 关 于 国 外 的 情 形, 他 一 点 都 不 熟 悉。
　　　국외의 상황에 대해 그는 조금도 익숙하지 않다.
(19) 至 于 课 外 的 活 动, 他 们 不 管。
　　　과외의 활동에 그들은 관여하지 않는다.

좀 다른 형식으로 쓰이는 개사로 '除了…(以外)'가 있다. 개사 '除了'가 이끄는 명사구 뒤에 '以外'의 부가는 수의적이다. 다음 예를 보자.

(20) 除 了 他 (以 外) 你 们 都 站 起 来。
　　　그 외에 너희들 모두 일어나라.

개사는 영어의 전치사처럼 쓰인다. 즉, 개사와 그가 이끄는 명사는 구를 형성해 그 문장의 동사를 수식한다. 따라서 개사구는 항상 다른 동사와 함께 쓰인다. 중국어의 개사가 본질적으로 전치사와 같다면 왜 전치사라고 부르지 않고 개사라고 부르는 것일까? 그에 대한 대답은 간단하다. 개사 중에는 동사적인 성질과 전치사적인 성질을 모두 갖고 있는 단어가 있기 때문이다. 전통적으로 개사라는 용어를 설정한 것은 개사를 동사나 전치사와 구별하기 위해서이다.³

현재 쓰이는 개사의 대부분은 이른 시기의 중국어에서는 동사로 쓰였고 그중 대다수는 아직도 동사의 성질을 가지고 있으며, 직접 동사로 쓰이는 경우도 있다. 예를 들면, '把'는 이전에 '가지다, 잡다'라는 의미의 동사였고, '对'는 '대하다'라는 의미의 동사였으며 '跟'은 '따르다'라는 의미의 동사였다.

개사가 원래 동사였다는 특징은 현재 개사의 특성을 잘 설명해준다. 특히 동사로부터 개사로의 역사적 변천은 그 발전 속도가 각각 달라서 어떤 개사는 동사적인 성질을 더 많이 갖는 반면 어떤 개사는 전치사적인 성질을 더 많이 갖고 있다.

개사의 동사적 성질을 보여주는 두 가지 특성을 살펴보자.

9.1.1 상표지(Aspect Marker)를 갖는 경우

어떤 개사는 동사의 상표지를 가질 수 있다(제6장 참조). 이것은 그것들이 이전에는 동사였음을 말해준다. 상표지를 갖는 개사는 그렇지 않은 개사에 비해 동사에서 개사로의 역사적 변화가 충분히 진행되지 않은 것이라고 볼 수 있다.

---

3. 전통적인 중국어 용어인 부동사(副动词)는 Wang(1974)에 소개되어 있다.

A. -着

일부 개사는 동사에 대한 지속상접미사인 '-着'와 함께 쓸 수 있다(지속상에 대해서는 6.2 참조).⁴ 다음이 그러한 예이다.

(21) 按 : …에 의해　　逆 : …에 거슬러
　　 冲 : …를 향해　　凭 : …에 의해
　　 朝 : …를 향해　　顺 : …에 따라서
　　 对 : …에 대해　　向 : …를 향해
　　 往 : …쪽으로　　 为 : …를 위해
　　 沿 : …를 따라서　靠 : …에 기대어

구체적인 예로 다음 예문을 살펴보자. 대부분의 화자들은 개사 뒤에 '-着'가 있는지의 여부가 의미에 영향을 미치지 않는다고 여기고 있다.

(22) 我 们 得 按(着) 法 律 办。
　　　우리는 법률에 따라 처리해야 한다.
(23) 他 们 往(着) 船 上 放 枪。
　　　그들은 배 쪽으로 총을 쏘았다.

사실 Chao(1968: 763)에 따르면 '沿'과 같은 일부 개사는 '沿海', '沿江'처럼 하나의 단어처럼 쓰이는 경우가 아니면 반드시 접미사 '-着'를 부가해야 한다. (24)는 '沿'이 '-着'와 함께 쓰인 예이다.

(24) 潜 水 艇 沿 着 海 岸 慢 慢 地 走。
　　　잠수함이 이 해안을 따라 천천히 간다.

---

4. 이 점에 대한 논의는 Simon(1958)과 Huang(1974a)을 참조.

반면에 대부분의 개사는 '-着'를 취할 수 없다.

(25) *我 <u>从 着</u> 那 儿 走。
(26) *他 <u>在 着</u> 家 睡 觉。
(27) *我 <u>给 着</u> 他 写 信。

'-着'가 동사와 함께 쓰인 경우와 개사와 함께 쓰인 경우는 다음과 같은 차이를 보인다. 첫째, '-着'가 자유롭게 모든 개사에 부가될 수 있는 것은 아니므로 '-着'를 부가할 수 있는 개사를 모두 기억할 수밖에 없다. 둘째, '-着'가 상표지로서 동사에 부가된 경우는 지속의 의미를 나타내지만 개사에 부가된 경우는 지속의 의미가 없다. (22), (23)에서 일부 개사가 '-着'의 사용 여부에 상관없이 동일한 의미를 나타내는 것은 바로 이 때문이다.

B. -了

'为'와 같이 일부 개사는 '-了'를 취할 수 있다.

(28) 我 <u>为 了</u> 你 一 夜 没 睡 觉。
　　　나는 너 때문에 밤새 자지 못했어.

'除了 … (以外)'는 전형적인 개사는 아니지만 이 경우 '-了'는 필수적인 요소이다. 그런데 '为了', '除了'의 '-了'가 아직도 완료상의 기능을 유지하고 있는지는 분명하지 않다.

9.1.2 동사 기능을 겸할 수 있는 개사

개사에서 두 번째 문제점은 그들 가운데 많은 수가 아직도 동사로 쓰일 수 있다는 것이다. 일부 개사는 동사로 쓰일 때 의미가 달라질 수 있다. 다음 문장에서 (a)는 개사로 쓰인 경우이고, (b)는 동사로 쓰인 경우이다.

(ⅰ) 의미가 같은 경우

(29) a. 他 <u>朝</u> 南 拜。
　　　　그는 남쪽을 향해 절을 한다.
　　 b. 他 的 屋 子 <u>朝</u> 海。
　　　　그의 방은 바다를 향하고 있다.
(30) a. 我 们 常 <u>到</u> 纽 约 去。
　　　　우리는 자주 뉴욕에 간다.
　　 b. 我 们 几 点 钟 <u>到</u> 纽 约？
　　　　우리는 몇 시에 뉴욕에 도착합니까?

(ⅱ) 의미가 다른 경우

(31) a. 我 们 <u>按</u> 他 的 意 思 办 吧！
　　　　그의 생각에 따라 처리합시다.
　　 b. 有 人 <u>按</u> 门 铃。
　　　　누군가 초인종을 누른다.
(32) a. 他 又 <u>跟</u> 我 借 钱。
　　　　그는 또 나에게 돈을 빌렸다.
　　 b. 警 察 <u>跟</u> 了 他 三 天 了。
　　　　경찰이 그를 3일째 따라다니고 있다.

(ⅲ) 개사에 동사적 용법이 없는 경우

(33) a. 你 得 丛 各 方 面 看。
　　　　너는 (문제를) 여러 각도에서 보아야 해.
　　 b. *你 得 丛 这 儿。
(34) a. 别 和 我 开 玩 笑。
　　　　나에게 농담하지 마.
　　 b. *别 和 我。

　개사에 따라 동사에서 개사로 변화한 정도가 다르다면, 동사 용법이 존재하는지에 따라 분류한 위의 세 가지 유형의 차이는 예상할 수 있는 것이다. 즉, 어떤 것은 동사로부터 개사로의 변화가 그다지 진전되지 않은 것이 있는데 이들은 여전히 동사로도 쓰일 수 있다. 반면에 완전히 개사로 변한 것들은 다시 동사로 쓰일 수 없다(다만 복합어인 경우는 예외로 한다. 예를 들면 개사 '丛'은 '随丛'에서처럼 동사의 일부로 쓰일 수 있다.
　이처럼 많은 개사가 여전히 동사로 쓰일 수 있고 하나의 문장에 둘 이상의 동사가 함께 출현하는 것이 가능하다면(제21장 참조) 동사인 것과 동사가 아닌 것을 어떻게 구별해낼 수 있는지 의문을 제시할 수 있다.
　이 질문에 대한 대답은, 위에서 말한 부류의 단어가 동사로 쓰일 수 없는 문맥에 쓰였다면 그것은 개사로 간주해야 한다. 예를 몇 가지 들어보자.
　우선 제시된 기준에 맞는 개사 '被'를 살펴보기로 하자. '被'는 어떠한 문맥에서도 동사로 쓰일 수 없다. 피동문(제16장 참조)의 행위자표지인 '被'는 문장 안에서 다음과 같이 쓰일 수 있다.

(35) 我 被 妈 妈 批 评 了。
　　　나는 어머니에게 꾸지람을 들었다.

　'被'는 동사로 쓰일 수 없기 때문에 개사일 수밖에 없다. 특히 그것은 다른 동사의 도움 없이 단독으로 문장의 동사가 될 수 없다.

(36) *我 被 妈 妈。

'被'나 '把', '从'과 같은 것은 동사로 쓰일 수 없기 때문에 그것이 개사임을 확인할 수 있다. 이들은 개사 중에서 개사적 특성을 가장 많이 지니고 있는 것이다.

이제 '在', '给', '到'와 같은 유형을 살펴보자. 이들 개사는 (37)-(39)와 같이 동사로 쓰일 수 있다.

(37) 李 四 在 海 边。
     리쓰는 바닷가에 있다.
(38) 爸 爸 给 我 钱。
     아빠가 나에게 돈을 준다.
(39) 我 们 到 了 香 港。
     우리는 홍콩에 도착했다.

그러나 이들은 개사의 특성도 가지고 있다. 다음 예를 보자.

(40) 他 在 锅 里 放 水。
     그는 솥에 물을 붓는다.

(40)에서 '在'를 동사로 해석해서는 안 된다. 그것은 '···에 있다'라는 동사적 의미로 쓰이지 않았기 때문이다. 다시 말하면 (40)은 결코 '他'가 솥 안에 있다고 해석될 수 없다. 이것을 연동문으로 보고 '在'를 동사로 파악할 수도 있지만, 이 경우의 해석은 다소 부자연스럽게 '그는 솥 안에서 (다른 곳으로) 물을 부었다'가 될 것이다. (40)을 통해 분명히 알 수 있는 사실은 '在'는 동사의 의미를 갖지 않는 경우가 있기 때문에 개사로서의 자격이 있다는 것이다.

마찬가지로 (41)의 '给'는 동사일 수 없다. 여기서 '给'는 '…에게'의 의미만을 가지고 있을 뿐, '주다'라는 동사적 의미를 가지고 있지 않기 때문이다.

(41) 我 给 你 倒 茶。
   내가 너에게 차를 따라 줄게.

(42)의 '到' 역시 동사가 아니다. 그것은 '도착하다'라는 동사적 의미를 지니고 있지 않기 때문이다.

(42) 他 到 伦 敦 去 了。
   그는 런던으로 갔다.

(40)의 '在'처럼 (42)의 '到'도 '도착하다'라는 동사적 의미를 가질 수 있다. 이 경우 이 문장은 '그는 런던에 도착했다가 (어딘가로) 갔다'라는 의미의 연동문 될 것이다.

개사인 것을 확인하려면 그것이 적어도 동사의 의미를 가질 수 없는 문맥, 즉 전치사적(prepositional)인 기능을 하는 것이 명백한 문맥에 출현해야 한다. (40)-(42)는 모두 이러한 기준에 의해 개사라는 사실을 입증할 수 있는 경우이다. 논의를 마무리 짓기 위해 이 기준에 의거해서 그것이 개사의 특성을 갖지 않은 것이 명백한 예를 하나 살펴보자.

(43) 他 们 不 会 用 筷 子。
   그들은 젓가락을 사용할 줄 모른다.
   They don't know how to use chopsticks.

(43)에서 전체 문장의 유일한 동사로서 '用'은 분명히 동사로서 기능하고

있다. 그러나 다른 동사와 함께 쓰이게 되면 영어가 모어인 화자는 '用'이 개사의 기능을 갖고 있다고 여긴다. 왜냐하면 '用'이 영어의 전치사 'with'로 번역될 수 있기 때문이다.

(44) 我 <u>用</u> 毛 笔 写 字。
　　　나는 붓으로 글자를 쓴다.
　　　I use a brush to write characters.
　　　I write characters with brush.

그러나 (44)의 '用'이 영어에서 전치사 'with'로 번역될 수 있다고 할지라도 (43), (44)에서 '用'의 의미는 본질적으로 동사의 의미와 어떠한 차이도 없다. 그러므로 이제까지 사용한 기준에 의하면 그것을 동사가 아니라고 볼 이유가 전혀 없다.

위에서 언급한 기준에 의거하면 개사와 동사 간의 뚜렷한 차이를 알 수 있다. 즉, 개사는 자신이 동사로 해석될 수 없는 문맥에 출현할 수 있다는 것이다. 그러므로 동사로 해석될 수 없는 경우가 많은 '在', '给', '到'뿐만 아니라, 결코 동사로 해석될 수 없는 '被', '把', '从'도 개사로 볼 수 있다. 그러나 '用'은 항상 동사적 의미로 해석될 수 있기 때문에 개사로 볼 수 없다.

9.2 개사 일람표

<표 9-1>은 상용되는 개사의 목록이다. 각 개사마다 간단히 설명을 부가했다.

<표 9-1> 개사 일람표

개 사	해 석	현재 동사로 사용될 때의 의미	과거 동사로 사용될 때의 의미
挨	…에 인접해	…에 인접하다	
按	…에 따라	누르다	
把	(직접목적어 표지)		잡다, 취하다
被	(행위자표지)		입다
奔	…을 향해	…로 가다	
比	…보다	비교하다	
不及	…만 못하다	及=미치다	
不如	…만 못하다	如=…와 같다	
朝	…을 향해	향하다	입궐해 임금을 뵙다
趁	…한 틈을 타서		쫓다
乘	…을 이용해	타다	
冲	…을 향해	향하다	
除了	…외에	제거하다	
从	…(로)부터		따르다
打	…(로)부터	때리다	
代替	…을 대신해	대신하다	
当[面]	…앞에서	충당하다	
到	…로	도착하다	
对	…에게	대하다	
对(于)	…에 대해	향하다	…를 향하다
给	…에게	주다	
	…을 위해		
跟	…와	따르다	
跟	…에게	따르다	
管	…을(叫와 함께 쓰임)	관리하다	
关于	…에 관해		
归	(행위자표지)	돌아가다	
和(hàn)	…와		섞다
和(hé)	…와		섞다
将	(문어에 쓰이는 직접 목적어 표지)	(장기에서) 장군을 부르다	
叫	(행위자표지)	부르다	
解	(행위자표지)	풀다	
就	…로부터		가다
就	이용해		
	(음식이나 음료와) 함께	(음식, 음료와) 함께 먹다	

(표 9-1 계속)

(根)据	…에 근거해		
靠	…에 인접해 (기대어)	기대다	
离	…로부터		떨어지다
论	(도량 단위)에 의해		평가하다
逆	거슬러	반대하다	만나다
凭	…에 의거해	의지하다	
起	…로부터(시간, 장소)	일어나다	
使	사용해	시키다	
受	(행위자 표지)	받다	
顺	…을 따라	따르다	
替	…을 대신해	대신하다	
同	…와	동일하다	
望	…로	바라보다	
往	…로		가다
为	…를 위해	…를 위하다	
像	…와 같이	…와 닮다	
向	…을 향해	…향하다	
沿	…을 따라서	따라가다	
依	…에 따라	따르다	
(依)照	…에 따라	照=비추다	
由	…로부터		따르다
于	…에, …에게		…에 있다
至于	…에 관해서는		

제10장
간접목적어와 수혜자(Indirect Object and Benefactive)

일부 동사는 두 개의 목적어, 즉 직접목적어(direct object)와 간접목적어를 가질 수 있다.[1] 동사구의 유형을 논의한 4.3.1에서는 이런 동사를 이중목적어동사(ditransitive)라고 했다. '직접목적어'와 '간접목적어'라는 말에서 알 수 있듯이, 동사와 직접목적어의 의미적 관계는 동사와 간접목적어의 의미적 관계보다 직접적이고 긴밀하다. 그러므로 만약 동사가 직접목적어와 간접목적어를 모두 취하는 동작동사라면 일반적으로 직접목적어는 동작의 결과로서 이동되는 대상을 나타내며, 간접목적어는 동작에 의해 영향을 받는 사람을 가리킨다. 다음 예를 보자.

(1) 我 扔 了 <u>那 块 肉</u> 给 他。
　　나는 그 고깃덩어리를 그에게 던져주었다.

(1)에서 직접목적어(=D.O.)는 '那块肉'이고 간접목적어(=I.O.)는 '他'이다. '那块肉'와 동사 '扔'의 의미적 관계가 더 긴밀한 것은 분명하다. 목적어를

---
1. 이 장은 Mei(1972: 144-148)와 Teng(1975a: 149-154)의 도움을 받았다.

가지는 동작동사의 직접목적어와 간접목적어를 구별하는 좋은 방법 중 하나가 把-구문이다(제15장 참조). 목적어를 가지는 동작동사에서 직접목적어만 개사 '把'에 의해 전치될 수 있다. 이것을 (1)에 적용시켜보면 '把' 뒤에 올 수 있는 명사구는 간접목적어 '他'가 아니라 직접목적어 '那块肉'임을 알 수 있다.

(2) 我 把 <u>那 块 肉</u> 扔 给 他。
    나는 그 고깃덩어리를 그에게 던져주었다.
(3) *我 把 他 扔 了 <u>那 块 肉</u>。

간접목적어의 중요한 특징은 그것이 언제나 사람이나 동물을 지칭하는 유생명사이거나 '医院' 같은 사회적 기구여야 한다는 것이다. 비록 명사의 의미적 유형이란 관점에서 볼 때 직접목적어에는 이와 같은 제한이 없지만 직접목적어와 간접목적어가 함께 출현할 경우 일반적으로 직접목적어는 '무생'(inanimate)이고 간접목적어는 '유생'(animate)이다. 직접목적어와 간접목적어가 함께 오는 경우 일반적으로 두 가지의 어순이 존재한다. (1)에서 직접목적어 '那块肉'는 간접목적어 '他'의 앞에 오며, 간접목적어 '他'에는 개사 '给'가 부가되었다.

(1) 我 扔 了 <u>那 块 肉</u> 给 他。
    나는 그 고깃덩어리를 그에게 던져주었다.
(1)을 (4)와 같이 표현할 수 있다.

(4) 我 扔 给 他 <u>那 块 肉</u>。 2
    나는 그에게 그 고깃덩어리를 던져주었다.

---

2. 완료상의 '了'이 (1)에서는 쓰였지만 (2)와 (4)에서는 쓰이지 않은 이유는 '给'가 쓰인 문장이 완료적인 표현으로 사용되기 때문이다.

(4)에서 간접목적어는 '给'를 부가해 직접목적어에 선행하고 있다.

즉 (1)과 (4)는 직접목적어와 간접목적어의 위치가 바뀔 수 있음을 보여준다. 이러한 어순 변화에 대해 두 가지 중요한 견해가 제시될 수 있다. 첫째, 직접목적어가 선행하는 문장(D.O. + I.O.)과 간접목적어가 선행하는 문장(I.O. + D.O.)이 각각 다른 대화상황에 쓰인다는 것이다. 직접목적어가 이미 언급된 대화상황에서는 어순이 'D.O + I.O'가 되며 간접목적어가 이미 언급된 대화상황에서는 어순이 'I.O + D.O'가 된다.[3] 예문을 통해서 살펴보자. 어떤 사람이 부엌에 있던 고깃덩어리와 케이크가 어떻게 됐는지를 묻는다면, (5b)처럼 대답하는 것보다 (5a)와 같이 대답하는 것이 더 적절하다.

(5) a. 我扔了那块肉给我的狗, 送了那个蛋糕给你的朋友。
　　　나는 고깃덩어리는 내 개에게 던져주었고, 그 케이크는 네 친구에게 주었다.
　　b. 我扔给我的狗那块肉, 送给你的朋友那个蛋糕。
　　　나는 내 개한테는 고깃덩어리를 던져주었고, 네 친구에게는 그 케이크를 주었다.

반면에 대화상황이 바뀌어 굶주린 개와 허기진 친구에게 어떻게 해줬는지를 물었다면, (5a)가 아니라 (5b)와 같이 대답하는 것이 더 적절하다.

간접목적어와 직접목적어의 어순 변환에서 언급해야 할 두 번째 문제점은 (1)과 같이 간접목적어가 직접목적어 뒤에 올 때 반드시 '给'를 사용해야 한다는 것이다. (1)과 (6)의 두 예문을 비교해보자.

(1) 我 扔 了 那 块 肉 给 他。
(6) *我 扔 了 那 块 肉 他。

(6)은 성립하지 않는다. 영어의 경우와 마찬가지로 간접목적어가 동사 바

---

3. 이 원리에 대한 범언어적 일반 논의는 Givon(1979a: chap.4)을 참고할 것.

로 뒤에 오지 않을 경우 전치사/개사를 써서 그것이 간접목적어임을 밝혀야 하기 때문이다.

(7) *I tossed that piece of meat him.

그런데 간접목적어가 직접목적어의 앞에 위치할 경우, 동사에 따라서 반드시 '给'가 와야 하거나 '给'가 수의적이거나 '给'가 올 수 없는 경우가 존재한다.[4] 이 세 가지 경우를 하나씩 살펴보자.

10.1 반드시 '给'가 와야 하는 경우

간접목적어 앞에 반드시 '给'가 와야 하는 동사는 다음과 같다.

(8) 递 : 전하다   写 : 쓰다
    分 : 나누다   租 : 세를 내다
    带 : 들다, 지니다   留 : 남기다
    寄 : (우편으로)부치다   打(电话) : 전화하다
    交 : 건네다   踢 : 차다
    卖 : 팔다   搬 : 옮기다
    扔 : 던지다   推 : 밀다
    输 : 지다

(9)-(11)이 그 예이다.

---

4. 이러한 견해는 Chao(1968: 317-319)에 근거한 것이다. 그러나 일부 동사에 대해서는 그와 견해가 약간 다르다. 10.4를 참조할 것.

(9) a. 他带了一包糖给张三。
   그는 사탕 한 봉지를 장싼에게 가져다주었다.

   b. 他带给张三一包糖。
   그는 장싼에게 사탕 한 봉지를 가져다주었다.

   c. *他带了张三一包糖。

(10) a. 我输了一块钱给他。
   나는 1원을 그에게 잃었다.

   b. 我输给他一块钱。
   나는 그에게 1원을 잃었다.

   c. *我输了他一块钱。

(11) a. 我搬了一张桌子给他。
   나는 탁자 하나를 그에게 옮겨다 주었다.

   b. 我搬给他一张桌子。
   나는 그에게 탁자를 옮겨다 주었다.

   c. *我搬了他一张桌子。

(9)-(11)의 (c)는 문법에 맞지 않는다. 간접목적어 앞에 '给'가 없기 때문이다.

10.2 '给'의 사용이 수의적인 경우

간접목적어 앞에 '给'를 사용하는 것이 수의적인 동사는 다음과 같다.

(12) 送, 赠 : 선사하다   还 : 돌려주다
   教 : 가르치다   赔 : 배상하다
   赏, 赐 : 수여하다   付 : 지불하다
   加 : 보태다   许 : 허락하다

传 : 전하다   借 : 빌리다

다음 예문은 이러한 동사들이 사용된 문장의 특징을 보여준다.

(13) a. 我 送 了 一 瓶 酒 给 他。
　　　 나는 술 한 병을 그에게 주었다.

　　b. 我 送 给 他 一 瓶 酒。
　　　 나는 그에게 술 한 병을 주었다.

　　c. 我 送 了 他 一 瓶 酒。
　　　 나는 그에게 술 한 병을 주었다.

(14) a. 他 还 了 一 碗 肉 给 你。
　　　 그는 고기 한 접시를 너에게 돌려주었다.

　　b. 他 还 给 你 一 碗 肉。
　　　 그는 너에게 고기 한 접시를 돌려주었다.

　　c. 他 还 了 你 一 碗 肉。
　　　 그는 너에게 고기 한 접시를 돌려주었다.

(15) a. 我 付 了 两 百 块 钱 给 他。
　　　 나는 200원을 그에게 지불했다.

　　b. 我 付 给 他 两 百 块 钱。
　　　 나는 그에게 200원을 지불했다.

　　c. 我 付 了 他 两 百 块 钱。
　　　 나는 그에게 200원을 지불했다.

(16) a. 我 借 了 一 两 银 子 给 他。
　　　 나는 은 한 냥을 그에게 빌려주었다.

　　b. 我 借 给 他 一 两 银 子。
　　　 나는 그에게 은 한 냥을 빌려주었다.

　　c. 我 借 了 他 一 两 银 子。

나는 그에게 은 한 냥을 빌려주었다.

위의 예문들은 이 부류의 동사들이 '给'를 수의적으로 선택함을 보여준다.

10.3 '给'를 취할 수 없는 동사

간접목적어 앞에 '给'를 취하지 않는 동사들은 두 가지 면에서 앞의 두 부류의 동사들과 차이가 있다. 이 부류의 동사들은 '给'를 취할 수 없을 뿐만 아니라, 간접목적어가 직접목적어 앞에 와야만 한다.[5] 이러한 동사로는 다음과 같은 것들이 있다.

(17) 给: 주다 偷: 훔치다
    告诉: 알리다 请教: 가르침을 받다
    答应: 승낙하다 赢: 이기다
    回答: 대답하다 抢: 빼앗다
    问: 묻다 夺: 빼앗다

다음 예문들은 이 부류의 동사들이 사용된 문장의 특성을 보여준다.

(18) a. *我 问 了 几 个 问题 给 他。
    b. *我 问 给 他 几 个 问题。
    c. 我 问 了 他 几 个 问题。

---

5. 이러한 동사의 직접목적어가 간접목적어 앞에 올 수 없다면 직접목적어가 이미 언급된 문맥에서는 이 부류의 동사들을 어떻게 사용하는지 의문을 제시할 수 있다. 그에 대한 대답은 다음과 같이 직접목적어를 화제로 표현하는 것이다.
   (i) 那块肉我给了我的狗。
       그 고기는(화제) 내가 내 개에게 주었어.

나는 그에게 몇 가지 문제를 물어보았다.
(19) a. *他抢了两万块钱给银行。⁶
   b. *他抢给银行两万块钱。
   c. 他抢了银行两万块钱。
   그는 은행에서 2만 원을 빼앗아갔다.

일부 북방 방언에서는 동사 '吃'와 '喝'가 '-에게서 먹다', '-에게서 마시다'라는 의미로 사용될 수 있으며, 이때 이 동사들은 직접목적어와 간접목적어를 가질 수 있다.

(20) 我吃了他三个月的饭。
   나는 그에게서 (즉, 그의 비용으로) 3개월간 밥을 먹었다.
(21) 他喝了你五瓶酒。
   그는 너에게서 (즉, 너의 비용으로) 다섯 병의 술을 마셨다.

(20), (21)과 같은 의미로 사용되는 경우에 '吃'와 '喝'는 '给' 없이 간접목적어와 직접목적어를 취하는 세 번째 부류의 동사에 속한다.

10.4 외견상의 간접목적어(Apparent Indirect Object)

두 개의 목적어를 수반하는 것으로 보이는 모든 동사가 간접목적어를 가지는 것은 아니다. 그러한 예를 두 가지 들어 보자. 동사 '罚'와 '骗'은 간접목적어가 직접목적어 앞에 와야 하며, '给'를 쓰지 않는 동사의 범주에 속하는 것으로 간주된다. (22), (23)이 그 예이다.

---

6. '给'가 '주다'라는 의미의 동사로 해석될 때 (19a)는 연동구문(제21장 참조)이 된다. 연동구문으로서 (19a)는 '그는 2만원을 빼앗아서 은행에 주었다'라는 의미를 지닌다.

(22) 他 罚 了 张 三 四 十 块 钱。
　　　그는 장싼에게 40원의 벌금을 부과했다.
(23) 他 骗 了 张 三 四 十 块 钱。
　　　그는 장싼에게 40원을 사기쳤다.

반면에 (22), (23)에서 명사구 '张三'은 결코 간접목적어가 아니다. 사실상 그것이 동사 '罚'와 '骗'의 직접목적어임을 나타내주는 증거가 있다. 첫째, 이제까지 논의해온 세 가지 부류의 모든 동사는 직접목적어만 가질 수 있다.

(24) 我 输 了 <u>一 块 钱</u>。
　　　나는 1원을 잃었다.
(25) 他 还 了 <u>一 碗 肉</u>。
　　　그는 한 그릇의 고기를 돌려주었다.
(26) 我 回 答 了 <u>几 个 问 题</u>。
　　　나는 몇 개의 문제에 대답했다.

그러나 (27)의 '罚'와 (28)의 '骗'에서 '四十块钱'이 아니라 '张三'만이 단독으로 쓰일 수 있다.

(27) a. 他 罚 了 <u>张 三</u> 了。
　　　　 그는 장싼을 벌했다.
　　 b. *他 罚 了 <u>四 十 块 钱</u> 了。
(28) a. 他 骗 了 <u>张 三</u> 了。
　　　　 그는 장싼을 속였다.
　　 b. *他 骗 了 <u>四 十 块 钱</u> 了。[7]

---

7. 표준중국어를 모어로 하는 일부 화자에게는 이 문장이 '그는 속임수에 의해 40원을 얻었다'라는 의미를 가지는 문장으로 받아들여진다.

둘째, 직접목적어와 간접목적어를 가지는 모든 동사 중에서는 직접목적어가 把에 의해 전치되는 경우도 있고 그렇지 않은 경우도 있다. 그러나 이 장의 서두에서 언급했듯이 간접목적어는 把-구문에 쓰이지 않는다.

(29) *我 把 他 输 了 一 块 钱。
(30) *他 把 你 留 了 一 碗 肉。
(31) *我 把 他 回 答 了 几 个 问 题。

동사 '罚'와 '骗'은 그와 다르다. (32), (33)에서 알 수 있듯이 '四十块钱'이 아니라 '张三'이 '把' 뒤에 출현할 수 있다.

(32) a. 他 把 张 三 罚 了 四 十 块 钱。
　　　　그는 장싼에게 40위안을 벌금 물었다.
　　 b. *他 把 四 十 块 钱 罚 了 张 三。
(33) a. 他 把 张 三 骗 了 四 十 块 钱。
　　　　그는 장싼에게 40위안을 속였다.
　　 b. *他 把 四 十 块 钱 骗 了 张 三。

그래서 '罚'와 '骗'과 같은 동사가 간접목적어를 가진다는 주장은 의심의 여지가 많다. 사실 (22), (23)의 구조는 (34)의 구조와 유사하다.

(34) 他 踢 了 张 三 两 脚。
　　　그는 장싼을 두 번 찼다.

만일 (22)와 (23)의 분석이 옳다면, '张三'은 동사 '罚'와 '骗'의 목적어이며 '四十块钱'은 벌을 주거나 속이는 동작의 범위를 나타내는 수량부사어로 쓰인 것이다.

(34)에서 '两脚'는 '踢'라는 동작의 범위를 나타낸다(8.8.5 참조). 그래서 '罚'와 '骗'은 비록 간접목적어를 가지는 동사처럼 보이지만 직접목적어와 수량부사어를 가지는 일반 타동사로 볼 수도 있다.

10.5 간접목적어의 용법에 대한 설명

간접목적어가 직접목적어의 앞에 오는 동사는 '给'의 부가 여부에 근거해 세 가지로 나눌 수 있음을 살펴보았다. 이 절에서는 이러한 분류에 대한 이유를 설명하려 한다.

먼저 '给'는 '주다'라는 의미를 갖는다. 다음 영어 문장을 통해서 'give'의 의미를 분석해보자.

(35) Mary gave John a book.

동사 'give'는 '전달'(transaction)을 의미한다. 'give'는 전달이 시작되는 기점(source), 전달이 끝나는 종점(goal), 그리고 이동되는 실체(entity)를 필요로 한다. (35)에서 문장의 주어 'Mary'는 기점, 간접목적어 'John'은 종점, 직접목적어 'a book'은 이동되는 실체이다. 개사 '给'의 의미는 동사 '给'의 의미와 밀접하게 관련되어 있다. 그래서 개사 '给'는 전달을 나타내는 동사와 함께 쓰여야 한다. 이러한 전달은 '扔'에서는 구체적이고 '教'에서는 추상적이다. 개사 '给'의 의미적 기능은 동사가 나타내는 전달의 종점을 나타내는 것이다.

'给'에 대한 이러한 사실을 기억하고, '给'를 반드시 써야 하는 동사와 수의적으로 쓰는 동사를 살펴보자. 이 두 부류의 동사는 모두 주어가 기점이고 간접목적어가 종점인 전달의 의미를 나타낸다. 이러한 의미로부터 '给'를 사용해서 간접목적어가 전달의 종점임을 나타낸다는 것을 알 수 있다. 그러나 간접목적어가 직접목적어 앞에 올 때, 왜 첫째 부류의 동사는 반드시 '给'를 필요로 하고 두 번째 부류의 동사는 '给'를 쓰지 않아도 되는지가 여전히 의문으로 남는다. 불행히도 이러한 의문에 대해서 현재까지는 만족할 만한 해답이 존재하지 않는다. 어떤 동사가 '给'를 반드시 써야만 하고, 어떤 동사가 '给'를 수의적으로 쓰는지는 동사별로 익혀둘 수밖에 없다.

'给'를 사용하지 않고 간접목적어를 직접목적어 앞에 써야 하는 세 번째 부류의 동사는 다시 세 가지로 나눌 수 있다. 각 부류가 '给'를 쓰지 않는 충분한 이유가 존재한다. 먼저 '给'가 동사로 쓰이는 경우를 보자. 동사 '给'가 개사 '给'를 필요로 하지 않는 것은 역사적인 원인과 관련이 있다. 개사 '给'는 역사적으로 동사 '给'에서 기원했기 때문에 두 개가 함께 쓰일 수 없다.

두 번째 경우에 해당되는 동사는 '告诉', '答应', '回答', '问' 등이다. 이 동사들은 의사전달동사(verb of linguistic communication)이다. 의사만 전달할 뿐 엄격한 의미에서 아무런 구체적인 전달이 발생하지 않는다. 이것은 그 동사들이 왜 전달의 종점을 나타내는 '给'를 쓰지 않는지를 설명해준다. 세 번째 경우에 해당되는 동사에는 다음과 같은 것들이 있다.

(36) 偷 : 훔치다   请教 : 가르침을 받다
   赢 : 이기다   抢 : 빼앗다
   夺 : 탈취하다

이런 동사는 모두 간접목적어에게 어떤 것을 전달해주는 것이 아니라 간접목적어로부터 어떤 것을 빼앗는 뜻을 나타낸다. 또 다른 설명 방식은 주어가 종점이고 간접목적어는 어떤 것을 가져오는 기점이 된다는 것이다. 간접목적어에게 아무것도 전달되지 않으므로 이런 동사와 함께 쓰인 간접목적어는 '给'를 필요로 하지 않는다.

앞에서 이러한 세 번째 부류의 동사에 대한 또 다른 조건을 언급했는데, 간접목적어는 동사의 바로 뒤에 와야 한다는 것이다. 따라서 (18a)는 문법에 맞지 않는다.

(18) a. *我 问 了 几 个 问题 给 他。

왜 간접목적어는 동사의 바로 뒤에 와야 하는가? 그것은 이러한 간접목적어 앞에는 '给'를 쓸 수 없다는 사실로 설명된다. 위에서 보았듯이 보통 간접목적어가 바로 동사 뒤에 오지 않으면, 간접목적어 앞에 '给'를 써야 한다. 그러나 이 부류의 동사는 결코 '给'와 함께 쓰이지 않기 때문에, 간접목적어는 동사 바로 뒤가 아닌 어떤 위치에도 올 수 없다.

10.6 동사 앞에 오는 간접목적어와 수혜명사구

하나의 문장에서 수혜명사구는 일반적으로 문장의 동사가 나타내는 활동에 의해 간접적으로 영향을 받는 대상을 지시한다. 중국어에서 수혜명사구는 '为'나 '给'로 표시되고, 이 둘은 '…를 위해서', '…에게 …하다'로 번역된다. '为'는 더 고전적 형태이지만 그 용법에 제한은 없다. 반면에 '给'는 더 현대적인 형태로 특정한 동사와 함께 쓰인다. 이러한 두 개의 개사를 써서 나타내는 수혜명사구는 모두 동사의 앞에 온다. 다음 예를 보자.

(37) 他 给 我 造 了 一 栋 房 子。
그는 나에게 집 한 채를 지어주었다.
(38) 他 为 我 念 书。
그는 나를 위해 공부한다.
(39) 他 给 我 挑 了 六 件 大 衣。
그는 나에게 외투 여섯 벌을 골라주었다.
(40) 他 为 我 唱 歌。
그는 나를 위해 노래를 불렀다.
(41) 他 给 学 生 解 释 问 题。

그는 학생들에게 문제를 풀이해주었다.

(42) 他 给 我 找 了 不 少 麻 烦。
    그는 나에게 적잖이 성가시게 굴었다.

(43) 他 给 李 四 贺 喜。
    그는 리쓰에게 축하해주었다.

(44) 张 医 生 给 李 四 看 病。
    장 의사는 리쓰를 진료해주었다.

(45) 我 给 你 道 歉。
    나는 너에게 사과한다.

한 문장 내에서 수혜명사구는 동사 앞에 오고, 간접목적어는 동사 뒤에 오기 때문에 두 가지 '给'는 쉽게 구별할 수 있다. 그러나 현대 중국어에서 이러한 원칙이 항상 맞는 것은 아니다. '给'로 표시되는 간접목적어가 동사 앞에 쓰이기 시작했기 때문이다. 이러한 사실은 2.4.2에서 논의되었듯이 구조적으로 동사 후치 형식(verb-final type)으로 바뀌고 있는 일반적인 변화와 관련이 있다. 1,000년 이상 동안 중국어는 명사구가 동사 뒤보다는 동사 앞에 오는 어순으로 변화해왔다. 그러나 동사 앞에 간접목적어가 오는 것은 '写', '买', '留', '打(电话)', '送', '加'와 같은 일부 동사에 국한되어 있고, 모두 10.1과 10.2에서 논의했던 동사의 첫 번째와 두 번째 부류, 즉 '给'가 필수적으로 쓰이거나 수의적으로 쓰인 부류에 속한다. 따라서 (46a)와 (46b)는 의미가 같다.

(46) a. 我 送 了 一 本 书 给 他。
        나는 그에게 책 한 권을 주었다.
    b. 我 给 他 送 了 一 本 书。
        나는 그에게 책 한 권을 주었다.

(46a)에서 수혜적 해석(benefactive interpretation)은 가능하긴 하지만 바람직하지는 않다. 그러나 어떤 동사의 경우에는 동사 앞의 '给' 개사구가 간접목적어로 해석될 수도 있고 수혜자로 해석될 수도 있다.

(47) 我 给 他 写 了 一 封 信。
　　　나는 그에게(를 위해) 편지를 한 통 썼다.

'寄'처럼 동사 앞에 간접목적어가 올 수 없는 동사의 경우, 동사 앞에 오는 '给' 명사구와 간접목적어 '给' 명사구 사이에는 의미상의 차이가 명백히 존재한다.

(48) a. (수혜자)
　　　　我 给 他 寄 了 一 封 信。
　　　　나는 그를 위해 편지 한 통을 부쳤다.
　　b. (간접목적어)
　　　　我 寄 了 一 封 信 给 他。
　　　　나는 그에게 편지 한 통을 부쳤다.

10.7 '给'의 기타 기능

이 절에서는 간접목적어나 수혜자를 나타내지 않는 '给'의 용법을 간략히 언급하겠다. 그 첫 번째 유형은 동사 '看', '听'과 함께 쓰인 경우이다. 이 동사들은 '给'와 함께 쓰여 '보여주다', '들려주다'라는 특별한 의미를 갖는다. 다음 예를 보자.

(49) 请 你 给 我 看 那 本 书。

나에게 그 책을 보여주세요.

(50) 我 唱 歌 <u>给 你 听</u>。
내가 너에게 노래를 불러줄게.

간접목적어나 수혜구가 아닌 给-구문의 두 번째 유형은 '给'가 '被'와 같이 피동표지로서 쓰이는 (51)과 같은 경우이다. 이것에 대해서는 제16장에서 상세히 논의하겠다.

(51) 我 <u>给</u> 他 骗 了。
나는 그에게 속았다.

제11장
처소구와 방향구(Locative and Directional Phrase)

11.1 처소구(Locative Phrase)

이 절에서는 먼저 처소구의 내부구조를 살펴보고 나서 문장에서 처소구가 지니는 의미적 함축(semantic implication)을 논의하기로 하자.[1]

11.1.1 처소구의 구조

처소구의 구조는 다음과 같다.

(1) 在 + 명사구 + (처소사)

(2), (3)에서 밑줄 친 부분이 처소구이다.

(2) 他们<u>在房子后面</u>修理电视机。
　　그들은 집 뒤쪽에서 TV를 수리한다.

---

1. 이 장은 Charles A. Liu의 미출판 저작과 Chao(1968), Tai(1973), Teng(1975b), Peyraube (1977), Huang(1978)의 일부 개념에서 도움을 받았다.

(3) 我把铅笔插在瓶子里头。
　　　나는 연필을 병 속에 꽂았다.

A. 처소사(Locative Particle)

(2), (3)의 예에서 알 수 있듯이 명사구 뒤에 오는 처소사는 공간적인 관계를 나타낸다. <표 11-1>은 다양한 처소사의 형태를 보여준다.

<표 11-1> 처소사 일람표

처 소 조 사				주 석
上	上边	上面	上头	위
下/底下	下边	下面	下头	아래
裏	里边	里面	里头	안
外	外边	外面	外头	밖
前	前边	前面	前头	앞
后	后边	后面	后头	뒤
旁	旁边			옆
左	左边	左面		왼쪽
右	右边	右面		오른쪽
中间/当中				가운데
东部	东边			동부, 동쪽
南部	南边			남부, 남쪽
西部	西边			서부, 서쪽
北部	北边			북부, 북쪽
这里/这儿	这边	这面		여기, 이곳
那里/那儿	那边	那面		저기, 저곳

처소사 '外', '前', '后', '旁'은 단독으로 거의 쓰이지 않으며, (4)-(7)에서처럼 보통 접미사 '边', '面'이나 '头' 등이 부가되어 쓰인다.

(4) a. 在花园前面
　　　꽃밭 앞에(서)

b. *在 花 园 前

(5) a. 在 学 校 外 边
　　　학교 밖에(서)

b. *在 学 校 外

(6) a. 在 树 林 后 面
　　　숲 뒤에(서)

b. *在 树 林 后

(7) a. 在 房 子 旁 边
　　　집 옆에(서)

b. *在 房 子 旁

　　제2장에서 고대 중국어는 단음절어였지만 현대 중국어는 이로부터 멀어져 가고 있다고 언급한 바 있다. 이러한 사실을 통해서 위의 예문 중에서 (b)가 문법에 맞지 않는 이유를 알 수 있다. 다시 말하면 현대 중국어에서 형태소는 이음절화 경향이 있다. 이로 인해 현대 중국어에서 일반적으로 단음절과 이음절을 모두 가지는 명사구에서 단음절형태는 단음절 처소사를 취하지만, 이음절형태는 이음절 처소사를 취한다. 이음절 처소사는 접미사 '边', '面', '头' 중 하나가 부가된 처소형태소이다. 단음절형태인 '城', '山'은 (8), (9)의 (a)와 (b)에서 알 수 있듯이, 일음절과 이음절 처소사가 모두 쓰일 수 있다. 그러나 이음절 형태인 '城子', '山子'는 (8), (9)의 (c)와 (d)에서 볼 수 있듯이, 이음절 처소사와만 함께 쓰인다.

(8) a. 在 城 外
　　　시외에(서)

b. 在 城 外 边
　　　시외에(서)

c. *在 城 子 外

d. 在城子外边
　　　　시외에(서)

(9) a. 在山后
　　　　산 뒤에(서)

　　　b. 在山后边
　　　　산 뒤에(서)

　　　c. *在山子后

　　　d. 在山子后边
　　　　산 뒤에(서)

　방향을 나타내는 단어, '东', '南', '西', '北'는 접미사 '边'이 부가되어 쓰일 수 있으며, 서로 결합되어 '东南', '东北', '西南', '西北'와 같이 쓰일 수도 있다. 이때 '东'과 '西'는 항상 '南'과 '北'의 앞에 오며 순서를 바꾸어서 '*南西', '*北东'라고 말할 수 없다. (10)과 같이 처소명사구가 '三蕃市'(샌프란시스코시), '荷兰'(네덜란드), '南京'(남경)과 같은 지명일 때는 처소사를 쓰지 않는다.

(10) 他住在中山路。
　　　그는 중산로에 산다.

　처소구가 동사 앞에 올 때 처소사를 필요로 하지 않는 명사도 있다. '学校', '饭馆', '家', '厨房', '饭厅', '书房', '邮政局', '医院', '医察局', '车站', '飞机场'과 같이 집, 건물, 조직 및 기관 등의 익숙한 장소를 나타내는 명사들이 여기에 해당한다. (11), (12)를 보면 처소구가 동사 앞에 오는 경우에만 이러한 유형의 명사가 처소사 없이 처소구에 쓰일 수 있음을 알 수 있다. 만일 처소구가 동사 뒤에 오면 이 명사들은 반드시 처소사와 함께 쓰여야 한다.

(11) a. 在教堂里跪着。
   교회 안에 꿇어앉아 있다.
   b. 在教堂跪着。
   교회에서 꿇어앉아 있다.
   c. *跪在教堂。
   d. 跪在教堂里。
   교회 안에 꿇어앉아 있다.
(12) a. 在警察局里睡。
   경찰서 안에서 잔다.
   b. 在警察局睡。
   경찰서에서 잔다.
   c. *睡在警察局。
   d. 睡在警察局里。
   경찰서 안에서 잔다.

처소사를 필요로 하지 않는 명사로는 지명 외에 '別处', '到处', '各处', '近处', '远处' 등이 있다. 이러한 명사들은 모두 '장소'라는 의미를 가진 의존형태소 '处'로 끝난다.

(13) 他住在別处。
   그는 다른 곳에 산다.

마지막으로 단음절이 아닌 모든 처소사는 앞에 명사구 없이 단독으로 사용될 수 있다. 이런 경우에 명사구는 문맥으로 추론할 수 있다. 예를 들어 어떤 사람이 다음과 같이 말했다고 하자.

(14) 外面好冷啊。
   밖이 정말 추워.

'外面'은 화자가 있는 곳의 바깥을 나타낸다고 할 수 있다. 마찬가지로 (15)에서는 무엇의 옆이 더러워졌는지는 문맥을 통해서 분명히 알 수 있다.

(15) 旁边 都 脏 了。
    옆이 모두 더러워졌어.

또 다음 문장을 보자.

(16) 南部 夏天 很 闷。
    남부는 여름이 매우 후덥지근하다.

어느 곳의 남부인지는 앞뒤 문맥을 보면 명백히 알 수 있다.

B. 처소개사(Locative Coverb)

개사 '在'는 처소구와 함께 쓰인다(제9장 참조). 제시문(Presentative Construction, 제17장 참조)에서 '在'의 생략이 가능한 경우 외에는, 처소구에서 개사 '在'는 생략할 수 없는 필수요소이다. 다음 예를 보자.

(17) (在) 室子里 有 三 个 人。
    방 안에 세 사람이 있다.
(18) (在) 墙上 挂着 一 幅 画。
    벽에 그림이 한 폭 걸려 있다.
(19) (在) 山上 下着 大 雨 呢。
    산에 큰 비가 내리고 있어.

그러나 제시문에서 상태 의미(stative sense)로 해석되는 동작 동사가 쓰인 (20)을 보자.

(20) 桌子上 堆 了 很 多 书。
책상 위에 많은 책이 쌓여 있다.

처소구의 앞에 개사 '在'를 쓰면 뜻이 바뀐다. 그 문장은 더 이상 제시 기능을 하지 못하고, 동작성 동사는 더 이상 정태적인 의미를 나타내지 못한다. 다음 예문을 보자.

(21) 在 桌子上 堆 了 很 多 书。
(어떤 사람이) 책상 위에 많은 책을 쌓았다.

해석에서 알 수 있듯이 (21)은 동작을 나타내고, 그 동작의 행위자는 문맥으로부터 알 수 있다. 반면에 (20)은 상태를 나타내고 명사구 '很多书'를 담화에 제시하는 기능을 한다.

반면에 만일 처소구가 동사 뒤에 오면 '在'를 부가해야 한다.[2] (22)를 보자.

(22) 我 把 他 的 名字 写 (*在) 信 封 上。
나는 그의 이름을 편지봉투에 썼다.

11.1.2 문장에서 처소구의 위치

앞에서 언급했듯이 문장에서 처소구는 동사 앞이나 뒤에 모두 올 수 있다. 따라서 다음의 두 가지 어순이 가능하다.

---

2. 이 규칙에 대해서는 예외가 한 가지 있다. 즉, 하나의 처소가 또 다른 처소와 대조될 때, '在'는 '睡'와 같은 자세동사(verb of Posture)가 쓰인 경우에 생략될 수 있다.
   (a) 我 睡 沙发, 你 睡 地板。
       나는 소파에서 자고 너는 바닥에서 자.

(23) a. (在) + 명사구 + 처소사 + 동사
　　 b. 동사 + 在 + 명사구 + 처소사

다음 예를 보자.

(24) 他 在 客 厅 里 跳 舞。
　　 그는 거실에서 춤을 춘다.
(25) 汽 车 停 在 路 中 间。
　　 자동차가 길 가운데 멈춰서 있다.

처소구가 동사 앞에 오는지 아니면 동사 뒤에 오는지는 동사의 의미에 근거해 판단할 수밖에 없다. 동사 앞에 오는 처소구에 대한 규칙은 (ⅰ)과 같이 요약할 수 있다.

(ⅰ) 동사 앞에 오는 처소구: 사건이나 상태를 나타내는 모든 동사의 경우, 사건이나 상태가 일어나는 일반적인 장소를 나타내는 처소구는 동사의 앞에 놓인다.

(26), (27)은 동사 앞에 오는 처소구가 사건이나 상태가 일어나는 일반적인 처소를 나타낸다는 것을 보여준다.

(26) 他 在 西 藏 畜 牧。
　　 그는 티베트에서 목축을 한다.
(27) 他 在 床 上 睡。
　　 그는 침대에서 잠을 잔다.

사건이나 상태는 거의 모두 장소를 가질 수 있기 때문에 대부분의 동사는 처소구를 가질 수 있다. 그러나 동사 뒤에 처소구가 오는 경우는 상대적으로 소수이다. 처소구가 뒤에 오는 동사는 네 가지 부류로 나눌 수 있다. 이 네 가지 부류를 하나씩 살펴보자.

A. 위치이동동사(Verb of Displacement)

위치이동동사는 동작동사(action verb)로서 주어(자동사의 경우)나 직접목적어(타동사의 경우)의 위치를 이동시킨다는 의미를 나타낸다. 위치이동동사로는 다음과 같은 것들이 있다.

(28) 跳 : 뛰다   倒 : 쓰러지다
　　 扔 : 던지다   下 : 내려오다
　　 推 : 밀다   跌 : 넘어지다
　　 摔 : 넘어지다   流 : 흐르다
　　 泼 : 뿌리다   爬 : 기다
　　 掉 : 떨어지다   抹 : 닦다

이 외에도 '踢倒'와 같이 '倒'가 두 번째 성분인 동보복합어도 있다.

위치이동동사의 경우 처소구는 동사 앞에 올 수도 있고 동사 뒤에 올 수도 있다. 그러나 처소구의 위치에 따라서 의미가 달라진다. 즉, 동사 앞에 오는 처소구는 규칙 (ⅰ)에 따라 동작이 발생하는 일반적인 처소를 나타내는 반면에 동사 뒤에 오는 처소구는 이동의 결과로 주어가 존재하게 되는 처소(자동사인 경우)나 직접목적어가 존재하게 되는 처소(타동사인 경우)를 나타낸다. 다음의 예를 보자. (29)의 (a)와 (b)처럼 위치이동동사가 쓰인 문장에서 처소구가 동사 앞에 오는지 아니면 동사 뒤에 오는지에 따라 의미가 달라진다.

(29) a. 他 在 桌 子 上 跳。

그는 탁자 위에서 뛴다.
b. 他 跳 <u>在 桌 子 上</u>。
그는 탁자 위로 뛰었다.

(29a)에서 동사 앞에 놓인 처소구는 '뛰는' 동작이 일어나고 있는 장소를 지시한다. 즉, (29a)는 그가 탁자 위에서 뛰고 있음을 말해준다. 한편 (29b)에서 처소구는 동사 '跳' 뒤에 쓰였다. '뛰는' 동작으로 말미암아 주어의 위치가 이동되었기 때문에 동사 뒤에 오는 처소구는 동작의 결과로 주어가 존재하게 되는 장소를 나타낸다. (30a)와 (30b)는 위치이동동사가 쓰인 문장에서 동사 앞에 오는 처소구와 동사 뒤에 오는 처소구의 의미적 기능이 다름을 보여준다. (30a)와 (30b)에서 동사는 타동사(동보복합어)이므로 동작이 일어나는 범위 내에서 이동된 것은 동사의 직접목적어이다.

(30) a. 我 <u>在 沙 发 上</u> 把 他 推 倒 了。
나는 소파 위에서 그를 밀어 넘어뜨렸다.
b. 我 把 他 推 倒 <u>在 沙 发 上</u>。
나는 그를 소파 위로 밀어 넘어뜨렸다.

동사 앞에 처소구가 온 (30a)는 그를 밀어내는 행동이 발생한 곳이 '소파 위'라는 것을 의미한다. 즉, '我'와 '他'는 모두 '밀어 넘어뜨리는 동작'이 일어날 때 소파 위에 있었다. 그러나 (30b)는 동사 뒤에 처소구가 왔기 때문에 위치이동동사에 관한 원칙에 따라 다른 장소로부터 밀쳐져서 소파 위로 넘어졌음을 나타낸다.

반드시 주어나 직접목적어의 국부적인 이동을 나타낸다는 조건을 명시해야 하는 이유는 동작의 결과로 주어나 직접목적어가 제한된 장소 내에서 위치이동(displacing)을 하는 것이 아니라 새로운 장소로 이동(transporting)됨을 나타내는 동사는 처소구를 뒤에 갖지 못하기 때문이다. 예를 들면, '飞', '跑',

'赶' 등의 동사들은 뒤에 형태소 '到'가 이끄는 구를 쓸 수 있는데, 이 구들은 방향구(directional phrase)로서 11.2에서 논의할 것이다.

(31) a. *他 飞 <u>在 加 州</u> 了。
　　 b. 他 飞 <u>到 加 州</u> 了。
　　　　그는 비행기를 타고 캘리포니아 주로 갔다.
(32) a. *我 把 羊 赶 <u>在 后 园 里</u>。
　　 b. 我 把 羊 赶 <u>到 后 园 里</u>。
　　　　나는 양을 뒤뜰로 몰았다.

지금까지 위치이동동사에 속하는 동작동사에 대해 살펴보았다. 이러한 동사가 쓰인 문장에서 주어나 직접목적어는 제한된 영역 내에서 이동되고, 동사 뒤에 나오는 처소구는 국부적 장소 이동의 결과로 이동된 주어나 직접목적어의 새로운 장소를 나타낸다.

B. 자세동사(Verb of Posture)

자세동사는 어떠한 실체의 자세를 묘사하는데, 그 실체는 전형적으로 유생(animate being)이다. 자세동사로는 다음과 같은 것이 있다.

(33) 站 : 서다　　　　　　睡 : 자다
　　 蹲 : 쭈그려 앉다　　 趴 : 엎드리다
　　 浮 : 뜨다　　　　　　停 : 멈추다
　　 坐 : 앉다　　　　　　躺 : 눕다
　　 倚 : 기대다　　　　　跪 : 무릎 꿇다
　　 住 : 거주하다　　　　漂 : 떠돌다

자세동사의 경우, 처소구는 동사 앞에 올 수도 있고 동사 뒤에 올 수도 있다. 자세동사는 처소구가 동사의 앞에 오는 경우와 동사의 뒤에 오는 경우의 본질적인 의미 차이는 없다. 예를 들면 (34)-(37)의 (a)와 (b)는 의미가 같다.

(34) a. 他 在 屋 檐 下 站 着。
 그는 처마 밑에 서 있다.
 b. 他 站 在 屋 檐 下。
 그는 처마 밑에 서 있다.

(35) a. 他 在 床 上 睡 着。
 b. 他 睡 在 床 上。
 그는 침대 위에서 자고 있다.

(36) a. 他 在 地 上 跪 着。
 그는 바닥에 무릎을 꿇고 있다.
 b. 他 跪 在 地 上。
 그는 바닥에 무릎을 꿇고 있다.

(37) a. 他 在 桌 子 上 趴 着。
 그는 책상 위에 엎드려 있다.
 b. 他 趴 在 桌 子 上。
 그는 책상 위에 엎드려 있다.

또한 (34)-(37)의 (a)에서 알 수 있듯이 자세동사는 모두 지속상표지 '着'를 취한다(6.2.1. 참조).

자세동사 중에서 동사 '停'(멈추다)은 대개 무생(inanimate) 주어를 취한다. (38)을 보자.

(38) 车 子 停 在 门 外。
 차가 문 밖에 멈춰서 있다.

자세동사 '停'은 은유적 의미에서 자세를 묘사하는 자세동사이다. 마찬가지로 '住'도 은유적 의미에서 자세동사이다. '住'는 주어 명사구가 지시하는 사람들의 총체적 배치라는 점에서만 자세를 나타낸다.

C. 출현동사(Verb of Appearing)

출현동사는 자세동사와 동일하게 쓰인다. 출현동사가 자세동사와 다른 점은 단순히 출현동사는 주어의 출현이나 소멸을 나타낸다는 것이다. 출현동사에는 다음과 같은 것들이 있다.

(39) 发生 : 발생하다   出现 : 출현하다
   (出)生 : 출생하다   长大 : 자라다
   产生 : 생기다   死 : 죽다
   消失 : 소실하다

사건이 발생하는 일반적인 장소를 나타내는 것과 주어가 출현하거나 소멸하는 장소를 나타내는 것은 차이가 없기 때문에 자세동사와 마찬가지로 출현동사가 쓰인 문장에서도 처소구가 동사 뒤와 앞에 오는 경우의 의미는 동일하다. 다음 예를 보자.

(40) a. 那 种 事 可 能 <u>在 上 海</u> 发 生。
   그런 일은 상하이에서 발생했을 거야.
   b. 那 种 事 可 能 发 生 <u>在 上 海</u>。
   그런 일은 상하이에서 발생했을 거야.
(41) a. 张 三 自 幼 <u>在 北 京</u> 生 长。
   장싼은 어려서부터 베이징에서 성장했다.
   b. 张 三 自 幼 生 长 <u>在 北 京</u>。

장싼은 어려서부터 베이징에서 성장했다.

(42) a. 他情愿在医院里死。
그는 병원에서 죽기를 진심으로 바란다.

b. 他情愿死在医院里。
그는 병원에서 죽기를 진심으로 바란다.

지금까지 거의 모든 동사는 그 앞에 처소구가 와서 사건이나 상태가 발생하는 장소를 나타낼 수 있는 반면, 오직 일부 동사만이 그 뒤에 처소구가 올 수 있음을 살펴보았다. 다음에 살펴볼 배치동사는 흥미롭게도 앞에서 살펴본 동사와는 다르게 쓰인다.

D. 배치동사(Verb of Placement)

배치동사는 직접목적어를 어떤 위치에 배치하는 동작을 나타낸다. 배치동사는 위치이동동사와는 미묘하면서도 중요한 차이가 있다. 즉, 위치이동동사가 쓰인 문장은 어느 한 곳에서 다른 곳으로의 이동을 포함하는 반면, 배치동사가 쓰인 문장은 직접목적어를 배치하는 주어가 있기는 하지만 그 동작이 어디에서부터 시작되었는지는 나타나지 않는다. 배치동사로는 다음과 같은 동사들이 있다.

(43) 放 : 놓다   种 : 심다
     画 : 그리다   吐 : 토하다
     刻 : 새기다   撒 : 뿌리다
     藏 : 감추다   写 : 쓰다
     抄 : 베끼다   印 : 인쇄하다
     建立 : 세우다

배치동사는 지금까지 살펴보았던 세 부류의 동사와는 다른 특성을 지니고 있다. 배치동사가 쓰인 문장에서 처소구는 동사 앞이나 뒤에서 모두 직접목적어가 배치된 장소를 나타낸다. 따라서 (44)-(46)의 a와 b의 의미는 같다.

(44) a. 我 在 书 架 上 放 杂 志。
　　　　나는 책꽂이에 잡지를 놓았다.
　　 b. 我 把 杂 志 放 在 书 架 上。
　　　　나는 잡지를 책꽂이에 놓았다.
(45) a. 我 在 柜 子 里 藏 酒。
　　　　나는 장 안에 술을 감추었다.
　　 b. 我 把 酒 藏 在 柜 子 里。
　　　　나는 술을 장 안에 감추었다.
(46) a. 我 在 我 的 本 子 上 画 一 个 老 虎。
　　　　나는 내 공책에 호랑이 한 마리를 그렸다.
　　 b. 我 把 一 个 老 虎 画 在 我 的 本 子 上。
　　　　나는 호랑이 한 마리를 내 공책에 그렸다.

(44)-(46)의 (b)가 把-구문으로 표현된 이유는 바로 다음의 11.1.2.E의 규칙 (ii)에 설명되어 있다.

배치동사는 동사 앞에 오는 처소구가 사건이 일어나는 일반적인 처소를 나타낼 수도 있지만, 동작동사의 결과로 직접목적어가 놓이게 된 위치를 나타낼 수도 있다. 물론 배치동사는 (47)에서와 같이 동사 앞에 동작 발생의 일반적인 처소를 나타내는 처소구를 취할 수 있지만 반드시 그렇게 할 필요는 없다.

(47) 我 在 书 房 里 把 一 个 老 虎 画 在 我 的 本 子 上。
　　　나는 서재에서 호랑이 한 마리를 내 공책에 그렸다.

(46a)와 (47)을 대조해보면 (46a)에서는 동사 앞에 오는 처소구가 직접목적어 '老虎'를 그린 결과 존재하게 된 장소를 나타내는 반면에, 원칙 (ⅰ)에 따라 (47)에서는 확실히 동사 앞에 오는 처소구가 단순히 그림을 그리는 처소를 나타낸다.

대부분의 동사는 처소구를 앞에 놓지만 소수의 동사들은 처소구를 뒤에 놓을 수 있다. 위치이동동사가 쓰인 문장에서 동사 뒤에 오는 처소구는 행위자나 직접목적어가 이동된 장소를 나타낸다. 그러나 자세동사나 출현동사는 이동의 의미를 나타내지 않으므로 처소구는 동사의 앞이나 뒤에서 모두 배치 장소나 출현 장소를 나타내며 처소구의 위치에 따른 의미의 차이를 보이지 않는다. 마지막으로 배치동사가 쓰인 문장에서는 처소구가 동사 앞과 뒤에 모두 올 수 있지만 처소구가 동사 앞에 올 경우 동작이 발생하는 일반적인 처소와 직접목적어가 배치되는 처소를 모두 나타낼 수 있다.

E. 동사 뒤의 처소구는 동사 바로 뒤에 위치해야 한다.

동사의 종류에 따른 제한 외에도 동사 뒤에 오는 처소구에 대한 조건도 존재한다. (ⅱ)를 보자.

(ⅱ) 동사 뒤에 오는 처소구는 반드시 동사 바로 뒤에 와야 한다.

규칙 (ⅱ)는 (48)이 문법에 맞지 않는 이유를 설명해준다.

(48) *我 藏 宝 石 <u>在 箱 子 里</u>。

(48)에서 직접목적어가 동사 바로 뒤에 와서 동사를 처소구와 분리시켰기 때문에 이 문장은 문법에 맞지 않는다. 처소구가 동사 뒤에 오는 경우에는 반드시 동사 바로 뒤에 와야 한다. 그러기 위해서는 직접목적어를 동사 앞에

두는 把-구문(제15장 참조)을 쓰거나 동사를 두 번 써야 한다(동사의 복사에 관해서는 제13장 참조).

(49) 我 把 宝 石 藏 <u>在 箱 子 里</u>。
    나는 보석을 트렁크 속에 감추었다.
(50) 我 藏 宝 石 藏 <u>在 箱 子 里</u>。
    나는 보석을 트렁크 속에 감추었다.

규칙 (ii)에 따라 다음과 같이 연결된 문장은 문법에 맞지 않는다.

(51) *명사구 + 동사 + 명사구 + 在 명사구-처소사
     주어   목적어   처소구

규칙 (ii)는 (30)과 (44)-(46)의 b가 把-구문을 사용해야 하는 이유를 설명해 준다. 또한 규칙 (ii)는 동사가 형태론적으로 동목구조를 이루고 있는 경우에도(3.2.3 참조) 동목동사복합어 뒤에 처소구가 올 수 없음을 의미한다. 예를 들어 '睡'와 대응되는 동목동사복합어 '睡觉'를 살펴보자. '睡'와 '睡觉'는 의미가 같지만, '睡' 바로 뒤에는 처소구가 올 수 있지만 '睡觉'의 뒤에는 처소구가 올 수 없다. 다음 예문을 보자.

(52) a. 他 睡 <u>在 床 上</u>。
        그는 침대에서 잠을 잔다.
    b.*他 睡 觉 <u>在 床 上</u>。

다른 예로 복합어 '打坐(좌선하다)'를 살펴보자. '打坐'는 두 요소의 의미가 단순하게 결합된 것이 아니라 숙어적인 의미를 갖는 복합어이다. 그러나 이 복합어는 형태론적으로 '동사 + 목적어' 구조로 이루어져 있다. 의미로 보

아서 '打坐'는 자세동사이며 자세동사는 동사 뒤에 처소구가 오는 것을 허용한다. 그러나 '打坐' 자체의 '동사 + 목적어'라는 구조 때문에 그 뒤에 처소구가 올 수 없다.

(53) *他 打 坐 在 地 上。

(52b)와 (53)이 문법에 맞지 않는 이유는 동사가 이음절 동사이기 때문은 아니다. 그 증거를 들어보겠다. 예를 들어 '建立'는 이음절 배치동사이다. 그러나 (54)에서 '建立' 뒤에 처소구가 올 수 있음을 알 수 있다.

(54) 他 们 把 首 都 建 立 在 北 边。
     그들은 수도를 북쪽에 세웠다.

규칙 (ii)에 따르면 처소구는 반드시 동사 '建立' 바로 뒤에 와야만 한다. (55)는 원칙 (ii)에 위배되므로 문법에 맞지 않는다.

(55) *他 们 建 立 首 都 在 北 边。

그러므로 규칙 (ii)는 직접목적어가 동목동사복합어의 한 요소일지라도 뒤에 처소구가 올 수 없음을 말해준다. 동사 뒤에 오는 처소구는 반드시 동사 바로 뒤에 와야 하는 것이다.[3]

---

3. 다음과 같은 문장은 반증례처럼 보인다.
   (b) 清 朝 建 都 在 北 京。
      청 왕조는 베이징에 수도를 세웠다.
  왜냐하면 동사 '建都'는 배치동사의 부류에 속하고, 배치동사는 동사 뒤에 처소구가 오는 것을 허용하는데, '都'는 동사 '建' 뒤에 오는 목적어이기 때문이다. 그러나 (b)는 규칙 (ii)에 대한 반증례로 볼 수 없다. 오히려 문장 (b)는 처소구가 전형적으로 타동사의 목적어 뒤에 나오는 고대 중국어문법을 반영한다. 문장 (b)가 규칙 (ii)의 반증례처럼 보이는 이유는 고대 중국어에서의 처소격표지 '于' 대신에 현대 중국어

지금까지 처소구는 동사 앞과 뒤에 모두 올 수 있음을 살펴보았다. 결론적으로 동사 앞에 오는 처소구는 일반적인 처소를 나타내며, 원칙상 거의 대부분의 동사 앞에 올 수 있다. 전통적으로 동사 앞에 오는 처소구를 중국문법학자들은 '상어(状语)'라고 부른다.

한편 동사 뒤에 오는 처소구는 직접목적어와 마찬가지로 일정한 유형의 동사 뒤에만 올 수 있으며, 전통적인 중국어문법에서는 이것을 '보어(补语)'라고 부른다. '상어'와 '보어'는 의미적으로 유사성을 가지지만, 자유롭게 동사 앞에 올 수 있는 처소구와 아주 제한적으로 동사 뒤에 오는 처소구의 차이를 보여주는 문법 용어이다. 처소구가 동사 뒤에 오는 것을 허용하는 네 가지 부류의 동사로는 ① 주어(자동사인 경우)나 직접목적어(타동사인 경우)의 위치 이동 결과를 보여주는 위치이동동사, ② 자세동사, ③ 출현동사, ④ 배치동사가 있다. 또한 처소구가 동사 뒤에 오는 경우에는 동사 바로 다음에 와야 한다. 다시 말하면 동사 뒤에 처소구가 오면 동사와 처소구 사이에는 어떠한 요소도 올 수 없으며, 심지어 동목동사복합어의 목적어조차도 올 수 없다. 따라서 처소구는 동사와 인접한 성분의 위치와 그것의 의미적 해석 간의 관계를 잘 설명해주는 좋은 예가 된다.

11.2 '到'를 쓰는 방향구(Directional Phrase)

'向'이나 '往', '到'와 같은 개사를 써서 동작이 향하는 방향을 표현할 수 있는데, 모두 '…로, …를 향해'라는 의미를 갖는다. '向'과 '往'은 일반적인 개사와 같은 용법으로 쓰이고 주로 동사 앞에 온다(제9장 참조). 한편 '到'는 어떤 점에서는 '在'와 유사하다. (56)에서 도식화한 것처럼 방향구는 개사 '到'와 명사구, 생략이 가능한 처소사로 이루어진다.

의 형태소 '在'를 썼기 때문이다.

(56) '到' + 명사구 + (처소사)

방향구의 끝에 처소사가 올 수 있는 조건은 처소구의 경우와 꼭 같다. 즉, 처소사는 지명이나 친숙한 장소를 지시하는 명사 뒤에서는 일반적으로 생략된다.

처소구와 같이 방향구도 동사의 앞과 뒤에 모두 올 수 있다. 더욱이 '在' 구와 마찬가지로 동사 앞에 오는 '到' 구는 기본적으로 어떠한 제약도 받지 않는다. 동사 앞에 오는 방향구는 단순히 동사가 나타내는 사건이 발생하는 목적지로 주어가 이동함을 의미한다. 다음 예문을 보자.

(57) 他们到公园念书。
　　그들은 공부하러 공원에 갔다.
　　그들은 공원에 가서 공부한다.
(58) 他每天到操场跑。
　　그는 매일 달리기를 하러 운동장에 간다.
　　그는 매일 운동장에 가서 달리기를 한다.

그러나 동사 뒤에 오는 방향구는 동사의 의미에 의해 엄격한 제약을 받는다. 그것은 목적지와 관련된 동사 뒤에만 올 수 있고, 동사가 나타내는 행위가 방향구가 나타내는 목적지까지 이르는 것을 의미한다. 아래에 몇 가지 예가 있다.

(59) 你先念到第三行。
　　네가 먼저 셋째 줄까지 읽어라.
(60) 我们飞到上海了。
　　우리는 상하이까지 비행했다.
(61) 他跑到操场了。

그는 운동장까지 뛰었다.
(62) 把 汽 车 开 到 后 面 去。
자동차를 뒤쪽으로 몰았다.

방향구도 처소구와 마찬가지로 규칙 (ii)를 따른다. 방향구와 처소구가 동사 뒤에 올 때는 반드시 동사 바로 다음에 와야 한다. 따라서 예를 들어 (59)는 (63)처럼 직접목적어 뒤에 방향구를 쓸 수 없다.

(63) *你 先 念 我 的 信 到 第 三 行。

한편 (64)는 방향구가 반드시 동사 뒤에 와야 한다는 주장에 대한 반증례로 보인다.

(64) 我 们 开 汽 车 到 香 港。
우리는 자동차를 몰고 홍콩에 갔다.

그러나 (64)에서 '到'는 '도착하다'는 의미를 가진 동사이며 따라서 (64)는 연동구문이다. (64)에서 '到'가 동사라는 사실은 (65)를 통해 알 수 있다. (65)에서 '到'는 완료상표지 '了'와 함께 쓰였다.

(65) 我 们 开 汽 车 到 了 香 港 以 后 就 休 息。
우리는 자동차를 몰고 홍콩에 도착한 다음 쉬었다.

방향구를 이끄는 개사 '到'는 상표지를 부가할 수 없다. 따라서 개사 '到'가 이끄는 방향구는 규칙 (ii)를 따라야 하고 반드시 동사 바로 뒤에 나와야 한다. 직접목적어 뒤에 나오는 '到'는 개사 '到'가 아니라 연동구문에 쓰인 동사 '到'이다.

방향구에 특수하게 쓰이는 이동동사(motion verb)가 두 개 있다. 이 두 동사는 '来'(오다)와 '去'(가다)인데, 이 두 동사는 목적지를 함축한다.[4] 즉, 도착하는 목적지가 없어도 쓰일 수 있는 '飞'나 '爬'의 경우와는 달리 '来'와 '去'는 항상 목적지에 도착한다는 의미를 내포하고 있다.

영어에서처럼 '来'는 도착지점이 화자가 있는 곳일 때에 쓰이고 '去'는 도착지점이 화자로부터 떨어져 있을 때 쓰인다.[5] '来'가 도착지점이 없이 쓰일 때 그 도착지점은 항상 화자가 있는 곳임을 암시한다.

(66) 张 三 来 了。
　　　장싼이 왔다.

방향구와 함께 쓰이는 '来'와 '去'의 특징 중 하나는, 일반적으로 목적지가 화자로부터 떨어져 있는지 아니면 화자가 있는 곳인지를 나타내기 위해 문말에 '来'나 '去'를 부가할 수 있다는 것이다. 따라서 (67), (68)의 a는 b처럼 '来'나 '去'를 첨가해도 무방하다.

(67) a. 我 们 飞 到 上 海 了。
　　　　우리는 (비행기를 타고) 상하이로 날아갔다.

　　 b. 我 们 飞 到 上 海 $\left\{ \begin{array}{c} 去 \\ 来 \end{array} \right\}$ 了。

　　　　우리는 상하이로 (비행기를 타고) 날아 $\left\{ \begin{array}{c} 갔다. \\ 왔다. \end{array} \right\}$

(68) a. 他 跑 到 操 场 了。
　　　　그는 운동장까지 뛰었다.

---

4. '来', '去'에 관한 심화된 논의는 Lin(1977) 참조.
5. 그러나 영어의 'go'와는 달리 '去'는 항상 '도착지점'을 함축한다. 그래서 'we're going'이나 'he went'와 같은 의미는 중국어에서는 동사 '走'로 나타내야 한다.

b. 他 跑 到 操 场 { 去 / 来 } 了。

그는 운동장으로 달려 { 갔다. / 왔다. }

방향구와 함께 쓰이는 '来', '去'의 두 번째 특징은 동사로서 '来'나 '去'만 쓰였을 때 '来'나 '去'와 함께 쓰인 방향구는 동사 앞과 뒤에서 항상 목적지를 나타낸다는 것이다.

(69) a. 他们 <u>到外边</u> 去 了。
그들은 밖으로 갔다.
b. 他们 去 <u>到外边</u>。[6]
그들은 밖으로 갔다.
(70) a. 他 <u>到我们学校</u> 来 了。
그들은 우리 학교에 왔다.
b. 他 来 <u>到我们学校</u>。
그들은 우리 학교에 왔다.

종합해보면 방향구는 대체로 처소구와 유사하다. 방향구와 처소구가 동사 앞에 올 때는 의미적 제한을 거의 받지 않지만 동사 뒤에 올 때는 동사의 의미에 따라 제한을 많이 받는다. 그러나 방향구는 목적지를 함축하는 '来'나 '去'와 함께 쓰일 수 있다는 점에서 처소구와 다르다.

---

6. 처소구와 방향구의 완료상표지 생략은 6.1.2.B 참조

제12장
부정(Negation)

중국어에서 흔히 사용되는 부정형식(negative form)은 네 가지가 있다. 즉 '不', '別', '没', '没(有)'이다.[1] 이 중에서 가장 일반적이고 중립적인 부정형식은 '不'이다.

(1) 他 不 是 中 国 人。
   그는 중국 사람이 아니다.
(2) 我 不 记 得 他。
   나는 그를 기억하지 못해.
(3) 你 不 跟 我 走 吧？
   너 나하고 가지 않을 거지?

명령문에 쓰이는 부정표지(negative marker)는 '別'이다(명령문에 대해서는 제14장 참조).

---

1. 이 장은 Shih(1966), Rygaloff(1973: 111-114)와 Teng(1973, 1974c)에서 일부 견해를 참조했다.

(4) <u>别</u> 关 门！
　　문을 닫지 마라!
(5) *<u>不</u> 关 门！

문장의 동사가 '有'일 경우에는 부정사로 '没'를 써야 하며, 이때 '有'의 사용은 수의적이다(존재문에 대해서는 제17장 참조).

(6) <u>没</u> (有) 人 在 外 面。
　　밖에 아무도 없어.
(7) *<u>不</u> 有 人 在 外 面。
(8) 我 <u>没</u> (有) 钱。
　　나는 돈이 없다.
(9) *我 <u>不</u> 有 钱。

'有'는 또한 '有意思'처럼 형용사를 구성할 수도 있다. 이 경우 부정사 '没有'는 '有'를 생략해 '没'만 쓸 수 있다.

(10) 这 个 故 事 很 <u>没</u> 意 思。
　　이 이야기는 매우 재미가 없어.

(6), (8), (10)에서 보듯이, '有'는 생략 가능하기 때문에 부정사 '没'는 그 자신이 부정과 존재의 의미를 동시에 전달할 수 있어야 한다. 이것이 부정사 '没'의 특징이다.

'没'는 또한 (11)과 같이 열등비교를 나타내는 문장에도 쓰인다.

(11) 我 <u>没</u> (有) 他 那 么 胖。
　　나는 그만큼 살이 찌지는 않았다.

'없다'는 의미의 '没有'가 일부 방언에서는 다른 사람의 진술이나 의견을 부정할 수도 있다. 예를 들면, A가 요리강습을 받았던 사실에 대해 A와 B가 대화하고 있다면 B는 (12)와 같이 말할 수 있다.

(12) 那 你 现 在 很 会 做 饭 吧 ?
   그렇다면 이제 넌 밥을 잘 지을 수 있겠지?

B의 말을 부정하기 위해 A는 (13)과 같이 말할 수 있다.

(13) 没 有。
   아니.

부정사 '没(有)'는 열등비교를 나타내는 문장에 쓰일 뿐만 아니라 사건의 완결(completion)을 부정하는 데도 쓰인다. (14)가 그 예이다. 이에 대해서는 12.2에서 더 자세히 살펴보겠다.

(14) 我 没 (有) 看 见 你。
   나는 너를 보지 못했어.

이제 부정사 '不', '别', '没', '没有'에 대해서 논의해보자. '别'는 제14장에서 논의하므로 이 장에서는 '不', '没', '没(有)'에 대해서만 살펴보자.

12.1 부정사의 위치와 부정의 범위

일반적으로 부정사는 주어의 뒤, 동사구의 앞에 온다.

(15) 他 不 念 书。
　　　그는 공부하지 않는다.
(16) 他 没 (有) 开 门。
　　　그는 문을 열지 않았다.

주어가 문두에 놓이면 부정사는 두 번째 위치에 온다고 말할 수 있다. 따라서 일반적으로 동사구가 무엇으로 이루어져 있든지 상관없이 부정사는 동사구 앞에 온다. 다음 예문은 각각 동사구가 양태부사(8.2.1 참조), 조동사(제5장 참조), 개사구(제9장 참조)와 함께 쓰인 경우이다.

(17) 他 不 慢 慢 地 骑 脚 踏 车。
　　　그는 자전거를 천천히 타지 않는다.
(18) 他 不 肯 坐 下 来。
　　　그는 앉으려고 하지 않는다.
(19) 我 们 不 向 西 边 儿 飞。
　　　우리들은 서쪽으로 비행하지 않는다.

주어가 (17)-(19)보다 복잡한 경우도 있지만 부정사는 항상 주어 다음에 온다. 예를 들면 주어가 절(21.2.1 참조)일 수도 있다.

(20) 我 们 在 这 儿 做 生 意 不 容 易。
　　　우리들이 여기에서 장사하는 것은 쉽지가 않아.

부정사가 주어의 뒤, 동사구 앞에 온다는 일반적인 규칙은 의미적으로 동사구가 부정의 범위 안에 있음을 의미한다. 달리 말하면 부정사 다음에 나오는 문장성분인 동사구는 부정사에 의해 부정된다는 것이다.
그러나 부사가 쓰였을 때, 부정사가 부사 앞에 와야 하는지 아니면 뒤에 와야 하는지는 전적으로 부정의 범위에 의해 결정된다. 만약에 부사의 범위 안에 부정사를 포함한다면 부정사는 부사의 뒤에 오고, 반면에 부정사의 범위 안에 부사를 포함한다면 부정사는 부사의 앞에 온다. 이러한 일반화는 제8장에서 이미 자세히 논의했으므로 여기에서는 몇 개의 예만 제시한다.

(ⅰ) 부정사가 부사 뒤에 오는 경우

(21) 他 明 天 不 上 学。
    그는 내일 학교에 가지 않는다.
(22) 他 也 许 不 需 要 保 镖。
    그는 아마도 경호원을 필요로 하지 않을 거야.

(ⅱ) 부정사가 부사 앞에 오는 경우

(23) 他 不 慢 慢 地 骑 脚 踏 车。
    그는 자전거를 천천히 타지 않는다.
(24) 他 不 仔 细 地 做 事。
    그는 일을 세심하게 하지 않는다.

(ⅲ) 순서가 부정의 범위에 의해 결정되는 경우

(25) a. 他 昏 头 昏 脑 地 没 用 毛 笔 写 字。
        그는 정신이 없어 붓으로 글씨를 쓰지 않았다.
    b. 他 不 昏 头 昏 脑 地 做 事。
        그는 일을 멍청하게 하지는 않는다.
(26) a. 他 故 意 不 说 话。
        그는 일부러 말을 하지 않는다.

b. 他 不 故 意 做 坏 事。
  그는 나쁜 짓을 일부러 하지는 않는다.

(27) a. 他 一 定 不 来。
  그는 분명 오지 않을 거야.

b. 他 不 一 定 来。
  그는 꼭 오지는 않아.

(28) a. 他 天 天 不 洗 澡。
  그는 매일 목욕을 안 해. (절대 목욕을 하지 않는다)

b. 他 不 天 天 洗 澡。
  그는 매일 목욕하지는 않아. (가끔 목욕을 한다)

이와 마찬가지로 조동사(제5장 참조)의 경우에는 부정사가 조동사의 범위 안에 있을 수도 있고, 그 반대일 수도 있다. 예를 들면, 부정사와 조동사 '能'이 함께 쓰일 때는 두 가지 표현이 모두 가능하다. 일반적으로 (18)과 (29)에서처럼 부정사가 그 범위 안에 조동사를 포함하고 있는 경우가 많이 쓰인다.

(29) 我 不 能 去。
  나는 갈 수 없어.

그러나 주어가 할 수 있는 것이 '不去'라면 그 순서는 (30)과 같이 바뀌어야 한다.

(30) 我 能 不 去。
  나는 가지 않을 수 있어.

실제로 조동사가 있는 경우 조동사와 본동사를 모두 부정하는 것도 가능하다.

(31) 我 不 能 不 去。
　　　나는 가지 않을 수 없어.

즉, 부정사의 일반적인 위치는 동사구 앞이며, 부사와 조동사가 있는 경우에는 부사와 조동사에 대한 부정의 범위에 의해 부정사의 위치가 정해짐을 알 수 있다.

12.2 '不'와 '没'의 기능

'不'와 '没'의 차이점은 완전히 기능적인 것이다. 즉 '不'은 중립부정을 나타내며, '没'는 사건의 완결을 부정한다. 이러한 차이로 설명하면 많은 문제점을 해결할 수 있다.

12.2.1 '不'가 포함되어 있는 문장의 의미 변화

이미 언급한 바와 같이 '不'와 '没(有)'의 중요한 차이가 완결을 포함하느냐, 포함하지 않느냐에 있다면 '不'는 사건이 완결되었음을 부인하지 않고 단지 사건을 부정하는데, 이것은 전적으로 동사의 의미에 의해 좌우된다.

가장 알기 쉬운 예는 '不'가 상태동사나 형용사와 함께 쓰여 단지 상태만을 부정하는 경우이다.

(32) 他 不 聪 明。
　　　그는 총명하지 않다/않았다.[2]
(33) 我 们 不 知 道 他 在 哪 儿。
　　　우리들은 그가 어디에 있는지 모른다/몰랐다.

---

2. 과거시제로 해석되는 경우에 대해서는 바로 뒤에서 논의하겠다.

(34) 他 不 是 校 长。
　　그는 교장이 아니다/아니었다.

이러한 동사는 '没(有)'와 함께 쓸 수 없다.

(35) *他 没 (有) 聪 明。
(36) *我 们 没 (有) 知 道 他 在 哪 儿。
(37) *他 没 (有) 是 校 长。

이와 마찬가지로 항상 상태를 나타내는 조동사도 '没(有)'로 부정할 수 없고 '不'로 부정해야 한다.

(38) a. 他 不 会 游 泳。
　　　　그는 수영을 할 줄 몰라.
　　 b. *他 没 (有) 会 游 泳。

그러나 (39)와 같이 주어의 통제를 받는 동작성 술어(activity predicate)를 보자.

(39) 他 喝 酒。
　　그는 술을 마신다.

(39)의 부정문은 (40)처럼 '不'로 부정할 수 있다.

(40) 他 不 喝 酒。
　　그는 술을 마시지 않는다/그는 술 마시려 하지 않는다.

(40)의 의미는 '그는 술을 마시지 않았다'가 될 수 없다. 그러한 뜻을 나타내려면 '不' 대신에 '没(有)'를 써야만 하기 때문이다. (40)은 '그는 술을 마시지 않는다'라는 뜻을 갖는다. 어떤 사람이 그가 할 수 있는 일을 하지 않는다는 것은 그 일을 하고 싶지 않다는 의미를 내포하므로 '…하려 하지 않다'라는 의미는 자연스럽게 추론된다. 이러한 예를 몇 가지 살펴보자.

(41) 他 不 吃 饭。
　　 그는 밥을 먹지 않으려 한다/했다.
(42) 我 不 卖 那 个 瓶 子。
　　 나는 그 꽃병을 팔지 않으려고 한다/했다.
(43) 他 不 跟 我 讲 话。
　　 그는 나에게 말하려 하지 않는다/않았다.

앞에 인용한 일부 예문은 '不'의 기능에 대한 또 다른 사실을 보여주고 있다. 즉 '不'는 현재시점에서 사건을 지시하는 동사구를 부정할 수 있을 뿐만 아니라 과거시점에서도 동사구를 부정할 수 있다. 이것은 (32)-(34)와 (40)-(43)의 해석에서도 확인할 수 있다. 예를 들면, 교장이었음을 부인하고자 할 때도 (34)와 같이 말할 것이다.

(34) 他 不 是 校 长。
　　 그는 교장이 아니었다.

따라서 '不'가 포함되어 있는 문장이 어떤 때는 (상태) 단순부정을 의미하고, 어떤 때는 현재시점이나 과거시점에서 '…하지 않으려 하다'라는 의미를 나타낸다. 이는 '不'의 기본적인 기능이 시제와는 무관하며, '不'가 완결과 관련이 없다는 사실에 기인한다.

12.2.2 동사구의 유형

사건의 완결을 부정하는 데 '不'가 아니라 '沒(有)'를 사용한다는 것은 이미 설명했기 때문에 이로부터 어떤 동사는 '不'와 '沒(有)'를 둘 다 취할 수 있고 어떤 동사는 둘 중 하나만을 취할 수 있음을 추론할 수 있다. 바로 앞의 (35)-(37)에서 어떤 동사는 완결의 개념을 포함하고 있지 않기 때문에 '沒(有)'와 함께 쓰일 수 없었다.

그러나 '不'와 함께 쓰일 수 없는 동사는 없다. 과정이나 상태변화를 나타내는 동사, 즉 과정동사(process verb)는 '不'를 취할 수 없다고 여겨졌다.[3] 즉, '不'와 과정동사가 함께 쓰인 (44b)와 (45b)는 단지 특수한 상황일 뿐이며 그러한 상황을 설정하는 것도 쉽지 않아서 문법에 맞지 않는다고 간주되었다. 그러나 (44b)는 다음과 같은 상황에서는 자연스럽게 받아들여질 수 있다. 예를 들면, 화자가 어떤 사람을 죽이려 총을 여러 번 쏘았지만 총을 맞은 사람이 아직도 죽지 않을 때 (44b)를 쓸 수 있다. 이때 (44b)는 '不'가 '…하려 하지 않다'의 의미를 가지고 있는 (40)-(43)과 같이 '그가 안 죽는다'는 의미를 나타낸다. 이와 마찬가지로 (45b)도 다음과 같은 문맥에서 쓰일 수 있다. 즉, 화자가 낡은 배를 물속으로 침수시키려고 하는데 잘 되지 않아 화를 내며 (45b)와 같이 말할 수 있는 것이다.

(44) a. 他 沒 (有) 死。
　　　　그는 죽지 않았어.
　　 b. 他 不 死。
　　　　그가 죽지 않아.
(45) a. 那 个 船 沒 (有) 沈。
　　　　저 배는 가라앉지 않았어.

---

3. Teng(1974a, 1975a)을 참조

b. 那个船不沈。
저 배가 가라앉지 않아.

다음은 동일한 동사가 '不'와 '没(有)'로 부정된 경우인데, 두 문장의 의미 차이는 분명하다.

(46) a. 我不胖。
나는 뚱뚱하지 않아.
b. 我没(有)胖。
나는 뚱뚱해지지 않았어.

(47) a. 他不卖那个瓶子。
그는 그 꽃병을 팔려 하지 않아.
b. 他没(有)卖那个瓶子。
그는 그 꽃병을 팔지 않았어.

(48) a. 他不笑。
그는 웃지 않아.
b. 他没(有)笑。
그는 웃지 않았어.

(49) a. 他们不关窗户。
그들은 창문을 안 닫아.
b. 他们没(有)关窗户。
그들은 창문을 닫지 않았어.

이미 살펴본 바와 같이 일부 동사들은 '不' 혹은 '没(有)'로만 부정되거나 두 가지 모두로 부정되는데, 이것은 동사의 의미와 '不', '没(有)'의 기능이 서로 어울릴 수 있는지와 관련이 있다.

12.2.3 동보복합어(Resultative Verb Compound)

동보복합어는 이미 제3장에서 자세히 살펴보았다.[4] 즉, 동보복합어는 행위를 나타내는 동사와 결과를 나타내는 동사로 구성되어 있다.

(50) 我把报告写完了。
　　　나는 보고서를 다 썼어.

이러한 동보복합어의 특징 중 하나는 가능형(potential form)으로 쓰일 수 있다는 것이다. 즉, 복합어의 두 요소 사이에 '得'나 '不'를 넣을 수 있다.

(51) a. 他跳得过去。
　　　　그는 뛰어 건널 수 있다.
　　 b. 他跳不过去。
　　　　그는 뛰어 건널 수 없다.

이것은 동보복합어를 부정하는 방법에는 두 가지가 있음을 의미한다. 어떤 방법을 사용하는지는 동작의 완결이 부정되는지 여부에 의해 결정된다. 만약에 동작의 완결이 부정되면, 즉 사건이 아직 발생하지 않았으면 반드시 '没(有)'를 써야 한다.

(52) 他没(有)跳过去。
　　　그는 뛰어 건너지 않았어.

그러나 (51b)에서 가능형의 부정사 '不'는 단순히 결과, 즉 '건너가는' 상황을 부정한다. 여기에서 중요한 것은 '不'와 '没(有)'의 기능적 차이가 지금까

---

4. 이 절의 일부 견해는 Light(1977)에서 채택했다.

지 살펴보았던 다른 문장과 같다는 사실이다. 동보복합어에서 '不'를 '…할 수 없다'로 해석하는 것도 추론된 것이다. 즉, 어떤 사람이 행위는 했으나 의도했던 결과가 발생하지 않았을 때, 이로부터 자연스럽게 그 결과를 '성취할 수 없다'고 추론할 수 있다. 이러한 차이를 더 명확하게 보여주는 예를 보자.

(53) a. 我 没 (有) 看 见 你。
　　　 나는 너를 보지 못했어.
　　b. 我 看 不 见 你。
　　　 나는 너를 볼 수 없어.

해석에서 알 수 있듯이 '没(有)'가 있는 (53a)는 '봐서 인지하는 동작이 완결되지 못했음'을 나타내고 있는 반면에, '不'로 부정한 (53b)는 보는 행위는 진행됐지만 인지하지는 못한 상황을 표현하고 있다. 사실 '인지'하지 못한 상황이라면 시선을 대상이 있는 쪽에 둔다고 하더라도 그 대상은 보이지 않는다.

따라서 동보복합어를 부정하는 두 가지 방법은 일반적인 부정사로서의 '不'의 기능과, 완결을 부정하는 '没(有)'의 기능적 차이에서 그 의미차이를 이해해야 한다.

지금까지 부정사의 위치와 범위, '不'와 '没(有)'의 근본적인 기능차이에 대해 살펴보았는데, 이제 부정과 관련해 주의할 사항에 대해 살펴보자.

12.3 '没(有)'는 과거시제 부정사가 아니다

'没(有)'가 미완결을 의미한다는 것은 이미 살펴보았다. 사건이나 행동의 미완결을 나타내는 가장 자주 보이는 예는 과거에 일어난 사건이나 행동을 나타내는 경우이다. 예를 들면, (54)와 같이 '没(有)'를 포함하고 있는 중국어 문장은 일반적으로 과거시제로 해석된다.

(54) 我 没(有) 洗 澡。
　　　나는 목욕을 하지 않았어.

그러나 '미완결'이 의미적으로 과거시제의 부정과 동일한 것은 아니라는 사실에 주의할 필요가 있다. (55a), (55b)를 보면 '没(有)'가 과거시제의 부정이 아니라는 사실을 알 수 있다. 즉 (55a), (55b)는 부정사 '不'를 썼지만 문법적인 반면에, (55b)는 '没(有)'를 썼지만 비문법적이다.

(55) a. 以 前 这 个 地 方 不 穷。
　　　이전에 이곳은 가난하지 않았다.
　　 b. *以 前 这 个 地 方 没 穷。

(55a)는 '不'가 과거를 나타내는 문장에 쓰일 수 있음을 보여준다. '没(有)'는 (56), (57)에서처럼 미래시점에 쓰여 행위가 완결되지 않음을 나타낼 수도 있다.

(56) 明 年 这 个 时 候 你 还 没(有) 毕 业 呢。
　　　내년 이맘때에 너는 아직 졸업하지 않았을 거야.
(57) 你 想 一 想, 到 明 年 这 个 时 候 我 还 没(有) 吃 过 苹 果 呢。
　　　너 생각 좀 해봐! 내년 이맘때에 나는 아직 사과를 먹지 못했을 거야.

그러나 '没(有)'가 과거시제에 쓰인 것처럼 보이는 경우가 있다. 즉 (58)과 같이 '没(有)'가 지속상 '着'와 함께 쓰이는 경우이다.[5]

(58) 他 没(有) 拿 着 书 呢。
　　　그는 책을 들고 있지 않았어.

---

5. 표준중국어를 모어로 말하는 사람들은 모두 이 문장을 자연스러운 것으로 받아들이지 않는다. 이러한 구조의 문장은 표준중국어와 다른 방언의 상호작용에 의해 생겨난 것일 가능성이 크다.

그러나 이 문장은 (58)처럼 '沒(有)'를 쓰는 것보다 (59)처럼 '不是'를 써서 부정하는 것이 더 일반적이다(12.5 참조).

(59) 他 不 是 拿 着 书 呢。
　　 그는 책을 들고 있지는 않았어.

(58)에서 '沒(有)'는 완결과 관계가 있는 것 같지 않고 단지 과거의 어떤 상황을 나타내는 문장에서만 쓰일 수 있기 때문에 이러한 예는 과거사건이 완결되지 않았음을 나타내는 '沒(有)'의 전형적인 용법이 확대된 것으로 생각된다. 이러한 용법은 예외로 간주하겠다.

따라서 '沒(有)'가 있는 문장이 자주 과거시제로 해석되는 이유는 단순히 대부분의 완결된 사건이 발화 시점보다 앞서 일어나기 때문이다. 12.3에서 본 예문을 통해서 '沒(有)'가 과거시제 부정사가 아님을 명백히 알 수 있다. 왜냐하면 (ⅰ) '不'가 과거시제의 부정을 나타낼 수 있고, (ⅱ) '沒(有)'가 비과거시제의 부정을 나타낼 수도 있기 때문이다. 그 차이점은 완결과 미완결이다.

12.4 부정과 상(Negation and Aspect)

제6장에서 완료상표지 '了'는 부정문에서 쓰일 수 없다는 것을 지적했다. 여기에서는 부정과 상의 상관관계에 대해서 더 자세히 살펴보겠다.[6]

첫째, 방금 언급한 바와 같이 완료상표지 '了'와 함께 쓰인 동사는 '不' 혹은 '沒(有)'의 어느 것으로도 부정될 수 없다.[7] 그 까닭은 명백하다. 즉 '了'는

---

6. 이 절에서는 Teng(1973)의 견해를 따르고 있다.
7. 완료상표지 '了'가 있는 문장에서 주요동사가 '是'인 경우(4.3.1 참조)에 (ⅰ)에서와 같이 '是'는 '不'로 부정될 수 있다(12.5 참조). 여기에서 말하고자 하는 것은 바로 완료동사(pecfective verb) 자체는 부정할 수 없다는 것이다.
　(ⅰ) 他 不 是 卖 了 他 的 车。
　　　그는 자기 차를 팔았던 것이 아냐.(그가 자기 차를 팔았다는 것에 대한 반박)

제한된 사건을 의미하며, 일어나지 않은 사건은 제한될 수 없기 때문이다.

(60) *他 不 吃 了 那 块 蛋糕。
(61) *他 没 写 错 了 那 个 字。

이것은 '了'를 쓴 긍정문과 그 부정문이 완전히 다른 형식임을 의미한다. (62), (63)을 보자.

(62) 我 写 错 了 那 个 字。
　　　나는 그 글자를 틀리게 썼어.
(63) 我 没 (有) 写 错 那 个 字。
　　　나는 그 글자를 틀리게 쓰지 않았어.

(62)에는 완료상접미사(perfective suffix) '了'가 있는 반면에 (63)은 동사 앞에 완결의 부정인 '没(有)'가 있다.

(62), (63)에서 볼 수 있는 이러한 형식상의 차이점에서 몇 가지 흥미 있는 현상을 발견할 수 있다. 예를 들면, '了'가 포함되어 있는 문장을 의문문으로 만드는 가장 일반적인 방법은 A-not-A 형태로 바꾸는 것이다. 즉 (64)와 같이 동사구의 긍정형과 부정형을 병렬로 나열하는 것이다(18장 참조).

```
          A           not A
    ┌─────────────┐  ┌───┐
(64) 我 写 错 了 那 个 字 没 (有) ?
```
　　　내가 그 글자를 틀리게 썼니?

이러한 질문에 대한 긍정적인 대답은 (65)이다.

(65) (你) 写 错 了。

(너는) 틀리게 썼어.

그러나 광둥어(广东语)와 같은 위에어(粤语)나 차오저우어(潮州语), 타이완어(台湾语) 등을 포함하는 민난어(闽南语) 같은 일부 남방 방언에서는 완료상표지로서 '有'에 해당되는 단어를 쓰는데, 이러한 '有'는 동사 앞에 온다.

(66) (광둥어)
  渠 有 食 饭。(Keuih yauh sihk faahn.)
  그는 밥을 먹었다.
(67) (타이완어)
  伊 有 吃 饭。(i u chia peng.)
  그는 밥을 먹었다.

이것은 다음과 같은 사실을 의미한다. 남방어를 모어로 하는 사람들이 표준중국어를 말할 때는 질문이나 대답에서 '有'를 마치 표준중국어의 완료상 표지인 것처럼 사용하기 쉽다는 점이다. 따라서 남방 사람들이 표준중국어를 말할 경우에 (64) 대신에 (68)처럼 말할 가능성이 높다.

     A not A
(68) 我 有 没 有 写 错 那 个 字 ?
  내가 그 글자를 틀리게 썼니?

만약에 '有'가 동사구의 첫 번째 성분으로 간주되고 있다면 (68)을 심지어 (69)처럼 말할 수도 있다.

      A   not A
(69) 我 有 写 错 那 个 字 没 (有) ?

(69)에서는 '有写错那个字'를 의문문 중의 A부분으로 보았고 '没(有)'를 'not-A' 부분으로 본 것이다. 사실 남방 사람들은 이러한 질문에 대한 긍정적인 대답으로 (70)처럼 말하고 있다.

(70) (你) 有 写 错。
　　　(너는) 틀리게 썼어.

여기에서 주의할 점은 남방 사람들이 표준중국어를 사용할 때 '了'를 부가한 동사의 부정사로 '没(有)'를 쓰는 것을 확대해 의문이나 의문에 대한 대답으로 '没(有)'의 긍정형인 '有'를 사용한다는 사실이다.[8] 왜냐하면 중국의 남방 방언에서는 그와 같은 표현을 쓰기 때문이다.

남방 지역의 사람들이 표준중국어를 말하는 방식이 중요한 것은 중국의 최근 정치적 발전과 관련해, 현재 많은 남방 사람들이 북방 사람들과 표준중국어로 의사소통을 하고, 또 표준중국어가 이러한 남방 사람들의 영향을 받아 변하기도 하기 때문이다. 이것은 대만과 싱가포르에서 뚜렷하게 나타나며, 중국의 남방 지역과 홍콩도 이에 해당된다. 만약 북방의 표준중국어 사용자만 고려한다면 의문형식은 (71)과 같이 된다.

(71) 주어 + 동사 + 了 + 没(有) ?

이러한 형태는 완료문에서만 가능하며, '有'가 완료상표지로 쓰인 문장은

---

8. 이러한 남방사람들의 언어습관은 Edmonson이 지적한 바와 같이 질문과 그에 대한 대답뿐만 아니라 심지어 그 밖의 비단정적인 경우에도 쓰인다. 남방사람들은 (ⅰ)과 같이 말한다.
　(ⅰ) 假 如 他 有 吃 他 就 不 会 生 病。
　　　만약에 그가 먹었더라면 그는 병이 나지 않았을 거야.
반면에 북방사람들은 다음과 같이 말할 것이다.
　(ⅱ) 假 如 他 吃 了 … 。
　　　만약에 그가 먹었더라면…

생소하게 들릴 것이다. 그러나 남방 표준중국어의 영향을 받은 사람들은 완료상표지로서 '有'를 쓰는 문장을 점점 더 많이 쓰고 있다.

완료상표지 '了'가 있는 문장을 부정할 때 (72a), (72b)와 같이 '了'를 없애고 '没(有)'를 쓰기 때문에 많은 문법학자들은 '没(有)'를 완료상표지 '了'의 부정형태라고 여겼다.[9]

(72) a. 孩子撕破了那本杂志。
    아이가 그 잡지를 찢어버렸다.
   b. 孩子没(有)撕破那本杂志。
    아이가 그 잡지를 찢지 않았다.

(72b)와 같은 문장에서 '没(有)'를 '了'의 부정형이라고 말하기보다는 '没(有)'는 완결의 부인이고 '了'는 제한된 사건을 의미하기 때문에 이 둘은 단순히 의미적으로 모순되어 함께 쓰일 수 없다고 설명하는 것이 타당하다.

'没(有)'를 '了'의 부정형으로 보지 않는 데는 몇 가지 이유가 있다. 첫째, 제6장에서 살펴본 바와 같이 '了'는 경험상표지 '过'와 함께 쓸 수 없다. 그러나 '没(有)'는 '过'와 함께 쓸 수 있다.

(73) 他没(有)去过中国。
    그는 중국에 가본 적이 없다.

만약에 '没(有)'가 '了'의 부정형이라면, 왜 '没(有)'는 '了'가 쓰일 수 없는 문장에서 쓰일 수 있는지를 설명할 방법이 없다.

'没(有)'를 '了'의 부정형으로 보지 않는 두 번째 이유는 다음과 같다. 즉 (74)처럼 술어가 두 개 있을 경우에 첫 번째 동사가 나타내는 사건이 두 번째

---

9. Wang(1965), Chao(1968: 439) 참조.

동사에 의해 제한됨을 나타내는 '了'가 쓰일 절은 '没(有)'가 아니라 '不'에 의해 부정된다는 것이다.

(74) 他 喝 了 酒 以 后, 我 就 跟 他 说 话。
그가 술을 마신 후에 내가 그와 이야기할 거야.

이러한 사실은 (75a), (75b)를 보면 알 수 있다.

(75) a. *他 没 (有) 喝 酒 以 后, 我 就 跟 他 说 话。
b. 他 不 喝 酒 以 后, 我 就 跟 他 说 话。
그가 술을 마시지 않은 다음에 내가 그와 이야기할게.

셋째, 동사 중에는 제한된 사건을 의미하지 못하기 때문에 '了'와 함께 쓰일 수 없는 것들이 많다. 다음 예문을 보자.

(76) 我 听 说 (*了) 他 离 婚 了。
나는 그가 이혼했다는 얘기를 들었다.
(77) 我 主 张 (*了) 你 们 今 天 晚 上 休 息。
나는 너희들이 오늘 저녁에 쉴 것을 주장한다.

그러나 이러한 동사들은 '没(有)'로 부정될 수 있다.

(78) 我 没 (有) 听 说 他 离 婚 了。
나는 그가 이혼했다는 것을 듣지 못했어.
(79) 我 没 (有) 主 张 你 们 今 天 晚 上 休 息。
나는 너희들이 오늘 저녁에 쉴 것을 주장하지 않았어.

만약에 '没(有)'가 완료상표지 '了'의 부정사로만 쓰인다면 (78), (79)와 같은 문장이 왜 가능한지 설명하기 어렵다. 왜냐하면 '了'가 포함되어 있는 긍정대당문이 없기 때문이다.

따라서 '没(有)'는 완료상표지 '了'의 부정형이 아니라 사건의 완결을 부정하는 것으로 보아야 한다. '没(有)'는 그 자체가 지니고 있는 제한성으로 말미암아 완료상표지 '了'에 의해 표시되는 사건의 완결을 부정할 수 없기 때문에 '没(有)'는 '了'와 함께 절대 쓰일 수 없다.

다른 한편으로 경험상표지 '过'는 제한성과는 무관하기 때문에 '没(有)'와 모순되지 않는다.

(80) 我 没 (有) 坐 过 飞 机。
    나는 비행기를 타본 적이 없다.

(80)은 단순히 내가 비행기를 타고 여행하는 사건이 완결되지 않은 것을 나타낸다. '过'가 쓰인 문장은 '不'로 부정할 수 없다. 어떤 경험을 했다는 것을 부인하는 유일한 방법은 그 경험이 일어나지 않았다고 말하는 것, 즉 '没(有)'를 써서 부정하는 것이다. 따라서 (81)은 비문법적이다.

(81) *我 不 坐 过 飞 机。

진행상표지 '在'는 '不'와 함께 쓰일 수 있지만 '没(有)'와 함께 쓰일 수는 없다.

(82) a. 他 不 在 睡 觉。
        그는 자고 있지 않다.
    b. *他 没 (有) 在 睡 觉。

그 이유는 의미적인 면에서 살펴보아야 한다. 즉, 만약에 행동이 진행 중이라면 완결되었음을 나타낼 수 없으므로 '没(有)'를 쓸 수가 없다. 진행 중인 행동을 부정하는 유일한 방법은 중립부정사인 '不'를 쓰는 것이다.

지속상표지 '着'는 행동과 연관된 상태를 나타낸다.

(83) 他还留着胡子呢。
　　　그는 아직 턱수염을 기르고 있어.
(84) 墙上挂着一幅画。
　　　벽에 그림 하나가 걸려 있다.

현재상태의 부인을 나타내는 가장 확실한 방법은 그 상태의 존재를 부정하는 것이므로 단순히 '没'가 존재동사(existential verb) '有'를 부정하면 된다. 따라서 (85), (86)은 (83), (84)의 부정대당문이 된다.

(85) 他没有留胡子。
　　　그는 턱수염을 기르지 않았어.
(86) 墙上没有挂画。
　　　벽에 그림이 걸려 있지 않다.

이제까지 살펴본 것을 요약하면 (87)과 같다. (87)은 상표지를 갖는 긍정형식과 그의 부정형식 간의 대조를 잘 보여준다.

(87)　　　<긍정>　　　　　　<부정>
　　　a. 동사 + 了　　　　没(有) + 동사
　　　b. 在 + 동사　　　　 不 + 在 + 동사
　　　c. 동사 + 着　　　　 没有 + 동사
　　　d. 동사 + 过　　　　 没(有) + 동사 + 过

12.5 단순동사구 이외의 요소의 부정

일반적인 동사구는 앞에서 살펴본 네 가지 부정사 중 하나를 사용해서 부정한다. 그러나 다른 사람이 말하거나 암시한 것 자체를 부인하려고 할 때는 '不 + 是'를 써서 부정해 '…한 것은 아니다'라는 뜻을 나타낸다('是'의 이 용법은 제4장 참조).

(88) 他 不是 光着 脚 上 课。
　　　그는 맨발로 수업한 것이 아니다.
(89) 我 不是 也 买 新 房子。
　　　나도 새 집을 산 것은 아니다.
(90) 墙上 不是 挂着 一 幅 画。
　　　벽에 그림 한 장이 걸려 있는 것이 아니다.
(91) 他 不是 把 张三 带 进 来。
　　　그는 장싼을 데리고 들어온 것이 아니다.
(92) 他 不是 被 张三 骂。
　　　그는 장싼에게 꾸지람을 들은 것이 아니다.
(93) 他 不是 有 一 个 妹妹 很 喜欢 李四。
　　　그에게 리쓰를 매우 좋아하는 누이동생이 있는 것이 아니다.

'不是'는 부인을 나타내기 때문에 일반적으로 강세를 받지만, 다른 부정문에서는 일반적으로 '不'가 강세를 받지 않는다. 모든 진술은 부정될 수 있기 때문에 모든 평서문은 통사적 구조에 상관없이 '不是'로 부정할 수 있다. 이 점은 위의 예문을 통해 확인할 수 있다.

'不是'의 또 다른 용법은 명사구를 부정하는 것이다. 이 문장은 '是'가 명사구 앞에 온 긍정문의 부정대당문이다. 다음 예문을 보자.

(94) a. 是 他 给 我 糖 吃。
그가 나에게 먹으라고 사탕을 준 거야.
b. 不 是 他 给 我 糖 吃。
그가 내게 먹으라고 사탕을 준 것이 아냐.
(95) 不 是 张 三 我 不 喜 欢, 是 李 四。
장싼을 내가 싫어하는 것이 아니라 리쓰를 싫어해.

(94a)에서는 누군가 화자에게 먹으라고 사탕을 주었다는 사실이 분명하게 전제되어 있다. 이러한 가정하에서 (94a)가 전달하는 정보는 '他'가 그 혐의자라는 사실이다. 따라서 (94b)에서는 누군가 화자에게 먹으라고 사탕을 주었지만 그 사람이 '他'가 아니라는 사실이 전제되어 있다. (95)에서는 '不是'로 부정되고 있는 직접목적어명사구 '张三'과 긍정의 '是'의 뒤에 나오는 직접목적어명사구 '李四'가 대조를 이루고 있다.

12.6 요약

중국어에는 네 가지의 부정사가 있는데 그들의 의미는 다음과 같다.

1. 不: 중립부정
2. 没(有): 미완결
3. 别: 부정명령
4. 没: '有'의 부정

문장에서 부정사의 위치는 그의 부정범위에 의해서 결정되며, '不'와 '没(有)'의 기능상의 차이에 따라 다양한 유형의 동사 및 상과 함께 쓰인다는 사실을 살펴보았다. 또한 명시적 부인은 '不是'로 부정하며, 이것은 '是'가 부가된 명사구의 부정으로 사용되기도 한다.

제13장
동사의 복사(Verb Copying)

13.1 동사가 복사되는 위치

　동사의 복사란, 동사의 뒤에 부사성 성분(adverbial element)이 있을 때 직접목적어 뒤에 동사가 '복사'되는 문법적 과정을 말한다. 따라서 (1)과 같은 비문법적 구조 대신에 (2)와 같은 구조를 취한다.

　(1) *(주어) + <u>동사</u> + 직접목적어 + <u>부사성 성분</u>
　(2) (주어) + <u>동사</u> + 직접목적어 + <u>동사</u> + <u>부사성 성분</u>

　'부사성 성분'이란 용어는 아래에 열거한 수량부사구, 정태보어구문, 처소구, 방향구의 네 가지 부사성 표현에 대한 총칭이다. 직접목적어(direct object)라는 것은, 전형적인 직접목적어나 동목복합어 중의 목적어성분을 모두 가리킨다(동목복합어에 관해서는 3.2.5 참조). 다음의 각 예문은 동사가 복사되지 않은 문장은 비문법적이며, 동사가 복사되어야 문법적임을 보여준다. (2)와 같이 원래의 동사와 복사된 동사는 밑줄을 두 줄 긋고, 부사구는 밑줄을 한 줄 그었다.

(ⅰ) 수량부사구(Quantity Adverbial Phrase, 8.5 참조)

(3) a. *我 睡 了 觉 五 个 钟 头。
   b. 我 睡 觉 睡 了 五 个 钟 头。
      나는 다섯 시간 잤다.
(4) a. *我 拍 了 手 两 次。
   b. 我 拍 手 拍 了 两 次。
      나는 두 번 손뼉을 쳤다.

(ⅱ) 정태보어구문(Complex Stative Construction, 제22장 참조)

(5) a. *他 念 书 得 很 快。
   b. 他 念 书 念 得 很 快。
      그는 책을 빨리 읽는다.
(6) a. *他 讲 故 事 得 我 们 都 闷 了。
   b. 他 讲 故 事 讲 得 我 们 都 闷 了。
      그는 우리가 모두 지겹도록 이야기를 했다.

(ⅲ) 처소구(Locative Phrase, 11.1 참조)

(7) a. *爸 爸 挂 帽 子 在 衣 架 上。
   b. 爸 爸 挂 帽 子 挂 在 衣 架 上。
      아버지는 모자를 옷걸이 위에 거신다.

(ⅳ) 방향구(Directional Phrase, 11.2 참조)

(8) a. *我 们 走 路 到 市 场 了。

b. 我们走路走到市场了。
　　　　우리는 걸어서 시장에 갔다.

동사를 복사하는 데는 두 가지 제약이 따른다. 첫째, 위에서 열거한 부사성 성분 가운데 정태보어구문, 처소구, 방향구가 쓰일 때는 반드시 동사를 복사해야 한다. 그러나 (3), (4) 같이 수량부사구가 쓰인 경우 직접목적어가 지시적이면서(4.2.5 참조) 유생이거나 한정인 경우에는 일반적으로 동사를 복사하지 않는다. 따라서 위의 (3a)와 아래의 (9a)는 비문법적이지만 직접목적어가 유생 대명사 '他'인 (9b)는 문법적인 문장이다.

(3) a. *我睡了觉五个钟头。
(9) a. *我看了一个电影五个钟头。
　　b. 我看了他五个钟头。
　　　　나는 그를 다섯 시간 동안 봤다.

(3a)에서 동사 '睡觉'는 동목복합어이다. 이 복합어의 목적어 요소인 '觉'는 비지시적이다. (9a)에서 동사의 직접목적어 '一个电影'은 지시적이지만 유생이거나 한정적이지 않다. 따라서 동사를 복사하지 않은 (3a)와 (9a)는 문법에 맞지 않는다.

대조를 이루는 한 쌍의 문장을 더 살펴보자. 여기에서 수량부사구는 빈도를 나타낸다.

(10) a. *我听了音乐两次。
　　 b. 我听了张三两次。
　　　　나는 장싼을 부르는 소리를 두 번 들었다.

(10a)는 직접목적어가 비지시적이지만 동사를 복사하지 않았기 때문에 비

문법적이다. 반면에 (10b)는 직접목적어가 지시적이고 또 유생이면서 한정적이기 때문에 동사를 복사할 필요가 없다.

끝으로 직접목적어가 유생이지만 하나의 문장에서는 비지시적이고 다른 문장에서는 지시적인 경우를 비교해보자. 전자의 경우에는 동사를 복사해야 하지만 후자의 경우는 그럴 필요가 없다.

(11) a. *他 打 了 人 两 次。
    b. 他 打 了 一 个 人 两 次。
        그는 어떤 사람을 두 번 쳤다.

(11a)에서 동사의 직접목적어는 비지시적인 '人'이다. 그러나 (11b)에서 직접목적어 '一个人'은 지시적이며 어떤 특정한 사람을 가리킨다.

위의 예문은 직접목적어가 지시적인 경우, 유생이거나 한정적이면 동사를 복사할 필요가 없음을 보여준다.

동사 복사의 두 번째 제약은 직접목적어 뒤에 위에 제시한 유형의 부사성 성분이 올 경우에만 동사의 복사가 필요하다는 것이다. 다른 유형의 성분들은 동사를 복사하는 과정 없이 직접목적어 뒤에 올 수 있다. 예를 들면 연동구문(serial verb construction, 제21장 참조)에서는 다양한 유형의 술어들이 동사를 복사하지 않은 채 동사나 직접목적어 뒤에 올 수 있다. 예를 들면, (12)에서 첫 번째 절 '他走路'는 동사구 '很快'의 주어이며, 이 때 '走'는 복사되지 않는다.

(12) 他 走 路 很 快。
    그는 걷는 게 아주 빠르다.

아래 예문들은 모두 연동구문이다. 각 경우에 첫 번째 동사와 그것의 직접목적어 뒤에 나오는 두 번째 동사구에는 밑줄을 그었다. 이 중 어느 경우도 첫 번째 동사를 복사하지 않았다.

(13) 在这儿停车<u>犯法</u>。
　　　여기에 주차하는 것은 위법이다.
(14) 他找人<u>帮他</u>。
　　　그는 자기를 도울 사람을 찾는다.
(15) 我要张三<u>去看医生</u>。
　　　나는 장싼이 의사에게 가서 진찰받길 바란다.
(16) 我们搞革命<u>救国</u>。
　　　우리는 나라를 구하기 위해 혁명을 한다.

13.2 동사복사구문의 문법적인 특징

앞에서 도식으로 나타낸 동사복사구문은 몇 가지 문법적인 특징을 지니고 있다.

(2) (주어) + 동사 + 직접목적어 + 동사 + 부사적 성분

첫째, 앞에서 언급했듯이 직접목적어가 지시적이면서 또 유생이거나 한정적일 때는 대개 동사를 복사할 필요가 없다. 반대로 동사를 복사할 경우에 직접목적어는 일반적으로 비지시적이다. (3)-(7)에서도 (b)의 직접목적어는 모두 비지시적이다. (7b)를 다시 보자.

(7) b. 爸爸<u>挂</u>帽子<u>挂在衣架上</u>。
　　　아버지는 모자를 옷걸이에 거신다.

(7b)에서 '帽子'는 비지시적이다. 즉, 이 문장은 아버지가 일상적으로 모자를 어떻게 하는지를 묘사한다. 특정한 모자를 언급할 경우에는 把-구문(제15장 참조)을 사용해야 한다.

(17) 爸爸把帽子挂在衣架上。
　　　아버지는 모자를 옷걸이에 거신다.

둘째, (2)에서 첫 번째 동사는 일반적으로 상 표지와 함께 쓰일 수 없다. 예를 들면, (3b)와 (4b)에서 완료상의 '了'와 경험의 '过'가 첫 번째 동사에 부가되면 비문법적이게 된다.

(18) *我睡了觉睡了五个钟头。
(19) *我拍过手拍了两次。

셋째, (2)를 부정할 경우에 부정사는 첫 번째 동사 앞이 아니라, 두 번째 동사 앞에 온다.

(20) (주어) + 동사 + 직접목적어 + 부정사 + 동사 + 부사적 성분

예를 들어, (4b)의 부정문은 (21b)가 아니라 (21a)이다.

(21) a. 我拍手没拍两次。
　　　　나는 박수를 두 번 치지 않았다.
　　　b. *我没拍手拍两次。

마찬가지로 (7a)의 부정문은 (22b)가 아니라 (22a)이다.

(22) a. 爸爸挂帽子不挂在衣架上。
　　　　아버지는 모자를 옷걸이에 걸지 않으신다.
　　b.*爸爸不挂帽子挂在衣架上。

넷째, '只', '还', '也'와 같은 부사들은 (2)의 구문에서 첫 번째 동사 앞이 아니라 두 번째 동사 앞에만 쓰일 수 있다. 다음 예를 보자.

(23) a. 我骑马只骑了半个钟头。
　　　　나는 단지 반 시간 동안만 말을 탔다.
　　b.*我只骑马骑了半个钟头。
(24) a. 他写小说还写得不错。
　　　　그는 그런대로 괜찮게 소설을 쓴다.
　　b.*他还写小说写得不错。
(25) a. 我喝酒也喝了三杯。
　　　　나도 술을 세 잔 마셨다.
　　b.*我也喝酒喝了三杯。

위에서 설명한 동사복사구문의 문법적 특성들은, '첫 번째 동사 + 직접목적어'로 구성된 성분이 어떠한 문법적 변화에도 영향을 받지 않기 때문에 고정된 단위로 작용한다는 것을 보여주고 있다. 따라서 직접목적어는 일반적으로 비지시적이고 동사는 어떠한 상 표지도 갖지 않으며, 전체 단위는 부정이나 어떠한 부사적 성분의 범위 밖에 있어야 한다(범위의 개념에 대해서는 부정에 관한 제12장 참조).

제14장
명령문(The Imperative)

'명령문'이라는 문법용어는 일반적으로 명령을 나타내는 문장형식을 가리킨다.[1] 그러나 명령과 비명령 사이의 경계선은 명확하지 않다. 일례로, 일반 사회적 교제에서는 직접적인 명령을 피하는 경우가 자주 있다. 그렇기 때문에 모든 언어에는 명령을 부드럽게 해 요청이나 제안처럼 만드는 방법이 있다. 게다가 명령은 어떤 사람이 해야 하는 일과 해서는 안 될 일에 대한 판단을 포함하고 있기 때문에, 명령문에는 1인칭(我, 我们) 주어와 3인칭(他, 她, 他们) 주어도 쓰인다. 아래에서 명령문의 특성에 대해서 자세히 살펴보자.

다른 언어에서처럼 중국어에서도 청자가 무엇을 하도록 시키려면 동사구만 쓰거나 '你', '你们'이 주어인 문장을 사용한다.

(1) 吃！
    먹어라!

(2) 乖！
    얌전히 있어! (아이에게 하는 말)

---

[1] 이 장은 ashimoto(1969b, 1971a: 77-81)로부터 몇 가지 견해를 취했다.

(3) 快 一 点！
　　 빨리 좀 해!
(4) 过 来！
　　 이리 와!
(5) 拿 我 的 铅 笔 来！
　　 내 연필을 가져와!
(6) 慢 慢 地 开！
　　 천천히 몰아라!
(7) 你 坐 这 里！
　　 여기 앉아!
(8) 你 们 快 去 睡 觉！
　　 너희들, 빨리 가서 자!

적절한 문맥에서는 명사구만 말해도 명령을 나타낼 수 있다. Chao(1968)가 지적했듯이 그러한 명령에서 명사구는 대개 화자가 원하는 사물을 나타낸다.

(9) 一 杯 茶！
　　 차 한 잔!
(10) 那 两 把 刀！
　　 그 칼 두 자루!

명령을 부드럽게 하기 위해서는 문두에 '请', '劳驾'나 '麻烦' 중 하나를 써서 '…해주세요.'(please)라는 의미를 나타내기도 한다. 다음 예를 보자.

(11) <u>劳 驾</u> 你 把 这 幅 画 挂 在 我 房 间 里。
　　 (수고스럽지만) 이 그림을 내 방에 걸어주세요.
(12) <u>请</u> 上 座。

앉으세요.

(13) 麻烦你来茶。
(번거롭겠지만) 차를 가져다주세요.

(14) 请你用菜。
식사하세요.

명령을 부드럽게 하기 위해 가장 보편적으로 쓰이는 동사는 '请'이다. 명령문에서 '请'의 용법에는 제약이 없으며, '请'으로 시작되지 않는 일반적인 명령문에서처럼 '请'으로 시작되는 명령문에서도 2인칭 대명사 '你'나 '你们'은 생략될 수 있다. '劳驾'와 '麻烦'의 용도는 '请'의 용도보다 더 제한적이다. 이 동사들은 대개 이로운 일을 해주기를 청자에게 요구할 때 명령을 부드럽게 표현하는 데 쓰인다. 따라서 (15)는 정상적인 상황에서는 먹는 행위가 먹는 사람, 즉 청자에게만 이롭기 때문에 이상하다.

(15) { ?麻烦 / ?劳驾 } 你用菜。
수고롭지만 드세요.

사실, 정상적인 상황에서 (15)는 익살맞거나 풍자적으로 들린다.

'麻烦'의 또 다른 특성은 청자를 가리키는 2인칭 대명사 '你/你们'을 필요로 한다는 것이다. 예를 들어 (13)에서 청자를 가리키는 대명사가 없으면 그 문장은 문법에 맞지 않는다.

(16) *麻烦来茶。

'麻烦'이 이러한 특성을 갖게 되는 이유는 '请'처럼 '…해주세요'라는 의미를 갖지는 않기 때문이다. '麻烦'은 평서문에서처럼 명령문에서도 '번거롭게

하다'라는 의미를 갖는 겸어동사(pivotal verb)로 쓰인 것이다. 겸어동사는 직접목적어를 필요로 하며 이 직접목적어는 그 뒤에 나오는 동사의 주어이기도 하다(겸어구문에 대해서는 21.3 참조).

명령문에서 '…해주세요'를 의미하는 '请'은 청자인 '你/你们'의 앞뒤에 모두 올 수 있다는 점에서도 '麻烦'이나 '劳驾'와는 다르다.

(17) 你 请 坐。
앉으세요.
(18) 你 请 喝 酒。
술 드세요.
(19) 你 请 先 走。
먼저 가세요.

(17)-(19)에서 청자를 가리키는 말의 뒤에 '请'이 올 수 있다는 사실은 '청하다'를 의미하는 겸어동사로부터 명령문의 '…해주세요'라는 겸손한 명령표지로 의미가 변했음을 말한다.

부정명령문은 부정명령사로만 쓰이는 부정사 '别'에 의해 표현된다. 다시 말해서 '别'는 명령문에만 쓰인다. 또한 '不'나 '没(有)'와 같은 다른 부정사처럼 '别'는 주어 뒤, 동사 앞에 쓰인다. 다음 예를 보자.

(20) 别 动！
움직이지 마!
(21) 你 别 打 人！
사람을 치지 마!
(22) *他 别 赌 钱！

(22)는 주어가 3인칭이기 때문에 명령문이 되지 않으므로 비문법적이다.[2]

1인칭 복수대명사가 주어로 쓰인 문장에 부정명령사가 쓰이면 '…하지 맙시다'라는 의미를 갖는다. 예를 들어보자.

(23) 我们别说话！
　　 우리 말하지 맙시다!

부정명령문은 '不要', '不必'나 '不用'과 같은 구문으로도 나타낼 수 있으며, 이들은 모두 부정사 '不'를 포함한다. '不要'의 본래 의미는 '바라지 않는다'인데, 명령문에 쓰이면 '…하지 마라'라는 의미를 나타낸다. 다음 예를 보자.

(24) 你不要这样叫！
　　 이렇게 소리 지르지 마라!

다음 문장들은 '不必'나 '不用'이 쓰인 예이다.

(25) 你不必跳舞。
　　 춤출 필요 없어.
(26) 不必脱鞋了。
　　 신발 벗을 필요 없어.
(27) 你不用客气。
　　 사양할 필요 없어.
(28) 不用申请。
　　 신청할 필요 없어.

북방 중국어 방언 중에는 '不用'을 '甭'으로 축약해서 쓰기도 한다.

---

2. 이것은 3인칭 주어가 있는 문장에서 부정명령사 '别'가 쓰일 수 없다는 말이 아니다. 이 장의 예문 (38)-(43)에 대한 분석을 볼 것.

(29) 你 甭 认 输。
　　　패배를 인정하지 않아도 돼.

'別'와 '不用/不必'의 중요한 차이점은, 전자는 단지 부정명령사인 반면에 후자는 부정사 '不'와 동사 '用'이나 형용사성 의존형태소 '必'가 결합해 이루어진 복합어라는 것이다. 따라서 '不用'과 '不必'만이 평서문이나 의문문에 쓰일 수 있다. 예를 들어보자.

(30) 他 不 用 上 班 吗？
　　　그는 출근할 필요가 없니?
(31) 他 不 必 欺 人。
　　　그는 남을 속일 필요가 없어.

'別'와 '不用/不必'의 또 다른 차이점은 '別'만이 겸손한 명령표지 '请'과 함께 쓰일 수 있다는 것이다. 따라서 (32)는 문법에 맞는 문장이지만 (33), (34)는 비문법적이다.

(32) 请 你 別 生 气。
　　　화내지 마세요.
(33) *请 你 不 用 告 他。
(34) *请 你 不 必 着 急。

'不用/不必'와 같은 표현들이 겸손한 명령을 나타내는 '请'과 함께 쓰일 수 없는 이유는, 이러한 표현을 포함하는 문장은 (25)-(28)의 해석에서 볼 수 있듯이 실제로는 직접 명령문이 아니기 때문이다. '너는 춤출 필요가 없어'라는 의미를 갖는 (25)와 같은 문장은 간접 명령에 불과하다. 엄격히 말해서 이것은 하나의 진술일 뿐이다. 이러한 진술이 나타내는 명령의 의미는 추론되는 것이지 본질적인 것은 아니다. 반면에 '別'와 '请'은 원래 명령의 의미를 갖고 있다. 이것이 바로 '別'만이 '请'과 함께 쓰일 수 있는 이유이다.

'不要'는 어떠한가? '不要'의 본래 의미는 '원하지 않다'이다. 만일 '不要'를 3인칭 주어가 있는 문장에 쓴다면 그 문장은 '원하지 않다'라는 의미만을 나타낼 것이다. 다음을 보자.

(35) 他 不要 吃 面。
　　 그는 국수를 먹으려 하지 않아.

반면에 '不要'를 1인칭 복수주어가 있는 문장에 쓰면 그 문장은 두 가지로 해석될 수 있다. 하나는 1인칭 복수 명령문으로서 '…맙시다'라는 뜻을 나타내며, 다른 하나는 평서문으로서 '원하지 않는다'라는 뜻을 나타낸다.

(36) 我 们 不要 罢 工。
　　 파업하지 맙시다.
　　 우리는 파업을 원하지 않는다.

(36)의 중의성으로부터 '不要'가 두 가지 의미를 가지고 있음을 알 수 있다. 즉, 명령적인 의미인 '…하지 마라'와 원래 의미인 '원하지 않다'이다. 따라서 명령으로서 '…하지 마라'를 의미할 때 '不要'는 하나의 단어로 보아야 하고, '원하지 않다'의 의미로 쓰일 때는 두 개의 단어 '不'와 '要'로 이루어진 것으로 보아야 한다. '不要'는 부정명령의 의미를 가지고 있으므로 공손한 명령을 나타내는 '请'과 함께 쓰일 수 있다. 다음을 보자.

(37) 请 你 不要 误 会 我 的 意 思。
　　 제 뜻을 오해하지 마세요.

사실 '別'와 '不要'는 어원상 서로 관련이 있다. 전자는 후자의 음성적 융합물이므로 그들이 같은 기능을 가졌다고 해서 놀랄 필요는 없다.
'别'는 두 번째 절이 첫 번째 동사구의 직접목적어로 쓰이는 연동문에도 쓰일 수 있다. (38)-(41)에서 알 수 있듯이 두 번째 절의 주어는 2인칭일 수도 있고 그렇지 않을 수도 있다.

(38) 我 主 张 <u>李 四 别 出 国</u>。
    나는 리쓰가 출국하지 말 것을 주장한다.
(39) 我 的 意 思 是 <u>你 别 说 中 文</u>。
    네가 중국어로 말하지 말았으면 하는 것이 내 생각이다.
(40) 他 命 令 <u>我 别 打 篮 球</u>。
    그는 나에게 농구하지 말라고 명령했다.
(41) 我 说 <u>他 别 太 紧 张</u>。
    나는 그에게 너무 긴장하지 말라고 말했다.

직접목적어가 있는 절에 '别'가 쓰이기 위해서는 한 가지 조건이 충족되어야 한다. 즉, 주요동사는 '命令'이나 '教'처럼 명령을 의미하는 동사이거나 주어의 판단이나 견해를 나타내는 '主张', '以为', '想'과 같은 동사, 혹은 '说', '告诉'처럼 발화동사(saying verb)여야 한다. 주어명사구가 명령이나 견해, 주장, 혹은 발화를 나타낼 경우에 (39)에서처럼 계사 '是'가 주요동사로 쓰일 수도 있다. 이 조건들을 예증하기 위해서 주어의 명령이나 판단을 표현하지 않으며 발화동사도 아닌 '知道'가 쓰인 문장을 보자. '知道'의 직접목적어절이 '别'를 포함하고 있으면 이 문장은 명백하게 비문법적임을 알 수 있다.

(42) *我 <u>知 道</u> 他 别 出 国。

이러한 조건에는 타당한 이유가 있다. 첫째로, 명령을 의미하는 동사는 다음 절이 명령이라는 사실을 나타내므로 부정명령사 '别'가 쓰일 수 있는 것은 당연하다. 판단동사들은 완화된 명령을 나타내므로 그 동사의 목적어절을 명령으로 만들 수 있는 것이다. 발화동사들은 그들의 목적어와 함께 일종의 간접적인 담화를 구성한다. 즉, 목적어 자체가 하나의 담화를 나타낸다. 그런 동사의 내용은 의미적으로 다소 중립적이다. 다시 말해 그런 동사들은 목적어 위치에 명령은 물론 다른 어떠한 형식도 올 수 있다(상세한 것은 21.2.1 참조). 마지막으로 (39)에서 볼 수 있듯이 계사는 연결동사(linking verb)이다. 계사로 연결되는 성분들이 서로 양립할 수 있는 한 그 문장은 성립한다. 따라서 계사의 목적어가 명령일 경우, 주어는 명령이나 판단, 발화를 나타내야 한다.

유사한 방식으로 '別'가 쓰인 다른 예를 보자.

(43) a. 他 最 好 別 喝 酒。
그는 술을 마시지 않는 것이 좋겠다.

b. 最 好 他 別 喝 酒。
그가 술을 마시지 않는 것이 좋겠다.

(44)가 비문이라는 사실로부터, 부사 '最好'가 (43a)와 (43b)에 명령적인 성격을 부여함을 알 수 있다.

(44) *他 別 喝 酒。

'最好'는 문장의 나머지 부분에 의미적 틀을 제공한다는 점에서 문장부사이다(부사에 관해서는 8.1 참조). 그러한 부사의 의미는 문장이 화자의 판단이나 제안을 나타낸다. 즉, 그것은 판단동사(verb of judgement)와 동일한 기능을 가지며, 다음 절이 판단 혹은 제안이라는 사실을 말해준다.

끝으로 1인칭 복수명령문으로 돌아가 보자. 이 장의 앞부분에서 이런 문장이 부정명령사 '別'와 어떻게 쓰이고 있는지에 대해 언급한 바 있다. 1인칭 부정명령문에 부정명령사 '別'가 온다는 사실은 이미 살펴보았다. 그러나 1인칭 긍정명령문에 대해서는 아직 언급하지 않았다. '…합시다'라는 1인칭

제14장 명령문 437

긍정명령문은 일반적으로 문말조사 '吧'를 쓰며, 이것은 동의를 구하는 효과를 갖는다. 예를 들어보자.

(45) 我们起来吧。
     우리 일어납시다.
(46) 我们走吧。
     우리 갑시다.
(47) 我们念中文吧。
     우리 중국어를 공부합시다.

문말조사 '吧'는 일상적인 2인칭 명령문에 쓰이기도 한다.

(48) 你睡觉吧。
     넌 자거라.
(49) 你走着瞧吧。
     너 두고 봐.

동의를 구하는 표지인 문말조사 '吧'는 2인칭 명령문에서 명령을 완화시키는 기능을 한다.

명령문에 관한 이 장의 내용을 요약해보면 명령문은 일반적으로 2인칭 명령문이며, 이 경우에 '请', '劳驾', '麻烦'과 문말조사 '吧'와 같이 명령을 부드럽게 하는 요소들과 함께 쓰일 수 있다. 또한 이러한 명령문은 '…합시다'라는 의미를 전달하는 1인칭 복수명령문일 수 있으며, 이 경우에 대개 문말조사 '吧'와 함께 쓰인다. 부정명령문은 특수한 부정명령사 '别', '不要', '不必'나 '不用' 중 하나와 함께 쓰여야 한다.

끝으로 다른 문장형식처럼 명령문은 명령, 발화나 판단의 의미를 갖는 부사와 함께 쓰일 뿐 아니라 동사의 목적어로도 쓰일 수 있음을 살펴보았다.

제15장
把-구문(The 把 Construction)

把-구문은 중국어 문법에서 많이 논의되어온 주제이다.[1] 구조적인 면에서 볼 때 把-구문은 간단하다. 일반적으로 직접목적어는 '把'자 바로 뒤, 동사 앞에 놓인다.

(1) 주어 + '把' + 직접목적어 + 동사

이 장에서 밝히고자 하는 것은, 어떤 직접목적어와 동사들이 이러한 형태로 쓰일 수 있는지, 무엇이 동사의 앞과 뒤에 위치할 수 있는지, 그리고 그 구조가 어떠한 기능을 하는지에 관한 것이다. (2)-(10)은 다양한 把-구문을 보여준다. 각 문장에서 把-명사구에는 밑줄을 그었다.

(2) 快 一 点 <u>把这 一 块 肉</u> 拿 走！
   이 고깃덩어리를 빨리 좀 가져가시오!

---

1. 이 장에서는 Wang(1947), LQ(1948), Wang(1957), Hashimoto(1971a), Li(1971, 1977), Cheung (1973), Huang(1947b), Li(1974), Teng(1975a), 그리고 Lin Shuag-fu와 Mei Kuang의 미간행 논문을 종합했다.

(3) 你把他的意思讲出来了。
    너는 그의 생각을 말했다.
(4) 我不能把他的秘密告诉你。
    나는 그의 비밀을 너에게 알려줄 수 없어.
(5) 他把饭厅收拾乾净了。
    그는 식당을 깨끗이 정리했다.
(6) 他把椅子仔细地看了一下。
    그는 그 의자를 자세히 한 번 살펴보았다.
(7) 我今天把三本书都卖了。
    나는 오늘 책 세 권을 모두 팔았다.
(8) 他把什么都吃光了。
    그는 무엇이든지 모조리 먹어치웠다.
(9) 他有的时候把盐当糖吃。
    그는 어떤 때에는 소금을 설탕 삼아 먹는다.
(10) 你把酒慢慢地喝。
    너는 술을 천천히 마셔라.

이 장에서는 '把'와 결합하는 명사구의 성질과 把-구문에서 동사구가 전달하는 의미, 그리고 이러한 요소가 서로 어떻게 작용하는가를 논의하고자 한다.

15.1 把-명사구(The 把 Noun Phrase)

'把'와 결합하는 명사구, 즉 把-명사구는 일반적으로 한정적(definite)이거나 총칭적(generic)이다(한정성과 총칭성에 대한 논의는 4.2.5 참조).
앞의 (2)에서 把-명사구는 지시사 '这'를 가진 한정명사구이고, (3), (4)의 把-명사구는 소유격 '的'가 포함되어 있는 명사구이며, (9)의 把-명사구는

'盐'(소금)을 총칭하는 명사구이며, (5)-(8)과 (10)의 把-명사구는 한정 표지가 부가되지 않은 한정명사구이다.

　이러한 把-명사구들의 공통점은 다음과 같다. 즉, 그것들은 청자가 알고 있다고 화자가 믿고 있는 어떤 것을 가리킨다. 예를 들면, (6)은 화자가 자신이 언급하고 있는 의자를 상대방이 알고 있다고 믿는 경우에만 적절하게 사용될 수 있다. 마찬가지로 (7)에서도 의미가 통하기 위해서는 화자는 자신이 언급하고 있는 책 세 권을 상대방이 알고 있다고 확신해야만 한다.

　(9)에서 지시물 '盐'은 총칭적이다. 다시 말해서 그것은 청자와 화자가 알고 있는 어떤 특정한 소금을 지시하는 것이 아니라, '소금'이라고 불리는 어떤 특정한 실체를 지시하는 것이다. 화자는 청자가 '소금'이란 속성을 지닌 실체의 존재를 인식하고 있으리라고 가정할 수 있다. (8)이 적절하게 사용되기 위해서는, 청자가 '什么都'가 지시하는 항목들의 범위가 어디까지인지를 알고 있어야만 한다. 예를 들면, 그것은 냉장고 속에 있는 '모든 것'일 수도 있으며 혹은 부엌 안에 있는 '모든 것'일 수도 있다.

　그러나 때로 把-명사구는, 화자는 알고 있지만 상대방은 반드시 알고 있지만은 않은 어떤 특별한 것을 언급하는 데 쓰일 수도 있다. 이러한 경우에 把-명사구는 비한정적(indefinite)이다. 이러한 문장들은 실제 회화에서는 잘 쓰이지 않지만 그러한 경우는 존재할 수 있는데, (11), (12)가 그 예이다.

(11) 我 把 一 件 事 忘 了。
　　　나는 한 가지 일(즉 특정한 일)을 잊었다.

(12) 有 人 把 一 个 字 擦掉 了。
　　　누군가 (특정한) 글자 하나를 지워버렸다.

　그러나 일반적으로 목적어가 비한정적일 경우, 그것이 명확한 실체를 지시한다고 할지라도 그 목적어는 把-구문에 출현할 수 없다. 다음의 예가 그러한 사실을 보여준다.

(13) a. 他 买 了 一 辆 车 子。
　　　그는 차 한 대를 샀다.
　　b. *他 把 一 辆 车 子 买 了。
(14) a. 他 杀 了 两 个 人。
　　　그는 두 사람을 죽였다.
　　b. *他 把 两 个 人 杀 了。

이상에서 우리는 把-명사구가 비록 비한정적인 경우가 있기는 하지만 일반적으로 한정적이거나 총칭적이라는 것, 즉 화자와 청자가 그것이 지시하고 있는 대상이 무엇인지 모두 알고 있음을 알 수 있다.

15.2 처치(Disposal)

중국어의 구어체와 문어체를 통해서 把-구문을 연구하는 문법학자들은 왜 아래의 (ⅰ)과 같은 문장들은 가능한 반면에 (ⅱ)와 같은 문장들은 가능하지 않은지에 특히 관심을 가져왔다.

　(ⅰ) 가능한 경우

(15) 我 把 茶 杯 弄 破 了。
　　　나는 찻잔을 깼다.
(16) 他 把 标 语 贴 在 墙 上。
　　　그는 표어를 벽에 붙였다.
(17) 你 把 裤 子 穿 上。
　　　바지를 입어라.
(18) 把 电 视 关 掉!
　　　텔레비전을 꺼라!

(19) 我 把 句 子 写 得 太 长 了。
　　　나는 문장을 너무 길게 썼다.
(20) 他 把 鼓 打 得 我 睡 不 着 了。
　　　그가 북을 쳐서 나는 잠들지 못했다.

　(ii) 가능하지 않은 경우

(21) *他 把 小 猫 爱。
　　　(그는 새끼고양이를 좋아한다.)
(22) *他 把 你 想。
　　　(그는 너를 그리워한다.)
(23) *我 把 那 件 事 情 了 解。
　　　(나는 그 일을 이해한다.)
(24) *他 把 张 三 看 到 了。
　　　(그는 장싼을 보았다.)
(25) *他 把 歌 唱 了。
　　　(그는 노래를 불렀다.)
(26) *桃 树 把 花 开 了。
　　　(복숭아 나무에 꽃이 피었다.)

　다음과 같은 질문이 제기될 수 있다. (ii)의 문장들은 무엇이 잘못된 것인가? 그 문장들은 모두 把-명사구가 한정적인데도 비문이다. 이러한 문장들의 비문법성을 설명하는 데는 중국어 문법학자인 왕력(王力)이 가장 중요한 단서를 제시했다. 그는 이러한 把-구문을 '처치식(处置式)'(disposal form)이라고 불렀다.[2] 그는 다음과 같이 말했다. '처치식은 사람이 어떻게 다루어지고, 조정되며, 취급되는지를 진술한다. 그리고 사물이 어떻게 처리되며, 일이 어떻

---

2. 중국에서는 'disposal form'을 '处置式'이라 부른다(Wang, 1947: 160ff.). 처치에 대한 더 자세한 것은 제16장을 참조

게 처리되는지를 진술한다.'(Li의 번역, 1974: 200-201)

 이러한 개념들을 언급하기 위해서 왕력이 제시한 '처치'라는 용어를 쓰기로 한다. 개괄하면 '처치'라는 것은 직접목적어에 어떠한 일이 발생하느냐와 관련이 있다. 그런데 이러한 '처치'의 특성으로 앞의 예문들을 분석하면 (ii)의 문장들이 바로 '처치'의 개념이 결핍되어 있음을 분명히 알 수 있다. 그 문장들은 어떻게 실체가 다루어지며 취급되는지를 나타내지 않고 있다.

 (21)-(23)은 감정동사(verb of emotion) '愛', '想'과 인지동사(verb of cognition) '了解'를 포함하고 있다. 이러한 동사들 중에 어떤 동사도 '처치'라는 의미에서 직접목적어에게 영향을 미치지는 못한다. 마찬가지로 (24)의 '看到'라는 동사는 직접목적어를 조정한다거나 직접목적어에 주의를 돌리는 의미를 전혀 내포하고 있지 않은 단순한 지각동사이다. (25), (26)의 동사 '唱'과 '开'는 직접목적어를 다루거나 처치하는 의미가 없고 다만 직접목적어를 발생시키는 의미를 내포한다. '부르다'라는 것은 노래를 정의하는 의미의 일부이고, '피다'라는 것은 꽃을 정의하는 의미의 일부일 뿐이다. 그러므로 (25), (26)은 노래나 꽃에 어떤 일이 발생했다는 의미 있는 정보를 전달하지 않는다.

 처치의 개념은 함축적으로 추론될 수 있다. 예를 들면, (21)에서 동사 '愛'가 처치의 의미를 갖지 않기 때문에 문장이 받아들여지지 않지만 같은 동사 '愛'가 포함되어 있는 (27)은 받아들여진다.

(27) 他把小猫爱得要死。
　　그는 새끼고양이를 너무 좋아한다.

 (21)과 (27)의 동사가 동일하다는 점에 주목할 필요가 있다. 동사 자체의 의미만 본다면 (27)은 (21)과 마찬가지로 처치의 의미를 가지고 있지 않다. 그러나 뒤에 부가된 표현 '要死'는 강렬한 사랑이 '새끼고양이'에게 반드시 어떤 영향을 미칠 것 같은 느낌을 불러일으킨다. (27)에서 처치의 의미는 동사에 의해서는 명백하게 드러나지 않지만, 동사와 부가성분에 의해서 '새끼고

양이'가 어떻게 취급되고 있는지를 함축적으로 나타낸다. 그러므로 처치에 대한 함축적 표현은 把-구문의 사용을 정당화하는 데 충분하다.

다른 예를 생각해보자. 동사 '想'이 처치의 의미를 지니고 있지 않기 때문에 비문법적인 (22)를 상기하자. 반면에 (28)은 똑같은 동사를 사용했지만 문법적이다.

(28) 他 <u>把 你</u> 想 得 饭 都 不 肯 吃。
  그는 너를 그리워해 밥도 먹으려 하지 않는다.

다시 말하면, (28)이 (22)와 다른 점은 뒤에 부가 성분이 있다는 점이다. 그 부가 성분은 그가 '너'를 그리워하는 정도를 아주 강조하고 있다. 그 부가 성분에 의하면 그가 먹지도 못할 정도로 그리워한다는 것인데, 이때 이런 상황이 어떤 측면에서 '너'에게 영향을 끼칠 것이라고 생각하게 된다.

(29)-(31)은 처치의 의미가 함축되어 있는 예들이다.

(29) 我 <u>把 他</u> 恨 透 了！
  나는 그를 아주 미워해!
(30) 他 <u>把 那 件 事 情</u> 了 解 得 很 透 彻。
  그는 그 일을 철두철미하게 이해하고 있다.
(31) 他 终 于 <u>把 这 一 天</u> 盼 望 到 了。
  마침내 그가 고대하던 그날이 왔다.

(31)에는 그의 기대가 너무나 강렬했기 때문에 그날이 도래했다는 뜻을 함축하고 있다.

이 장의 첫 부분에서 언급한 것처럼 把-구문의 일반적인 형태는 把자 바로 뒤에 동사의 목적어가 놓이는 것이다(직접목적어에 관해서는 4.3.1.B 참조). 지금까지 모든 예문에서 把-명사구는 동사의 직접목적어였다. 그러나 다음과 같이 도식화할 수 있는 다른 형식도 있다.

(32) 주어 + 把 + 목적어₁ + 동사 + 목적어₂

이 형식은 Lu(1948)가 '보류목적어(retained object)' 구문이라고 부른 것을 도식화한 것이다. (33)을 보자.

(33) 我 把 他 绑 了 两只 脚。
나는 그의 두 발을 묶었다. (문자적 해석: 내가 그에게 행한 것은 그의 두 발을 묶는 것이었다.)

(33)에서 '绑'의 직접목적어로 '两只脚'가 왔지만 把자 뒤에도 여전히 명사 '他'가 놓인 것에 주의할 필요가 있다. 문자적인 해석에서 보듯이 처치의 의미가 여전히 이 문장을 해석하는 데 열쇠가 된다.

즉, '내가 그에게 한 일은 그의 두 발을 묶는 것이었다'는 것이다. 그러므로 비록 (33)에서 동사 '绑'의 직접목적어가 '两只脚'라 할지라도 把-명사구의 '他'는 동작의 영향을 받아 어떤 일을 겪은 사람으로 이해된다. (34)-(39)는 把-구문의 이러한 용례인데, 두 개의 목적어에 모두 밑줄을 그었다.

(34) 我 把 橘子 剥 了 皮。
나는 귤껍질을 벗겼다. (문자적 해석: 내가 귤에 행한 것은 그것의 껍질을 벗기는 것이었다.)

(35) 我 把 他儿子 换 了 姓名。
나는 그 사람 아들의 이름을 바꾸었다. (문자적 해석: 내가 그의 아들에게 행한 것은 그의 이름을 바꾸는 것이었다.)

(36) 他 把 桌子 打 了 腊。
그는 탁자에 왁스를 칠했다. (문자적 해석: 그가 탁자에 행한 것은 그것에 왁스를 칠한 것이었다.)

(37) 我 把 壁 炉 生 了 火。
　　 나는 벽난로에 불을 붙였다. (문자적 해석: 내가 벽난로에 행한 것은 불을 붙이는 것이었다.)

(38) 他 把 火 加 了 一 点 油。
　　 그는 불에 기름을 조금 부었다. (문자적 해석: 그가 불에 행한 것은 기름을 조금 부은 것이었다.)

(39) 我 把 门 上 了 锁。
　　 나는 문에 자물쇠를 채웠다. (문자적 해석: 내가 문에 행한 것은 그것에 자물쇠를 채우는 것이었다.)

(34)-(39)를 문자적 해석에 의하면 把-명사구의 지시물을 처치한다는 의미를 더 많이 띠게 된다. 이러한 유형의 문장들은 흔히 (33)-(35)에서처럼, 把-명사구와 동사의 직접목적어가 소유관계에 있는 것이 관찰되었다. 그러나 이러한 소유관계는 구조적으로 명시되어 있는 것이 아니라 추론되는 것이며, (36)-(39)에서 알 수 있듯이, (32)처럼 도식화되는 모든 구문이 항상 그러한 관계를 보이는 것은 아니다.

把-명사구와 동사의 직접목적어는 부분-전체의 관계(part-whole relation)를 나타낸다. 이러한 把-구문의 유형과 관련된 것으로 다음과 같은 것이 있다.

(40) 我 把 苹 果 吃 了 三 个。
　　 나는 사과를 세 개 먹었다.

(41) 他 把 那 瓶 酒 喝 了 一 半。
　　 그는 그 술의 반을 마셨다.

(42) 我 把 秘 密 泄 漏 了 不 少。
　　 나는 비밀을 적지 않게 누설했다.

위의 각 문장의 把-명사구는 고정된 양을 가진 한정 직접목적어를 가리키며, 동사의 직접목적어는 고정된 양의 일부분을 나타낸다.

이제까지 처치의 개념을 이용해 왜 어떤 把-구문은 가능하고, 어떤 把-구문은 가능하지 않은지를 살펴보았다. 처치의 개념에 의거해 把-구문의 성질에 대해 좀 더 살펴보기로 하자.

첫째, 우리는 '把'가 '有', '像', '姓'과 같은 동사와는 함께 쓰이지 않는 이유를 처치의 개념으로 설명할 수 있음을 알고 있다. 즉 이러한 동사들은 결코 직접목적어에 영향을 미치는 어떠한 내용도 함축하고 있지 않다.[3]

(43) *我 把 书 有。
　　　(나는 책을 가지고 있다.)
(44) *他 把 爸爸 像。
　　　(그는 아빠를 닮았다.)
(45) *他 把 王 姓。
　　　(그는 성이 왕이다.)
(46) *我 把 他 像 老虎。
　　　(내가 그에게 행한 것은 호랑이를 닮게 하는 것이다.)
(47) *他 把 爸爸 像 得 一 模 一 样。
　　　(그는 아빠를 똑같이 닮았다.)

둘째, 처치의 개념은 어떤 의도성을 요구하지 않는다. 다시 말하면, 把-구문의 주어는 무생(inanimate) 실체이거나 명시되지 않은 힘이거나 상황일 수도 있다(자세한 논의는 15.3 참조). 혹은 주어가 어떤 행동을 우연히 수행할 수도 있다.

---

3. 사실 엄격히 말하면 (43)의 '书'는 직접목적어가 아니다(제7장 참조).

(48) (무생 주어)
　　大水把桥冲走了。
　　　홍수가 다리를 휩쓸어갔다.
(49) (명시되지 않은 상황 주어)
　　好像又要下雨, 把我气死了。
　　　비가 또 올 것 같은데 (이러한 사실이) 나를 죽도록 화나게 한다.
(50) (우연한 심리활동)
　　他怱怱忙忙地把皮包忘了。
　　　그는 서두르다가 가방을 잊어버렸다.
(51) (우연한 동작)
　　孩子不小心把花瓶弄破了。
　　　아이가 부주의로 꽃병을 깼다.

위의 예문들은 처치가 반드시 고의성을 지니지는 않는다는 것을 잘 보여준다. 고의적인 행위가 없어도 사건은 발생할 수 있는 것이다.

셋째, 처치는 목적어가 반드시 물리적으로 영향을 받는다는 것을 의미하지는 않는다. 이러한 사실은 (11), (30)과 같이 把-명사구가 물리적으로 어떤 영향을 받을 수 없는 추상물을 지시하는 경우를 보면 쉽게 알 수 있다. 이러한 문장들은 추상물이 어떻게 취급되는지를 나타내고 있다.

다음 예문을 보자.

(52) 他把那个问题想了很久。
　　　그는 그 문제를 오랫동안 생각했다.
(53) 旅行的时候, 他要把路上的风景画下来。
　　　여행할 때, 그는 도중의 풍경을 그리곤 한다.

(53)은 재미있는 예문이다. 경치에 일어난 일은 그 경치에 영향을 끼치는 어떤 것이 아니라 그것이 화선지 위에 2차원의 형태로 옮겨지는 것이다.

(54)는 그와 유사한 특징을 보여준다.

(54) 你 最 好 把 你 的 意 思 说 出 来。
　　　네가 너의 생각을 말로 표현해내는 것이 가장 좋다.

처치에 관해 네 번째로 살펴보아야 할 사실은 왜 '把'가 일반적으로 명령문에 사용되는지 그 이유를 처치의 개념이 설명해준다는 것이다. 명령문은 상대방에게 무엇을 하도록 시키는 것이며, 만약 화자와 청자가 알고 있는 직접목적어가 문장 안에 포함되어 있다면 청자는 직접목적어가 지시하는 실체에 대해 무엇인가를 하도록 명령받는 것이다. 把-구문의 처치기능은 이러한 역할을 자연스럽게 수행하게 한다. 다음 예를 보자.

(55) 请 你 把 这 个 苹 果 擦 一 擦。
　　　이 사과를 좀 닦아주세요.
(56) 你 随 便 把 他 的 文 章 批 评 一 下 吧。
　　　당신 마음대로 그의 글을 한번 비평해보십시오.
(57) 别 把 我 的 打 字 机 拿 走。
　　　내 타자기를 가져가지 마라.
(58) 把 你 的 车 子 开 到 后 面 去。
　　　네 차를 뒤로 몰고 가거라.

다섯째, 처치의 개념은 동보복합어의 가능형과 '把'자가 함께 쓰이는 데 따른 문법적인 제약을 설명하는 데 도움을 준다(3.2.3 참조). 긍정이든 부정이든, 가능형의 동보복합어는 把-구문에 사용될 수 없다는 것이 일찍이 관찰되었다. 예를 들면, 동보복합어 '洗乾净'을 살펴보자. 동보복합어에 쓰이는 긍정의 가능형 접요사는 '得'을 쓰면 '洗得乾净'이 되고, 부정의 가능형 접요사 '不'를 쓰면 '洗不乾净'이 된다. 동보복합어 그 자체는 자유롭게 把-구문에 쓰일 수 있지만, 접요사 '得/不'를 가진 복합어는 把-구문에 쓸 수 없다. 다음 (59)의 a-c는 문법에 맞지만, d, e는 비문법적이다.

(59) a. 他不能把那个箱子洗乾净。
   그는 그 상자를 깨끗이 씻을 수 없다.
   b. 他洗不乾净那个箱子。
   그는 그 상자를 깨끗이 씻을 수 없다.
   c. 他洗得乾净那个箱子。
   그는 그 상자를 깨끗이 씻을 수 있다.
   d. *他把那个箱子洗得乾净。
   (그는 그 상자를 깨끗이 씻을 수 있다.)
   e. *他把那个箱子洗不乾净。
   (그는 그 상자를 깨끗이 씻을 수 없다.)

a, b와 e는 동일한 정보를 나타내고, c와 d도 동일한 정보를 나타내고자 한다. 그러나 d, e는 비문법적이다. 따라서 把-구문은 동보복합어의 가능형과는 양립할 수 없음을 알 수 있다. 왜 그럴까?

3.2.3에서 논의했듯이, 양상조동사 '能'이 있는 문장과 동보복합어의 가능형이 있는 문장은 같은 뜻을 전달하지 않는다. '能'은 주어의 능력과 관련해 어떤 사건이 발생할 수 있는 전체적인 가능성을 의미한다. 그러므로 (59a)의 경우에는 그가 상자를 씻을 수도 안 씻을 수도 있다. 화자가 판단하기에 상자를 깨끗하게 씻는 방법을 모르고 있다. 그러한 경우에는 '把'자를 사용하는 데 아무런 문제가 없다. 왜냐하면 (59a)는 상자를 씻어서 깨끗하게 하는 일을 그가 할 수 없다는 것을 표현하기 때문이다.

(59b)의 경우에 전달하는 내용은 그가 상자를 깨끗이 씻을 수 없다는 것이다. 즉 씻는 행위가 '깨끗함'라는 결과를 성취시켜 주지 못한다는 것이다. 마찬가지로 (59c)는 '씻는' 행위가 그 결과인 '깨끗함'을 성취시켜 줄 수 있다는

뜻을 나타낸다. 그러므로 b, c에서는 동보복합어의 가능형이 사용될 수 있는 것이며, 문장의 초점은 처치와 관련된 행위에 있는 것이 아니라 행위를 통한 '결과의 성취'가 가능한지 여부에 있다. 이렇게 볼 때 동보복합어의 가능형이 지닌 의미는 동작동사의 처치성에 초점을 두는 把-구문의 의미와는 양립할 수 없음을 알 수 있다.

처치의 의미는 把-구문을 부정할 때 '不'나 '沒(有)'를 동사 바로 앞이 아니라 '把'자 바로 앞에 놓아야 한다는 사실을 설명해준다. 구조적으로 把-구문에서 부정사의 위치는 (60)과 같다.

(60) 주어 + <u>不/沒(有)</u> + 把 + 직접목적어 + 동사

把-구문에서 부정사의 위치로 인해 발생하는 문제점은 다음과 같다. 즉 부정사는 왜 (61)처럼 동사 바로 앞에 놓일 수 없는가?

(61) 주어 + 把 + 직접목적어 + <u>不/沒(有)</u> + 동사

다음 두 가지의 예를 살펴보면서 이 문제를 풀어보자.

(62) a. 我 们 <u>沒</u> 把 张 三 请 来。
　　　　 우리는 장싼을 초청하지 않았다.
　　 b. *我 们 把 张 三 <u>沒</u> 请 来。

(62a)에서 부정사가 '把' 앞에 왔기 때문에 전체 술어는 부정의 범위 안에 놓인다(부정의 범위에 대해서는 제12장 참조). 부정의 범위에 의거하면 (62a)는 '우리가 장싼을 초대했다는 것은 사실이 아니다'라는 의미를 나타낸다. (62b)를 살펴보자. (62b)에서는 부정사가 바로 동사 앞에 왔다. 그러므로 동사만 부정의 범위에 포함된다. 만약 '우리가 그에게 했던 행위는 …이었다'라는

방식을 사용하면 (62b)는 '우리가 장싼에게 했던 행위는 그를 초대하지 않는 것이었다'라는 의미를 전달하게 된다. 그러나 그것은 의미상 비합리적이다.[4] 把-구문은 把-명사구가 가리키는 지시물이 어떻게 다루어지는지를 보여준다. 그러나 동사 바로 앞에 부정사가 있으면 동사가 나타내는 사건이 발생하지 않는다는 것을 의미해 분명한 모순이 존재하므로 (62b)는 비문법적으로 간주되는 것이다.

어떤 언어학자들은 把-구문에서 부정사는 반드시 '把' 앞에 놓여야만 한다는 것에 대해 몇 가지 반례를 제시해왔다. 부정사가 把-명사구 뒤에 올 수 있는 것은 부정사와 동사의 결합이 직접목적어에 어떤 일이 발생함을 나타내는 경우로서 이 때 (62b)에서 지적된 모순성은 사라진다. 다음 예를 보자.

(63) 他 把 我 一 点 都 不 放 在 心 上。
　　 그는 나를 조금도 마음에 두지 않았다.

(63)에서 '不放在心上'이라는 구절은 관용적으로 '무시'의 의미를 갖는다. 그러므로 (63)의 실제의미는 '그가 나에게 취한 행위는 나를 경멸하는 것이었다'라는 것이며, 把-구문의 처치의미는 동사 '放'의 부정과 모순되지 않는다. '부정사 + 동사'의 표현이 (63)과 같은 행위나 사건을 나타내는 경우는 거의 없으며, 또 그 표현은 대부분 관용적 의미를 갖고 있다.

15.3 주어가 없는 把-구문

주어가 문맥에 암시된 명사구나 명제인 경우, 把-구문은 주어가 없을 수

---

4. 비록 영문 'What we did to Zhang san was not to invite him over'는 '그를 초대하지 않음'이 나쁜 일로 추론될 때 의미 있는 정보를 전달할 수 있지만, 중국어에서 把-구문의 처치의 의미는 그러한 추론을 허용하지 않는다.

있다. 만일 암시된 주어가 명사구이면 그 주어는 영-대명사(Zero Pronoun)이다(제24장 참조).

여기에서는 주어가 문맥에서 암시된 명사구나 명제인 경우의 把-구문을 몇 가지 제시하려 한다. (64)-(67)에서 把-구문의 암시된 주어가 지시하는 명제가 나타나 있다.

(64) 我从门口出来, 把王二吓了一跳。
　　나는 문을 나서서 王二를 깜짝 놀라게 했다.
(65) 昨天李四来了, 把王二高兴得手舞足蹈。
　　어제 李四가 와서 王二을 (기뻐서) 춤추게 만들었다.
(66) 我在那儿讲故事, 把他笑得肚子都疼了。
　　내가 거기에서 이야기를 해서, 그를 배가 아프도록 웃게 했다.
(67) 昨天我们请客, 把他吃得肚子都胀了。
　　어제 우리가 식사를 대접해서, 그를 배가 불룩하도록 먹였다.

어떤 경우에는 그 명제가 이미 알고 있는 것이어서 분명하게 표현하지 않아도 된다. 예를 들면, 만약 어떤 친구의 나에 대한 태도에 대해 이야기를 나누면서 나는 간단히 다음과 같이 말할 수 있다.

(68) 把我气死了!
　　그것은 나를 미칠 정도로 화나게 만들었어!

마찬가지로 만약 어떤 사람이 오후 8시까지 지루한 모임에 참석했었다면 (69)처럼 불평할 수도 있다.

(69) 把我饿得要命!
　　(그 상황은) 나를 배고파 죽을 지경으로 만들었어!

15.4 把 … 给 구문

把-구문의 형태는 매우 다양해, (70)처럼 동사 바로 앞에 '给'가 올 수도 있다.

(70) 주어 + 把 + 직접목적어 + 给 + 동사

(71)-(73)은 그 예이다.

(71) 我 把 他 的 头 给 扭 过 来 了。
　　　나는 그의 머리를 비틀었다.
(72) 他 把 那 个 人 给 害 苦 了。
　　　그는 그 사람을 몹시 괴롭혔다.
(73) 我 把 大 衣 给 烫 好 了。
　　　나는 외투를 다 다렸다.

동사 앞에 '给'를 덧붙이면, 把-구문의 처치 기능을 강화시키는 효과가 있다. 여기서 '给'는 필수요소는 아니다. (71)-(73)은 '给'를 생략하더라도 문장이 성립한다. 하지만 把-구문의 이러한 다양한 형태는 아주 자주 보인다. 王还이 어느 단편소설을 가지고 조사한 바에 의하면, 把-구문 중 1/5(20개 중에서 4개)이 '给'를 사용했다.[5]

15.5 把-구문 사용상의 조건

이제까지 논의한 것을 종합하면, 把-구문의 형식이 의사를 적절히 표현하기 위해서는 두 가지 조건이 충족되어야만 한다.

---

5. Wang(1957: 39) 참조.

제15장 把-구문 455

(i) 把-명사구는 한정적(definite)이거나 특정적(specific)이거나 총칭적(generic)이다. 대부분의 경우 把-명사구는 동사의 직접목적어이다. 그러나 동사와 직접목적어가 나타내는 처치성 사건의 직접적 영향을 받는 명사구일 수도 있다(예: (33)-(39))

(ii) 把-구문은 把-명사구가 지시하는 실체를 '처치'한다는 의미를 전달한다.

그러나 이러한 두 조건은 다소 융통성을 갖고 있다. 즉, 일부 예에서 알 수 있듯이 把-구문뿐만 아니라 그와 다른 형식을 사용해 그 의미를 전달할 수도 있다.

(74) a. 我已经卖了我的汽车了。
　　　　나는 이미 나의 차를 팔았다.
　　 b. 我已经把我的汽车卖了。
　　　　나는 이미 나의 차를 팔았다.

언제 '把'자를 사용해야 하는지를 결정하는 규칙은 무엇인가? 그 대답은 상대적인 것으로, 문장이 (i)과 (ii)의 조건을 더 많이 충족시킬수록 把-구문이 더 잘 쓰인다는 것이다. 그래서 (74a)는 단순히 사건을 보도하고 있는 반면, (74b)는 화자의 차에 무슨 일이 일어났는지를 말할 때 더 많이 쓰인다.
마찬가지로 화자가 그의 친구에게 음식을 만들기 위해 파를 썰어줄 것을 요구하는 경우를 가정해보자. 만일 파가 냉장고 혹은 그 밖의 보이지 않는 장소에 있을 경우, 화자는 把-구문을 사용하지 않고 질문하는 것이 더 낫다.

(75) a. 请你切切葱。
　　　　파 좀 썰어줘.

그러나 문맥에서 파의 존재가 두드러진 것일 경우, 예를 들어 파가 지시되거나 화자의 손에 있을 경우에는 把-구문이 더 잘 쓰인다.

(75) b. 请 你 把 (这 些) 葱 切 切。
　　　 (이) 파 좀 썰어줘.

또 다른 예를 들면, 만일 어떤 사람이 상대방에게 문을 열어달라고 부탁하는 경우에 (76a)나 (76b)와 같이 말할 것이다.

(76) a. 请 你 拉 开 门。
　　　 문 좀 열어줘.
　　b. 请 你 把 门 拉 开。
　　　 문 좀 열어줘.

(b)는 '把'를 씀으로써 '문'이 문맥에서 더 명확하고 논의에서 더 직접적인 것임을 나타내준다. 다시 말하면 직접목적어의 지시성이 부각될수록 把-명사구를 사용하는 것이 더 적절하다.

두 번째 조건인 처치조건도 동일한 방식으로 적용된다. 직접목적어가 어떻게 취급되는지를 동사가 더 잘 묘사해줄수록 把-구문을 사용하는 것이 더 적절하다. (74a, b)를 보면 비록 把-명사구가 한정적이지만, 동사는 직접목적어에 대한 처치의 의미가 적은 '卖了'이다.

(74) a. 我 已 经 卖 了 我 的 汽 车。
　　　 나는 이미 나의 차를 팔았다.
　　b. 我 已 经 把 我 的 汽 车 卖 了。
　　　 나는 이미 나의 차를 팔았다.

그러나 '掉'가 쓰여 차의 처치에 대한 더 많은 정보가 부가되면 把-구문이 선호된다.

(77) a. 我已经把我的汽车卖掉了。
　　　　　나는 이미 나의 차를 팔아버렸다.
　　　b. 我已经卖掉我的汽车了。
　　　　　나는 이미 나의 차를 팔아버렸다.

그리고 처치를 더 자세히 나타내려면 把-구문을 꼭 써야 한다.

(78) a. 我已经把我的汽车卖给我的表哥。
　　　　　나는 이미 나의 차를 나의 사촌형에게 팔았다.
　　　b. ?我已经卖我的汽车给我的表哥。

다른 예를 보자. 만일 세탁물을 안고 있는 어떤 사람에 대해 서술하려 한다면, 把-구문을 써도 되고 쓰지 않아도 된다. 왜냐하면 '안고 있는' 것은 처치의 의미를 강하게 나타내주지 않기 때문이다.

(79) a. 他抱着脏衣服。
　　　　　그는 더러운 옷을 안고 있다.
　　　b. 他把脏衣服抱着。
　　　　　그는 (그) 더러운 옷을 안고 있다.

그러나 동보복합어 '抱起来'를 사용해서 '안아 올리다'란 뜻을 나타내려면 把-구문을 사용하는 것이 좋다. 왜냐하면 이때는 세탁물을 처분한다는 의미가 강하기 때문이다.

(80) a. 他把脏衣服抱起来了。
　　　그는 더러운 옷을 안아 올렸다.
　　b.? 他抱起来脏衣服了。

따라서 문장이 목적어를 부각시키는 의미나 목적어를 처치하는 의미를 적게 지닐수록 把-구문을 사용하지 않는 것이 더 나음을 알 수 있다. 그 연속성을 다음과 같이 일반화시킬 수 있다.

把 써서는 안 됨	把 안 쓰는 것이 나음	把 쓰는 것이 나음	把 반드시 써야 함
비한정적이거나 비지시적인 목적어 비처분		한정적이며 매우 부각되는 목적어 강한 처분	

우리는 앞에서 이러한 연속선 위에 위치하는 각각의 경우에 대한 예를 관찰했다. 가장 왼쪽 경우의 예인 (43)과 (45)는 지시적이지도 않으며 처치를 나타내지도 않는다.

(43) *我把书有。
(45) *我把王姓。

연속선의 좀 더 오른쪽에 위치하는 (81)-(83)은 처치의 의미를 약간 지니며 한정적인 직접목적어를 가지고 있다.

(81) 他把手表看一看。
　　　그는 손목시계를 잠깐 보았다.
(82) 他把我拉着。
　　　그는 나를 잡고 있었다.

(83) 我 把 钱 给 他 了。
　　　나는 돈을 그에게 주었다.

연속선의 세 번째 위치에 해당하는 문장은 명사구가 한정적이며 상당히 부각된 것임을 나타내는 지시사가 把-명사구에 쓰였거나, 把-명사구의 처치적 성질을 정교하게 보여주는 동보복합어(3.2.3 참조)가 쓰인 것이다.

(84) 快 一 点 把 这 个 拿 走！
　　　빨리 이것을 가져가!
(85) 我 们 把 那 两 个 椅 子 搬 进 来 了。
　　　우리들은 그 두 개의 의자를 들고 들어왔다.

마지막으로 연속선의 가장 오른쪽에 위치하는 문장은 목적어가 매우 부각되어 있고 처치의 의미를 강하게 띠고 있는 것들이다.

(86) 别 把 你 的 朋 友 带 到 楼 上 去。
　　　너의 친구를 위층으로 데려가지 마라.
(87) 我 把 肚 子 缩 了 两 吋。
　　　나는 배를 2인치 움츠렸다.
(88) 他 把 纸 门 踢 一 个 洞。
　　　그는 종이문을 차서 구멍을 하나 냈다.

이러한 방식으로 把-구문을 살펴본다면, 把-명사구의 부각되는 정도와 문장이 지닌 처치되는 정도 간의 상호작용의 결과로서, 실제대화 속에서 쓰이는 把-구문의 분포에 대해 많은 사실을 밝혀낼 수 있다.

첫째, 把-구문의 동사는 혼자 쓰일 수 없고 부사가 앞에 오거나, 완료상·방향·결과를 나타내는 동사접미사나 정태보어절(complex stative clause)과 같은 요소가 뒤에 붙어야만 한다고 문법학자나 교과서 저자들이 생각해온 이유를 이해할 수 있다. 把-구문이 항상 동사 앞이나 동사 뒤에 그러한 요소를 가져야 하는 이유는 그러한 요소들이 처치의 성질을 정교하게 나타내주는 기능을 하기 때문이다.

把-구문에서 동사의 앞이나 뒤에 오는 것이 무엇인지 알아보는 것은 흥미로운 일이다. 우리는 (75b)와 (79)에서 지속상 '着'(6.6.2 참조)와 잠시상을 나타내는 중첩동사형태소(6.6.4 참조)가 모두 把-구문 속의 동사의 뒤에 올 수 있음을 관찰했다. 그러나 중첩이나 지속상접미사는 모두 동사의 처치적 성질을 그다지 많이 부각시켜주지 못한다. 이것은 동사에 중첩동사나 지속상접미사가 붙은 把-구문이 많지 않다는 것을 암시한다. 이것은 구어체의 수필이나 이야기, 연설에서 나타나는 把-구문의 연구에서 증명되었다.[6] 83개의 把-구문 중에서 동사가 중첩된 문장은 하나도 없었고 '着'가 동사 뒤에 오는 문장은 오직 하나 있었다. 반면에 40%에 해당하는 33개의 문장이 '下/起来'와 같은 방향접미사(directional suffix)로 종결되었다. 예를 들어보자.

(89) 你 快 去 把 他 们 叫 起 来。
　　너는 빨리 가서 그들을 깨워라.

그리고 28%에 해당하는 23개의 문장이 방향구(directional phrase)가 포함되어 있었다.

(90) 李 四 把 鲁 素 请 到 船 里
　　리쓰는 루쑤를 배 안으로 초청했다.

(74a, b)의 예문에서 볼 수 있듯이 단순동사에 완료상접미사 '了'만이 부가

---

6. 이러한 연구는 Grant Goodall의 미간행 논문에서 진행되었다.

될 때, 把-구문을 쓰는 경우와 안 쓰는 경우 사이에는 전달되는 의미에 차이가 거의 없는 것 같다. 다시 말하면 '동사 + 了'는 把-구문을 꼭 필요로 하지는 않는다는 것이다. 그 연구에서 83개의 把-구문에서 6.7%만이 '동사 + 了'로 종결되었다.

훨씬 더 흥미로운 사실은 이 연구의 결과가 우리가 앞에서 언급한 바 있는 목적어의 한정성과 관계가 있다는 것이다. 우리는 비한정명사(indefinite noun)가 어떤 특정한 것을 지시하면 把-구문으로 쓰일 수 있음을 지적했다. 그러나 비한정명사는 한정명사보다 덜 부각되므로 把-구문으로 거의 쓰이지 않을 것이라고 기대할 수 있다.

실제의 문맥에서 쓰인 把-구문의 이러한 연구에서 나타난 수치를 근거로 해 把-구문의 사용을 제한하는 두 가지 특성에 대해 확실한 결론을 내릴 수 있다. 즉, 목적어가 부각될수록, 문장이 처치의 의미를 강하게 나타낼수록, 把-구문의 형태로 표현되는 경우가 더 많아진다.

제16장
被-구문(The 被 Construction)

중국어에서 피동문(passive)이란 일반적으로 다음의 선형적 배열처럼 개사 '被'를 포함하는 문장을 말한다(NP=명사구).[1]

(1) NP$_1$ + 被 + NP$_2$ + 동사

다음 예를 보자.

(2) 他 被 姐姐 罵 了。
    그는 누나에게 꾸지람을 들었다.

이러한 유형의 구조는 문두에 동사의 행동에 의해 영향을 받는 사물이나 사람인 직접목적어명사구가 온다. 이러한 직접목적어명사구 뒤에는 행위자를 이끄는 피동표지 개사 '被'가 온다. 동사는 把-구문에서처럼 문말에 온다. 따라서 (2)에서 첫 번째 명사구 '他'는 동사 '罵'의 직접목적어이다. 被-명사구

---

1. 이 장은 Wang(1957), Chu(1973)와 Stephen Wallace('Adversative Passives')와 Timothy Light ('Actively Passive')의 강연에서 크게 도움을 받았다.

인 '姐姐'는 꾸짖는 행위를 하는 행위자이다.
　그러나 도식 (1)이 피동구문이 쓰이는 유일한 형태는 아니다. 다른 형태도 많은데, 그중 중요한 것은 행위자 NP$_2$가 출현하지 않는 경우이다.

(3) NP$_1$ ＋ 被 ＋ 동사

예를 들어보자.

(4) 他 被 骂 了。
　　그는 야단맞았다.
(5) 我 被 抢 了。
　　나는 빼앗겼다.

이 장의 뒷부분에서 (1)의 변이형식을 살펴보기로 하고, 지금은 (1)과 (3)의 두 가지 형식의 피동구문에 대해서 살펴보자.
　먼저 중국어 피동구문의 용법과 기능을 살펴보고 그 문법적 특성을 논의해보자.

16.1 용법과 기능(Use and Function)

16.1.1 불이익(Adversity)

　중국어의 被-피동구문은 일본어·베트남어·타이어나 다른 아시아 언어에서처럼 기본적으로 불리한 상황(adverse situation), 즉 불행한 일이 발생했음을 나타낸다. 다음 예를 보자.

(6) 饺子被(狗)吃掉了。
　　만두는 (개에게) 먹혔다.
(7) 桥被(大水)冲走了。
　　다리는 (홍수에) 씻겨갔다.
(8) 他被(公司)撤职了。
　　그는 (회사에서) 파면 당했다.
(9) 那只鸟被我的儿子放走了。
　　그 새는 나의 아들에 의해 날려 보내졌다.
(10) 我的表被偷掉了。
　　나의 시계는 도난당했다.
(11) 你为什么被捕了?
　　너는 왜 체포되었니?
(12) 领子被他撕破了。
　　옷깃이 그에 의해 찢어졌다.
(13) 穷人常被地主压迫。
　　가난한 사람은 항상 지주에게 압박받는다.
(14) 孩子被父亲骂得不知道怎么办了。
　　아이가 아버지에게 꾸지람을 들어서 어쩔 줄을 모른다.
(15) 他常常被他太太打。
　　그는 자주 그의 아내에게 맞는다.
(16) 他愿意被人笑。
　　그는 다른 사람에게 비웃음 당하기를 바란다.

　일단 被-구문의 중요한 용법이 불이익을 나타내는 것임을 이해하면 많은 흥미로운 사실들이 설명될 수 있다.
　첫째, 무엇보다도 지각동사나 인지동사가 쓰인 피동문은 불이익의 의미를 강하게 나타낸다는 사실이 지적되었다. '看见', '发现', '听到'와 같은 지각동사나 인지동사를 살펴보자. 이러한 동사는 그 자체로서 또는 피동문이 아닌 경우에 불이익의 의미를 전달하지 못한다. 다음 예를 보자.

(17) 我看见你了。
　　 나는 너를 봤다.
(18) 达尔文发现了进化论。
　　 다윈은 진화론을 발견했다.
(19) 我听到了宇宙的微语。
　　 나는 우주의 속삭임을 들었다.

그러나 이러한 동사가 포함되어 있는 被-구문은 불행의 의미를 내포하고 있다. 그래서 (20)은 张三이 발견되지 않아야 했거나 그가 발견되기를 원하지 않았다는 의미를 내포하고, (21)은 '그 일'이 발견되지 않아야 했음을 암시하며, (22)는 '우리의 대화가 새어나가지 않아야 했음'을 나타낸다.

(20) 张三被人看见了。
　　 장싼이 사람에게 발견되었다.
(21) 那件事被他发现了。
　　 그 일이 그에게 발각되었다.
(22) 我们的话被听到了。
　　 우리의 말이 (누군가에게) 들렸다.

둘째, 불이익을 나타내지 않는 被-구문이 점점 더 많이 쓰이고 있고, 특히 현대 중국의 문어체에서 그러하다는 사실에 많은 중국문법학자들이 주의를 기울여왔다. 현대 중국어에서 被-구문이 점점 불이익을 나타내지 않게 된 것은 인구어, 특히 영어의 영향을 받았기 때문이다. 실제로 Chao는 불이익을 나타내지 않는 被-구문을 '번역식 언어'(translatese)라고 했다. 그는 다음과 같이 말하고 있다.

최근 외국어의 수동태 동사를 번역할 때, 'by'나 그에 상응하는 단어가 기계적으로 '被'로 번역되고 있으며, 이러한 상황은 유익한 의미를 갖는 동사에도 적용되고 있다(Chao, 1968: 703).

다른 책에서 그는 다음과 같이 말하고 있다.

중국어 번역가는 … 중국어에는 태(voice)가 없다는 사실을 망각한 채 영어의 수동태 동사를 보기만 하면 무조건 개사 '被'를 사용해 번역한다. 일단 이러한 일이 보편화되면 번역문이 아닌 중국어에서도 이러한 표현이 쓰이게 된다. 그러한 '번역식 언어'는 대부분의 사람들에게는 여전히 어색하게 느껴지며, 아직 아무도 그러한 방식으로 말하지는 않는다. 그러나 과학에 관한 글, 또는 신문이나 학교에서는 그것이 이미 보편화되었다(Chao, 1970: 155).

Kierman(1969: 74-75)은 다음과 같이 말했다.[2]

현대 중국어의 발전과정에서 두드러진 통사적 경향의 하나는 아마 수동태의 현저한 증가일 것이다. … 지난 반세기 동안 상당히 많은 외국문헌이 중국어로 번역되었다. 그중 마르크스주의 문헌의 번역서가 대량으로 출판되어 염가로 판매되면서 중국 지식층에 깊고도 지속적인 영향을 끼쳤다. 대부분의 번역자들은 돈을 벌려는 목적만을 가지고 언어학적 소양도 갖추지 않은 채, 심지어는 언어의 내포적 의미나 수사상의 특징도 이해하지 못한 상태에서 번역에 종사했다. 그들은 기계적인 방식으로 다른 언어를 배웠다. 예를 들면, 러시아어 동사 'ispoljzovan'(이용되다)를 누군가 중국어로 '被利用'으로 번역했는데, 그 후 러시아어 'ispoljzovan'이 나오기만 하면 기계적으로 '被利用'으로 번역했다. 번역가들은 피동문을 쓰지 않고도 관용적인 중국어로 재구성할 수 있는 가능성을 아예 배제했던 것이다. 이

---

2. Kierman은 이 개념을 Paul Kratochvil에게서 도움을 받았다. 괄호 안의 주석은 우리가 붙인 것이다.

러한 양상이 그대로 문학에 도입되었으며 그것이 큰 소리로 읽혀지게 되었다. 그리하여 사람들은 즉시 그러한 방식으로 말하게 되었고, 아무 의식도 없이 급격한 언어변화에 참여하게 되었다.

Chao가 지적했듯이 구어체 중국어에서 被-구문은 본래 불이익의 의미를 나타냈지만, 지금은 불이익과는 무관한 문어체와 '번역식 언어'에서부터 구어에까지 확장되었다. 이러한 확장된 용법은 '选', '解放', '翻(译)'와 같이 20세기 초에 중국어에 차용되거나 소개된 동사와 함께 가장 자연스럽게 쓰인다.

(23) 张三被人民选做代表了。
  장싼은 국민에 의해 대표로 선출되었다.
(24) 省城被解放了。
  성 소재지가 해방되었다.
(25) 罗素的书已经被他翻成中文了。
  러셀의 책은 이미 그에 의해 중국어로 번역되었다.

물론 문어체와 구어체 간의 상호 영향 관계는 예견될 수 있다. 불행을 나타내지 않는 被-구문 용법의 경우, 문어체에서 인구어를 중국어로 옮길 때 하나의 문형을 차용하는 수단으로 기능한다.

셋째, 영어의 수동문이 종종 중국어의 被-구문과 일치하지 않는다는 점이 관찰되었다. 다시 말하면 영어 수동문이 중국어의 被-구문으로 번역되지 않는 경우가 많다는 것이다. 다음에 영어의 수동문에 해당되는 중국어의 비피동문의 예를 보자.

(26) a. 那本书已经出版了。
  That book has already been published.
  그 책은 이미 출판되었다.

b. *那 本 书 已 经 被 出 版 了。

(27) a. 你 的 包 裹 收 到 了。
   Your package has been received.
   너의 소포를 받았다.

b. *你 的 包 裹 被 收 到 了。

(28) a. 这 个 演 讲 得 记 录 下 来。
   This lecture should be recorded.
   이 강연은 기록되어야 한다.

b. *这 个 演 讲 得 被 记 录 下 来。

(29) a. 他 说 的 话 人 人 都 懂。
   What he said was understood by everyone.
   그가 한 말은 모든 사람들에게 이해되었다.

b. *他 说 的 话 被 人 人 都 懂。

이 예에 보이는 것처럼 '被'가 쓰인 (26)-(29)의 (b)는 비문법적이다. 왜냐하면 그 문장들은 불행의 의미를 전달하지 않기 때문이다. (26)-(29)의 (a)는 영어를 중국어로 번역하든 혹은 중국어를 영어로 번역하든 보통 영어의 수동문에 해당하며, 동사의 직접목적어가 화제로 쓰이는 화제-진술(topic-comment)의 구조이다. 다시 말해, 중국어는 직접목적어에 관해 말하고자 할 때 직접목적어를 화제로 만들기만 하면 된다. 그러므로 중국어의 화제 부각구조와 불행을 의미하는 문장에 한정해서 쓰이는 被-구문의 제한적 용법이 함께 작용해 중국어 피동문의 사용범위를 제한하고 있다. 인구어를 아는 중국학생이면 누구나 구어나 문어의 수동구문이 인구어보다 중국어에서 더 드물게 쓰인다는 것은 안다. 영어에서 수동으로 표현하지만 중국어에서는 그렇지 않은 또 다른 상황은 동작타동사(transitive action verb)의 주어를 강조할 경우이다. 예를 들어 어떤 사람이 소설에 대해 논의하고 있고 그의 어머니가 작가라는 것을 밝히려고 할 때, 그는 영어로 수동구문을 사용해 다음과 같이 그 의미를 전달할 수 있다.

(30) This novel was written by my mother.

(30)에 해당하는 중국어 문장은 '被'를 사용한 (31b)가 아니라 (31a)의 '是…的' 구문(20.3 참조)이다. 왜냐하면 비록 위에서 지적한 바와 같이 (25)와 같은 문장이 번역식 언어로 쓰인다고 할지라도, '소설을 쓰는 행위'는 일반적으로 불이익의 의미를 갖지 않기 때문이다.

(31) a. 这本小说是我母亲写的。
　　　 이 소설은 나의 어머니가 쓰셨다.
　　 b. *这本小说被我母亲写了。

(32)-(34)는 (31)과 유사한 예로서 영어의 수동문에 대비되는 중국어 '是…的' 구문을 보여준다.

(32) a. 这个房子是张三设计的。
　　　　 This house was designed by Zhangsan.
　　　 이 집은 장싼이 설계했다.
　　 b. *这个房子被张三设计了。
(33) a. 这个政策是他推荐的。
　　　　 This policy was recommended by him.
　　　 이 정책은 그가 제안했다.
　　 b. *这个政策被他推荐了。
(34) a. 那幅画是他画的。
　　　　 That painting was painted by him.
　　　 그 그림은 그가 그렸다.
　　 b. *那幅画被他画了。

위의 예들은 중국어에서 문장의 화제가 직접목적어일 때, 행위자 명사구를 강조하는 기능을 하는 것은 '是…的' 구문이지 被-구문이 아님을 보여준다.

16.1.2 처치(Disposal): 把-구문과의 비교

被-구문은 불이익뿐만 아니라 把-구문(제15장 참조)과 같은 방식으로 처치의 의미를 나타낼 수도 있다. 즉, 被-구문은 사물이나 사람이 어떤 방법으로 취급, 조정, 조작됨을 나타낸다. 그러므로 비록 동사가 불행의 의미를 가진다고 할지라도 把-구문의 경우와 마찬가지로 被-구문도 처치를 나타내지 않는 동사와는 함께 쓰이지 않는다. 그러므로 다음의 예문은 비문법적이다.

(35) *李四被他恨了。
(36) *他被气了。
(37) *我被他讨厌。

被-피동문이 把-구문과 같이 처치의 의미를 나타내므로 把-구문의 처치기능에 대한 조건들이 被-피동문에도 당연히 적용될 수 있다. 다만 被-피동문은 불행의 의미가 있음을 덧붙일 뿐이다. 따라서 여기에서 다시 상세한 언급은 생략하고 대신에 被-구문에 적용되는 처치개념을 간략히 요약하려 한다 (제15장 참조).

(i) 把-구문과 마찬가지로 被-구문에서도 직접목적어 이외의 영향을 받는 실체를 나타내는 명사구가 올 수 있다.

(38) 我被他绑了一只腿。
    나는 그에 의해 다리 한 쪽이 묶였다.

(ii) 把-구문과 마찬가지로 被-구문도 정태보어구조절(complex stative construction clause)이 포함되어 있는 (39)처럼 함축된 처치의 의미를 허용한다.

(39) 我 被 他 气 得 头 都 昏 了。
　　　나는 그 때문에 머리가 아찔할 정도로 화가 났다.

(iii) 把-구문처럼 被-구문도 처치라는 특성을 가지므로 긍정이든 부정이든 동보복합어의 가능접요사(potential infix)와 함께 쓰일 수 없다(3.2.3 참조).

(40) *我 被 他 打 得 死。
(41) *那 个 椅 子 被 他 弄 不 破。

(iv) 被-구문은 처치의 특성을 지니므로 동사 바로 앞에 '不', '没'와 같은 부정사를 두어 부정의 범위 안에 동사만 포함시킬 수는 없다(부정의 범위에 대해서는 제12장 참조). 把-구문과 마찬가지로 被-구문에서도 부정사는 '被' 앞에 와야 한다.

(42) a. *我 被 他 没 批 评。
　　 b. 我 没 被 他 批 评。
　　　　나는 그에게 비난받지 않았다.

被-구문과 把-구문은 처치의 의미를 공유하기는 하지만 한 가지 뚜렷한 차이점이 있다. 把-구문은 항상 명령문으로 쓸 수 있지만 被-구문은 '别'로 부정되는 경우를 제외하고는 명령문으로 쓰일 수 없다. 그 이유는 처치의 의미가 일반적으로 명령의 의미로 쓰일 수 있다고 할지라도 의미적인 모순이 존재하기 때문이다. 把-구문의 첫 번째 명사구는 처치를 나타내는 동사의 행위자인 반면에 被-구문의 첫 번째 명사구는 행위자가 아닌 직접목적어임에 주목해야 한다. 행위자에게 처치의 의미가 있는 행동을 수행하도록 명령할 수는 있지만 동작을 통제할 수 없는 직접목적어에게 처치의 행위를 명령하는 것은 비합리적이다. 반면에 被-구문이 '別'를 부가해서 명령으로 쓸 수 있는 이유는 어떤 사람에게 어떤 행위를 당하지 않도록 명령하는 것은 그에게 불행한 경험을 피하도록 명령하는 것과 마찬가지로 합리적이기 때문이다. 아래의 문장은 이에 해당하는 예이다.

(43) a. *(你) 被 猫 抓 了。
 b. (你) 別 被 猫 抓 了。
  고양이에게 할퀴지 마라.

지금까지 불행과 처치의 의미를 나타내는 기능을 통해 개사 '被'가 쓰인 피동구문을 살펴보았다. 이제 이러한 구문의 구조적 특성에 대해 살펴보겠다.

16.2 구조적인 특성(Structural Property)

被-구문의 여러 가지 구조적인 특성을 이미 앞에서 제시했고 '被'의 처치의 의미도 소개했다. 이러한 구조적인 성질 중 한 가지는 부정과 관련이 있으며, 다른 하나는 명령문으로 쓰인 피동태와 관련 있다는 것에 대해서는 이미 서술한 바 있다. 또한 부사에 관한 제8장에서 태도부사와 피동구문 간의 상호작용에 대해 기술했다. 그러나 뒤에서 서술할 被-피동구문의 구조적인 성질에 대해서는 아직 언급하지 않았다.

16.2.1 불이익을 받는 간접목적어

간접목적어(제10장 참조)는 被-구문에서 불이익을 받는 사람을 의미할 수 있다. (44)는 '我'가 간접목적어인 비피동문이다.

(44) 他 们 问 了 我 许 多 问 题。
　　　그들은 나에게 많은 문제를 물었다.

(44)를 피동문으로 바꾸면 (45)가 된다.

(45) 我 被 他 们 问 了 许 多 问 题。
　　　나는 (귀찮게도) 그들에게서 많은 문제를 질문받았다.

그러나 간접목적어와 직접목적어를 둘 다 취하는 동사가, 간접목적어가 불이익을 받는 의미로 쓰이는 被-구문에 나타날 수 있는 경우는 드물다. 직접목적어와 간접목적어를 가지는 대부분의 동사는 명시적이든 묵시적이든 불이익의 의미를 가질 수 없기 때문이다. 불이익을 받는 간접목적어가 쓰이는 피동문에 나타날 수 있는 동사로는 '偷'(훔치다), '抢'(뺏다), '赢'(이기다) 등이 있는데, 다음은 '偷'가 쓰인 예문이다.

(46) 他 被 朋 友 偷 了 钱。
　　　그는 친구에게 돈을 도난당했다.

16.2.2 '被' 뒤에 무생 명사구가 나오는 경우

'被' 바로 뒤에 나오는 명사구는 동작을 행하는 사람이나 동물에 의해 사용된 어떤 사물을 지시할 수 없다. 바꾸어 말하면 '被' 뒤에는 도구명사구가 올 수 없다.[3]

---

3. 중국어에서는 도구명사구라는 문법적인 범주가 있다. 명사구가 도구를 지시하면 그것은 문법적으로 동사 '用'의 직접목적어로 표현된다. 다음이 그 예문이다.

(47) *门 被 钥匙 打 开 了。

그러나 그들 자신이 동작에 영향을 미칠 수 있는 무생 명사구는 불리한 상황이 추론될 수 있는 한, 피동구문에서 '被' 뒤의 명사구로서 쓰일 수 있다. 다음 예문은 이러한 현상을 보여준다.

(48) 气 球 被 风 吹 走 了。
풍선이 바람에 날아갔다.
(49) 玻 璃 被 火 烧 化 了。
유리가 불에 녹았다.
(50) 那 件 衣 服 被 水 冲 走 了。
그 옷은 물에 씻겨 내려갔다.
(51) 屋 顶 被 雪 盖 住 了。
지붕이 눈에 덮였다.

16.3 '把'와 '被'를 함께 사용하는 경우

'把'와 '被'는 한 문장에 함께 쓰일 수 있다('把'에 대해서는 제15장 참조).

(52) 我 被 他 把 我 的 打字机 打 破 了。
나에게 발생한 일은 내 타자기가 그에 의해 부수어졌다는 것이다. (그에 의해 내 타자기가 부수어졌다.)

(ⅰ) 他 用 钥 匙 開 門。
그는 열쇠로 문을 열었다.
그는 열쇠를 사용해 문을 열었다.

제16장 被-구문 475

이 예문이 보여주듯이 把-명사구는 被-명사구 뒤에 와야만 한다. 여기에는 논리적인 이유가 있다. 즉, 타자기를 처치한 사람은 행위자 '他'이며, 영향을 받은 사람 '我'가 아니다. 그러므로 被-명사구인 행위자가 把-명사구 바로 앞에 와야지, 피동작자가 把-명사구 바로 앞에 와서는 안 된다.

16.4 변이형식(Variant Form)

이 장 첫머리에서 (1)의 변이형식이 존재한다고 했다. 아래에 (1)을 다시 인용하겠다.

(1) NP₁ + 被 + NP₂ + 동사

한 가지 중요한 변이형식는 (3)에 이미 제시했다. 이 변이형식에서는 행위자 명사구가 생략되었다.

(3) <u>NP₁</u> + 被 + 동사
　　직접목적어

가장 흔한 변이형식은 '被' 대신에 '给', '叫', '让'을 쓰는 것이다. 따라서 (53)은 네 개의 피동구문 표지 중 어떤 것을 쓰더라도 모두 문법적이다.

(53) 我 被 他 偷 了 两 块 钱。

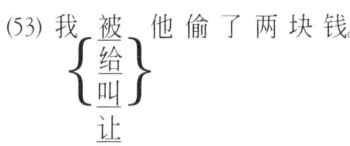

　　　나는 그에게 2위안을 도난당했다.

네 개의 피동구문 표지 중 어떤 것을 선택하느냐는 중국어 방언에 따라 다르다. 그러나 '被'와 나머지 세 가지 표지 간에는 차이가 존재한다. '被'는 그 자체로는 의미를 갖고 있지 않다. 바꾸어 말해서 그것은 기능어(function word), 즉 문법적 어휘(grammatical word)이다. 그래서 '被'는 피동구문에 출현하는 기능 이외의 다른 의미를 갖고 있지 않다. 그러나 '给', '叫', '让'은 피동구문에 쓰일 수 있을 뿐만 아니라, 독립적 의미를 가지는 내용어(content word)로도 쓰일 수 있다. '给'은 '주다'라는 의미를 가지는 동사이며, 간접목적어 바로 앞에 나와서 수혜표지(benefactive marker)로 쓰일 수도 있다. '叫'는 '부르다', '불리다', '명령하다'라는 뜻을 가진 동사이다. 그리고 '让'은 '…를 하게 하다', '허락하다'라는 뜻의 동사이다.

(54) NP + 被 + (NP) + 동사

따라서 '被'가 (54)와 같은 문형에 쓰일 때 '被'자는 그 문장이 분명히 피동구문임을 나타내지만, (54)에서 '被' 대신에 '给'나 '叫', '让'이 쓰인다면 (54)는 중의성을 유발할 것이다. 예를 들어 (53)에서 '叫'를 쓴다면 '나는 그에게 2위안을 훔치라고 말했다'를 의미할 수도 있고, '给'를 쓴다면 '나는 그에게 2위안을 훔쳐주었다'를 의미할 수 있다. 또 '让'을 쓴다면 '나는 그에게 2위안을 훔치도록 했다'를 의미할 수도 있다.

한편 '叫'나 '让'은 행위자 명사구가 없는 형태인 (3)에서 '被' 대신에 쓰일 수 없다는 점에서 '被'와 다르다.

(55) *我 {叫/让} 偷了两块钱。

행위자가 없는 형태인 (3)에서 '给'가 '被' 대신에 쓰일 수 있는지의 여부에 관해서는 화자들마다 의견이 다르다.

(56) ?我给偷了两块钱。

(1)의 또 다른 변이형태는 (57)처럼 '叫…给'을 쓰거나 '让…给'를 쓰는 것이다.

(57) NP₁ + {叫/让} + NP₂ + 给 + 동사

(57)에 대한 예문을 보자.

(58) 秦朝 {叫/让} 汉朝 给 灭 了。

  秦왕조는 汉왕조에게 멸망당했다.

(59) 他 {叫/让} 敌兵 给 杀 了。

  그는 적병에게 죽음을 당했다.

(60) 房子 {让/叫} 他 给 烧 了。

  집이 그에 의해 불탔다.

(57)의 형태를 가진 문장에서 '给'는 '叫, 让'의 처치 의미를 강화하는 기능을 하는 것으로 보인다. 그러므로 이러한 '给'가 把-구문에서도 쓰이는 것은 지극히 당연하다(把-구문에 관해서는 제15장 참조).

(61) 他 把 你们 的 前程 给 耽误 了。

  그가 너희들의 앞길을 망쳤다.

제17장
제시문(Presentative Sentence)

　제시문은 어떤 실체를 나타내는 명사구를 담화 속에 제시하는 역할을 한다. 제시문은 다음 두 가지 경우에 쓰인다. 즉 (1)과 같이 명사구에 의해 제시되는 실체가 어딘가에 존재하거나 위치하고 있음을 나타내는 경우와, (2)와 같이 실체가 이동동사에 의해 제시되는 경우이다.

(1) 城 里 有 <u>公 园</u>。
　　시내에 공원이 있다.
(2) 来 了 <u>一 个 客 人</u>。
　　손님 한 분이 오셨다.

　세계의 대부분의 언어의 제시문에서 제시되는 실체를 가리키는 명사구는 비한정적이다. 그것은 새로운 정보, 즉 청자가 그 당시 모르고 있다고 가정하는 새로운 정보를 화자가 전달한다. 또한 그 명사구는 전형적으로 제시문의 주요동사 다음에 나타난다. 이 두 가지 특성은 중국어의 제시문의 경우에도 마찬가지이다. 실제로 문두는 중국어에서 화제가 쓰이는 위치인데, 담화 속에 처음으로 제시되는 명사구는 화제로 쓰일 수 없기 때문에(4.1.1 참조) 주요동사 뒤에 쓰여야만 한다. 명사구가 제시될 수 있는 두 가지 방식을 좀 더 자세히 고찰해보자.

17.1 존재동사(Existential Verb)와 자세동사(Positional Verb)

존재문(existential sentence)은 존재동사 '有'나, 어떤 것이 어디에 놓여 있다는 것을 서술하는 '坐', '躺', '漂'와 같은 자세동사(verb of posture, 11.1.2.B 참조)가 쓰인 문장이다.[1] 존재문은 언제나 명사구가 지시하는 대상이 대개 어떤 장소에 있음을 나타내는데, 그 장소를 '소재지'(locus)라고 부른다. 모든 제시문에서 존재하는 실체를 지시하는 명사구는 존재동사 바로 뒤에 온다.

다음은 동사 '有'가 쓰인 존재문이다. 소재지에는 밑줄을 두 줄을 그었고, 명사구에는 한 줄을 그었다.

(3) (在) 院 子 里 有 一 只 狗。
   뜰에 개 한 마리가 있다.
(4) (在) 抽 屉 里 有 很 多 邮 票。
   서랍에 많은 우표가 있다.
(5) 有 一 个 人 在 外 面 叫 门。
   어떤 사람이 밖에서 문을 두드리고 있다.

위의 예문에서 존재동사를 가진 제시문이 다음 두 가지 형식으로 쓰임을 알 수 있다.

(6) a. 존재동사 + 제시된 명사구 + 在 + 소재지 + (동사구)

---

1. 제시문에 대한 자세한 논의에 대해서는 Rygaloff(1973: chap.8), Chu(1970), Teng(1979a), Hou(1979: chap.3.3)를 참조.

b. (在) + 소재지 + 존재동사 + 제시된 명사구 + (동사구)

이 두 가지 형식에서 제시된 명사구는 존재동사 바로 뒤에 나오는데, (6a)에서는 소재지가 제시된 명사구 뒤에 오고 처소사 '在'에 의해 유도되는 반면, (6b)에서는 소재지가 문두에 있다. (3), (4)는 (6b) 형식이고, (5)는 (6a) 형식이다. 다음과 같이 (3), (4)의 구조를 (6a) 형식의 (7), (8)로 바꾸고 (5)의 구조를 (6b) 형식의 (9)로 바꿀 수 있다.

(7) 有 一 只 狗 在 院 子 里。
    개 한 마리가 뜰에 있다.
(8) 有 很 多 邮 票 在 抽 屉 里。
    서랍에 우표가 많이 있다.
(9) (在) 外 面 有 一 个 人 叫 门。
    밖에서 어떤 사람이 문을 두드리고 있다.

(6a)와 (6b) 간에는 화용론적인 차이가 있다. (6b)에서 문두에 오는 소재지는 담화문맥에서 언급되었거나 다른 방식으로 이미 명시되었다는 점에서 한정적이어야 한다. 소재지가 화제로 쓰이는 경우는 (6a)가 아니라 (6b)이다. 예를 들어 의문문 (10)에 대한 대답으로서 (3)은 적절하고 (7)은 부적절하다.

(10) 院 子 里 怎 么 这 么 吵 ?
     뜰이 왜 이렇게 시끄럽지?

(10)에 대한 대답으로 (7)은 부적절하고 (3)이 적절한 이유는, (10)이 이미 명사구 '院子里'를 화제로 명시했고, (7)이 아니라 (3)이 동일한 명사구를 화제로 쓰고 있기 때문이다(화제로서의 처소구에 대한 논의는 4.1.6 참조).

(5), (9)와 같은 문장은 두 개의 동사 '有'와 '叫门'으로 이루어져 있으므로

존재를 나타내는 제시문 중에서 특수한 하위 유형에 속한다. 이 문장들은 '실현서술문'(realis descriptive clause sentences)이라고 하는데, 두 개의 동사가 포함되어 있기 때문에 연동구문에 관한 21.4.1에서 논의될 것이다.

(3)-(5)와 (7)-(9)는 존재제시문에서 존재동사 '有'가 사용된 예이다. 다음 문장은 존재제시문에서 자세동사가 쓰인 예이다. 이 자세동사 뒤에는 상표지(제6장 참조)가 올 수 있고, 소재지는 항상 문두, 즉 자세동사의 앞에 쓰인다. 다음 예문에서 소재지에는 밑줄을 두 줄 그었고, 존재물에는 한 줄 그었다.

(11) <u><u>玻璃上</u></u> 写 着 <u>四个字</u>。
　　　유리 위에 네 자가 씌어 있다.

(12) <u><u>桌子上</u></u> 放 了 <u>很多铅笔</u>。
　　　탁자 위에 연필이 많이 놓여 있다.

(13) <u><u>水里</u></u> 漂 着 <u>一块木头</u>。
　　　물에 나무토막이 하나 떠 있다.

존재동사 '有'가 쓰인 문장에서 소재지가 처소 이외의 다른 지시 대상일 수도 있다. 즉 어떤 실체와 관련해서 또 하나의 실체의 존재를 진술할 수 있다. 하나의 실체와 관련한 또 하나의 실체가 유생일 때 그 문장은 소유문(possessive sentence)으로 이해된다. 영어로 해석하면 동사는 전형적으로 'have'가 된다.

(14) a. <u>他</u> 有 <u>三个孩子</u>。
　　　　그는 아이가 셋 있다.
　　　　(He has three children.)

　　 b. <u>蜘蛛</u> 有 <u>八个腿</u>。
　　　　거미는 발이 여덟 개 있다.
　　　　(Spiders have eight legs.)

(14a), (14b)와 (3)-(5)의 영어 해석†사이에는 다른 점이 있지만 그들은 본질적으로 유사하다고 볼 수 있다. 두 유형의 예문은 모두 어떤 것이 존재함을 나타낸다. 장소에 대해서 존재한다고 말하느냐 아니면 다른 실체와 관련해서 존재한다고 말하느냐가 다를 뿐이다. 실제로 '有'가 쓰인 몇 개의 중국어 문장들은 영어로 'have'나 'there is'의 번역이 모두 가능하다.

(15) 一 年 有 五 十 二 个 礼 拜。
　　 1년은 52주이다.

　　 There are fifty-two weeks in a year.

　　 A year has fifty-two weeks (in it).

(16) 书 架 上 有 一 个 大 蟑 螂。
　　 서가에 큰 바퀴벌레 한 마리가 있다.

　　 There's a big cockroach on the bookcase.

　　 The bookcase has a big cockroach (on it).

중국어와 마찬가지로 세계 대부분의 언어에서 '有'처럼 '있다'를 의미하는 동사는 소유와 존재를 모두 나타낸다. 따라서 '有'자가 포함되어 있는 문장은 모두 존재문으로 취급하겠다.

중국어에서 존재동사는 '有'이지만 계사동사 '是'를 써서 존재를 나타낼 수도 있다.[2]

다음 대립쌍들을 보자.

---

† 　(3)-(5)의 영어 해석은 다음과 같다.
　　(3) There's dog in the yard.
　　(4) There are lots of stamps in the drawer.
　　(5) There's someone outside knocking at the door.
　　한국어의 경우에는 모두 '있다'로 번역된다.

2. 여기서 논의된 '是'와 '有'에 관한 몇 가지 개념은 Chao(1978: 53)와 Rygaloff (1973: 191ff.), Van Valin(1975)으로부터 채택했다.

(17) a. <u>外面</u> 有 <u>一只狗</u>。
   밖에 개 한 마리가 있다.

   b. <u>外面</u> 是 <u>一只狗</u>。
   밖에 있는 것은 개 한 마리이다.

(18) a. <u>抽屉里</u> 有 <u>你的钥匙</u>。
   서랍에는 너의 열쇠가 있다.

   b. <u>抽屉里</u> 是 <u>你的钥匙</u>。
   서랍에 있는 것은 너의 열쇠이다.

(19) a. <u>前面</u> 有 <u>一个花园</u>。
   앞에는 화원이 있다.

   b. <u>前面</u> 是 <u>一个花园</u>。
   앞에는 화원이다.

이 존재문에서 '有'를 사용할지 '是'를 사용할지는 무엇으로 결정하는가? 해석이 암시하는 것처럼 (17)-(19)의 (a)와 (b)는 의미가 다르다. 계사문(4.3.1.A.2 참조)을 설명할 때 계사문은 주어 명사구의 지시대상을 확인하거나 규정하는 역할을 함을 지적했다. 따라서 위의 b에서 제시된 명사구는 소재지를 확인하거나 규정하고 있다. 즉 이러한 문장이 쓰이려면 청자가 그 소재지에 대해 이미 알 뿐 아니라 청자가 소재지에 관심을 가지며 그것이 무엇인지, 소재지에 무엇이 있는지, 그것이 무엇처럼 보이는지에 관심을 가지고 있다고 화자가 믿고 있어야 한다. 반면에 a는 청자가 아무런 관심을 가질 필요가 없었던 어떤 소재지에 제시된 명사구가 존재한다는 것을 진술할 뿐이다.

물론 이것은 두 가지 문형이 각각 다른 문맥에 쓰여야 한다는 것을 의미한다. 예를 들어 '앞'이 '정원'이라고 확인하거나 규정하기 위해 (19b)를 쓸 수 있다. 또한 (19b)는 앞에 있는 것이 정원이라고 규정하기 위해 쓰일 수도 있고 무엇인가가 정면에 있음을 청자가 알고 있으며 그것이 무엇인지 확인해주기를 바란다고 화자가 생각하기 때문에 쓰일 수도 있다.

반면에 (19a)는 이러한 환경에서는 적절하지 않으며, 새 집을 묘사하는 상황에서나 쓰일 수 있다.

두 가지 문형의 차이를 이해하기 위해 그 각각에 대한 의문대당문(question counterpart)을 살펴보자.

(20) 里面 有 什么 ?
　　안에 무엇이 있습니까?

(21) 里面 是 什么 ?
　　안에는 무엇입니까?

'有'가 쓰인 (20)은 반드시 안에 무엇인가가 있음을 암시하지는 않는다. (22)는 (20)에 대한 적절한 대답이 될 수 있다.

(22) 里面 什么 都 没 有。
　　안에는 아무것도 없습니다.

그러나 '是'가 쓰인 (21)은 안에 무엇인가가 있음을 전제한다. 따라서 (22)는 (21)에 대한 적절한 대답이 아니다. 어떤 사람이 공장을 돌아다니다가 건물 정면으로부터 나오는 소음에 주의를 기울이는 상황을 생각해보자. 이때 '有'를 쓴 의문문 (23)을 발화하는 것은 부적절한 반면에 '是'를 쓴 의문문 (24)는 적절하다. 왜냐하면 이 상황에서 질문을 하는 사람은 소음의 근원에 대해 관심을 가질 뿐 아니라 정면에 무엇인가가 있다고 가정하기 때문이다.

(23) 前面 有 什么 ?
　　앞에 무엇이 있습니까?

(24) 前面 是 什么 ?
　　앞에는 무엇입니까?

다음에는 '是'가 부적절하고 '有'가 적절한 상황으로 밤에 두 사람이 한 작업장에서 다른 작업장으로 가려고 하는 상황을 상상해보자. 한 사람이 (25)처럼 말해 출입문을 발견했다는 사실을 알릴 수 있다. 이 문장에서 '这里'는 '门'의 위치를 나타낸다. 그러나 '是'가 있는 (26)은 이러한 문맥에서는 부자연스럽다. 왜냐하면 청자가 소재지 '这里'에 무엇인가 존재한다고 기대할 이유가 없기 때문이다.

(25) 这 里 有 门。
　　 여기에 문이 있다.

(26) 这 里 是 门。
　　 여기가 문이다.

종합해보면, 자세동사뿐 아니라 존재동사 '有'도 어떤 소재지에 무엇인가 존재한다는 것을 진술하는 제시문에 쓰일 수 있다. 다음으로 동작동사를 사용해 무엇인가를 제시하는 제시문을 살펴보자.

17.2 이동동사(Verb of Motion)

실체를 담화 속에 제시하는 또 다른 방법으로 이동(motion)을 나타내는 동사를 쓸 수 있다. 일반적으로 이런 상황에서는 지시되는 소재지는 없지만, 존재동사나 자세동사가 쓰인 제시문처럼 제시되는 명사구는 바로 동사 다음에 나타난다. 다음 예문에서 제시된 명사구에는 밑줄을 그었다.

(27) 出 来 了 一 个 客 人。
　　 손님 한 분이 나오셨다.

(28) 逃 了 三 只 羊。
　　 양 세 마리가 달아났다.

(29) 到了一批货。
상품 한 더미가 도착했다.
(30) 我们的晚会只来了张三跟李四。
우리의 저녁파티에 장싼과 리쓰만 왔다.

이러한 예에서 알 수 있듯이 제시문에 쓰이는 이동동사는 일반적으로 자동사이다. 이 문장에서 이동을 하고 있는 실체는 제시된 명사구이고, 이 명사구는 동사 뒤에 온다. 그러나 모든 이동 자동사가 이동하는 실체를 나타내는 명사구 앞에 쓰일 수 있는 것은 아니다. (31)을 보자. (여기에서 이동동사에는 밑줄을 그었다.)

(31) a. *跳了一个蟋蟀。
　　 b. *滚了一个人。
　　 c. *爬了一个老虎。
　　 d. *飞了一个鸟。
　　 e. *抖了一个人。

이동하는 실체를 나타내는 명사구가 쓰인 제시문에 이러한 동사들이 쓰이려면 존재동사 '有'가 반드시 있어야 한다. 그 구조는 두 개의 동사가 쓰였으므로 연동구문이 된다. 예를 들어 이동 자동사 '抖'를 살펴보자. (32)는 존재동사 '有'와 이동 자동사 '抖'가 쓰인 제시문이다.

(32) 有一个人抖了。
어떤 한 사람이 떨었다.

이동하고 있는 실체를 나타내는 명사구가 동사 뒤에 올 수 있는 이동성 자동사에는 '走', '出', '去', '来', '倒', '起', '逃'와 (ⅲ)유형의 방향동사

(3.2.3.A.1 참조) 등이 있다. (33)은 (ⅲ)유형의 방향동사를 가진 제시문의 예이다.

(33) a. 上来了三个人。
　　　세 사람이 올라왔다.
　　b. 回去了五百个人。
　　　500명이 돌아갔다.
　　c. 进来了一个大胖子。
　　　뚱보 한 명이 들어왔다.

'来', '去'나 (ⅲ)유형의 방향복합어와 함께 복합어를 형성하는 이동성 자동사는 이동하는 실체를 표시하는 명사구가 동사 뒤에 오는 것을 허용한다. 따라서 (31d)에서 이동하는 실체를 나타내는 명사구가 동사 '飞' 뒤에 올 수는 없지만 '飞出来' 뒤에는 올 수 있다. (34)를 보자.

(34) 飞出来了一个蚊子。
　　　모기 한 마리가 날아 나왔다.

제18장
의문문(Question)

18.1 의문문의 네 가지 유형

억양을 약간 올리면 평서문을 의문문으로 바꿀 수 있다. 대체로 대화 문맥에서 이러한 의문문이 자주 쓰인다. 예를 들어 A와 B가 이야기할 때, B는 A에게 다음과 같이 말할 수 있다.

(1) 你 去。

이때 B가 억양을 약간 올려서 말하면 A는 이 문장을 평서문이나 명령문이 아니라 의문문으로 받아들일 것이다. 일반적으로 발화된 문장이 명백히 의문문임을 나타내는 문법 유형에는 네 가지가 있다. 이 장에서는 이 네 가지 유형에 대해 살펴볼 것이다.

첫 번째 유형은 의문사 의문문(question-word question)으로, 의문사가 쓰인 문장은 의문문이 된다. 각 언어에는 의미적으로 영어의 'who'나 'what', 'where', 'which'에 해당하는 의문사가 있다. 중국어의 예로 (2)를 보자.

(2) 谁 去?
　　누가 가니?

두 번째 유형인 선택의문문(disjunctive question)에서는 응답자에게 두 개의 선택항목 중 하나를 선택할 것을 요구한다. 선택의문문의 유형 가운데 하나는 (3)처럼 두 개의 평서문이 형태소 '还是'로 연결되어 있는 경우이다.

(3) 你 去 还 是 他 来?
　　네가 가니 아니면 그가 오니?

둘 또는 셋 이상의 평서문이 결합해 더 큰 문장을 이룰 때, 그 문장들은 각각 절(clause)이 된다. (3)에서 응답자에게 제시된 두 가지 선택항목은 분명히 형태소 '还是'로 연결된 두 개의 평서문이다. 그 대답은 (4a) 아니면 (4b)이다.

(4) a. 我 去。
　　　내가 가.
　　b. 他 来。
　　　그가 와.

세 번째 의문문 유형인 부가의문문(tag question)은 '对不对?'(맞니 안 맞니?), '好不好?'(좋니 안 좋니?), '行不行'(되니 안 되니?), '是不是'(그러니 안 그러니?)와 같은 'A-not-A' 형식이다.
　　마지막 유형은 조사 의문문(particle question)인데, 문장 끝에 의문조사 '吗'를 써서 나타낸다.

(5) 你 好 吗?
　　잘 지내세요? (글자 그대로는 '당신은 좋습니까'라는 의미)

18.2 의문사 의문문

18.2.1 의문문 속의 의문사

다음은 중국어에서 가장 흔히 쓰이는 의문사들이다.

(6) 谁 : 누구 什么 : 무엇
    怎么 : 어떻게, 왜 怎么样 : 어떻게
    为什么 : 무엇 때문에, 왜 多 : 얼마나
    多少 : 얼마 几 + 양사 : 몇
    哪儿, 哪里 : 어디에 哪 + 양사 : 어느 것
    哪些 : 어느 것들 干吗 : 무엇 때문에

다음에는 이러한 의문사가 각각 어떻게 쓰이는지를 예를 들면서 설명하겠다. 일반적으로 의문사는 동일한 문법적 기능을 가진 비(非)의문사와 동일한 위치에 온다. '谁'와 '什么'를 살펴보자.

(7) <u>谁</u> 请 张 三 吃 饭 ?
    누가 장싼에게 식사를 대접하지?

(8) 你 请 <u>谁</u> 吃 饭 ?
    너는 누구에게 식사를 대접하니?

(9) <u>什 么</u> 是 爱 ?
    무엇이 사랑인가?

(10) 你 们 做 <u>什 么</u> ?
    너희들은 무엇을 하니?

(7)에서 의문사 '谁'는 첫째 동사의 주어이고, 따라서 주어가 대개 그렇듯

이 동사 앞에 왔다. 그러나 (8)에서 의문사 '谁'는 첫째 동사의 직접목적어인 동시에 둘째 동사의 주어로서의 역할을 하는 겸어이다(21.3 참고). 그러므로 '谁'는 겸어의 위치인 첫 번째 동사의 뒤, 두 번째 동사의 앞에 와야 한다. 마찬가지로 (9)의 '什么'는 '是'의 주어로서 '是' 앞에 왔지만, 반면에 (10)의 '什么'는 직접목적어이기 때문에 동사 뒤에 왔다.

(9), (10)에서 '什么'는 명사로서의 역할을 충분히 하지만 명사구 속에서 중심명사(head noun)를 수식할 수도 있다. (11), (12)가 그 예이다.

(11) 他 是 你 的 <u>什 么</u> 人 ?
　　　그는 너와 어떤 관계의 사람이냐?
(12) <u>什 么</u> 东 西 这 么 香 ?
　　　무엇이 이렇게 냄새가 좋지?

(13)에서 '怎么'는 전형적으로 부사가 놓이는 위치, 즉 동사 앞에 와서 '어떻게' 혹은 '왜'라는 뜻으로 쓰인다.

(13) 你 <u>怎 么</u> 写 小 说 ?
　　　너는 어떻게 소설을 쓰니?
　　　너는 왜 소설을 쓰니?

(14)는 '왜'라는 의미로 쓰인 '怎么'가 문두에도 쓰일 수 있음을 보여준다.

(14) <u>怎 么</u> 你 不 去 上 课 ?
　　　왜 너는 수업 받으러 가지 않니?

우리는 이 두 가지 의미에 근거해 (13)과 (14)에서 '怎么'의 위치를 설명할 수 있다. '어떻게'와 '왜'는 둘 다 부사적인 개념이지만, '어떻게'는 동사의 동작이 수행되는 양태(manner)를 나타내는 양태부사인 반면, '왜'는 전체 문장의 의미적인 틀을 제공하도록 응답자에게 요구하는 문장부사이다. 문장부사는 문장의 맨 앞이나 부사의 본래 위치인 동사 앞에 올 수 있지만, 양태부사는 동사 앞에만 올 수 있다. (14)에서 '怎么'는 문장의 맨 앞에 왔으므로 의심할 여지없이 '왜'라는 뜻으로 쓰인 경우이지만 (13)은 '어떻게'와 '왜'의 두 가지 해석이 다 가능하다.

의문사 '어떻게'라는 뜻의 '怎么样'은 의심할 여지없이 '怎么'의 변형된 형태이다. 접미사 '样'은 '모양'을 의미한다. '怎么样'은 '怎么'의 두 번째 의미인 '왜'라는 의미로 쓰일 수 없다. (13)을 (15)처럼 '怎么' 대신에 '怎么样'을 쓰면 두 번째 의미인 '왜'로 해석할 수 없다.

(15) 你 怎 么 样 写 小 说 ?
     너는 어떻게 소설을 쓰지?

부사로 기능하는 또 다른 의문사 '多'는 '어느 정도'라는 의미에서 '얼마나'(how)를 의미하게 된다. 이것은 다양한 정도 차이를 나타낼 수 있는 형용사나 부사와 함께 쓰인다(사실 비교문에도 동일하게 적용된다. 제19장 참고).

(16) 他 多 高 ?
     그는 키가 얼마나 크니?
(17) 他 多 早 上 班 ?
     그는 얼마나 일찍 출근하니?

문장부사로 기능하는 의문사 '为什么'를 보자. 이 단어는 '为'(때문에)와 '什么'(무엇)가 합해져서 '무엇 때문에'라는 뜻을 나타낸다. (18), (19)처럼 '为什么'도 문장부사가 출현할 수 있는 두 가지 위치에 모두 나타날 수 있다.

(18) 为什么 他 不 开 心 ?
　　왜 그는 즐겁지 않니?
(19) 他 为什么 骂 我 的 弟 弟 ?
　　그는 왜 내 동생을 야단쳤지?

'干吗'는 '무엇 때문에'라는 뜻의 의문사이다. 그러나 '为什么'와는 달리 동사구 '干什么'로부터 나온 것이기 때문에, 연동구문의 동사구처럼 다른 동사구의 앞이나 뒤에 모두 올 수 있다.

(20) a. 你 带 手 电 筒 干 吗 ?
　　　너는 무엇 때문에 손전등을 가지고 있니?
　　b. 你 干 吗 带 手 电 筒 ?
　　　너는 무엇 때문에 손전등을 가지고 있니?

'哪儿/哪里'는 처소의문사인데, 처소명사구가 쓰일 수 있는 위치면 어디든지 올 수 있다.

(21) 他 在 哪 儿 做 事 ?
　　그는 어디에서 일하니?
(22) 哪 儿 卖 炒 面 ?
　　어디에서 볶음국수 파니?
(23) 你 去 哪 儿 ?
　　너 어디 가니?

중국어에는 '언제'라는 의미의 의문사는 따로 없다. 대개 '언제'는 '什么时候'를 써서 나타낸다.

(24) 他 什么 时候 来？
    그는 언제 오니?

'几点钟'(몇 시에)이란 말을 써도 된다.

(25) 他 几 点 钟 来？
    그는 몇 시에 오니?

'几点钟'은 시각을 묻는 말이다. 반면에 '什么时候'는 그렇지 않다. 따라서 (26)은 (24)에 대한 대답으로 적절하지만 (25)에 대한 대답이 될 수는 없다.

(26) 他 下 午 来。
    그는 오후에 와.

(25)에 대해서는 시간을 명시해서 대답해야 한다.

(27) 请 问 现 在 几 点 钟？
    지금 몇 시입니까?

의문사 '多少'(얼마)와 '几 + 양사'(몇), '哪 + 양사'(어느 것)과 '哪些'(어느 것들)은 대개 명사구에서 중심명사를 수식한다. (30), (31)의 '几 + 양사'와 '哪 + 양사'에서 양사는 뒤에 나오는 명사에 적합한 양사이다.

(28) 你 有 多 少 钱？
    너 돈 얼마 가지고 있니?
(29) 你 带 来 了 多 少 人？
    너 몇 사람을 데리고 왔니?

(30) 你 买 了 <u>几 个</u> 鹅 子 ?
　　　너 거위 몇 마리 샀니?
(31) 你 说 <u>哪 支</u> 笔 好 ?
　　　너 말해봐, 어느 펜이 좋니?
(32) 你 喜 欢 <u>哪 些</u> 鸟 ?
　　　너 어느 새들을 좋아하니?

18.2.2 비한정 대명사(Indefinite Pronoun)로 쓰인 의문사

우리는 앞에서 의문사가 명사적 혹은 부사적으로 쓰일 수도 있고, 명사구에서 중심명사를 수식할 수도 있음을 살펴보았다. 그러나 명사성 의문사는 '누구든', '무엇이든', '어디든'과 같은 개념을 나타내는 비한정 대명사로도 쓰일 수 있다. 여기에서는 중국어에서 비한정 대명사로 쓰이는 의문사의 용법에 대해서 살펴보겠다.

　　A. 谁

(33) <u>谁</u> 醉 了 就 罚 十 块 钱。
　　　누구든지 술에 취하면 벌금 10위안을 낸다.
(34) <u>谁</u> 要 喝 酒 只 要 付 两 块 钱。
　　　누구든지 술을 마시고 싶으면 2위안만 내면 돼.
(35) 警 察 要 抓 <u>谁</u> 就 抓 <u>谁</u>。
　　　경찰은 누구든지 잡으려고 하면 잡을 수 있다.

(33)-(35)에서 알 수 있듯이 문맥에 따라 '谁'가 의문사인지 비한정 대명사인지가 결정된다. (33)-(35)의 각 문장에서 '谁'가 포함되어 있는 첫 번째 절은 의문문으로서 단독으로 쓰일 수도 있다. 그러나 위의 각 문장에서 '谁'가

포함되어 있는 절은 다른 절과 함께 쓰였다. (33)-(35)의 가장 중요한 특징은 각 문장을 구성하고 있는 두 개의 절이 모두 비한정 대명사를 지시하고 있다는 점이다. (33)에서 두 번째 절의 동사 '罚'(fá, 벌금을 부과하다)의 의미상의 직접목적어는 첫 번째 절의 비한정 대명사이다. (34)에서 두 번째 절의 동사 '要'(원하다)의 의미상의 주어는 첫 번째 절의 비한정 대명사이며, (35)에서는 비한정 대명사 '谁'가 두 절에서 모두 직접목적어로 쓰였다.

B. 谁-都/ 谁-也

(36) 他谁都不信任。
　　　그는 누구도 믿지 않아.
(37) 谁都要买便宜东西。
　　　누구나 싼 물건을 사기를 원해.
(38) 他谁都要拷问。
　　　그는 누구든지 고문하려 해.
(39) 我谁也不认识。
　　　나는 누구도 알지 못해.

'谁-都'와 '谁-也'는 서로 바꿔 쓸 수 있다. 이 경우에도 '谁'는 불특정인을 가리킨다. '都'는 양화사(quantifier)로서 '모두'의 의미를 가지며 바로 앞에 나오는 명사만을 영향권 안에 포함한다(8.2.2.f 참고). '也'는 '…라도, …조차도' 혹은 '…도'를 의미하는 부사(8.2.2.f 참고)이며 바로 앞에 나오는 명사만을 영향권 안에 포함한다.

영어에서 'anyone'은 'everyone'의 부정어(negative counterpart)이다. 즉 (40)과 같이 'everyone'이 포함되어 있는 문장의 부정문은 (41)이다.

(40) I like everyone.

(41) I don't like anyone.

중국어는 이러한 변화가 없으며, 아래와 같이 '谁-都/ 谁-也'는 부정문과 긍정문에 모두 쓰일 수 있다.

(42) 我 谁 都 喜 欢。
　　　나는 누구나 다 좋아해. (I like everyone.)
(43) 我 谁 都 不 喜 欢。
　　　나는 누구나 다 싫어해. (I don't like anyone.)

(36)과 (38), (39)에서 살펴본 바와 같이 '谁-都/ 谁-也'의 중요한 특성은 그것이 심지어 동사의 직접목적어로 쓰이더라도 동사 앞에 놓인다는 점이다. '谁-都/ 谁-也'가 이러한 특성을 갖는 이유는 명백하다. '谁-都/ 谁-也'에서 '都'와 '也'는 모두 부사로서 오직 동사 앞에만 오는데, 이것들은 바로 앞에 나오는 명사구만을 영향권 안에 포함하기 때문에 첫 번째 성분인 '谁'가 동사 앞에 와야 한다.

아래의 C와 D에서 '什么'의 기능과 이에 대한 설명은 각각 A와 B에서의 '谁'에 대한 기술과 동일하므로 반복하지 않고 예문만 보도록 하겠다.

C. 什么

(44) 什 么 好, 我 们 就 送 去 博 物 馆。
　　　좋은 것은 무엇이든 우리는 박물관에 보내겠다.
(45) 你 想 吃 什 么 就 买 什 么。
　　　네가 먹고 싶은 것은 무엇이든 사라.
(46) 你 给 他 什 么, 他 就 用 什 么。
　　　네가 그에게 무엇을 주든지 그는 쓸 거야.

D. 什么-都/ 什么-也

(47) 我 什么 也 不 怕。
　　　나는 아무것도 두렵지 않아.
(48) 这 儿 什 么 都 贵。
　　　여기는 무엇이든 다 비싸.
(49) 什 么 都 行。
　　　아무것이나 다 괜찮아.

E. 哪儿/ 哪儿-都

위에서 살펴본 '谁'와 '什么'에 대한 설명은 '哪儿'에도 똑같이 적용된다. 따라서 (50)의 '哪儿'는 '어디든지'(wherever)라는 뜻을 나타낸다.

(50) 哪 儿 天 气 好, 我 们 就 去 哪 儿。
　　　우리 어디든지 날씨가 좋은 곳으로 간다.

(51)에서 '哪儿-都'는 '어디라도'의 의미이다.

(51) 这 几 天 哪 儿 都 下 雨。
　　　요 며칠은 모든 곳에 다 비가 온다.

18.3 선택의문문(Disjunctive Question)

　형태소 '还是'가 있든 없든 선택의문문은 그 대답이 항상 둘 중에 하나를 선택하는 형식이다. 선택의문문에는 두 가지가 있다. 첫째는 둘 이상의 성분이 (3)과 같이 '还是'로 연결되어 있는 경우이다. 이때 연결된 두 성분은 모두 서술절이다.

(3) 你 去 <u>还是</u> 他 来 ?
네가 가니 아니면 그가 오니?

선택의문문의 두 번째 형태는 '还是'를 쓰지 않고, 긍정문에 그것의 부정 형식을 바로 다음에 연결시켜 의문문을 만드는 방식이다. 이러한 의문문을 전통적으로 'A-not-A의문문'이라고 하는데, 'not'은 중국어에서는 '不' 또는 '没有'에 해당된다.

(52) 你 去 不 去 ?
너 가니?

이 두 가지 유형을 차례로 살펴보기로 하자.

18.3.1 '还是'를 쓰는 선택의문문

이러한 유형의 의문문은 응답자에게 두 가지 혹은 그 이상의 선택 가능한 대답을 명시적으로 제시한다. 이러한 의문문에서 가능한 대답들은 구성성분을 이루어 '还是'로 연결된다. 연결된 구성성분의 통사적 특성은 질문에 따라 다를 수 있지만 질문 안에서 그 구성성분들은 모두 통사적 유형이 동일하다. (3)에서는 연결된 구성성분이 모두 절이다. 다른 예를 살펴보자. 각 예문에서 연결된 구성성분은 밑줄을 그었다.

(53), (54)에서 형태소 '还是'로 연결된 구성성분은 동사구이다. (53)에서 각 동사구는 동사와 직접목적어를 포함하고 있고, 반면에 (54)에서 각 동사구는 자동사만으로 이루어졌다.

(53) 你 卖 报 纸 还 是 开 计 程 车 ?
　　　너는 신문을 파니 아니면 택시를 운전하니?
(54) 你 走 还 是 跑 ?
　　　너는 걸을래 아니면 뛸래?

(55)에서 '还是'로 연결된 구성성분은 직접목적어이고 (56)에서는 주어, (57)에서는 동사이다.

(55) 你 买 这 个 还 是 那 个 ?
　　　너는 이것을 살래 아니면 저것을 살래?
(56) 张 三 还 是 李 四 讲 话 ?
　　　장싼이 말을 하니 아니면 리쓰가 말을 하니?
(57) 你 炒 还 是 蒸 这 个 青 菜 ?
　　　너는 이 채소를 볶을 거니 아니면 찔 거니?

(53), (54)와 (57)에서 연결된 구성성분이 다르다는 사실에 유념해야 한다. 즉 (53), (54)에서 '还是'로 연결된 것은 온전한 동사구인 반면, (57)에서 연결된 것은 단지 동사이다. 이와는 달리 (58)은 개사구(제9장 참고)가 '还是'로 연결되어 있고, (59)는 부사(제8장 참고)가, (60)은 직접목적어로 쓰이는 명사화된 형용사(nominalized adjective, 제20장 참고)가 연결되어 있다.

(58) 他 在 这 儿 还 是 在 那 儿 住 ?
　　　그는 여기에 사니 아니면 저기에 사니?
(59) 他 今 天 还 是 明 天 来 ?
　　　그는 오늘 오니 아니면 내일 오니?
(60) 那 本 书 是 红 的 还 是 白 的 ?
　　　그 책은 빨간색이니 아니면 흰색이니?

(61), (62)는 연동구문(serial verb construction)이 '还是'로 연결되어 있는 예이다. (61)은 연동구문의 첫 번째 동사가 '还是'로 연결되어 있는 반면, (62)는 두 번째 동사가 연결되어 있다.

(61) 他 跪 下 来 还 是 站 在 那 儿 求 张 三 ?
　　　그는 꿇어앉아서 장싼에게 부탁하니 아니면 거기에 서서 장싼에게 부탁하니?

(62) 他 跪 下 来 求 张 三 还 是 拜 菩 萨 ?
　　　그는 꿇어앉아서 장싼에게 부탁하니 아니면 꿇어앉아서 보살에게 절하니?

(61), (62)는 단문과 연동문이 연결된 형태로 볼 수도 있다. 따라서 (61)은 '그는 꿇어앉았니 아니면 거기에 서서 장싼에게 부탁하니?'로 해석할 수도 있고, (62)는 '그는 꿇어앉아서 장싼에게 부탁하니 아니면 보살에게 절하니?'로 해석될 수도 있다.

마지막으로 (63)은 연결된 구성성분이 간접목적어(제10장 참고)인 경우이다.

(63) 你 送 这 支 笔 给 我 还 是 给 他 ?
　　　너는 이 펜을 나에게 주는 거니 아니면 그에게 주는 거니?

이러한 선택의문문에서 연결된 구성성분이 2개 이상일 수 있음을 앞에서 언급한 바 있다. 이론적으로는 연결된 구성성분의 수에는 제한이 없겠지만, 실질적으로는 2개인 경우가 가장 보편적이다. 원칙적으로 각각의 구성성분이 부가될 때마다 부가연결사(additional conjunctive particle)가 쓰일 수 있다. 그러나 일반적으로 연결사가 2개 이상인 경우에는 가장 나중에 쓰인 연결사 '还是'를 제외한 연결사는 (64b)에서와 같이 모두 생략된다.

(64) a. 他 今 天 还 是 明 天 还 是 后 天 来 ?
　　　　그는 오늘 오니, 아니면 내일 오니, 아니면 모레 오니?

b. 他 今 天, 明 天, 还 是 后 天 来?
그는 오늘 오니, 내일 오니, 아니면 모레 오니?

18.3.2 A-not-A 의문문

앞에서 살펴본 바와 같이 A-not-A 의문문은 선택의문문의 일종이다. 물음에 대한 대답은 긍정문 혹은 부정문 중 하나로 하게 된다. '还是'는 보통 사용하지 않고 생략하는 경우가 많다.

일반적으로 A-not-A 의문문은 긍정형과 부정형을 앞뒤로 연이어 함께 쓴다. 예를 들면 '他'가 집에 있는지 여부를 물을 때는 (65)와 같은 긍정형과 (66)과 같은 부정형을 연이어 쓰고, 그중 두 번째 절의 주어를 생략하면 된다.

(65) 他 在 家。
    그는 집에 있다.
(66) 他 不 在 家。
    그는 집에 없다.
(67) 他 在 家 不 在 家?
    그는 집에 있니 없니?

두 번째 절의 주어는 반드시 생략되어야 하며, 화자는 두 절에서 동사나 조동사를 제외한 다른 중복된 부분을 생략할 수도 있다. 이는 대개 불필요한 중복을 피하기 위해서이다.

예를 들어 (67)에서 '家'를 생략해 중복된 것을 없애면 (68), (69) 중 하나가 된다.

(68) 他 在 不 在 家?
    그는 집에 있니?
(69) 他 在 家 不 在?
    그는 집에 있니?

(67)-(69)는 모두 가능한 문장이지만, 그중 (68)의 문형이 가장 많이 쓰인다. 다음의 일반 규칙이 모든 A-not-A 의문문을 설명할 수 있다.

（ⅰ） 긍정형과 그것의 부정형(부정에 대해서는 제12장을 참고)을 병렬시키고 두 번째 절의 주어는 반드시 생략한다. 또한 첫 번째 동사의 오른쪽에 있는 중복된 부분은 생략될 수 있으며 대개 생략된다.

중복된 부분을 생략하는 데는 다음과 같은 세 가지 규칙이 있다. ① 일반적으로 하나의 의미 단위를 형성하고 있는 부분은 함께 생략해야 한다. ② 남방 방언의 영향을 받은 표준중국어에서 이음절 동사나 조동사가 포함된 첫 번째 절을 생략할 경우, 해당 동사나 조동사의 두 번째 음절도 생략할 수 있다. ③ 부정사가 동사나 조동사 이외의 다른 성분 앞에 올 경우에는 일반적으로 중복된 부분을 생략하지 않는다.

이러한 세 가지 규칙을 설명하기 위해 A-not-A 의문문의 완전한 형태를 살펴보고 어떤 것을 생략할 수 있는지에 대해 살펴보기로 하자.

(70) 你 喜 欢 他 的 衬 衫 (还 是) 不 喜 欢 他 的 衬 衫 ?
　　　 너는 그의 와이셔츠를 좋아하니 (아니면) 좋아하지 않니?

하나의 의미단위를 형성하고 있는 부분은 함께 생략해야 한다는 규칙 ①에 의거해 (70)을 보면, '他的衬衫'은 하나의 의미 단위를 형성하기 때문에 '衬衫' 혹은 '他的'만 생략할 수는 없다. 따라서 (71)-(74)는 비문법적이다.

(71) *你 喜 欢 他 的 (还 是) 不 喜 欢 他 的 衬 衫 ?
(72) *你 喜 欢 他 的 衬 衫 (还 是) 不 喜 欢 他 的 ?
(73) *你 喜 欢 衬 衫 (还 是) 不 喜 欢 他 的 衬 衫 ?
(74) *你 喜 欢 他 的 衬 衫 (还 是) 不 喜 欢 衬 衫 ?

생략을 하려면 '他的衬衫' 전체를 생략해야 한다.

(75) 你 喜 欢 不 喜 欢 他 的 衬 衫 ?
　　너는 그의 와이셔츠를 좋아하니, 좋아하지 않니?
(76) 你 喜 欢 他 的 衬 衫 不 喜 欢 ?
　　너는 그의 와이셔츠를 좋아하니, 좋아하지 않니?

규칙 ②에 의하면 A-not-A 의문문의 첫 번째 절에서 중복된 부분을 생략할 경우에 이음절 동사의 두 번째 음절까지도 생략할 수 있다. 규칙 ②를 설명하기 위해 (70)을 다시 보자. 만약에 첫 번째 절에서 중복된 부분을 생략하려면 남방 방언의 영향을 받은 표준중국어-예를 들면 대만에서 쓰이는 표준중국어-에서는 '喜欢'의 '欢'만 생략할 수 있다.

(77) 你 喜 不 喜 欢 他 的 衬 衫 ?
　　너는 그의 와이셔츠를 좋아하니?

이음절 동사나 조동사의 두 번째 음절이 생략될 수 있는 것은 A-not-A 의문문의 첫 번째 절에서만, 그리고 그 절 뒤에 오는 모든 성분이 생략되는 경우에만 가능하다. 결론적으로, 남방 방언의 영향을 받은 표준중국어에서도 (78), (79)는 비문이다.

(78) *你 喜 他 的 衬 衫 不 喜 欢 ?
(79) *你 喜 欢 他 的 衬 衫 不 喜 ?

첫째 절에서 이음절로 된 동사나 조동사의 두 번째 음절이 생략된 A-not-A 의문문은 이러한 표준중국어에서는 매우 흔하게 볼 수 있다. 이처럼 생략된 다른 예를 보기로 하자.

(80) 你 知 不 知 道 他 是 我 的 弟 弟 ?
　　너는 그가 내 동생이라는 것을 아니?

(81) 他 可 不 可 以 出 去 ?
    그는 나가도 되니?
(82) 你 认 不 认 识 他 ?
    너 그 사람 아니?

규칙 ③은 부정사가 동사나 조동사 이외의 다른 성분 앞에 올 경우에는 일반적으로 중복된 부분을 생략할 수 없다는 것이었다. 이 규칙을 설명하기 위해 부정사가 두 번째 절에서 동사나 조동사 앞이 아니라 양태부사(manner adverb) 앞에 온 A-not-A 의문문을 살펴보기로 하자.

(83) 他 慢 慢 地 跑 (还 是) 不 慢 慢 地 跑 ?
    그는 천천히 뛰니?

부정사에 의해 부정된 것은 동사가 아니라 부사 '慢慢地'이기 때문에 이 문장에서는 어떠한 것도 생략될 수 없다. 따라서 (84), (85)는 비문법적이다.

(84) *他 慢 慢 地 跑 不 慢 慢 地 ?
(85) *他 慢 慢 地 不 慢 慢 地 跑 ?

부정사가 '把'(제15장 참고)와 같은 개사 앞에 오는 아래의 문장을 보자.

(86) 他 不 把 钱 给 我。
    그는 돈을 나에게 주지 않는다.

규칙 ③은 두 번째 절에서 부정사가 동사나 조동사 이외의 다른 성분 앞에 오는 A-not-A 의문문에서는 어떠한 것도 생략할 수 없다는 것이었기 때문에 (86)을 A-not-A 의문문으로 만들면 (88)이나 (89)가 아니라 (87)이 된다.

(87) 他 把 钱 给 我 (还 是) 不 把 钱 给 我 ?

　　　그가 돈을 나에게 줄까?

(88) *他 把 钱 (还 是) 不 把 钱 给 我 ?

(89) *他 把 钱 给 我 (还 是) 不 把 钱 ?

이러한 예문을 통해서 두 번째 절에서 부정사가 동사 혹은 조동사 이외의 성분 앞에 위치하는 A-not-A 의문문은 일반적으로 그 성분을 생략할 수 없다는 것을 알 수 있다. 그러나 이것이 (83)과 (87)과 같이 긴 문장 형태만이 이러한 의문문을 표현하는 유일한 방법임을 의미하지는 않는다. 계사 '是'(4.3.1의 A.1.1 참고)를 첨가해 A-not-A 의문문을 만들 수 있으며, (83)과 (87)과 같은 경우에는 '是'가 있는 문장이 더 일반적으로 쓰인다.

(90) 他 <u>是 不 是</u> 慢 慢 地 跑 ?

　　　그는 천천히 뛰니?

　　　(Is it the case that he runs slowly?)

(91) 他 <u>是 不 是</u> 把 钱 给 我 ?

　　　그가 돈을 나에게 줄까?

　　　(Is it the case that he'll give me the money?)

제4장에서 이미 살펴보았듯이, 그리고 영어 번역에서 알 수 있듯이 계사 '是'가 들어 있는 문장은 특별한 상황, 즉 어떤 진술이 이미 대화 중에서 제기되었을 때에만 쓸 수 있다. 부사나 개사구가 포함되어 있는 문장이 종종 이러한 상황에서 쓰인다. 예를 들어 (83)과 같은 문장은 화자와 청자가 모두 그가 달리고 있다는 사실을 알고 있고, 화자가 단지 그가 천천히 그러한 행동을 하고 있는지의 여부를 묻고자 할 때 쓰인다. 결론적으로 부사나 개사구가 포함되어 있는 A-not-A 의문문은 (90)과 같이 '是'가 들어 있는 선택의문문이 될 여지가 충분하다. 이것이 바로 '是不是' 의문문을 (83), (87)과 같은

의문문 대신 쓸 수 있는 이유인 것이다.

　지금까지 A-not-A 의문문의 중복된 부분을 생략하는 방법에 관한 세 가지 규칙을 살펴보았다. 아래에서는 중복된 부분이 생략된 문장과 생략되지 않은 문형을 살펴보겠다.

　다시 A-not-A 의문문의 구조로 돌아가서 위의 (ⅰ)에 의하면 A-not-A 의문문의 형식은 부정이 작용하는 방식에 의해 결정된다. 예를 들어 조동사가 있는 문장을 부정할 때는 부정사가 본동사 앞이 아니라 조동사 앞에 와야 한다.

(92) 他 <u>会</u> 打 篮 球。
　　　그는 농구를 할 줄 안다.
(93) 他 <u>不</u> 会 打 篮 球。
　　　그는 농구를 할 줄 모른다.
(94) *他 会 <u>不</u> 打 篮 球。

따라서 (92)와 (93)을 결합해 만든 A-not-A 의문문도 중복된 부분을 생략할 경우 (95)와 같이 '不'가 본동사 앞이 아니라 조동사 앞에 와야 한다.

(95) 他 <u>会</u> <u>不</u> <u>会</u> 打 篮 球 ?
　　　그는 농구를 할 줄 아니?
(96) *他 <u>会</u> 打 <u>不</u> 打 篮 球 ?

　이와 마찬가지로 (97)의 부정형도 (99)가 아니라 (98)이므로 (97)에 대응하는 A-not-A 의문문은 (101)이 아니라 (100)이다.

(97) 他 对 你 好。
　　　그는 너에게 잘 해준다.
(98) 他 对 你 不 好。
　　　그는 너에게 잘 해주지 않는다.

(99) *他 不 对 你 好。
(100) 他 对 你 好 不 好 ?
   그가 너에게 잘 해주니?
(101) *他 对 不 对 你 好 ?

마지막으로 이와 같은 방법으로 설명할 수 있는 연동문(제21장 참고)에 대해서 살펴보자.

(102) 他 知 道 <u>我 在 香 港</u>。
   그는 내가 홍콩에 있다는 것을 안다.
(103) <u>他 们 进 大 学</u> 有 问 题。
   그들이 대학에 들어가는 데는 문제가 있다.

이 문장의 부정형은 각각 (104), (105)이다. 여기에서 부정사는 (104)처럼 밑줄 친 부분을 직접목적어로 취하는 동사의 앞에 오거나 (105)처럼 밑줄 친 부분을 주어로 취하는 동사의 앞에 온다.

(104) 他 不 知 道 <u>我 在 香 港</u>。
   그는 내가 홍콩에 있는 것을 모른다.
(105) <u>他 们 进 大 学</u> 没 有 问 题。
   그들이 대학에 들어가는 것은 문제가 없다.

따라서 긍정형과 부정형이 결합된 A-not-A 의문문은 (106)이 될 것이다.

(106) 他 <u>知 道 不 知 道</u> 我 在 香 港 ?
   그는 내가 홍콩에 있는 것을 아니?
(107) 他 们 进 大 学 <u>有 没 有</u> 问 题 ?
   그들이 대학에 들어가는 것은 문제가 있니?

A-not-A 의문문에서 완결(completion)을 부정하는 부정사 '没有'에 대해서는 특별히 살펴볼 필요가 있다. 완료표지 '了'가 포함된 문장을 살펴보자.

(108) 他 买 了 那 个 房 子。
　　　그는 그 집을 샀다.

이 문장의 부정형은 (109)와 같이 동사 앞에 완료를 부정하는 부정사 '没(有)'를 쓴 형태이다.

(109) 他 没 (有) 买 那 个 房 子。
　　　그는 그 집을 사지 않았다.

이 두 문장을 결합하면 (110)이 된다.

(110) 他 买 了 那 个 房 子 没 (有) (买 那 个 房 子) ?
　　　그는 그 집을 샀니?

그러나 12.4에서 이미 지적했듯이 남방 방언의 영향을 받은 표준중국어에서는 완료상표지로 북방 방언에서 쓰는 '了' 대신에 '有'를 써서 (108)을 (111)처럼 쓰기도 한다.

(111) 他 有 买 那 个 房 子。
　　　그는 그 집을 샀다.

따라서 (111)과 부정문 (109)를 결합해 (112)와 같은 A-not-A 의문문을 만들 수 있다.

(112) 他 有 没 有 买 那 个 房 子 ?
그는 그 집을 샀니?

표준중국어를 모국어로 사용하는 사람 중에서 (112)의 긍정형인 (111)을 이상하다고 느끼는 사람들도 (112)를 (110)과 완전히 같은 뜻으로 받아들인다. 위와 같은 이유로 해서 (114)와 (115)는 경험상표지 '过'(6.3 참고)가 포함되어 있는 (113)의 A-not-A 의문문이 될 수 있는 것이다. 그러나 (115)는 북방 사람보다는 남방 방언의 영향을 받은 사람들이 더 자주 쓰는 표현이다.

(113) 他 喝 过 啤 酒。
그는 맥주를 마셔본 적이 있다.
(114) 他 喝 过 啤 酒 没 (有) (喝 过 啤 酒) ?
그는 맥주를 마셔본 적이 있니?
(115) 他 有 没 有 喝 过 啤 酒 ?
그는 맥주를 마셔본 적이 있니?

결론적으로 말하면 A-not-A 의문문의 구조적 특징은 중복된 부분의 생략과 관련된 사실들, 그리고 부정의 방식에 의해서 알 수 있다.

18.4 부가의문문(Tag Question)

진술은 그 끝에 짧은 A-not-A 의문문 형식을 부가해 의문문을 만들 수 있다. (116)-(119)는 가장 자주 쓰이는 부가의문문이다.

(116) 你 们 是 九 点 钟 开 门 的, 对 不 对 ?
너희들은 9시에 문을 열었지, 맞지?

(117) 我 们 去 吃 水 果, <u>好 不 好</u>?
　　　우리 과일 먹으러 가자, 어때?
(118) 该 你 开 车, <u>行 不 行</u>?
　　　네가 운전할 차례야, 괜찮지?
(119) 他 在 耕 田, <u>是 不 是</u>?
　　　그는 밭을 갈고 있지, 그렇지?

부가의문문은 부가성분 앞에 오는 진술을 재확인하는 기능을 하기 때문에 다른 형태의 의문문과는 구별된다. 예를 들어서 (119)는 화자가 청자에게 (120)의 내용을 확인하라고 요구하는 것이다.

(120) 他 在 耕 田。
　　　그는 밭을 갈고 있다.

18.5 조사의문문(Particle Question)

조사의문문은 모든 유형의 의문문 가운데 구조가 비교적 단순한 편이다. 이러한 유형의 의문문이 의문문으로서의 속성을 나타내는 것은 대개 '吗'와 같은 문말조사 때문인데, 이들은 강세를 받지 않으며 경성으로 읽힌다.

(121) 他 又 喝 酒 又 抽 烟 <u>吗</u>?
　　　그는 술도 마시고 담배도 피우니?
(122) 你 能 写 中 国 字 <u>吗</u>?
　　　너는 汉字를 쓸 줄 아니?
(123) 你 把 张 三 带 来 了 <u>吗</u>?
　　　너 장싼을 데려왔니?

(124) 他 在 那 儿 散 步 吗 ?
    그는 거기에서 산보하니?

문말조사 '吗'는 의문표지로만 사용된다. 그러나 의문조사로는 두 가지 다른 문말조사가 있다. 바로 '吧'와 '呢'이다. 의문조사로 쓰이는 이들의 용법은 7.2.1과 7.3에서 상세하게 논의했다. 아래에서 각각의 예를 보자.

(125) (王二이 결정에 불만이었다고 말하자, 李四가 그에게 묻는다)
    张 三 呢 ?
    장싼은?
(126) 他 很 开 心 吧 ?
    그는 기분이 좋지?

이 장의 나머지 부분에서는 '조사의문문'이라는 용어를 '吗-의문문'과 동일한 의미로 사용하겠다.

18.6 A-not-A 의문문과 조사의문문의 차이점

이 장에서 토론한 네 가지 유형의 의문문 가운데 의문사 의문문은 기능상 특수한 정보를 요구하는 것이 특징이다. 부가의문문은 단지 확인만을 요구한다. 반면에 다른 두 가지, 즉 A-not-A 의문문과 조사의문문은 기능상 묻고 있는 명제를 긍정하거나 부정하는 대답을 요구한다는 점에서 유사하다. 그렇다면 이 두 가지 유형의 의문문의 차이점은 무엇인가? 즉 언제 A-not-A 의문문이 사용되고 언제 조사의문문이 사용되는가?[1]

---

1. 이 절은 Li와 Thompson(1979b)에서 채택했다.

이 질문에 대답하기 위해서 대화 문맥과 함께 두 가지 대화를 예로 들어 보기로 한다. 첫 번째 예문에서 A와 B가 만나서 인사를 나누었다고 가정하자. 그러면 다음과 같은 대화가 전개될 것이다.

(127) A: 你 好 像 瘦 了 一 点。
 너 좀 야윈 것 같다.
 B: 是 吗 ? 你 看 我 瘦 了 吗 ? 我 自 己 倒 不 觉 得。
 그래? 내가 야위어 보이니? 나는 그렇지 않은 것 같은데.

A에 대한 B의 대답에 두 개의 조사의문문이 포함되어 있다는 사실에 주목하라. 이러한 대화는 상당히 일상적인 것으로 A가 진술하고 B가 A의 진술의 타당성을 묻는 것이다. 반면, 만약 B의 대답에서 조사의문문을 A-not-A 의문문으로 바꾸면 대화는 상당히 어색해진다.

(128) A: 你 好 像 瘦 了 一 点。
 B: ?<u>是 不 是</u> ?
 ?你 看 我 <u>瘦 了 没 有</u> ? 我 自 己 倒 不 觉 得。

B의 대답에서 A-not-A 의문문은 통사적으로 아무런 문제점이 없으며, 단독으로 쓰이면 완전한 문장이 된다. 그것은 단지 특수한 대화 문맥에서만 이상할 뿐이다.

두 번째 예로서 다음과 같은 문맥을 설정해보자. 김군이 사과를 먹지 않는다는 사실을 당신이 안다고 가정해보자. 어느 날 그와 점심을 먹다가 그가 후식으로 사과를 먹고 있어서 당신이 놀랐다. 즉, 그가 하고 있는 행동이 당신의 가정에 어긋난 것이다. 당신은 당황해서 다음과 같이 질문을 할 것이다.

(129) 你 吃 苹 果 吗 ?
 너 사과 먹니?

(129)는 이러한 상황에서 상당히 자연스럽다. 그러나 만약 A-not-A 의문문으로 묻는다면 이상하게 들릴 것이다.

(130) ?你 吃 不 吃 苹 果 ?
너 사과 먹니?

이러한 예문을 통해서, 만약 발화 상황이 화자의 가정과 충돌되며 화자가 이 충돌을 해소하기 위해서 질문을 하는 경우에는 A-not-A 의문문을 사용할 수 없다는 것을 알 수 있다. (128)에서의 문맥은 야위지 않았으리라는 B의 가정이 B가 야위었다고 A가 진술하는 대화 상황과 충돌되는 것이다. 따라서 충돌을 해소하기 위해 질문을 할 때 B는 A-not-A 의문문이 아니라 조사의문문으로만 질문할 수 있다.

이 점에서 이 두 유형의 의문문의 용법에 대해 다음과 같이 말할 수 있다.

(ii) A-not-A 의문문은 중립적인 문맥에서만 사용되는 반면, 조사의문문은 중립적이거나 비중립적인 문맥에 모두 쓰인다.[2] 중립적인 문맥이란, 질문자가 질문할 명제에 대해 가정을 하지 않고 그것이 사실인지를 알고 싶어하는 상황이다. 질문자가 질문할 명제의 사실 여부에 대한 가정을 대화 상황에서 알 수 있으면 그 상황은 그 질문에 대해 비중립적이다.

규칙 (ii)는 조사의문문이 중립적이거나 비중립적인 문맥에 쓰일 수 있음을 나타낸다. 따라서 중립적인 문맥에서 명제에 대해 긍정인지 부정인지를 알기 위해 조사의문문이나 A-not-A 의문문을 사용할 수 있다. 이것이 옳다는 것은 이를테면 인사할 때 조사의문문이나 A-not-A 의문문을 사용할 수 있다는 사실에서 알 수 있다.

---

2. 조사의문문의 비중립성은 趙元任(1968: 800), Hashimoto(1971a: 16)와 Rygaloff(1973: 54)에 언급되어 있다.

(131) (你) 好 吗 ?
    잘 지내세요?
(132) (你) 好 不 好 ?
    잘 지내세요?

다음 예문의 (a)와 (b)도 역시 주어진 상황에서 똑같이 쓰일 수 있다.

(133) (손님을 위한 저녁을 준비하기 전에 화자가 손님이 술을 마시는지를 알고 싶어한다.)
    a. 你 喝 酒 吗 ?
        술 드세요?
    b. 你 喝 不 喝 酒 ?
        술 드세요?
(134) (친구와 영화를 보고 나서 친구가 그 영화를 좋아하는지 알고 싶어서)
    a. 你 喜 欢 不 喜 欢 这 个 电 影 ?
        이 영화 좋았니?
    b. 你 喜 欢 这 个 电 影 吗 ?
        이 영화 좋았니?

(133)과 (134)에 묘사된 대화 문맥은 중립적이며, 두 가지 질문 형태는 모두 중립적인 문맥에서 쓰일 수 있다. 이와는 반대로 (127)과 (129)의 문맥은 질문자의 가정과는 모순됨을 나타낸다. 따라서 이 두 가지 경우에는 '吗'의 문문만을 쓸 수 있다.

이러한 차이점에 비추어 다음 예문을 살펴보자.

(135) ?你 姓 不 姓 李 ?
    너는 성이 이씨니?

이 문장은 특수한 상황에서만 쓰일 수 있다. 왜 그럴까? (135)를 자세히 살펴보자. 이 문장은 청자의 성이 이씨인지를 묻고 있다. 즉, 그런 질문을 하는 가장 자연스러운 상황은 화자가 이미 청자의 성이 이씨일 것이라고 눈치 채고서 그 가정을 확인하려는 것이다. 확인을 하는 가장 자연스러운 이유는 문맥이 화자의 가정과 충돌하는 정보를 제공하기 때문이다. 즉, 정상적인 경우에 (135)는 A-not-A 의문문이므로 규칙 (ii)에 의해 그러한 문맥에서 쓰일 수 없다.

(135)와 같이 물으려면 다음과 같은 비정상적인 대화 문맥을 설정해야 한다. 즉, 어떤 이유로 해서 유괴범이 아이에게 이씨 성을 쓰도록 강요하는 유괴 상황을 상상해보자. 한참동안 아이에게 강요하고 나서 아이가 정말 이씨라고 하는지를 유괴범이 확인하고 싶어하는 경우에 (136)처럼 물을 것이다.

(136) 你 姓 不 姓 李 ?
네 성이 이씨니?

이 경우에는 대화 문맥과 화자 쪽의 어떠한 가정도 충돌을 일으키지 않기 때문에 (136)이 쓰일 수 있다.

이러한 차이점을 좀 더 확인하기 위해서 수사의문문(rhetorical question)을 보자. 수사의문문으로 묻는 사람은 이미 대답을 알고 있기 때문에 진정으로 대답을 바라는 것이 아니다. 따라서 수사의문문은 화자가 대화 상황에 대해 가정을 가지고 있는 경우라는 사실을 알 수 있다. 즉, 수사의문문의 문맥은 중립적인 문맥이 아니다. 따라서 (ii)에 의하면 '吗' 형식만이 중국어에서의 수사의문문에 쓰일 수 있음을 알 수 있다.[3] 주어진 문맥 안에서 (137)에서의 가정은 명제의 거짓과 관련된 반면, (138)에서의 가정은 명제의 참과 관련되어 있다.[4]

---

3. 이 점은 Rygaloff(1973: 54)의 도움을 받았다.
4. 이 장의 제7절에 보이는 부정의문문에 대한 논의를 참고하라.

(137) (청자의 아이가 학교에 가지 않았다는 것을 화자가 이미 알고 있으므로 질문 속의 명제가 거짓이란 가정이 대화 상황에 전제되어 있는 경우)

    a. 今天你的孩子真的去学校了吗？
       오늘 당신 아이가 정말 학교에 갔어요?
    b. *今天你的孩子真的去学校了没有？

(138) (청자가 돌아온 것을 화자가 이미 목격했으므로 질문 속의 명제가 참이라는 가정이 대화 상황에 전제되어 있는 경우)

    a. 噢, 你已经回来了吗？
       아, 너 벌써 돌아왔니?
    b. *噢, 你已经回来了没有？

요컨대, 조사의문문과 A-not-A 의문문은 그것들이 사용되는 문맥이 다르다는 것을 알 수 있다. 즉, 중립적인 문맥에서는 A-not-A 의문문이나 조사의문문을 모두 사용할 수 있지만, 비중립적인 문맥에서는 조사의문문만을 사용할 수 있다.

사실 이러한 '분업화'는 아주 자연스럽다. A-not-A 의문문은 응답자에게 어떤 명제의 긍정과 부정 사이의 선택권을 준다. 여러 가지 의문문 유형 중에서 A-not-A 의문문은 화자가 긍정적이거나 부정적인 견해를 가지지 않고 중립적인 경우에만 쓰일 수 있다. 명확한 선택의문문은 청자에게 두 가지의 가능한 선택을 제공하기 때문에, 사용이 상당히 제한된다.

18.7 의문문이 주어이거나 동사의 직접목적어인 경우

연동구문에 관한 제21장에서는 주어나 다른 동사의 직접목적어로 쓰이는 절과 동사구에 대해 논의한다. 위에서 살펴보았던 네 가지 유형의 의문문 중에서 두 가지가 주어나 다른 동사의 직접목적어로 쓰일 수 있다.

영어에서처럼 의문사 의문문은 이런 기능으로 쓰일 수 있다. 다음 예문에서 주어나 직접목적어로 쓰인 의문사 의문문에는 밑줄을 그었다.

(139) 我不知道<u>谁偷了我的手表</u>。
　　　나는 누가 내 시계를 훔쳐갔는지 모르겠다.
(140) 你看<u>他写什么</u>。
　　　그가 뭐라고 쓰는지 봐라.
(141) 我记得<u>你以前住在哪儿</u>。
　　　나는 네가 이전에 어디에 살았는지 기억하고 있어.
(142) 你替我们决定<u>怎么样罚他</u>。
　　　네가 우리 대신에 어떻게 그를 벌을 줄지 결정해라.
(143) 我查出来了<u>他赚了多少钱</u>。
　　　나는 그가 얼마나 벌었는지 조사해냈다.
(144) <u>什么人做总统</u>是一件很重要的事。
　　　어떤 사람이 대통령이 되는가는 중요한 일이다.

선택의문문도 주어나 다른 동사의 직접목적어로 쓰일 수 있다. 다음 예문에서 (145), (146)에는 선택의문문이 쓰였고, (147), (148)은 A-not-A 의문문이 쓰였다. 여기에서도 주어나 직접목적어로 쓰인 선택의문문에는 밑줄을 그었다.

(145) 我不晓得<u>是他去还是你去</u>。
　　　나는 그가 가는지 아니면 네가 가는지 모르겠어.
(146) <u>你进大学还是做生意</u>没有关系。
　　　네가 대학에 들어가든 아니면 장사를 하든 상관없어.
(147) 我不知道<u>他来不来</u>。
　　　나는 그가 올지 안 올지 모르겠어.
(148) <u>他可以不可以出去</u>是一个问题。
　　　그가 나갈 수 있을지 없을지가 문제이다.

이러한 예문들은 의문사 의문문과 선택의문문이 모두 주어나 동사구의 직접목적어로 쓰일 수 있음을 보여준다. 그러나 조사의문문은 불가능하다. (149), (150)을 비교해보자.

(149) 你们来不来没有关系。
　　　너희들이 오든 안 오든 상관없어.
(150) *你们来吗没有关系。

(149)에서 A-not-A 의문문은 동사구 '没有关系'의 주어로 쓰였다. (150)은 동일한 의미를 가진 조사의문문이 다른 동사구의 주어로 쓰일 수 없음을 보여준다. (151), (152)의 예문은 직접목적어로 쓰이는 경우에도 동일한 원칙이 적용됨을 보여준다.

(151) 我不知道他来不来。
　　　나는 그가 오는지 안 오는지 모르겠어.
(152) 你不知道他来吗?
　　　그가 오는 것을 너는 모르니? (그가 오는지 안 오는지 네가 모른다는 의미는 없음)

부가의문문도 주어나 동사의 직접목적어로 쓰일 수 없다.

(153) *我不知道他来好不好。
(154) *他来好不好是对的。

조사의문문이 주어나 다른 동사구의 직접목적어로 쓰일 수 없는 이유는 의문조사 '吗'는 문말조사이며, 다른 문말조사(제7장 참고)처럼 그 조사가 쓰인 전체 문장이 청자에게 어떻게 받아들여지는지를 나타내기 때문이다. 즉,

문말조사 '了'는 전체 문장이 청자에게 현재와 관련된 사태로 받아들여짐을 나타내고 있듯이, 문말조사 '吗'는 그것이 쓰인 전체 문장이 청자가 대답해야 할 질문이라는 것을 나타내기 때문이다. 이 때문에 (150)과 (152)에서 '吗'는 동사 '来'만을 질문의 대상으로 할 수 없다. 또한 이와 같은 이유로 (152)에서 알 수 있듯이 '吗'는 전체 문장의 동사 '知道'에 적용된다.

부가의문문은 이와 유사한 이유로 주어나 다른 동사의 직접목적어로 쓰일 수 없다. 즉, 부가의문문은 A-not-A라는 부가 부분 앞에 놓이는 진술에 대한 확인을 구하기 위해서 청자에게 직접 질문해야 한다. 그러나 의문문이 주어나 동사의 직접목적어로 쓰이게 되면 의문의 기능이 사라지므로 부가의문문은 주어나 직접목적어로 쓰일 수 없다.

18.8 질문에 대한 대답

질문은 대답을 구하는 것이므로 대답의 형식을 논의할 필요가 있다. 물론 영어에서처럼 의문사 의문문에 대한 대답은 요구되는 정보를 제공하는 것이다.

(155) a. 你 <u>几 点 钟</u> 下 班 ?
   너 몇 시에 퇴근하니?
   b. <u>五 点 钟</u>。
   다섯 시에.
(156) a. 他 跟 <u>谁</u> 念 书 ?
   그는 누구와 공부하니?
   b. 跟 <u>李 四</u> 念 书。
   리쓰와 공부해.

그러나 선택의문문과 조사의문문에 대한 대답은 더 복잡하다. 먼저 선택의문문을 보자. 선택의문문은 청자에게 선택을 제시한다. 따라서 자연스러운 대답은 질문에서 제시한 선택 중 하나이다.

(157) a. 那本书是红的还是白的？
그 책은 붉은 색이니 아니면 흰 색이니?
b. (是) 红的。
붉은 색이야.
(158) a. 他今天, 明天, 还是后天来？
그는 오늘 오니, 내일 오니, 아니면 모레 오니?
b. (他) 今天 (来)。
(그는) 오늘 (와).

마찬가지로 선택이 A-not-A 형식이면 자연스러운 대답은 A나 not A를 선택하는 것이다. 부가의문문도 A-not-A 형식의 부가 부분을 포함하고 있으므로 이러한 법칙이 적용된다.

(159) a. 你要不要吃橘子？
너 귤 먹을래?
b. 不要, 谢谢。
안 먹을래. 고마워.
(160) a. 他慢慢地跑还是不慢慢地跑？
그는 천천히 뛰니?
b. (他) 慢慢地跑。
(그는) 천천히 뛰어.
(161) a. 你喝不喝酒？
너 술 마시니?
b. (我) 喝酒。
(나) 술 마셔.

(162) a. 你 有 该 洗 的 衣 服, 对 不 对 ?
　　　　 너 빨아야 할 옷이 있지, 그렇지?
　　 b. 对。
　　　　 맞아.

　이러한 예문들은 부가의문문을 포함해 어떤 유형의 선택의문문이라도 이에 대한 대답은 응답자가 질문에 제시한 선택 가운데 하나를 택해야 하며, (159)에서처럼 다른 내용이 첨가될 수도 있음을 나타낸다.
　그러나 조사의문문에서는 몇 가지 대답이 가능하다. 특수한 예를 통해 이들을 살펴보자. 화자가 (163)과 같이 질문할 경우, 응답자는 (164a-c)처럼 긍정적으로 대답하거나 (165a-c)처럼 부정적으로 대답할 수 있다.

(163) 你 姓 李 吗 ?
　　　 너 리씨니?
(164) a. (我) 姓 李。
　　　　 (나는) 리씨야.
　　 b. 是 (的)。
　　　　 그래.
　　 c. 对。
　　　　 맞아.
(165) a. 不 姓 李。
　　　　 리씨가 아니야.
　　 b. 不 是 (的)。
　　　　 아니야.
　　 c. 不 对。
　　　　 틀렸어.

(164)와 (165)의 대답 a를 통해서 조사의문문에 대해서 질문에 제시된 동사구나 그의 부정형으로 대답할 수 있음을 보여주고 있다. 그러나 b는 조사의문문에 '是'가 없어도 '是(的)'나 '不是(的)'로 대답할 수 있음을 나타낸다. 사실상 '是(的)'와 '不是(的)'는 각각 '그렇다'와 '그렇지 않다'를 나타낸다. c는 '对'와 '不对'가 조사의문문에 대한 대답으로 쓰일 수 있음을 나타낸다. 그러나 어떠한 선택의문문에 대해서도 b나 c로 대답할 수 없는데, 이는 선택의문문이 선택을 제시하기 때문이다. 아래 예문에서 쌍별표(**)는 주어진 질문에 대한 대답으로는 부적절함을 나타낸다.

(166) a. 你 去 还 是 他 去?
　　　　네가 가니 아니면 그가 가니?
　　 b.**是 (的)。
　　　　그래.
　　 c.**对。
　　　　맞아.
(167) a. 你 要 不 要 打 桥 牌?
　　　　너 브리지 게임 할래?
　　 b.**不 是 (的)。
　　　　아니야.
　　 c.**不 对。
　　　　틀렸어.

'是(的)'와 '不是(的)'는 각각 '그렇다'와 '그렇지 않다'의 의미로서, '对'와 '不对'는 각각 '맞다'와 '맞지 않다'의 의미로서 부정의 조사의문문에 대한 대답으로 어떻게 쓰이는지도 역시 이해할 수 있다.[5] 말할 필요도 없이

---

5. 이 논의는 赵元任(1968)과 Elliott(1965)에서 채택했다.

A-not-A 의문문은 긍정과 부정 사이의 중립적인 선택을 제시하기 때문에 부정 의문을 표시하는 유일한 방법은 의문조사를 사용하는 것이다. 영어처럼 부정의 의문문은 대개 이전의 가정에 대한 의문을 제기하는 상황에 쓰인다. 예를 들어, A는 B가 매일 아침 9시에 학교에 가는 것을 알고 있는데 어느 날 아침 그 시각에 B가 해변으로 가는 것을 보고 다음과 같이 질문할 수 있다.

(168) 你 不 上 课 吗?
수업 하러 가지 않니? (나는 네가 여느 때처럼 그럴 것이라고 생각했는데)

이러한 부정의 의문문에 대해 (169)의 a, b와 같은 긍정적인 대답은 B가 수업 하러 가지 않는 것이 '그렇다' 또는 '맞다'고 긍정하고 있다.

(169) a. 是(的)。
그래.
b. 对。
맞아.

반면에 (170)의 a, b와 같은 부정적인 대답은 B가 수업 하러 가지 않는 것을 '그렇지 않다' 또는 '옳지 않다'로 부정하고 있다.

(170) a. 不 是 (的)。
아니야.
b. 不 对。
아니야.

즉, 중국어에서 조사의문문에 대한 대답은 '吗'가 쓰인 진술 자체가 긍정이건 부정이건 상관없이 그 진술을 확인하거나 부인한다.

제19장
비교(Comparison)

19.1 비교구문(Comparative Construction)

　비교문은 항상 비교내용에 따라 두 가지 사물을 비교한다. 비교되는 이 두 사물의 관계는 세 가지로 요약할 수 있다. 비교되는 내용에 따라 어느 한쪽은 ① 상대보다 나을 수도 있고(우등), ② 상대보다 못할 수도 있고(열등), ③ 상대와 동일할 수도 있다(동등). 중국어에서 이 세 가지 문장형태의 기본적인 형식은 다음과 같다.

　(1) X ＋ 비교단어 ＋ Y ＋ (부사) ＋ 비교내용

　(1)에 의하면, 중국어에서 비교를 나타내기 위해서는 주어 또는 화제(X)가 있어야 하고, 그 주어나 화제와 비교되는 사항(Y)이 있어야 하며, 그리고 비교가 이루어지는 내용을 알려주는 술어가 있어야 한다. 세 가지 비교 가운데 첫 번째 형태가 (2)와 같이 우등 비교를 나타내는 '比'를 사용하는 것이다.

　(2) 他 比 你 高。
　　　그는 너보다 크다.

두 번째 형태가 (3)과 같이 열등 비교를 나타내는 '没(有)~(那么)', '不如~(那么)'이다.

(3) 他 { 没(有) / 不如 } 你 (那么) 高。

그는 너만큼 크지는 않다.

그리고 세 번째 형태가 (4)와 같은 동등 비교를 나타내는 '跟~一样'이다.

(4) 他 跟 你 一样 高。

그는 너와 키가 같다. (그의 키는 너와 똑같다)

아래의 (5)-(14)는 비교를 나타내는 여러 가지 형태에 대한 예이다.

(5) 他 { 比 / 没(有)/不如 / 跟 } 你 { (那么) / 一样 } 胆小。

그는 너보다 소심하다.
그는 너만큼 소심하지는 않다.
그는 너와 똑같이 소심하다.

(6) 他 { 比 / 没(有)/不如 / 跟 } 你 { (那么) / 一样 } 喜欢张三。

그는 너보다 더 장싼을 좋아한다.
그는 너만큼 장싼을 좋아하지는 않는다.
그는 너와 똑같이 장싼을 좋아한다.

(7) 他 { 比 / 没(有)/不如 / 跟 } 我 { (那么) / 一样 } 早来。

그는 나보다 일찍 왔다.
그는 나만큼 일찍 오지는 않았다.
그는 나와 똑같이 일찍 왔다.

(8) 去 {比 / 没(有)/不如 / 跟} 不去 {(那么) / 一样} 好。

가는 것이 가지 않는 것보다 좋다.
가는 것이 가지 않는 것만큼 좋지는 않다.
가는 것이 가지 않는 것과 똑같이 좋다.

(9) 张三跑得 {比 / 没(有)/不如 / 跟} 你(跑得) {(那么) / 一样} 快。

장싼은 당신보다 빨리 달린다.
장싼은 당신만큼 빨리 달리지는 못한다.
장싼은 당신과 똑같이 빨리 달린다.

(10) 我 {比 / 没(有)/不如 / 跟} 昨天 {(那么) / 一样} 舒服。

나는 어제보다 편안한다.
나는 어제 만큼 편안하지는 않다.
나는 어제와 똑같이 편안하다.

(11) 他 {比 / 没(有)/不如 / 跟} 我 {(那么) / 一样} 晚吃饭。

그는 나보다 늦게 밥을 먹는다.
그는 나만큼 늦게 밥을 먹지는 않는다.
그는 나와 똑같이 늦게 밥을 먹는다.

(12) 象 {比 / 没(有)/不如 / 跟} 熊鼻子 {(那么) / 一样} 长。

코끼리는 곰보다 코가 길다.
코끼리는 곰만큼 코가 길지는 않다.
코끼리는 곰과 똑같이 코가 길다.

(13) 今天 {比 / 没(有)/不如 / 跟} 昨天 {(那么) / 一样} 热。

오늘은 어제보다 덥다.
오늘은 어제만큼 덥지는 않다.
오늘은 어제와 똑같이 덥다.

(14) 报纸, 信美 {比 / 没(有)/不如 / 跟} 我念得 {(那么) / 一样} 快。

신문은 신메이가 나보다 빨리 읽는다.
신문은 신메이가 나만큼 빨리 읽지는 못한다.
신문은 신메이가 나와 똑같이 빨리 읽는다.

우등 비교에서 상대방을 초과하는 양을 표현하기 위해서 (15)처럼 비교의 내용을 나타내는 동사 뒤에 수량을 나타내는 구를 쓸 수 있다.

(15) 我比你高三吋。
　　 나는 너보다 3인치 크다.

비교구문의 두 가지 중요한 특징에 의해서 중국어와 영어의 비교문의 차이점을 설명할 수 있다.

19.1.1 비교 내용

두 항목이 비교되는 내용을 나타내는 동사구는 양화되거나 측정될 수 있어야 한다. 말하자면 그 동사구는 '어느 정도인가?'라는 질문에 답할 수 있는 것이어야 한다. 이것은 바로 '很'과 함께 쓰일 수 있는 동사가 비교문에서 비교 내용을 나타내는 동사구에 사용될 수 있음을 의미한다. 다음과 같은 것이 여기에 포함된다.

(ⅰ) 비동작동사 : 두 가지 유형이 있다.
    (a) 타동사: 喜欢, 爱, 恨 ((3) 참조)
    (b) 자동사: 好, 舒服 ((5), (7) 참조)[†]

(ⅱ) '早'(이르다), '晚'(늦다), '常'(종종)과 같이 측정이 가능한 부사를 포함하는 동사구들 ((4), (8) 참조)

'跑过来'(뛰어오다)와 같은 동작동사는 의미상 '很'과 함께 쓰일 수 없으므로 비교구문에 쓰일 수 없다.

(16)[*]他 很 <u>跑 过 来</u>。
(17)[*]他 比 我 <u>跑 过 来</u>。

마찬가지로 비동작 술어인 '在家'(집에 있다)도 정도의 개념을 나타낼 수 없으므로 '很'의 수식을 받을 수 없고 비교구문에도 쓰일 수도 없다.

(18) [*]他 很 <u>在 家</u>。
(19) [*]他 比 我 <u>在 家</u>。

---

† 여기에서 말하는 '동사'는 형용사를 포함하는 개념이다. — 역주

19.1.2 주어/화제와 비교의 기준

비교구문의 두 번째 중요한 특징은 아래에 제시한 것처럼 공식 (1)의 X와 Y의 특성과 관계가 있다.

(1) X + 비교어 + Y + (부사) + 비교내용

(1)에서 X는 비교내용을 나타내는 동사구의 주어나 화제(4.1 참조)여야 하고, Y는 비교의 기준으로 이해되어야 한다. (1)은 몇 가지 의미를 함축하고 있다. 첫째, 주어와 화제만이 비교될 수 있다. 예를 들면, 직접목적어는 그것이 어디에 놓이든 그 문장이 주어진 공식에 맞지 않으므로 절대로 비교될 수 없다. 그러므로 다음의 문장들은 성립하지 않는다.

(20) a. *我 喜 欢 狗 比 猫。
     b. *我 狗 比 猫 喜 欢。
     c. *狗 比 猫 我 喜 欢。

이를 표현하려면 위에 제시한 조건을 충족하는 방법으로 진술해야 한다. 이는 복합진술구문(complex stative construction, 제22장 참조)을 사용해서 '내가 개를 좋아하는 것'과 '내가 고양이를 좋아하는 것'을 '多'라는 비교내용에 대해 비교하는 것이다.

(21) <u>我 喜 欢 狗 比 我 喜 欢 猫</u> 喜 欢 得 多。
     나는 고양이보다 개를 더 좋아한다.

마찬가지로 개사구는 비교될 수 없으므로 비교구문에 쓰일 수 없다.

(22) *我 喜 欢 <u>在 池 子 里 比 在 海 里</u> 游 泳。
　　　(나는 바다보다 수영장에서 수영하는 것을 좋아한다.)

여기에서 비교되는 구 '在池子里'는 주어가 아니며 '游泳'은 비교되는 구에 대한 동사가 아니므로 이 문장은 성립하지 않는다. '나는 바다보다 수영장에서 수영하는 것을 좋아한다'라는 의미를 중국어로 표현하기 위해서는 다시 (23)과 같은 복합진술구문이 필요하다.

(23) <u>我 喜 欢 在 池 子 里 游 泳 比 我 喜 欢 在 海 里 游 泳</u> 喜 欢 得 多。
　　　나는 바다보다 수영장에서 수영하는 것을 좋아한다.

따라서 비교문의 구조에 대한 문법적인 일반화는 다음과 같다.

　(ⅰ) 중국어에서 비교되는 대상은 문법적으로 주어나 화제이어야 하며, 동사구는 비교가 이루어지는 내용을 나타내야 한다.

때때로 X와 Y 간의 비교 관계가 직접적으로 명시되지 않을 때도 있는데, 그래도 문맥상 추론이 가능하다.

(24) <u>我</u> 比 <u>昨 天</u> 舒 服。
　　　나는 어제보다 편안하다.

(24)에서 X는 '我'이고, Y는 '昨天'이다. '我'는 동사 '舒服'의 주어이긴 하지만, '我'와 '昨天'이 직접 비교되는 것은 아니다. 이 문장에서 어제의 나보다 오늘의 내가 더 편안하다는 의미로 이해할 수 있다. 즉, 중국어 화자는 때로 X와 Y가 직접적으로 비교되지 않는 비교문의 의미가 무엇인지를 추론해야 한다. 이러한 추론은 어느 언어에서든지 일상 회화에 흔히 보인다.

비교되는 것을 추론해야만 하는 이와 유사한 예문으로서 위에서 이미 살펴본 (9)와 같은 문장을 들 수 있다. 그 문장에서 괄호 안의 중복된 부분 '跑得'를 생략하면 '比'를 포함한 문장은 다음과 같이 된다.

(25) 张 三 跑 得 比 你 快。
장싼이 너보다 빨리 달린다.

(25)에서 X는 '张三跑得'이고 Y는 '你'이다. 그러나 이 경우에 중국어 화자는 '장싼이 달리는 것'과 '너'를 비교하는 것이 아니라 '장싼이 달리는 것'과 '네가 달리는 것'을 비교한다. (9)와 같이 쓸 수도 있지만 '你' 뒤에 다시 '跑得'를 쓸 필요는 없다.

19.2 최상급(Superlative)

측정 가능한 동사구의 최상급은 부사 '最'(가장)를 써서 나타낸다. 이때 '最'는 동사 바로 앞에 오거나 동사구를 수식하는 부사 바로 앞에 놓인다. 만약에 동사구가 형용사성 동사이면 '最' 대신에 '顶'(dǐng, 가장)을 쓸 수도 있다.

(26) 这 条 围 巾 最 好。
이 목도리가 가장 좋다.
(27) 那 个 熊 顶 漂 亮。
저 곰이 가장 예쁘다.
(28) 这 件 事 最 麻 烦。
이 일이 가장 골치 아프다.
(29) 今 天 顶 冷。
오늘이 가장 춥다.

(30) 我最爱小动物。
　　　나는 작은 동물을 가장 좋아한다.
(31) 我最欣赏歌剧。
　　　나는 오페라를 가장 애호한다.
(32) 他最晚起床。
　　　그가 가장 늦게 일어난다.
(33) 你最早学中文。
　　　네가 가장 일찍 중국어를 배운다.

(26)-(29)에 쓰인 동사는 모두 형용사성 동사이다. 그것들은 모두 '最'나 '顶'과 함께 쓰일 수 있다. (30), (31)의 동사는 타동사이면서 비동작동사이며, (32), (33)의 동사는 측정 가능한 부사들이 수식하고 있다. (30)-(33)은 '顶'보다는 '最'를 쓰는 것이 더 자연스럽다. 그렇지만 일부 중국어 방언에서는 '最'와 '顶'이 이러한 동사구에 모두 쓰이기도 한다.

영어에서처럼 '最'는 '一 + 양사'와 함께 쓰여 '대단히'라는 의미를 나타내기도 한다.

(34) 他是一个最重要的领导人员。
　　　그는 대단히 중요한 지도자이다.
(35) 这是一件最头疼的事。
　　　이것은 대단히 골치 아픈 일이다.

(34), (35)는 결코 (36), (37)을 의미하지는 않는다는 사실에 주의해야 한다.

(36) 그는 가장 중요한 지도자 중 한 명이다.
(37) 이것은 가장 골치 아픈 일 중 하나이다.

(36), (37)을 의미하는 중국어 문장은 (38), (39)이다.

(38) 他 是 最 重 要 的 领 导 人 员 之 一。
　　 그는 가장 중요한 지도자 중 한 명이다.
(39) 这 是 最 头 疼 的 事 之 一。
　　 이것은 가장 골치 아픈 일 중 하나이다.

제20장
명사화(Nominalization)

　모든 언어에는 동사(구)나 문장, 또는 동사가 포함된 문장의 일부가 명사구로 쓰일 수 있도록 하는 문법적 과정이 있다. 이 문법적 과정을 '명사화'라고 한다. 언어가 다르면 물론 이러한 명사화의 방법도 달라진다. 중국어에서는 동사(구)나 문장, 또는 동사가 포함된 문장의 일부 뒤에 조사 '的'를 첨가함으로써 명사화가 이루어진다.[1] (1)-(3)이 그러한 예인데 명사화된 것에는 밑줄을 그었다.

(1) 这种植物可以当做<u>吃的</u>。
　　이런 식물은 식용으로 삼을 수 있다.
(2) <u>种水果的</u>很难过活。
　　과일을 재배하는 사람들은 생활하기가 어렵다.[2]
(3) <u>我们合作的</u>问题很简单。
　　우리가 협력하는 문제는 간단하다.

---

1. 중국어에서 '的'는 이 밖에 다른 기능도 있다. 4.2.2, 3.2.2, 8.2.1과 제22장을 참고할 것.
2. 중국어에서 명사나 명사화 구문은 단·복수의 표지가 없다. 매번 단·복수를 구별하기보다는 각각의 경우에 단·복수의 해석을 적절히 하기로 한다.

(1)에서는 동사 '吃'(먹다)가 명사화되었고, (2)에서는 동사구 '种水果'(과일을 재배하다)가 명사화되었으며, (3)에서는 명사화된 문장 '我们合作的'가 명사 '问题'(문제) 바로 앞에 나온다는 점에 유의하자. 명사화된 문장과 그 뒤에 나오는 명사는 '수식어-중심명사'(modifier-head noun)의 관계에 있다고 할 수 있다. 여기에서 중심명사는 '问题'이며 명사화된 문장은 수식어이다. 그러므로 명사화되면 (1), (2)처럼 명사구로 쓰일 수도 있고, (3)처럼 다른 명사의 수식어로 쓰일 수도 있다. 다음 절에서는 이상의 두 가지 기능과 아울러 계사 '是'('是~的' 구문)의 뒤에 나오는 명사화의 세 번째 용법에 대해서 살펴보겠다.

20.1 명사구로 기능하는 명사화 구문

위의 (1), (2)는 명사구로 쓰이는 명사화 구문의 예를 보여준다. 예문을 하나 더 보자.

(4) 你 没 有 <u>我 喜 欢 的</u>。
　　너에게는 내가 좋아하는 것이 없어.

(4)에서 명사화된 것은 동사구나 문장이 아니라 문장의 일부인데, 이는 주어 '我'와 타동사 '喜欢'(좋아하다)으로 구성되어 있다. 타동사 '喜欢'의 직접목적어는 여기에 나타나 있지 않다. 그렇다면 (1)에서 명사화된 동사 '吃的'를 '먹는 사람'이 아니라 '(먹는) 음식'으로 해석해야 하는 근거는 무엇인가? (2)에서 '种水果的'의 의미를 '과일을 심는 사람'으로 해석하고 (4)에서 '我喜欢的'의 의미를 '내가 좋아하는 것'이라고 해석하는 근거는 무엇인가?

(2)와 (4)를 다시 살펴보면서 그 이유를 찾아보자. (2)에서 명사화된 동사구의 동사는 '种'(zhòng, 심다)이다. '种'은 타동사로서 명시적으로 나타나는지

여부와 관계없이 두 개의 참여자(participant)를 필요로 한다. 이 경우에 두 개의 참여자란, 심는 사람인 주어와 심어지는 대상인 직접목적어이다. (2)의 명사화에서 직접목적어는 '水果'로 명시되어 있지만 주어, 즉 심는 동작을 하는 주체는 명시되어 있지 않다. 그러므로 명사화된 동사구는 정확하게 '과일을 심는 사람', 즉 심는 동작을 행하는 사람으로 해석할 수밖에 없다.

마찬가지로 (4)에서 명사화된 동사 '喜欢'(좋아하다)은 역시 타동사로서 좋아하는 주체와 좋아하는 대상이라는 두 개의 참여자를 필요로 한다. 그러나 (4)의 명사화된 동사구에서 좋아하는 주체('我')는 명시되어 있지만 좋아하는 대상은 명시되어 있지 않다. 그러므로 여기에서 명사화된 구 '我喜欢的'는 좋아하는 대상을 지시한다.

이들 명사화 구문의 의미 분석을 통해서 (ⅰ), (ⅱ)와 같은 규칙이 설정될 수 있다.

(ⅰ) 명사화 구문이 명사구로 쓰이기 위해서는 적어도 하나의 명시되지 않은 참여자를 가진 동사를 포함해야 한다.
(ⅱ) 명시되지 않은 참여자가 하나만 있다면 명사화 구문의 지시대상은 바로 그 명시되지 않은 참여자와 동일하다.

그러나 (ⅰ), (ⅱ)의 규칙으로는 (1)에서 명사화된 동사의 의미를 설명할 수 없다. (1)을 다시 보자.

(1) 这 种 植 物 可 以 当 作 吃 的。
　　이런 식물은 식용으로 삼을 수 있다.

(1)의 명사화된 동사 '吃'는 '种'이나 '喜欢'과 마찬가지로 타동사로서, 먹는 주체인 주어와 먹히는 대상인 직접목적어라는 두 개의 참여자를 요구한다. 그런데 여기에서는 참여자 둘이 모두 명시되어 있지 않다. 그러나 명사화

된 동사 '吃的'는 '먹는 사람'이 아니라 '먹는 것=음식'이라는 의미를 가지고 있다. 이러한 예는 규칙 (ⅰ)과 (ⅱ)를 보완해야 할 필요가 있음을 말해준다. (ⅰ), (ⅱ)를 보완해주는 규칙은 (ⅲ)과 같다.

 (ⅲ) 명사화 구문에서 주어와 직접목적어의 두 참여자가 모두 명시되어 있지 않으면 그 명사화 구문은 일반적으로 그 동사의 참여자인 명시되지 않은 '직접목적어'를 가리킨다.

 그러므로 (1)에서 명시되지 않은 직접목적어는 '먹히는 것'으로서 명사화 구문 '吃的'는 그 참여자와 관련을 갖게 된다.
 (ⅰ)-(ⅲ)의 규칙은 주어와 직접목적어 참여자를 가지고 있는 동사뿐 아니라 간접목적어 참여자를 가지고 있는 동사에도 적용시킬 수 있다(간접목적어에 대한 논의는 제10장을 참고). 예를 들면, 동사 '卖'(팔다)는 명시되어 있는지 여부와 관계없이 세 개의 참여자를 필요로 한다. 즉, 판매자와 구매자와 상품이 필요하다.

 (5) 张三卖了一架飞机给李四。
   장싼은 리쓰에게 비행기 한 대를 팔았다.

 (5)에서 '张三'은 주어 명사구로서 판매자이고, '李四'는 간접목적어 명사구로서 구매자이며, '飞机'는 직접목적어 명사구로서 상품에 해당한다. 동사 '卖'가 포함되어 있는 단문에 구매자가 명시되어 있지 않은 경우가 종종 있다. 구매자가 명시되지 않은 것은 화자와 청자가 이미 구매자가 누구인지를 알고 있거나 화자가 구매자를 명시하는 것을 중요하게 생각하지 않기 때문이다. 다시 말하면 구매자가 문장에서 명시되지 않아도 문맥으로 알 수 있다.
 동사 '卖'가 본래 세 개의 참여자를 지닌다는 것을 입증하기 위해 동사 '卖'가 포함되어 있는 몇 가지 유형의 명사화를 살펴보자.

(6) 卖的 不 如 出 租 的 好。
　　파는 것이 세를 놓는 것만 못해.
(7) 我 卖 的 是 中 国 货。
　　내가 파는 것은 중국상품이야.
(8) 卖 给 李 四 的 是 最 贵 的。
　　리쓰에게 판 것은 가장 비싼 것이야.
(9) 卖 汽 车 的 大 半 都 是 好 人。
　　자동차 파는 사람은 대부분 좋은 사람들이다.

규칙 (iii), 즉 직접목적어가 명시되지 않은 명사화 구문은 대개 그 직접목적어를 지시한다는 것은 (8)을 정확하게 설명해준다. 즉 (8)의 명사화 구문은 상품을 가리킨다. 반면에 (9)에서는 직접목적어 참여자 '汽车'는 명시되었지만 주어인 판매자와 간접목적어인 구매자는 명시되지 않았다. 이러한 경우에 명사화 구문은 판매자인 주어 참여자를 지시할 수는 있지만 구매자인 간접목적어 참여자를 지시할 수는 없다. (7)에서는 직접목적어와 간접목적어 모두가 명시되어 있지 않고, (6)에서는 주어, 직접목적어, 간접목적어의 세 참여자가 모두 명시되어 있지 않다. 그렇지만 (6), (7)의 명사화 구문은 직접목적어, 즉 상품을 가리킨다. 그렇다면 (6), (7), (9)를 설명하기 위해 (iii)에 덧붙여 제안하고자 하는 규칙은 간단히 다음과 같다.

　　(iv) 명사구로 쓰인 명사화 구문은 결코 간접목적어 참여자를 지시하지 않는다.

(10)의 명사화 구문은 규칙 (iv)에 대한 예이다. 즉, (10)의 명사화 구문에서 동사의 명시되지 않은 참여자는 간접목적어뿐이기 때문에 (10)은 비문법적이다.

(10) *我 卖 汽 车 的。

구조상 명사구로 쓰이는 명사화 구문은 동사를 포함하는 문장의 일부분으로 이루어져 있고 그 뒤에 조사 '的'가 오며, 보통 그 동사와 관련되는 참여자 중 하나가 명시되어 있지 않다. 명사화 구문이 명시되지 않은 참여자 중의 어느 것을 지시하는가를 명확히 하기 위한 명사화 구문에 대한 해석은 규칙 (ⅰ)-(ⅲ)에 의한다.

20.2 중심명사를 수식하는 명사화 구문

명사화 구문은 뒤에 오는 명사를 수식할 수 있다. 이러한 구문에서 수식을 받는 명사를 중심명사(head noun)라고 한다. 명사화 구문이 중심명사를 수식하는 데는 두 가지 유형이 있는데, 둘 다 '명사화 구문 + 중심명사'의 형태로 되어 있다. 하나는 관계절 구문(relative clause construction)이라고 하며, 다른 하나는 명사보어 구문(noun complement construction)[3]이라고 한다. 이 두 유형을 각각 나누어 살펴보자.

20.2.1 관계절 구문

어떤 언어에서나 관계절은 중심명사의 지시대상을 한정하는 절이다. 명사화 구문이 수식하는 중심명사가 명사화 구문이 나타내는 상황에서의 불특정한 참여자를 지시할 때, 그 명사화 구문을 관계절이라고 한다.[4]

---

3. 더 자세한 것은 Paris(1977)를 참고할 것.
4. 영문으로는 관계절로 번역되기도 하지만 이 장에서 논의한 중국어 관계절 구문과는 구조적으로 다른 형태가 있다. 그것은 연동구문이며 21.4에서 관계절과 비교할 것이다.
 (ⅰ) 他 有 一 个 妹 妹 会 讲 蒙 古 话。
    그에게는 몽고어를 할 줄 아는 여동생이 한 명 있다.

제20장 명사화 541

예를 들면 만일 (2)의 명사화 구문 '种水果的'가 중심명사 '农人' 앞에 오면 그것은 (11)과 같이 분석된다.

(11) 种 水 果 的　　农 人
　　　└─────┘　　└──┘
　　　명사화 구문=관계절　중심명사
　　　과일을 재배하는 농부

이 표현에서 중심명사 '农人'은 명사화 구문 안의 '种'의 불특정한 주어 참여자를 지시한다. 이제부터 관계절이 묘사하는 사건 안의 참여자를 중심명사가 지시하면 그 명사화 구문을 관계절로서 언급하겠다.

중심명사는 명사화 구문에서의 동사의 참여자로 이해되어야 하므로, 관계절은 중심명사의 의미를 제한한다. 예를 들어 (11)을 다시 보자. (11)에서 명사화 구문은 '种水果的'이다. 여기에서 '种'은 타동사이며 직접목적어 참여자 '水果'는 있지만 주어 참여자, 즉 과일을 재배하는 사람은 명시되지 않았다. 따라서 중심명사 '农人'은 명시되지 않은 주어 참여자를 지시하므로 농부는 과일을 재배하는 사람이 된다. 그래서 전체구조는 '과일을 재배하는 농부'라는 의미를 갖게 되는 것이다.

다음의 예문도 유사하다.

(12) 他 们 种 的 水 果
　　　　그들이 심은 과일

(12)에서 명사화 구문은 '他们种的'이다. 이때 그 주어 참여자는 있지만 직접목적어 참여자, 즉 심은 대상은 생략되어 있다. 그것은 직접목적어 참여자가 중심명사인 '水果'임을 나타낸다. 즉 명사화 구문에서 그 '과일'은 그들이 심은 대상을 나타내고 (12)는 '그들이 심은 과일'이란 의미를 갖는다.

관계절이 둘 이상의 특정하지 않은 참여자와 동사를 가지면 중심명사에 따라 해석이 달라진다. '批评的'과 같은 명사화 구문을 살펴보자. 이 구문은 타동사 '批评'으로 구성되어 있는데 이 동사의 의미는 비평을 하는 사람과 비평을 받는 사람인 두 개의 참여자를 필요로 한다. 일반적인 상황에서 이 두 참여자는 모두 사람이어야 한다. 따라서 만일 관계절이 어떠한 참여자도 명시되지 않은 채 '批评'과 같은 동사를 포함하면서 '人'과 같이 사람을 나타내는 중심명사를 수식하면 중심명사는 이 두 참여자 중 어느 것이라도 지시할 수 있다. 다시 말하면 (13)과 같은 경우에는 두 가지로 해석될 수 있다.

(13) 昨天批评的人都不在这里。
　　　어제 비평을 한 사람들은 모두 여기에 있지 않다.
　　　어제 비평을 받은 사람들은 모두 여기에 있지 않다.

이제 타동사 '赢'(yíng, 이기다)을 살펴보자. 이 동사의 의미는 '이긴 사람'으로서 반드시 사람인 주어 참여자와 '钱'처럼 보통 무생인 직접목적어 참여자를 필요로 한다.

'赢'이 두 참여자가 모두 명시되지 않은 절에 쓰인다면 그 중심명사의 의미적 자질에 따라 '관계절 + 중심명사'의 해석이 결정된다.

(14) 今天赢的钱付房租。
　　　오늘 딴 돈은 방세로 지불한다.
(15) 今天赢的人运气好。
　　　오늘 이긴 사람은 운이 좋았어.

(14)에서 중심명사 '钱'은 생략된 주어 참여자 '이긴 사람'이 될 수 없다. '돈'은 이기는 행동을 할 수 없으며 단지 이겨서 딴 대상만을 나타낼 수 있기 때문이다. 그러므로 '관계절 + 중심명사' 구문에 의해 '오늘 (우리가) 이겨서 딴 돈'이란 의미가 된다. 반면에 (15)에서 중심명사 '人'의 의미는 '이긴

사람'을 나타낼 수 있다. 그러므로 (15)의 '관계절 + 중심명사' 구문은 보통 '오늘 이긴 사람'으로 해석된다. 그러나 도박을 하면서 사람을 걸고 내기를 했다고 가정해보자. 그런 상황에서는 (15)는 (13)처럼 의미가 애매해지고 '오늘 (우리가) 이겨서 딴 사람은 운이 좋았다'라고 해석될 수도 있다.

지금까지 명사화 구문에서 주어와 직접목적어 참여자가 생략되어 있는 경우를 살펴보았다. 그러나 사용된 도구, 사건이 발생한 장소나 시간, 심지어 사건이 발생한 방법이나 이유 등도 관계절의 참여자를 나타내는 중심명사가 될 수 있다.

A. 도구

(16) 修理水管子的 <u>锯子</u>
　　　수도관을 수리하는 톱
(17) 我写信的 <u>毛笔</u>
　　　내가 편지를 쓰는 붓

B. 장소

(18) 张三画画儿的 <u>房间</u>
　　　장싼이 그림을 그리는 방
(19) 登山队爬喜马拉雅山的 <u>路线</u>
　　　등산대가 히말라야 산을 오른 노선

C. 시간

(20) 练足球的 <u>季节</u>
　　　축구를 연습하는 계절

(21) 我们小的时候
　　　우리가 어렸을 때

　　D. 이유

(22) 我来这儿的缘故
　　　내가 여기에 온 이유

　　E. 방법

(23) 扒手偷东西的方法
　　　소매치기가 물건을 훔치는 방법
(24) 我们对付敌人的手段
　　　우리가 적에 대처하는 수단

위의 각각의 예에서 중심명사는 명사화 구문 안의 어떤 대상을 지시한다. 예를 들면 (16)에서 중심명사 '锯子'는 수도관을 수리하는 도구이며 (24)에서 중심명사 '手段'은 대처하는 방법이다. 마찬가지로 (18)의 '房间'은 장싼이 그림을 그리는 장소를 나타낸다.

관계절의 어떤 위치에서는 참여자가 반드시 명시되어야 하는데, 이때 중심명사가 그 참여자를 지시하기 위해서 참여자는 (25)의 대명사 중 하나로 나타나야 한다.

(25) 他 / 她 / 它
　　 他们
　　 那儿 / 那里

제20장 명사화 545

이 대명사가 관계절에 나타나는 위치는 다음과 같다.

A. 간접목적어 위치

(26) 我 送 给 *(他) 一 本 小 说 的 人
   내가 소설 한 권을 선물한 사람
(27) 我 问 了 *(他们) 两 个 问 题 的 学 生
   내가 두 가지 질문을 했던 학생

B. 개사 뒤

(28) 你 把 *(他) 带 出 来 的 孩 子
   네가 데리고 나온 아이
(29) 我 跟 *(他们) 打 球 的 运 动 员
   내가 함께 공을 찬 운동선수들

C. 겸어 명사구 위치

(30) 你 请 *(他) 喝 酒 的 教 授
   네가 술대접 한 교수
(31) 我 劝 *(他) 出 国 的 参 议 员
   내가 출국을 권유한 참의원

D. '在' 뒤의 장소명사구 위치

(32) 张 三 在 *(那 儿) 长 大 的 村 子
   장싼이 자란 마을

(26)-(32)의 예문들은 일상대화나 글에 거의 쓰이지 않는 구문이다. 비록 이러한 예문들이 비문은 아니지만 많은 중국어 화자들은 어색한 것으로 받아들인다.

관계절에 관한 논의를 종합해보면 다음과 같다. 관계절 구문은 항상 명사화 구문으로 구성되어 있고, 중심명사는 관계절이 묘사하는 상황에 포함된 실체를 지시한다는 사실 때문에 관계절 구문은 항상 중심명사를 수식함을 알 수 있다.

20.2.2 추상적인 중심명사에 대한 보어로 기능하는 명사화 구문

앞에서 논의해온 관계절 구문과 뚜렷이 대조되는 이 명사보어 구문(noun complement construction)의 가장 중요한 특성은 중심명사가 항상 추상적이며 그 중심명사는 명시되어 있는지 여부와 관계없이 수식절 속의 어떠한 실체도 지시하지 않는다는 것이다. (3)에서 그 한 예를 이미 보았다. 여기에서 다시 (3)과 함께 그 밖의 예를 보자. 중심명사에는 밑줄을 그었다.

(3) 我们合作的<u>问题</u>很简单。
우리가 협력하는 문제는 간단하다.

(33) 他们去美国学医的<u>意见</u>。
그들이 미국에 의학을 배우러 간다는 의견

(34) 我们休会的<u>提议</u>。
우리들이 휴회하자는 제의

(35) 我们租房子的<u>事</u>。
우리들이 집을 세놓는 일

(36) 美国总统辞职的<u>新闻</u>。
미국 대통령이 사임했다는 뉴스

위의 예문에서 중심명사는 추상적이며 선행하는 명사화 구문에서의 어떠한 실체도 지시하지 않는다. 오히려 명사화 구문은 중심명사의 '내용'을 보다 자세히 밝히는 기능을 하고 있다. 예를 들면 (3)에서 그 문제의 '내용'은 '우리들이 협력하는 것'이다.

그러므로 관계절 구문과 명사보어 구문의 차이점은, 전자는 중심명사가 선행하는 명사화 구문 안의 어떤 실체를 지시하는 반면, 후자는 그렇지 않다는 것이다. 이러한 차이점으로 외견상 유사한 두 구문이 아주 다르게 이해되는 까닭을 설명할 수 있다.

중심명사가 추상명사 '意見'인 한 쌍의 대립되는 예문을 보자.

(37) 我 提 出 来 的 <u>意 見</u>
　　　내가 제안한 의견
(38) 反 俄 的 <u>意 見</u>
　　　러시아를 반대하자는 의견

(37)은 관계절 구문이다. 중심명사 '意見'은 선행하는 명사화 구문에서 '提出来'의 명시되지 않은 직접목적어 참여자, 즉 '내가 제안한 것'이다. 반면에 (38)은 명사보어 구문이다. 여기에서 중심명사는 선행하는 명사화 구문 속의 어떠한 것도 지시하지 않는다. 대신에 그 명사화 구문은 의견의 내용, 즉 러시아에 반대한다는 것을 나타낸다.

20.3 '是~的' 구문

'是~的' 구문은 명사화 구문이 쓰이는 특수한 문형이다. 구조상 (39)처럼 주어, '是', 명사화 구문의 순서로 되어 있다.

(39) 주어 + 是 + 명사화 구문[5]

(40), (41)의 예문을 보자.

(40) 他 是 昨 天 来 的。
　　　그는 어제 온 거야.
　　　(The situation is that he came yesterday.)[6]

(41) 我 们 是 从 日 本 走 的。
　　　우리는 일본에서 떠난 거야.
　　　(The situation is that we left from Japan.)

'是~的' 구문은 (42)와 같이 외견상 (39)의 구조로 되어 있는 다른 문장들과는 다른 몇 가지 특성을 가지고 있다.

(42) 芭 乐 是 吃 的。
　　　구아바는 먹는 것이다.

첫째, '是~的' 구문에서 문장의 주어는 명사화 구문의 생략된 주어 참여자와 동일해야 한다. 그러므로 (40)에서 '他'는 '昨天来的'의 주어와 완전히 일치한다.

둘째, '是~的' 구문에는 명사화 구문의 사건의 배경을 나타내는 부사나 부사구 혹은 조동사가 포함된다. 예를 들면 (40)에서 '昨天'은 명사화 구문의 사건의 시간적 배경을 나타낸다.

셋째, 이러한 유형의 구문에서 '是'는 생략이 가능하다. 그래서 '是'를 쓰지 않은 (43)은 (40)과 같은 의미로 쓰일 수 있다.

---

5. 이러한 개념은 Paris(1979a)에서 취했다.
6. 이처럼 어색하게 번역하는 이유는 나중에 간단하게 설명할 것이다.

(43) 他 昨 天 来 的。
　　　그는 어제 온 거야.

'是'는 생략될 수 있기 때문에 '是'가 임의로 쓰일 수 있음을 나타내기 위해 괄호 안에 넣겠다.

넷째, 직접목적어가 '是~的' 구문의 명사화 구문에 쓰일 때 흥미로운 현상이 나타난다. 즉 (44)와 같은 형태의 문장은 직접목적어의 위치가 바뀌어 (45)로 될 수 있다.

(44) 명사구 + 是 + 동사 + 직접목적어 + 的
(45) 명사구 + 是 + 동사 + 的 + 직접목적어

예를 들면 (46a)는 목적어 '门' 뒤에 '的'가 왔고 (46b)는 그 반대인데, 모두 가능하다.

(46) a. 他 们 (是) 八 点 钟 开 门 的。
　　　　그들은 8시에 문을 연 거야.
　　 b. 他 们 (是) 八 点 钟 开 的 门。
　　　　그들은 8시에 문을 연 거야.

(46)의 a와 b는 근본적으로 동일하며 용법상의 차이가 거의 없다.

이러한 '是~的' 구문의 의미는 '是'와 '的' 사이의 성분이 '강조'되며, '是~的' 구문은 동작의 환경을 강조한다는 것이 교과서적인 설명이다. 그러나 단순히 사건을 보고하는 것과 달리 '是~的' 구문은 어떤 추정에 대해 긍정하거나 부인함으로써 상황을 묘사하거나 설명한다는 점에서 이러한 강조의 개념을 수정할 수 있다.[7]

다음과 같은 대립쌍의 예문을 보자.

(40) 他 (是) 昨 天 来 的。
    그는 어제 온 거야.
(47) 他 昨 天 来 了。
    그는 어제 왔어.

(40)과 (47)의 가장 중요한 기능적 차이는 (47)은 행동을 묘사하고 있는 반면 (40)은 상황을 설명하고 있다는 것이다. 이러한 차이점을 증명할 수 있는 최선의 방법은 어느 문장이 어떠한 질문에 대한 적절한 대답이 되느냐 하는 것을 보여주는 것이다.

(48)과 같은 질문을 생각해보자.

(48) 그는 왜 영어를 할 줄 모르지?

이러한 질문에 대한 대답은 사건을 보고하는 성격을 띠어서는 안 되고, 상황을 설명하는 성격을 띠어야 한다. (47)이 아니라 (40)과 같은 '是~的' 구문만이 (48)의 질문에 대한 적절한 대답이 될 수 있다.

(49) 因 为 他 (是) 昨 天 来 的。
    그는 어제 왔기 때문이야.

반면에 다음과 같은 질문을 살펴보자.

(50) 그는 벌써 도착했니?

(50)의 질문은 어떤 사건의 발생 여부에 대해서 묻는 것이다. 상황에 대한

---

7. 이 점에 관한 논의는 黃宣范에게 감사한다.

설명이 아니라 사건에 대한 보고만이 (50)에 대한 적절한 대답이 될 수 있다. 그러므로 (40)이 아니라 (47)이 (50)의 적절한 대답이 될 수 있다.

(47) 他 昨 天 来 了。
　　　그는 어제 왔어.

일반적으로 '是~的' 구문은 어떤 추정에 대한 상황을 명확히 해줌으로써 그 추정을 확인하거나 부인한다. 예를 들어 (48)이 담화에서 적절하게 사용되기 위해서는 '그가 영어를 할 줄 모른다'는 추정이 이미 알려져 있어야 한다. 그러므로 (49)는 이러한 추정에 대해서 상황을 명백히 해줌으로써 그 추정을 확인한다.
또 다른 예로 (51)을 보자.

(51) (어떤 사람이 해운회사와 통화할 경우)
　　　我 们 不 是 公 司, 我 们 是 私 人 的。
　　　우리는 회사가 아니라 개인입니다.

이 예문이 자연스럽게 쓰일 수 있는 상황은 전화를 받은 해운회사의 직원이 어느 '회사'에서 전화를 하는 것인지 물어왔을 경우이다. 상황을 설명하기 위해서 화자는 (51)의 '是~的' 구문을 사용해서 자신이 회사직원이라고 믿고 있는 상대방의 생각을 부인하고 있다. 다른 예를 보자.

(52) 我 (是) 跟 你 开 玩 笑 的。
　　　나는 너와 농담하는 거야.
(53) 我 跟 你 开 玩 笑。
　　　나는 너와 농담하고 있어.

(53)은 (54)와 같은 질문에 대한 적절한 대답이다.

(54) 무슨 일이니?

반면에 '是~的' 구문이 쓰인 (52)와 같이 말할 수 있는 적절한 상황은 다음과 같다. 즉 화자가 농담으로 한마디 했는데 청자는 그것이 농담인 줄을 모르고 그것이 귀에 거슬려서 그 말이 사실인지를 묻는 경우를 가정해보자. 그때 화자는 (52)처럼 말해서 그 말이 심각하게 받아들여지는 것을 부인한다. 이는 (52)가 그 상황이 단지 농담이라고 청자를 안심시키는 데 적합하기 때문이다.

(55) 我 们 (是) 不 会 欺 负 你 们 的。
　　　우리는 당신을 괴롭힐 리가 없단 말입니다.
(56) 我 们 不 会 欺 负 你 们。
　　　우리는 당신들을 괴롭히지 않습니다.

(55)가 쓰일 수 있는 적절한 상황은 화자가 청자를 괴롭힌다는 가정이 전제되어 있는 경우이다. 그리고 (55)는 괴롭히는 상황이 절대로 일어날 리가 없다는 것을 밝힘으로써 추론을 부인하고 있다. 그래서 (55)의 어조는 (56)보다 더 확신을 준다. 반면에 (56)은 중립적인 부정진술문이다. 예를 들어 점령군의 포고문 일부일 수도 있다. (56)은 상황에 대해 어떠한 설명도 하고 있지 않다.

(57) 这 个 人 很 顽 固, 我 们 (是) 说 不 服 他 的。
　　　이 사람은 완고해서 우리는 그를 설득시킬 수 없는 거야.
(58) 这 个 人 很 顽 固, 我 们 说 不 服 他。
　　　이 사람은 완고해서 우리는 그를 설득시킬 수 없어.

(57)의 '是~的' 구문과 (58)의 기능상의 차이에 대해서 모국어 화자가 받는 첫 번째 인상은 '우리가 그를 설득시킬 수 없다'라고 말할 때 전자가 후자보다 더 결정적이라는 것이다. 다시 말하면 (57)은 화자가 이 사람을 설득시킬 수 없다는 사실에 체념을 하고 있음이 틀림없다는 의사를 전달한다. 그러나 (58)은 그러한 의미를 전달하지 않는다. 이 두 문장이 전달하는 내용의 차이점은 '是~的' 구문과 '是~的'가 없는 구문 사이의 일반적인 기능의 차이로부터 추론해야 한다. (57)이 사용되는 가장 자연스런 문맥은 그 사람을 설득하는 일이 이전에 거론된 적이 있다는 것이다. 그러한 상황에서 그를 설득할 수 있다는 추정이 있었는데 그 추정에 대해 상황을 명확히 하기 위해서 (57)이 사용되었다. 즉, 추정과 달리 그를 설득시킬 수 없음을 설명하므로 확정적으로 들리는 것이다. 반면에 (58)은 화자가 그를 설득시킬 수 없다는 사실만을 말하고 어떠한 질문이나 추정에 대해서도 상황을 묘사하지 않는다. (58)이 가장 잘 쓰일 수 있는 문맥은 그를 설득시키는 문제가 거론된 상황이 아니라 화자가 어떤 임무에 대해 보고만을 하는 상황이다. 그러므로 정상적인 억양에서 (58)은 (57)과 같이 단정적인 어조를 가지지 않는다.

제21장
연동구문(Serial Verb Construction)

 서로의 관계를 나타내는 표지 없이 둘 이상의 동사구나 절이 병렬된 문장을 연동구문이라고 한다.[1] 즉 중국어에는 다음과 같은 문형의 문장이 매우 많다.

(1) (NP)　<u>V</u>　(NP)　(NP)　<u>V</u>　(NP)
　　(NP: 명사구, V: 동사, 괄호 안의 NP의 사용은 수의적이다.)

 그러나 동사들의 의미와 그 동사들 사이의 관계 때문에 다양한 유형의 내용이 전달된다. 연동구문에서 동사구는 하나의 전체적인 사건이나 사태의 일부로서 서로 관련된 사건이나 사태를 나타낸다는 공통점을 가지고 있다. 동사들의 관계는 이러한 동사구의 동사의 의미에 따라 다양한 양상을 띤다. 연동구문이 전달하는 의미의 유형은 네 가지로 나뉠 수 있다.

　1. 두 개 이상의 독립된 사건
　2. 다른 동사의 주어나 직접목적어로 쓰이는 동사구나 절[†]

1.　이 절에서는 Simon(1958)과 Tang(1972), Chan(1974), Teng(1975a, 1975b), 邓守信의 미발표 논문을 참고했다. 더 자세한 논의는 Li and Thompson(1975A, 1978A, 1978B)을 참고하라.

3. 겸어 구문(Pivotal Construction)
4. 서술 구문(Descriptive Construction)

21.1 두 개 이상의 독립된 사건

병렬된 두 개의 동사구나 절이 전달하는 가장 명백한 의미 중 하나는 두 개의 독립된 사건이라는 것이다. 바로 위에서 말한 바와 같이 연동구문의 동사구나 절은 항상 어떤 방식으로든 관련이 있다고 여겨지는 사건을 기술한다. 이러한 유형의 연동구문에서 두 개의 독립된 사건들은 다음의 네 가지 가운데 적어도 하나의 방식으로 관련을 맺는다.

(ⅰ) 연속: 하나의 사건 뒤에 다른 사건이 발생한다.
(ⅱ) 목적: 두 번째 사건이 첫 번째 사건의 목적이 된다.
(ⅲ) 번갈아 하기: 주어가 두 가지 행동을 번갈아 한다.
(ⅳ) 환경: 첫 번째 동사구는 두 번째 동사구나 절의 사건이 발생하는 환경을 서술한다.

이러한 문장들은 둘 이상의 방식으로 이해될 수도 있다. 아래의 예에서 가장 자연스러운 해석을 하고, 그 문장이 위의 네 가지 가운데 어느 경우를 나타내는지를 표시하기 위해 해석 뒤에 표시를 했다.
각각의 예에서 동사구에는 밑줄을 그었다.

(2) 我 买 票 进 去。
　　나는 표를 사서 들어갔다. (ⅰ)

---

† 일반적으로 다른 문법책에는 유형 2를 연동구문에 포함시키지 않는다. 또한 유형3도 겸어문으로 연동문과 별도로 분류하는 경우가 대부분이다. ― 역주

나는 들어가려고 표를 샀다. (ⅱ)

(3) 他 天 天 唱 歌 写 信。

그는 매일 노래를 부르고서 편지를 쓴다. (ⅰ)

그는 매일 노래를 부르고 편지를 쓴다. (ⅲ)

(4) 他 上 楼 睡 觉。

그는 잠을 자러 위층으로 올라간다. (ⅱ)

(5) 喝 点 酒 壮 壮 胆 子。

술을 좀 마시고 나면 담이 커진다. (ⅰ)

담이 커지기 위해 술을 좀 마셔라. (ⅱ)

술을 좀 마셔서 담을 크게 갖자. (ⅳ)

(6) 我 们 应 该 小 心 不 生 病。

우리는 병이 나지 않도록 조심해야 한다. (ⅱ)

우리는 조심해서 병이 나지 않아야 한다. (ⅳ)

(7) 我 弟 弟 开 车 出 事 了。

내 동생이 차를 몰다가 사고를 냈다. (ⅰ)

내 동생이 차를 몰아서 사고를 냈다. (ⅳ)

(8) 我 住 在 这 儿 跟 他 们 打 交 道。

나는 여기서 살고 나서 그들과 교류한다. (ⅰ)

나는 그들과 교류하려고 여기에 산다. (ⅱ)

나는 여기서 살면서 그들과 교류한다. (ⅳ)

(9) 我 们 坐 火 车 去 好 吧?

우리 가려고 기차 타는 거 좋지? (ⅱ)

우리 기차 타고 가는 거 좋지? (ⅳ)

(10) 他 骑 马 抽 烟。

그는 말을 타고 나서 담배를 피운다. (ⅰ)

그는 담배를 피우려고 말을 탄다. (ⅱ)

그는 말 타고 담배 피운다. (ⅲ)

그는 말을 타면서 담배를 피운다. (iv)

(11) 我们<u>开会</u><u>考虑那个问题</u>。

우리는 그 문제를 검토하려고 회의를 연다. (ii)

우리는 회의를 열어서 그 문제를 검토한다. (iv)

(12) 他<u>走来</u><u>走去</u>。

그는 왔다 갔다 한다. (iii)

(13) 他们<u>用手</u><u>吃饭</u>。

그들은 손으로 밥을 먹는다. (iv)

(14) 我一个人<u>晚上出去</u><u>很害怕</u>。

나 혼자 밤에 나가면 무서워. (iv)

(15) 他<u>念书</u><u>很专心</u>。

그는 공부할 때 집중한다. (iv)

(16) 那个老师<u>说话</u><u>爱咬文嚼字</u>。

그 선생님은 말을 할 때 문자 쓰는 것을 좋아한다. (iv)

이러한 예문에서 동사구 각각의 의미에 따라 (i)-(iv) 가운데 어느 것이 의미적으로 적합한지를 결정할 수 있다. 그리고 대화 문맥에 따라 이러한 것 가운데 어느 것이 가장 적절한지도 결정할 수 있다.

다음에 논의할 연동구문의 형태에서 두 개의 동사구는 둘 중 하나가 다른 하나의 주어나 직접목적어라는 점에서 서로 더 긴밀하게 연관되어 있다.

21.2 동사구/절이 다른 동사의 주어 혹은 직접목적어인 경우

21.2.1 두 번째 동사구/절이 첫 번째 동사의 직접목적어인 경우

이러한 연동구문에서 첫 번째 동사는 의미상 동사구나 절로 이루어진 직접목적어를 허용한다.[2] 예를 들면 동사 '要'는 (17)처럼 다른 동사구의 앞에 오거나 (18)처럼 전체 절의 앞에 온다.

(17) 我 要 <u>上 街</u>。
　　　나는 나가려 한다.
(18) 我 要 <u>他 过 来</u>。
　　　나는 그에게 이쪽으로 오라고 했다.

아래에 또 다른 예들이 있다. 동사구나 절을 직접목적어로 취하는 동사에는 밑줄을 두 개 그었고, 직접목적어로서 쓰이는 동사구나 절에는 밑줄을 하나 그었다.

(19) 他 <u><u>否 认</u></u> <u>他 做 错 了</u>。
　　　그는 그가 잘못했다는 것을 부인한다.
(20) 他 <u><u>情 愿</u></u> <u>他 的 孩 子 念 书</u>。
　　　그는 그의 아이가 공부하기를 진심으로 바란다.
(21) 他 只 <u><u>装</u></u> <u>不 知 道</u>。
　　　그는 모르는 체 하기만 한다.
(22) 我 <u><u>盼 望</u></u> <u>你 快 一 点 毕 业</u>。
　　　나는 네가 좀 일찍 졸업하길 바란다.

---

2. 논의를 쉽게 하기 위해 절의 직접목적어는 항상 그 절의 동사 뒤에 오고 절의 주어는 항상 그 절의 동사 앞에 온다고 가정하자. 왜냐하면 이것이 일반적인 경우이기 때문이다. 그러나 (ⅰ)과 (ⅱ)에서 보는 바와 같이 주어와 목적어의 순서가 바뀔 수도 있다.
   (ⅰ) 직접목적어절이 동사 앞에 오는 경우 : 목적어절에 밑줄을 그었다.
       看 <u>哪 个 电 影</u> 我 们 还 没 决 定。
       어떤 영화를 볼 것인지를 우리는 아직 결정하지 않았어.
   (ⅱ) 주어절이 동사 뒤에 오는 경우 : 주어절에 밑줄을 그었다.
       可 惜 <u>他 在 开 刀</u>。
       애석하게도 그는 수술을 하고 있어. (또는 수술을 받고 있어).

(23) 我 恐 怕 你 来 不 及。
　　　나는 네가 시간에 맞추지 못할까봐 걱정된다.
(24) 我 以 为 你 姓 侯。
　　　나는 네 성이 호우인 줄 알았어.
(25) 我 没 想 到 你 住 在 南 京。
　　　나는 네가 남경에 산다고 생각하지 못했어.
(26) 我 坚 持 我 没 犯 法。
　　　나는 내가 법을 어기지 않았음을 고수한다.
(27) 我 习 惯 早 点 吃 得 非 常 少。
　　　나는 아침식사를 아주 적게 하는 것이 습관이 되었다.
(28) 他 梦 想 做 英 雄。
　　　그는 영웅이 되기를 꿈꾼다.
(29) 他 很 讲 究 穿 衣 服。
　　　그는 옷을 입는 데 무척 신경을 쓴다.
(30) 我 们 禁 止 抽 烟。
　　　우리들은 담배 피우는 것을 금한다.

동사의 의미가 항상 목적어의 유형을 결정하듯이 이러한 유형의 문장에서는 첫 번째 동사의 의미가 직접목적어인 동사구나 절의 유형을 결정한다. 예를 들면 동사 '喝'의 직접목적어는 액체이어야 하듯이 동사 '感到'의 직접목적어는 동사구이어야 한다.

(31) 我 感 到 很 惭 愧。
　　　나는 부끄럽게 느낀다.

그러나 '느끼다'로 번역되는 동사 '觉得'는 더 넓은 의미를 가지므로 오직 감정으로서의 '느끼다'라는 의미뿐 아니라 '~라고 생각하다'라는 의미까지

가질 수 있다. 그러므로 '觉得'는 (32)와 같은 문장에 쓰일 수 있을 뿐 아니라, '感到'와는 달리 (33a)처럼 절 전체가 직접목적어의 위치에 올 수도 있다.

(32) 我 觉 得 很 惭 愧。
　　　나는 부끄럽게 느낀다.
(33) a. 我 觉 得 你 不 应 该 去。
　　　　나는 네가 가서는 안 된다고 생각한다.
　　b. *我 感 到 你 不 应 该 去。

이와 유사한 방식으로 첫 번째 동사의 의미가 직접목적어인 절이나 동사구의 해석을 결정하는 경우가 있다.

(34) 我 们 都 去 吃 饺 子。
　　　우리는 모두 만두를 먹으러 간다.

(34)를, (35)처럼 '提议'의 직접목적어일 경우와 (36)처럼 '没想到'의 직접목적어일 경우와 비교해보자.

(35) 他 提 议 我 们 都 去 吃 饺 子。
　　　그는 우리 모두 만두 먹으러 가자고 제의했다.
(36) 他 没 想 到 我 们 都 去 吃 饺 子。
　　　그는 우리가 모두 만두 먹으러 갔으리라고는 생각지 못했다.

(35), (36)에서 밑줄 친 목적어는 동일하지만 '提议'의 의미 때문에 (35)는 우리가 만두를 먹으러 갈지 여부가 결정되지 않은 상태인 반면에 (36)은 '没想到'의 의미 때문에 우리가 이미 만두를 먹으러 갔었다는 의미를 전달한다. 발화동사가 쓰이면 동사구나 절인 직접목적어는 발화된 내용을 나타내며

그러한 구문을 간접화법이라고 한다. 중국어에서 간접화법을 나타내는 연동구문의 특징은 발화된 내용을 전달하는 목적어절 앞에 '说'를 수의적으로 쓸 수 있다는 것이다.

(37) 他告诉我(说)你头疼。
　　 그는 네가 머리가 아프다고 나에게 말했다.
(38) 我们问他(说)解放路在哪儿。
　　 우리는 그에게 지에팡루가 어디냐고 물었다.
(39) 妹妹来信(说)下个月来。
　　 여동생이 다음 달에 오겠다고 편지를 보내왔다.

간접화법에 '说'과 함께 쓸 수 없는 유일한 동사는 '说' 그 자체뿐이다.

(40) 他说(*说)他没做功课。
　　 그는 숙제를 하지 않았다고 말했다.

사역문(causative sentence)은 (41)처럼 '시키다'란 의미의 동사와 직접목적어절을 병렬해서 만든다.

(41) 这件事 {使/让/叫} 我很难过。
　　 이 일로 나는 슬프다.

21.2.2 첫 번째 동사구/절이 두 번째 동사의 주어인 경우

이러한 유형의 연동구문에서 첫 번째 동사구나 절이 두 번째 동사의 의미상 주어 위치로 쓰일 수 있다.[3] 다음 예문에서 동사의 의미상 주어 위치에 절이나 동사구가 올 수 있는 동사에는 두 줄을 그었고, 주어인 절이나 동사구에는 한 줄을 그었다.

(42) 大声念课文可以帮助发音。
큰소리로 본문을 읽으면 발음하는 데 도움이 될 수 있다.
(43) 学蒙古话很不容易。
몽골어를 배우는 것은 쉽지 않다.
(44) 在这里停车犯法。
여기에 차를 세우는 것은 불법이다.
(45) 做中国菜太麻烦了。
중국요리를 만드는 것은 너무 번거롭다.
(46) 五个人坐一架摩托车真危险。
다섯 명이 오토바이 한 대에 타는 것은 정말 위험하다.
(47) 你念书很有成就吧?
너 공부하는 거 잘 되고 있지?
(48) 妈妈穿短裙子不好看。
엄마가 짧은 치마를 입는 것은 보기에 좋지 않다.
(49) 他不吃西瓜太可惜了。
그가 수박을 먹지 않다니 너무 애석한 걸.
(50) 你们出去好。
너희들은 나가는 것이 좋겠어.
(51) 他考第一名太好了。
그가 시험에 1등 했다니 너무 잘 됐다.
(52) 他对待什么人都很恭敬。
그는 어떤 사람을 대하든지 공손하다.

---

3. 위의 주 2를 참고.

절이나 동사구를 주어로 취하는 일부 동사들에는 다음과 같은 특이한 속성이 있다. 이 동사들은 주어나 화제 바로 뒤, 즉 문장의 두 번째 위치에 올 수도 있고, 동사구의 앞인 문장의 첫 번째 위치에 올 수도 있다. 다음 각 예문에서 a와 b는 그 의미가 대체로 같으며, 수의적인 변이(optional variant)라고 볼 수 있다. 주어로서 동사구나 절을 취하는 동사와 그 수식어에는 밑줄을 두 줄 그었다.

(53) a. 我们见面很难得。
  우리가 만나는 게 어려워.
 b. 我们很难得见面。
  우리는 만나는 게 어려워.

(54) a. 解决这个问题很容易。
  이 문제를 해결하는 것은 쉬워.
 b. 这个问题很容易解决。
  이 문제는 해결하기가 쉬워.

(55) a. 找工作不太容易。
  일을 찾기란 그리 쉽지 않아.
 b. 不太容易找工作。
  일을 찾기가 그리 쉽지 않아.

(56) a. 去桂林不可能。
  계림에 가는 것은 불가능해.
 b. 不可能去桂林。
  계림에 갈 수가 없어.

한 문장에 주어절과 직접목적어절이 둘 다 포함될 수 있을까? (57)은 그것이 가능함을 보여준다.

(57) 他送你东西并不表示他爱你。
그 사람이 네게 물건을 선물한 것은 결코 그가 너를 사랑한다는 것을 나타내지는 않아.

21.2.3 주어나 직접목적어절이 의문문인 경우

평서문과 마찬가지로 의문문도 다른 동사구의 주어나 직접목적어로 쓰일 수 있다.

(58) (주어)
他会不会说台语没关系。
그가 대만어를 할 줄 아는지 모르는지는 관계가 없어.

(59) (직접목적어)
他们不晓得谁把电灯关掉了。
그들은 누가 전등을 꺼버렸는지 모른다.

주어나 직접목적어로 쓰이는 의문문에 대해서는 제18장에서 상세하게 논의했다.

21.2에서 동사구나 절이 다른 동사의 주어나 직접목적어로 쓰인 연동구문을 살펴보았다. 이제 연동구문의 세 번째 유형을 살펴보기로 하자.

21.3 겸어 구문(Pivotal Construction)†

겸어 구문은 두 번째 동사의 주어인 동시에 첫 번째 동사의 직접목적어인 명사구를 포함하고 있다는 점이 그 특징이다.[4] 즉 이 명사구는 두 동사를 관련시키는 '중심축(pivot)'과 같은 역할을 한다. (60)과 같이 그 관계를 도식화할 수 있다. 화살표는 연결되는 두 성분 사이의 관계를 나타낸다. 겸어명사구는 두 줄로 나타냈다.

(60) NP V_1 NP V_2 (NP)

　　　　　　　직접목적어　주어

아래에서는 겸어구문에 대한 예문을 두 가지로 나누어 설명하겠다. 겸어명사구에는 밑줄을 그었다.

(i) 첫 번째 유형

(61) 我 劝 <u>他</u> 念 医。
　　　나는 그에게 의학을 공부하라고 권했다.
(62) 派 <u>一 个 人</u> 来。
　　　한 사람을 보내라.
(63) 我 求 <u>他</u> 代 表 我。
　　　나는 그에게 나를 대신 하라고 간청했다.
(64) 我 们 委 托 <u>他</u> 做 一 件 事。
　　　우리는 그에게 일 한 가지를 해달라고 부탁했다.
(65) 我 请 <u>你 们</u> 去 吃 氷 淇 淋。
　　　내가 너희들에게 아이스크림을 사줄 테니 가자.

(ii) 두 번째 유형

---

† 'pivotal construction'에 대한 정확한 번역은 '중심축 구문'일 것이다. 그러나 중국어 문법에서 통용되는 용어를 사용해 겸어문으로 번역하기로 한다. — 역주
4. Chao(1968)로부터 'pivotal construction'이라는 용어를 취했다. 2.13의 pp. 124-129에서의 그의 논의와 Simon(1958: 571-573)을 보라.

(66) 我 原 谅 你 撕 坏 了 我 的 书。

　　나는 네가 내 책을 찢어버린 것을 용서하겠다.

(67) 小 孩 子 笑 他 是 一 个 大 伴 子。

　　아이들은 그를 뚱뚱보라고 비웃는다.

(68) 我 恭 喜 他 考 进 台 大。

　　나는 그가 대만대학에 합격한 것을 축하했다.

(69) 他 批 评 我 不 用 功。

　　그는 내가 열심히 공부하지 않는다고 비난했다.

(ⅰ)과 (ⅱ)는 의미상 다르다. (ⅰ)에서 각 문장의 첫 번째 동사의 의미는 두 번째 동사가 나타내는 사건이 실현되지 않았다는 것, 즉 사건이 일어날지도 모른다는 것을 나타내는 반면에 (ⅱ)에서 각 문장의 첫 번째 동사는 두 번째 동사가 표현하는 사건이 실현되었거나 적어도 첫 번째 동사의 주어의 입장에서는 사실임을 나타낸다.5 다음 예문을 보자.

---

5. 여기에서 논의된 차이점은 제2동사구/절이 제1동사의 직접목적어가 되는 연동구문에도 제한적으로 적용된다. 직접목적어로서 동사구/절을 취하는 몇 개의 동사만이 제2동사에 의해 표현되는 사건이 아직 실현되지 않은 것이기를 요구한다. 이러한 동사에는 '要', '想', '喜欢'이 있다.

(ⅰ) 我 { 要 / 想 / 喜欢 } 张 三 住 在 这 儿。

　　나는 장싼이 여기에 살기를 원한다.
　　나는 장싼이 여기에 살기를 소망한다.
　　나는 장싼이 여기에 살기를 바란다.

직접목적어절 '张三住在这儿'(장싼이 여기에 산다)이 표현하는 사건은 반드시 실현되지 않은 것이어야 한다. (ⅰ)을 (ⅱ)와 비교해 보자.

(ⅱ) 我 听 说 张 三 住 在 这 儿。

　　나는 장싼이 여기에 산다고 들었다.

(ⅱ)에서 목적어절 '张三住在说儿'(장싼이 여기에 산다)가 표현하는 사건은 실현된 것일 수도 있고 실현되지 않은 것일 수도 있다. (ⅱ)에서 제1동사 '听说'(듣다)는 직접목적어가 표현하는 사건이 실현되었는지 실현되지 않았는지에 대해서는 어떠한 요구도 없다.

(61) 我 劝 <u>他 念 医</u>。
　　　나는 그에게 의학을 공부하라고 권했다.

(ⅰ)의 예문 (61)에서 '他念医'(그가 의학을 공부한다)라는 사건은 실현되지 않았다. 실현되지 않았다는 해석은 전적으로 동사 '劝'(권하다)의 의미 때문이다. 즉 이미 사실이라고 알고 있는 어떤 것을 하라고 누구에게 권할 수는 없다.

(70) 他 批 评 <u>我 不 用 功</u>。
　　　그는 내가 열심히 공부하지 않는다고 비난했다.

반면에 예문 (70)에서 '我不用功'(나는 공부를 열심히 하지 않는다)라는 사건은 적어도 주어 '他'의 입장에서는 사실이다. 이 해석도 역시 '批评'(비난하다)의 의미를 따른 것이다. 즉 어떤 것이 사실이라고 믿지 않으면서 이에 대해 누군가를 비난할 수는 없다.

첫 번째 동사만 상이한 한 쌍의 예문을 통해서 실현되었다는 해석과 실현되지 않았다는 해석 사이의 대비를 나타낼 수 있다.

(71) a. (ⅰ)
　　　　他 <u>命 令</u> 我 帮 姐 姐 的 忙。
　　　　　그는 내게 언니를 도우라고 명령했다.
　　b. (ⅱ)
　　　　他 <u>谢 谢</u> 我 帮 姐 姐 的 忙。
　　　　　그는 내가 언니를 도운 것을 고마워한다.

두 문장은 모두 '我帮姐姐的忙'(내가 언니를 돕는다)이 포함되어 있는데, 두 문장에서 '我'는 명사구로서 첫 번째 동사의 직접목적어인 동시에 두 번째 동사의 주어이다. 그러나 이 절의 해석은 다르다. (71a)에서 '언니를 돕는다'는 것은 실현된 사건이 아니라 화자가 명령을 받은, 일어날 가능성이 있는 사건이다. 그러나 (71b)에서 '언니를 돕는다'는 것은 적어도 '他'가 생각하기로는 이미 실현되었으며 그는 화자에게 언니를 도와준 데 대해 고마워하고 있다. '命'(명령하다)의 의미와 '谢谢'(감사하다)의 의미 차이가 그들 뒤에 오는 명제의 해석에 이러한 차이를 야기했다.

(i)에 속한 문장에서 첫 번째 동사에 대한 또 하나의 흥미로운 사실을 살펴보자. 명령이나 제의와 관련되는 의미를 갖는 동사 뒤에 오는 절들은 사실상 명령문이다(명령문에 관한 제14장 참조). 이것은 다음 두 가지 방법으로 증명될 수 있다.

첫째, 이러한 절은 명령문에서만 쓰이는 단어인 '请'(~해주세요)을 취할 수 있다.

(72) 他 叫 我 们 请 少 说 话。
　　　그는 우리들에게 말을 좀 적게 하라고 했다.

둘째, 이러한 절이 부정되려면 명령문에 쓰이는 부정사 '别'나 '不要'를 써야 한다.

(73) a. 他 劝 我 们 别 走。
　　　　그는 우리에게 가지 말라고 권고했다.
　　　b. *他 劝 我 们 不 走。

(i)에 속하는 문장에서 첫 번째 동사 다음에 오는 절들이 명령이나 제의의 의미를 지닌다는 사실도 역시 그 동사의 의미와 직접적으로 관련이 있다.

21.4 서술절(Descriptive Clause)

(74)에서 도식화한 대로 서술절구문은 타동사를 포함하는데 이 타동사의 직접목적어는 뒤에 오는 절에 의해 '서술'된다.

(74)
```
                       서술
              ┌─────────┴─────────┐
                        ↓
    NP      V1     NP     (NP)    V2    (NP)
```

서술절 구문에는 두 가지 유형이 있다. 각각 차례로 살펴보자.

21.4.1 실현 서술절(Realis Descriptive Clause)

이러한 유형의 서술절 구문은 다음과 같은 특성을 갖는다. 1) 첫 번째 동사의 직접목적어는 항상 비한정이고, 2) 두 번째 절은 이 비한정 직접목적어를 서술한다.[6] 이 구문은 담화에서 명사구를 소개하거나 제시하는 기능을 한다는 점에서는 제시문의 한 유형이다(제시문에 대해서는 제17장 참고).

다음 보기에서 서술절에는 밑줄을 한 줄 그었고 그 절이 서술하는 비한정 명사구에는 두 줄을 그었다.

(75) 他有一个妹妹很喜欢看电影。
    그에게는 영화 보는 것을 좋아하는 여동생이 있다.
(76) 我碰到了一个外国人会说中国话。
    나는 중국어를 할 줄 아는 외국인 한 사람을 만났다.
(77) 我打破了一个茶杯很值钱。
    나는 값비싼 찻잔을 깨뜨렸다.

---

6. 이러한 유형의 구문은 Tai(1978: 291-293)에서도 언급되어 있다.

(78) 她 炒 了 <u>一 个 菜</u> 我 很 喜 欢 吃。
그녀는 내가 좋아하는 요리를 만들었다.

실현 서술절이 포함된 연동구문은 새로운 지시대상을 담화 속에 소개하고 그것에 대해 어떤 정보를 덧붙이는 기능을 한다. 두 번째 절이 제시하는 서술이 실현되었기 때문에 이를 '실현 서술절'이라고 부른다. (79)처럼 첫 번째 절의 명사구에 대해 가설적이거나 제안적인 정보를 덧붙이는 '비실현 서술절'(irrealis descriptive clause)과는 반대로, 실현 서술절은 '실제세계'의 지금 그리고 여기에서 발생하거나 발생한 일을 서술한다.

(79) 我 找 一 个 人 <u>帮 忙</u>。
나는 도와줄 사람을 찾고 있다.

비실현 서술문은 21.4.2에서 논의하겠다.
의미적으로 연동구문은 관계절 구문(relative clause construction, 20.2.1 참조)과 다소 비슷한 듯이 보이며, 실제로 두 유형의 구문에 대한 영어 해석은 동일하다. 다음 예문은 (75)-(78)과 유사한 의미를 갖는 관계절 문장이다. 관계절에는 밑줄을 그었다.

(80) 他 有 一 个 <u>很 喜 欢 看 电 影</u> 的 妹 妹。
그에게는 영화 보기를 좋아하는 여동생이 있다.
(81) 我 碰 到 了 <u>一 个 会 说 中 国 话</u> 的 外 国 人。
나는 중국어를 할 줄 아는 외국인 한 사람을 만났다.
(82) 我 打 破 了 <u>一 个 很 值 钱</u> 的 茶 杯。
나는 값비싼 찻잔을 깨뜨렸다.
(83) 她 炒 了 <u>一 个 我 很 喜 欢 吃</u> 的 菜。
그녀는 내가 좋아하는 요리를 만들었다.

그러나 실현 서술절과 관계절은 그들이 서술하는 명사구에 대한 정보를 제공하는 방식에 미묘하고도 중요한 차이가 있다. 즉 실현 서술절이 서술하는 속성은 완전히 부수적인 반면에 관계절은 그러한 항목이 예정되어 있음을 나타낸다. '예정되어 있다'는 뜻은 바로 그 항목이 화자와 청자 간의 논의에서 가정되거나 이미 출현되었다는 것을 의미한다. 즉 그들은 이런 성질을 가진 항목의 존재에 대해 암묵적으로 동의했다고 할 수 있다.

최소대립쌍인 (84a)와 (84b)를 보면 위의 논의가 좀 더 명확해질 것이다. (84)에서 실현 서술절과 관계절에는 밑줄을 그었다.

(84) a. (서술절)
我 买 了 一 件 衣 服 <u>太 大</u>。
나는 옷을 샀는데 너무 크다.
b. (관계절)
我 买 了 一 件 <u>太 大</u> 的 衣 服。
나는 너무 큰 옷을 샀다.

두 문장은 모두 화자가 산 옷이 너무 크다는 내용을 전달한다. 그러나 (84a)에서는 그 옷이 너무 큰 사실이 우연이거나 후에 밝혀진 사실인 반면에, (84b)는 청자와 화자가 너무 큰 옷에 대해 논의한 적이 있거나 화자가 특별히 너무 큰 옷을 찾는다는 것을 청자가 알고 있는 문맥에 적절하다. 이로부터 관계절은 화자와 청자가 암묵적으로 동의한, 예정된 항목이 있었다는 것을 가정할 수 있는 반면에 실현 서술문은 그렇지 않음을 알 수 있다. 위의 예문에서 예정된 항목은 바로 너무 큰 옷이다. 다른 예로 (85)의 a와 b를 살펴보자.

(85) a. (서술절)
他 养 了 一 条 狗 <u>我 要 买</u>。
그가 개 한 마리를 기르는데 내가 사려 한다.

b. (관계절)

他 养 了 一 条 <u>我 要 买</u> 的 狗。

그는 내가 사려는 개 한 마리를 길렀다.

실현 서술문 (85a)는 그가 개 한 마리를 기르고 있고 공교롭게도 화자가 그 개를 사려고 한다는 내용을 전달한다. 반면에 관계문 (85b)는 화자가 사려는 개의 종류를 화자와 청자가 알고 있고 그가 마침 그런 개를 기르고 있다는 내용을 전달한다.

이 절의 서두에 제시한 네 쌍의 보기 (75)-(78)과 (80)-(83)의 경우에도 마찬가지이다. 예를 들어 (77)과 (82)는 각각의 해석을 통해 그 차이점을 알 수 있다.

(77) 我 打 破 了 一 个 茶 杯 <u>很 值 钱</u>。

나는 찻잔을 깨뜨렸는데, 그것은 값비싼 것이었다.

(I broke a teacup that happened to be very valuable.)

(82) 我 打 破 了 一 个 <u>很 值 钱</u> 的 茶 杯。

나는 값비싼 찻잔을 깨뜨렸다.

(I broke one of those very valuable teacup.)

이 차이를 좀 더 확인하기 위해 예정된 항목을 서술할 것 같지 않은, 특정하고(specific) 우연한 서술을 표현하려면 관계절보다 실현 서술절이 더 적합한 구문이라고 예상할 수 있다. (86)의 a와 b는 이 예상이 옳다는 것을 보여준다.

(86) a. (서술절)

那 边 有 一 棵 树 我 要 看 一 看。

저기 나무가 있는데 내가 좀 봐야겠다.

b. (관계절)

?那边有一棵我要看一看的树。
저기 내가 좀 보려는 나무가 있다.

'我要看一看'(내가 좀 보려 한다)이란 절은 특정하고 우연한 사건을 서술한다. 정상적인 문맥에서는 화자와 청자 사이에 '내가 좀 보려는 나무'의 존재에 관해 합의가 이루어져 있을 것 같지는 않다. 그러므로 관계절 (86b)는 이상하지만 서술절 (86a)는 적합하다.
관계절 (86b)와 (87)을 대비해보면 이 점이 더욱 분명해진다.

(87) (관계절)

那边有一本我要研究的书。
거기에 내가 연구하려는 책이 있다.

(86b)와는 달리 (87)은 아주 자연스럽다. (87)과 같은 문장이 '내가 연구하려는 책'으로 구성된 한 부류의 책들의 존재가 담화의 참여자들에게 가정되어 있는 문맥(특히 학생과 선생 사이)에서 쓰이는 것은 정상적이기 때문이다.
관계절에서 예정된 정보와는 반대되는 것으로서 부수적인 서술의 의미를 설명하는 서술절의 구조적인 특성은 다음과 같다. 즉 실현 서술문은 그것이 하나의 문장처럼 연이어 읽히는 것만 제외하고는 사실 두 개의 문장이 연결된 것이나 다름없다. 예를 들어 (75)를 두 문장이 연결된 (88)과 비교해보자.

(88) 他有一个妹妹，___ 很喜欢看电影。
그에게는 여동생이 있다. (그녀는) 영화 보는 것을 좋아한다.
(75) 他有一个妹妹很喜欢看电影。
그에게는 영화 보는 것을 좋아하는 여동생이 있다.

중국어에서는 생략된 NP(제24장 참조)를 나타내는 영대명사(zero pronoun)가 널리 사용된다. 따라서 (75)는 하나의 억양패턴으로 읽히는 단문(single sentence) 인 반면에 (88)은 두 문장 사이에 휴지가 있어서 두 개의 억양패턴으로 읽힌 다는 점만 제외하면 모든 면에서 (75)와 (88)은 같다. (88)과 같이 연속된 문 장을 해석하는 의미 규칙은 (75)와 같은 서술문을 해석하는 원리와 똑같다. 따라서 이러한 사실은 실현 서술절 구문과 관계절 구문 사이의 의미 차이를 설명해준다. 즉 의미적으로 실현 서술절은 앞의 절에 단지 또 다른 단언(assertion) 을 덧붙이는 반면에, 관계절은 해당 항목을 지시하는 명사구의 일부이다. 따라서 예정된 항목을 그 항목의 속성과 함께 표현하는 것이 자연스럽다.

21.4.2 비실현 서술절(Irrealis Descriptive Clause)

연동구문의 서술절 유형에 속하는 비실현 서술절은 첫 번째 동사의 직접 목적어가 되는 명사구, 첫 번째 동사의 직접목적어를 포함하는 실현되지 않 은 (비실제의) 행동을 표시하는 두 번째 동사구로 이루어진다. 따라서 비실현 서술절은 세 가지 점에서 실현 서술절과 다르다. 첫째, 비실현 서술절에서 첫 번째 동사의 직접목적어는 반드시 비한정 명사구(indefinite noun phrase)일 필 요는 없다. 그것은 한정적일 수도 있고 비한정적일 수도 있으며 비지시적 (nonreferential)일 수도 있다. 둘째, 비실현 서술절의 동사는 항상 행동을 나타 낸다. 셋째, 비실현 서술절은 항상 실현되지 않은 사건을 나타낸다. 다음 예 문에서 첫 번째 동사의 직접목적어가 되는 명사구에는 밑줄을 두 줄 그었고 두 번째 동사구에는 한 줄을 그었다.

(89) 我们种<u>那种菜</u>吃。
　　　우리는 먹으려고 그런 채소를 심었다.
(90) 我找<u>学生</u>教。
　　　나는 가르칠 학생을 찾는다. (내가 가르칠 수 있는 학생 또는 다른 사람을

가르칠 수 있는 학생)

(91) 我 有 钱 买 书。
　　나는 책을 살 돈이 있다.

(92) 他 给 了 我 一 碗 汤 喝。
　　그는 나에게 마시라고 국을 주었다.

(93) 我 有 衣 服 洗。
　　나는 세탁할 옷이 있다.

(94) 我 没 有 时 间 喝 茶。
　　나는 차 마실 시간이 없다.

(95) 我 没 法 子 对 老 板 交 待。
　　나는 주인에게 설명할 방법이 없다.

(96) 给 这 个 人 安 排 一 个 时 间 重 新 检 查！
　　이 사람에게 다시 검사할 시간을 줘라.

(97) 这 个 菜 太 咸 了 没 人 吃。
　　이 요리는 너무 짜서 먹을 사람이 없다.

(98) 他 买 那 本 书 给 你 看。
　　그는 너에게 보여주려고 그 책을 샀다.

(99) 他 们 须 要 夹 子 夹 核 桃。
　　그들은 호두를 깔 집게(호두까기)가 필요해.

21.5 요약

지금까지 이 장의 시작부분에서 보여준 (1)에 해당하는 모든 연동구문을 살펴보았다.

(1) (NP) V (NP) (NP) V (NP)

연동구문에는 적어도 하나의 전체적인 사건이나 사태를 표시하는 두 개의 동사(그리고 몇 개의 명사구)가 있다. 흥미로운 사실은 연동구문은 두 개의 동사구가 서로 어떻게 관련되어 있는가를 나타내는 표지 없이 (1)의 동일한 형식을 가지지만 화자는 동사의 의미에 따라 상이한 방식으로 연동구문을 해석한다는 점이다.

1. 두 개의 분리된 사건
   (ⅰ) 결과: 한 사건이 다른 사건 다음에 일어난다.
   (ⅱ) 목적: 첫째 사건은 둘째 사건을 이루기 위해 행해진다.
   (ⅲ) 번갈아 하기: 주어가 두 가지 행위를 번갈아 한다.
   (ⅳ) 환경: 첫째 동사구가 둘째 동사구/절이 표시하는 사건이 일어나는 환경을 서술한다.
2. (ⅰ) 한 동사구/절은 다른 동사의 직접목적어이다.
   (ⅱ) 한 동사구/절은 다른 동사의 주어이다.
3. 겸어 구문
4. 서술절
   (ⅰ) 실현 서술절
   (ⅱ) 비실현 서술절

각각의 경우에 동사의 다양한 의미에 따라서 어떻게 전체 연동구문에 부합하는 해석 유형이 달라지는지를 살펴보았다.

제22장
정태보어구문(Complex Stative Construction)

정태보어구문†은 아래와 같은 구조를 가진다.[1]

(1) 절 + '得' + 정태절(혹은 정태동사구)

22.1 추론된 의미(Inferred Meanings)

화자는 정태보어구문에서 두 가지 의미유형을 추론할 수 있다. 어느 유형이 추론되는가는 절 자체의 의미와 두 절 사이의 가능한 관계에 의해 결정된다. 이러한 정태보어구문의 일반적인 특성을 알아보기 전에 먼저 두 가지 의미유형을 각각 살펴보기로 하자.

---

† 'Complex Stative Construction'의 정확한 번역은 '복합정태구문'이다. 그러나 이 책에서는 중국어법의 일반 용어인 '정태보어(情态补语)구문'을 사용하기로 한다. — 역주
1. 정태보어구문에 대한 더 자세한 논의는 C. Y. Chen(1979)을 참고할 것.

22.1.1 추론된 양태(Manner Inferred)

정태동사구가 형용사일 때, 정태보어구문의 두 요소 간에는 '양태(manner)' 관계가 추론된다. 즉 이 형용사는 정태보어구문의 첫 번째 절이 묘사하고 있는 사건이 일어나는 양태를 묘사한 것으로 해석될 수 있다. 아래에서 몇 가지 예를 보자. 양태를 표현하고 있는 것으로 볼 수 있는 정태절이나 정태동사구에는 밑줄을 그었다.

(2) 李四来得<u>真巧</u>。
리쓰가 마침 제 때에 왔다.
(3) 他答应得<u>比较勉强</u>。
그는 좀 마지못해 승낙했다.
(4) 他走得<u>很慢</u>。
그는 천천히 걷는다.
(5) 我们睡得<u>很好</u>。
우리는 잘 잤다.
(6) 他走得<u>非常早</u>。
그는 굉장히 일찍 떠났다.
(7) 他站得<u>很稳</u>。
그는 똑바로 서 있다.
(8) 他穿得<u>很漂亮</u>。
그는 멋있게 입었다.

정태보어구문의 또 다른 추론된 의미를 살펴보기에 앞서 제8장에서 논의한 바 있는 양태부사와 양태의 의미를 가지고 있는 정태보어구문이 어떠한 기능적 차이를 가지는지에 대해 간단히 살펴보기로 하자.

(9) (양태부사)
　　你 快 快 地 跑。
　　너 빨리 뛰어.
(10) (정태보어구문)
　　你 跑 得 很 快。
　　너는 빨리 달린다. / 너는 빨리 달렸다.

　이 두 문장의 차이는, 양태부사가 포함되어 있는 문장은 항상 '동작'을 언급하고 있는 반면에 정태보어구문은 항상 '사태(state of affair)'를 언급하고 있다는 점이다. 이것은 정태보어구문에서 화자가 말하고자 하는 초점은 항상 정태절 혹은 정태동사구이기 때문이다. 그렇다면 (10)은 평상시 혹은 어떤 특정시간에 네가 달리는 것이 빠르다는 뜻이다. 즉 (10)은 청자의 속도에 대해 언급하고 있다. 이러한 형태의 문장은 정태를 나타내기 때문에 명령문으로 쓸 수가 없다. 반면에 (9)는 동작을 언급하고 있기 때문에 명령이 가능한 것이다.
　정태보어구문의 또 다른 특성은 이상의 차이점과 관련이 있다. 즉 정태절의 앞부분에서 언급한 사건은 반드시 이미 이야기하는 가운데 나왔거나 서로 알고 있는 사건이어야만 한다. 예를 들어 어떤 사람이 (5)와 같이 말했다고 하자.

(5) 我 们 睡 得 很 好。
　　우리는 잘 잤다.

　이것은 어떤 사람이 화자에게 그와 그의 친구들이 잘 잤는지의 여부에 대해서 물어보았거나 이른 아침에 서로 인사할 때 할 수 있는 대답이다. 둘 중에 어떠한 경우에도 정태절의 앞부분에서 언급한 사건은 (5)를 발화했을 때 이미 서로 알고 있는 상태이다. (10)의 첫 번째 절인 '你跑'에 대해서도 똑같이 말할 수 있다. 그러나 (9)는 이미 언급했거나 서로 알고 있는 사건을 나타낼 수 없다. 이러한 사실로 볼 때, (11)의 질문 A에는 그가 달리고 있음을 이미 알고 있다는 것을 암시하지 않으므로 오직 양태부사가 포함되어 있는 문장으로만 대답할 수 있다.

(11) A: 他 在 做 什 么 ?
　　　그는 무엇을 하고 있니?
　　B: 他 在 慢 慢 地 跑。
　　　그는 천천히 달리고 있어.

(12)와 같은 정태보어구문은 '그는 달릴 때(달렸을 때) 속도가 느리다(느렸다)'라는 의미로서 달리는 속도의 느림을 언급하기 때문에 (11) A와 같이 '그가 뭘 하고 있는지'에 대한 대답으로는 적절하지 않다.

(12) 他 跑 得 很 慢。
　　　그는 천천히 달려.

22.1.2 추론된 정도(Extent Inferred)

정태보어구문의 두 요소 간의 추론된 관계는 정도를 나타낼 수도 있다. 즉 첫 번째 절이 나타내는 사건의 결과, 정태절이나 정태동사구가 표현하는 정도에까지 이르렀음을 나타낸다. 아래의 예문에서 정도를 나타내는 정태동사구에는 밑줄을 그었다.

(13) 他 笑 得 <u>站 不 起 来</u>。
　　　그는 웃느라 서 있을 수가 없었다.
(14) 他 教 得 <u>累 了</u>。

그는 가르치느라 피곤해졌다.
(15) 我哭得<u>眼睛都红了</u>。
나는 우느라 눈이 다 빨개졌다.
(16) 他笑得<u>我们都不好意思</u>。
그가 웃어서 우리 모두 겸연쩍었다.
(17) 小孩长得<u>我不认识了</u>。
아이는 내가 몰라볼 정도로 자랐다.
(18) 他高兴得<u>睡不着觉</u>。
그는 기뻐서 잠을 잘 수가 없었다.
(19) 你们作文,不要把句子写得<u>太长</u>。
너희들이 글을 쓸 때, 문장을 너무 길게 쓰지 마라.
(20) 我饿得<u>发慌</u>。
나는 배가 고파서 미칠 지경이다.

22.1.3 양태나 정도로 모두 추론이 가능한 경우

정태보어구문에서 어떤 동사구는 양태관계로 해석될 수도 있고 정도관계로 해석될 수도 있다. (21), (22)에서 (ⅰ)은 양태관계로 해석한 것이고 (ⅱ)는 정도관계로 해석한 것이다.

(21) 我们吃得<u>很开心</u>。
　　(ⅰ) 우리는 즐겁게 먹었다.
　　(ⅱ) 우리는 즐거울 정도로 먹었다.
(22) 他哭得<u>很伤心</u>。
　　(ⅰ) 그는 슬프게 울었다.
　　(ⅱ) 그는 슬플 정도로 울었다.

22.2 일반적인 구조적 특성

첫 번째 절의 동사가 직접목적어를 수반하는 타동사(동사의 유형에 대해서는 4.3.1참조)일 때, 정태보어구문의 가장 두드러진 구조적 특성이 나타난다. 만약 첫 번째 절에 타동사와 그 동사의 직접목적어가 있으면 동사를 반드시 '得' 앞에 중복해야 한다. 아래 예문에서 중복된 동사에는 밑줄을 두 줄 그었다.

(23) 他 <u>说</u> 泰 国 话 <u>说</u> 得 <u>非 常 流 利</u>。
  그는 태국어를 유창하게 한다.
(24) 妈 妈 <u>洗</u> 衣 服 <u>洗</u> 得 <u>很 乾 净</u>。
  어머니는 옷을 깨끗이 빨았다.
(25) 他 <u>切</u> 鱼 <u>切</u> 得 <u>很 仔 细</u>。
  그는 생선을 조심스럽게 잘랐다.

동사의 중복에 대한 더 많은 논의는 제13장을 참고하기 바란다.
정태보어구문에서 부정사와 조동사가 오는 위치는 서로 다르다. 정태보어구문에 부정사가 있을 경우에 부정사는 첫 번째 절의 동사구 앞에 오지 않고 정태보어구문 앞에 온다.

(26) a. 他 考 试 考 得 <u>不</u> 好。
  그는 시험을 잘 보지 못했다.
  b. *他 <u>不</u> 考 试 考 得 好。
  c. *他 考 试 <u>不</u> 考 得 好。

부정사의 위치는 부정사의 범위(12.1을 참조)에 의해서 예견될 수 있다. 즉 부정소가 있을 경우에 부정소 바로 뒤에 오는 성분이 부정된다. (26)의 의미는 시험을 보았는데 잘 보지 못했다는 것이지 그가 시험을 보지 않았다는 것은 아니다. 따라서 부정소 '不'는 '考试' 앞이 아니라 '好' 앞에 와야만 한다.
　이와는 달리 조동사는 일반적으로 정태보어구문의 첫 번째 동사 앞에 와야만 한다.

(27) a. 他 能 跳 得 很 高。
　　　　그는 높이 뛸 수 있다.
　　 b. *他 跳 得 能 很 高。

그러나 조동사 '应该'(~해야 한다)만은 정태보어구문에서 그 위치가 비교적 자유롭다.

(28) a. 你 应 该 发 音 发 得 很 清 楚。
　　　　너는 분명하게 발음해야 한다.
　　 b. 你 发 音 应 该 发 得 很 清 楚。
　　　　너는 발음을 분명하게 해야 한다.
　　 c. 你 发 音 发 得 应 该 很 清 楚。
　　　　너는 발음이 분명해야 한다.

제23장
문장연결(Sentence Linking)

문법 구조를 분석하기 위해 단독으로 쓰인 단문만 살펴보는 것도 유용하지만, 실제 언어 사용에서 문장은 (글뿐만 아니라) 대화, 독백 혹은 회화의 일부분으로서 더 큰 문맥 안에 쓰이기도 한다. 일반적으로 한 사람 혹은 몇 사람이 계속 이어서 말하는 문장은 서로 관련이 있다. 그렇지 않으면 서로 의사소통이 이루어지지 않을 것이다. 그러나 때로는 관계를 명시하지 않은 채 두 문장을 병치하는 경우도 있다.

(1) 我很喜欢吃北方菜, 吃广东菜觉得没有味道。
　　나는 북방요리 먹는 걸 좋아해서 광동요리는 먹어도 맛이 없어.

이 두 문장은 주제(theme)가 명확히 관련되어 있다. 즉 두 문장 모두 화자의 음식기호에 대해서 말하고 있다. 이러한 경우에 정확한 관계를 언급할 필요는 없다. 그러나 때로 화자는 어떤 특정한 의미로 한 문장을 다른 문장과 연관시키려 한다. 이 장에서는 중국어에서 화자가 자신의 문장을 다른 문장이나 대화 상대자가 발화한 문장과 연결시키는 방법에 대해서 살펴볼 것이다.[1]
어떤 문장이 더 큰 문장의 일부일 경우에 이러한 문장을 절(clause)이라고 한다. 이 장에서 살펴볼 연결구문에서 우리는 다른 문장과 연결된 문장을 절로서 언급하겠다.

연결에는 기본적으로 두 종류의 연결, 즉 선행연결(forward linking)과 후행연결(backward linking)이 있다. 선행연결의 경우에는 첫 번째 절의 의미가 완전히 전달되기 위해서는 항상 두 번째 절에 의존해야 하기 때문에 적어도 두 개의 절이 포함되어 있는 문장이어야 한다. 반대로 후행연결의 경우에는 화자가 말하는 절은 의미가 완전히 전달되기 위해서는 앞의 절에 의존해야 한다. 이 경우 앞의 절은 동일한 사람이 발화하는 경우가 일반적이지만, 어떤 경우에는 대화에 참여하는 다른 사람이 발화하는 경우도 있다.

이제부터 살펴보겠지만, 두 개의 절이 연결된 문장에는 대개 각 절마다 연결성분(linking element)이 있다. 첫 번째 절에는 선행연결요소가 있고, 두 번째 절에는 후행연결성분이 있다. 예를 들면, (2)에서 밑줄 친 각 성분은 두 절이 서로 의존적임을 나타낸다.

(2) 他 <u>雖 然</u> 沒 錢, <u>可 是</u> 他 还 是 很 慷 慨.
　　그는 비록 돈은 없지만 그래도 후하다.

두 종류의 연결을 각각 살펴보기로 하자.

23.1 선행연결

앞에서 언급했듯이 선행연결의 경우에 앞의 절은 뒤에 오는 절에 의존하고 있다. 이러한 의존관계는 특정한 연결성분에 의해 나타나거나 화자의 의도에 의해 나타난다.

---

1. 이 장의 몇 가지 관점들은 Shaffer(1966), Cholo(1968: sect.2.2), Tseng(1977)과 Richard Te-lee Ch'i의 미발표 논문을 원용했다.

　　　　　　　C₁　　　　　　C₂
(3) 假如下雨, 我们就在屋里吃饭。
　　　만약 비가 오면, 우리는 집안에서 식사하겠다.

첫 번째 절(C₁)에 포함된 선행연결성분 '假如'(jiǎrú, 만약)는 C₁의 의미가 완전히 전달되기 위해서는 두 번째 절인 C₂에 의존함을 나타낸다.

또 다른 의존관계는 화자의 의도에 의해 성립된다.

　　　　　C₁　　　C₂
(4) 爸爸去, 我跟他去。
　　　아버지가 가면 나는 아버지와 함께 가겠다.

이러한 의존관계에서 C₁에는 명시적인 선행연결성분이 없다. 사실 C₁만 단독으로 쓰여 '아버지는 간다'라는 의미를 가질 수도 있지만, C₂라는 절이 뒤에 오는 경우에는 화자의 의도 때문에 C₂의 의미에 따라 C₁의 연결의미가 결정된다.

선행연결에 대해서 좀 더 자세히 살펴보자.

23.1.1 연결성분이 있는 선행연결

선행연결성분에는 세 종류가 있다.

　　A. 선행연결성분이 절 끝에 오는 경우
　　B. 부사적 선행연결성분이 오는 경우
　　　1. 이동성 선행연결성분: 화제/주어의 뒤와 절 앞에 모두 올 수 있다.
　　　2. 비이동성 선행연결성분: 화제/주어의 뒤 혹은 절 앞에 와야 한다.
　　C. 완료상

A. 선행연결성분이 절 끝에 있는 경우

이러한 종류의 연결성분은 첫 번째 절, C_1의 끝에 온다. 가장 중요한 예로는 다음과 같은 것이 있다.

(5) 的话 : ~한다면
　　的时候 : ~할 때
　　以后 : ~한 후에
　　以前 : ~하기 전에
　　呢, 嘛 : 휴지첨사(4.1.1 참조)

각각의 예를 보자.

(6) 你 有 钱 的 话, 就 不 会 向 我 借 钱 了。
　　네가 돈이 있다면 나에게 돈을 빌리지 않았을 거야.
(7) 他 小 的 时 候, 没 人 照 顾 他。
　　그가 어렸을 때, 그를 돌볼 사람이 없었어.
(8) 下 课 以 后, 我 就 去 游 泳。
　　수업이 끝난 후에 나는 수영하러 가.
(9) 上 课 以 前, 我 先 喝 一 杯 茶。
　　수업하기 전에 나는 우선 차 한 잔을 마신다.
(10) 他 来 这 儿 呢, 我 想 也 可 以。
　　그가 여기에 오는 거 말이야, 나는 괜찮다고 생각해.
(11) 他 不 念 书 嘛, 我 就 不 养 他。
　　그가 공부하지 않으면 나는 그를 양육하지 않겠다.

B. 부사성 선행연결성분

부사성 선행연결성분 중 하나가 제8장에서 살펴보았던 이동성 부사이다. 이러한 이동성 부사는 문두나 화제/주어 뒤에 모두 올 수 있다. (12)는 이들 가운데 가장 중요한 것들이다.

(12) { 非但 / 不但 } ~뿐만 아니라

{ 如果 / 假如 / 假使 / 要是 } 만약 ~라면2

除非   ~하지 않으면

{ 即使 / 就是 } 설사 ~하더라도

要不是   만약 ~이 아니라면

虽然   비록 ~하더라도

{ 因为 / 由于 } 왜냐하면

{ 无论 / 不论 } ~을 막론하고, ~하든지

{ 既然 / 既是 } ~한 이상, ~하는 한

只要   ~하기만 하면, ~하는 한

---

2. 조건문의 의미는 별도로 논의할 가치가 있다. 23.1.3을 참고하라.

예를 몇 가지 보자.

(13) 他<u>不但</u>会唱歌, 还会跳芭蕾舞。
그는 노래를 부를 줄 알 뿐만 아니라 발레도 할 줄 안다.
(14) <u>要是</u>今天休假, 就好了。
오늘이 휴가라면 좋을 텐데.
(15) <u>除非</u>我们很忙, 我们一定来看你。
우리들이 바쁘지만 않다면 반드시 너를 보러 오겠다.
(16) <u>就是</u>这么便宜, 他还不买呢。
이렇게 싼데도 그는 사려 하지 않아.
(17) 火车<u>要不是</u>太慢, 我早就到了。
기차가 너무 느리지만 않았다면 나는 벌써 도착했을 거야.
(18) 我<u>虽然</u>很喜欢, 可是没钱。
나는 비록 (그것을) 좋아하지만 돈이 없어.
(19) <u>因为</u>天黑了, 所以我没出去。
날이 어두워졌기 때문에 나는 나가지 않았다.
(20) <u>无论</u>他来不来, 我们要走了。
그가 오든 오지 않든 우리들은 갈 거야.
(21) 你<u>既然</u>不信, 你自己去看。
네가 못 믿는 이상, 직접 가서 봐라.
(22) <u>只要</u>我能够, 我一定很乐意帮你忙。
내가 할 수만 있다면 반드시 흔쾌히 너를 돕겠다.

이러한 선행연결 이동성부사는 대부분 뒤에 오는 절의 후행연결성분과 호응한다는 것을 알아야 한다. (23)이 가장 자주 쓰이는 연결성분의 쌍이다.

(23) 不但~ { 而且 / 也 / 还 } ~ : ~뿐만 아니라 ~도

$\left\{\begin{array}{l}如果\\假如\\假使\\要是\end{array}\right\}$ ~ 就~ : 만약 ~한다면

$\left\{\begin{array}{l}即使\\就是\end{array}\right\}$ ~ $\left\{\begin{array}{l}也\\还\end{array}\right\}$ ~ : 설사 ~하더라도

要不是~ 就~ : 만약 ~하지 않는다면

虽然~ $\left\{\begin{array}{l}倒\\可是\\还(是)\end{array}\right\}$ ~ : 비록 ~하더라도

$\left\{\begin{array}{l}因为\\由于\end{array}\right\}$ ~ $\left\{\begin{array}{l}所以\\就\end{array}\right\}$ ~ : ~ 때문에

부사성 선행연결성분의 또 다른 종류는 비이동성 부사(제8장 참고)이다. 그들은 화제 혹은 주어 뒤에 와야 한다. 그렇기 때문에 화제가 없을 때를 제외하고는 이 부사들은 문두에 오지 않는다. 이러한 부사로는 네 가지가 있는데 이들은 모두 두 번째 절에 똑같은 후행연결성분이 와야 한다.

(24) 又~ 又~ : ~하고 또 ~하다
　　 也~ 也~ : ~뿐만 아니라 ~도
　　 越~ 越~ : ~하면 할수록 더욱 ~하다
　　 一边~ 一边~ : ~하면서 ~하다

다음은 이러한 연결성분들이 쓰인 예이다.

(25) 苹果 又 便宜 又 好吃。
　　 사과는 싸고도 맛있다.

(26) 你 <u>也</u> 可 以 学 日 文, <u>也</u> 可 以 学 中 文。
　　너는 일본어도 배울 수 있고 중국어도 배울 수 있다.
(27) 你 <u>越</u> 大 声 说 话 我 <u>越</u> 听 不 懂。
　　네가 크게 말할수록 나는 더욱 알아들을 수 없다.
(28) 他 <u>一边</u> 吃 苹 果 <u>一边</u> 看 报。
　　그는 사과를 먹으면서 신문을 본다.

화제 뒤에 오는 비이동성 선행연결부사가 하나 있는데, 이 연결부사는 두 번째 절에 첫 번째 절과 똑같은 부사를 쓸 필요는 없다. 이것은 바로 '一'인데 이 연결부사는 항상 두 번째 절에 오는 '就'와 함께 쓰인다.

(29) 他 <u>一</u> 说, 我 <u>就</u> 懂 了。
　　그가 말을 하자마자 나는 알아들었다.

이외에도 문두에만 오는 또 다른 종류의 비이동성 선행연결부사가 있다. 이 가운데 두 가지는 두 번째 절의 후행연결사와 함께 쓰인다.

(30) 即使~　也 : 설사 ~라고 하더라도
　　 除非~ : ~하지 않으면
　　 只有~　才 : 오직 ~해야만 비로소

다음은 이러한 비이동성 선행연결부사의 예이다.

(31) <u>即 使</u> 他 不 来, 我 们 <u>也</u> 得 开 会。
　　설사 그가 오지 않더라도 우리들은 회의를 해야 한다.
(32) <u>除 非</u> 你 给 我 那 本 书, 我 不 选 那 门 课。
　　네가 나에게 그 책을 주지 않으면 나는 그 과목을 선택하지 않겠다.

(33) 只有他支持这个建议, 我们才能成功。
오직 그가 이 건의를 지지해야만 우리는 성공할 수 있다.

C. 완료상(完了相)

이 외의 또 다른 선행연결 방식은 양화되지 않은(unquantified) 직접목적어와 함께 완료상 표지 '了$_1$'을 쓰는 것이다. 제6장에서 지적했듯이 '了$_1$'은 제한된 사건과만 함께 쓰일 수 있다. 그 결과 '了$_1$'과 양화되지 않은 직접목적어가 함께 쓰인 절은 또 다른 사건을 나타내는 절에 의해 제한되어야 한다.

(34) 他穿上了大衣, 就出去散步。
그는 외투를 입고 나서 산보하러 나갔다.
(35) 他喝了酒, 就睡着了。
그는 술을 마시고 나서 잠이 들었다.

즉 C$_1$의 '了$_1$'은 이미 살펴보았던 다른 선행연결성분이 그랬던 것과 마찬가지로 C$_2$에 의존하고 있다는 것을 의미한다. 6.1.1에서 지적했듯이 위의 (34), (35)에서 각각의 첫 번째 절은 두 번째 절이 없거나 현재와 관련된 사태를 나타내는 '了$_2$'가 없으면 완전한 문장이 아니다. 따라서 이런 경우에 제한성을 나타내는 '了$_1$'은 선행연결성분으로 쓰였다고 말할 수 있다. 이러한 관계는 ('以后'와 같은 단어처럼) '了$_1$'의 의미에 의해 직접적으로 나타나지는 않지만 두 가지 사건이 순차적으로 발생함을 나타낸다. 이러한 관계는 '了$_1$'이 부가된 동사가 지시하는 사건이 그 절 안의 어떠한 성분에 의해서도 제한될 수 없다는 사실과 '了$_1$'의 제한성이라는 의미로부터 추론된다.

우리는 이상에서 다음과 같은 선행연결성분을 살펴보았다. 즉 1) C$_1$의 끝에 오는 문말연결성분, 2) C$_1$의 맨 앞 혹은 주어나 화제의 바로 뒤에 오는 부사, 3) 완료상접미사 '了$_1$'이다. 이러한 성분의 의미는 모두 C$_1$과 C$_2$의 특정한 관계를 나타낸다.

23.1.2. 연결성분이 없는 선행연결

앞에서 언급했듯이(예문 (4) 참조), 선행연결은 반드시 명확한 연결성분이 있어야 하는 것은 아니며, C_1과 C_2가 관련이 있다는 화자의 의도만으로도 나타낼 수 있다. 그런 경우에 두 절 사이의 특수한 관계는 명백하게 드러나지 않는다. 그 관계는 당시의 상황과 그 시점에서 발화된 내용에 대해서 청자가 알고 있는 사실로부터 청자가 추론해내야 한다.

(36) <u>人类活在世上</u>, 不能不劳动。

인류가 이 세상에 { 살기 때문에 / 산다면 / 사는 한 } 일하지 않을 수 없다.

(36)에서 밑줄 친 절 C_1에는 명확한 선행연결성분이 없는데, 이것은 어떠한 형식적인 방법으로도 C_2에 의존하고 있지 않음을 의미한다. 즉 다른 문맥에서는 C_1이 '인류가 이 세상에 산다'라는 의미로 단독으로 쓰일 수 있다. (36)에서 C_1과 C_2의 관계는 명확한 성분에 의해서 나타나지는 않았지만, 청자의 세계관, 문장에서의 두 절의 내용, 그리고 그 시점까지 논의되어 왔던 내용들로부터 청자가 어느 정도 추론해낼 수 있다. 이 관계는 추론된 것이므로 해석에서 제시했듯이 전체 문장은 몇 가지 해석 가운데 하나를 나타낼 수 있다. 예문을 더 보자. 각 문장에서 밑줄 친 C_1에는 연결성분이 없다.

(37) <u>你不相信</u>, 我做给你看。
    네가 믿지 않는다면, 내가 너에게 해보여 주겠다.

(38) <u>我是你的朋友</u>, 才告诉你这件事。
    내가 네 친구이기 때문에 네게 이 일을 알려주는 거야.

(39) 我 说 可 以, 就 可 以。
   내가 된다고 { 하면 / 한 이상 } 돼.

(40) 我 死 了, 你 最 好 再 嫁。
   내가 { 죽으면 / 죽을 때 } 너는 재가하는 것이 좋겠어.

(41) 没 有 他 们, 就 没 有 这 个 公 司。
   그들이 없다면 이 회사는 없을 거야.

(42) 你 们 不 做 工, 我 们 不 付 钱。
   너희들이 일하지 않으면, 우리는 돈을 지불하지 않겠어.

(43) 我 有 时 间, 一 定 来 看 你。
   내가 시간이 { 있으면 / 있을 때 } 반드시 너를 보러 오겠다.

(44) 我 有 钱, 就 可 以 买 好 的 电 视 机。
   내가 돈이 있으면, 좋은 TV를 살 수 있을 텐데.

(37)-(44)에서 첫 번째 절에는 명백한 연결성분이 없다. 두 번째 절이 나타내는 의미에 의해, 또는 명백한 후행연결성분에 의해 첫 번째 절의 의미가 결정된다. 이 점을 명확히 살펴보기 위해서 (45)와 (46)을 비교해보자.

(45) 我 是 美 国 人, 就 不 会 说 这 么 糟 的 英 文。
   내가 미국인이라면 이렇게 엉터리 영어를 하지는 않을 것이다.

(46) 我 是 美 国 人, 所 以 我 需 要 护 照 去 苏 联。
   나는 미국인이기 때문에, 소련에 가는 데 여권이 필요해.

이 두 예문에서 밑줄 친 C_1은 동일하지만, (45)에서는 내가 미국인이 아니라는 의미로 해석되는 반면에, (46)에서는 단독으로, 즉 질문에 대한 대답으로 쓰일 때와 마찬가지로 나는 미국인이라는 의미로 해석된다. 물론 그 차이는 각각의 예문의 두 번째 절로부터의 추론에 의한 것이다. (45)에서 두 번째 절은 후행연결성분 '就'를 포함하고 있는데 이것은 다음에 살펴보겠지만 선행절을 가정의 서법으로 전환시킬 수 있다. 반면에 (46)에는 후행연결성분 '所以'가 포함되어 있는데, 그 의미는 C_1이 나타내는 사태가 사실이라는 가정을 내포한다.

명백한 연결성분을 사용하지 않은 선행연결의 또 다른 유형은 C_1에 의문사가 있는 문장이다. 제18장에서 지적했듯이 의문사는 두 절 사이의 의존적인 관계를 나타내는 비한정 대명사로 쓰일 수 있다.

(47) 谁 醉 了, (就) 罚 十 块 钱。
　　　누구든 취하면 벌금으로 10원을 낸다.
(48) 你 给 他 什 么, 他 (就) 用 什 么。
　　　네가 그에게 무엇을 주든지 그는 쓸 거야.
(49) 你 说 几 点 钟, 我 们 就 几 点 钟 走。
　　　네가 말하는 시각에 우리는 떠날 거야.

이들 예문에는 이전의 예문들처럼 밑줄 친 C_1과 C_2의 관계를 명백히 나타내 주는 성분을 포함하고 있지 않으며, C_1은 정상적인 의문문으로도 쓰일 수 있다.

(50) 谁 醉 了 ?
　　　누가 취했니?

(47)에서 C_1이 의문문으로 해석되지 않는 이유는 전적으로 C_1이 C_2에 의존하기 때문이다. 또한 이 때문에 의문사는 비한정 대명사로 해석된다.

명백한 연결성분이 없는 선행연결은 화자의 의도에 의해 첫 번째 절의 내용이 적절히 이해될 수 있도록 다른 절을 그 뒤에 연결시킨다.

23.1.3 조건문의 의미

선행연결구문의 또 다른 유형인 조건문은 특히 주의해야 한다. 조건문은 다른 명제가 참이 되는 조건을 제시해준다.[3] 영어에서 조건문은 전형적으로 'if'나 'unless'로 시작하지만, 중국어에서 조건절은 이 장 처음의 예문 (3)처럼 '조건'을 나타내는 선행연결 부사가 도입되기도 하고, (4), (37), (42)에서 본 것처럼 연결성분 없이 선행연결에 의해 표현되기도 한다.

조건문이 나타낼 수 있는 의미에는 기본적으로 세 가지 중요한 유형이 있다. 아래의 영어 예문을 통해 이들을 살펴보자.

(i) 현실(reality) : 이른바 현실세계에 대해 언급하는 두 개의 명제 사이의 조건적인 관계

(51) If you heat water to 100 degrees, it boils.
물을 100도까지 데우면 끓는다.
(52) If you step on the brakes, the car slows down.
브레이크를 밟으면 차가 감속한다.
(53) If the sun comes out, we can go to the beach.
해가 나오면 우리는 해변으로 갈 수 있다.
(54) If you finish this chapter, I'll take you out to dinner.
이 장을 끝내면 저녁을 먹으러 너를 데리고 나가겠다.
(55) If you can't swim, you'd better not go in the water.
수영할 줄 모르면, 물에 들어가지 않는 것이 좋겠다.

(ii) 상상(imaginative) : 현실세계로부터 벗어난, 즉 비현실적이거나 상상

---

3. 조건문의 의미론에 관해서는 Schachter(1971)에서 의견을 취했음.

하는 상황에 대한 명제를 표현

(a) 가정(hypothetical) : 어떤 상상의 세계에서는 참일 수 있는 경우

(56) If I saw the queen, I'd bow.
여왕을 만나면 절을 하겠다. (여왕을 만난다고 상상할 수 있다.)
(57) If we moved, we could have a garden.
이사를 하면 정원을 가질 수 있다. (이사한다고 상상할 수 있다.)
(58) If I were your father, I'd kick you out.
내가 너의 아버지라면 너를 쫓아내겠다. (너의 아버지라고 상상할 수 있다.)

(b) 반(反)사실(counterfactual) : 사실일 수 있었는데 사실이 아닌 상황

(59) If you'd taken algebra, you would know this formula.
네가 대수학을 선택했더라면 이 공식을 알 텐데. (그러나 너는 대수학을 선택하지 않았다.)
(60) If you'd listened to me, you wouldn't have suffered.
내 말을 들었더라면 고생하지 않았을 텐데. (그러나 너는 내 말을 듣지 않았다.)

영어에는 이 세 가지 유형의 조건문 사이에 조동사, 시제 그리고 상(aspect) 방면에서 문법적인 차이가 있다. 그러나 중국어에는 그와 같은 문법적인 차이가 없다. 중국어의 조건문이 어떤 유형의 의미를 전달하는지는 두 번째 절의 명제, 청자의 세계에 대한 지식, 문장이 사용된 문맥에 대한 지식으로부터 청자가 추론할 수 있다. 예를 들어, (61)은 (62)에 알 수 있듯이 세 가지 유형의 조건문에 대한 C_1일 수 있다.

(61) 如果你看到我妹妹,

(62) <u>如果你看到我妹妹</u>, 你一定知道她怀孕了。

현실: If you see my younger sister, you will certainly know that she is pregnant.
(내 여동생을 보면, 그녀가 임신 중이라는 것을 분명히 알게 될 거야.)

상상(가정): If you saw my younger sister, you'd know she was pregnant.
(내 여동생을 본다면 그녀가 임신 중이라는 사실을 알게 될 거야. -네가 그녀를 본다고 상상할 수 있다.)

상상(반사실): If you had seen my younger sister, you would have known that she was pregnant.
(내 여동생을 보았더라면, 그녀가 임신 중이라는 사실을 알게 되었을 거야. -너는 그녀를 보지 못했다.)

    영어는 이 세 가지 유형의 가정문을 명확히 구별한다. 그러나 문장의 해석은 항상 발화되는 문맥과 밀접하게 관련되어 있기 때문에 반드시 그럴 필요는 없음이 분명하다. 예를 들어, (62)를 현실로 해석하는 것은 청자가 실제로 화자의 여동생을 보려는 계획에 대한 대화에서 타당하다. (62)를 가정으로 해석하는 것은 청자가 화자의 여동생을 보고 그녀가 임신했다고 말할 수 있을지에 대해 화자와 청자가 상상하고 있는 대화에서 쓰이면 자연스럽다. 청자가 아직 그녀를 보지 못했지만 그것이 가능하다는 것을 화자와 청자가 알고 있다. 반면에, (62)를 반사실로 해석하는 것은 청자가 화자의 여동생을 볼 기회가 있을 때마다 그녀를 보지 못했다는 사실을 화자와 청자가 알고 있는 대화로부터 추론할 수 있다. 그러한 사실을 출발점으로 해서 가정한다면 (62)는 당연히 반사실로만 해석할 수 있다. 따라서 (62)가 세 가지 해석 가운데 어디에 해당하는지는 뚜렷한 문법적 표지가 없더라도 문맥에 의해 명백해진다.

    이제 이 세 가지 유형의 조건문을 좀 더 상세히 살펴보기로 하자.

A. 현실(Reality)

이 조건문은 현실세계의 두 가지 명제 사이의 관계를 표현한다. 두 번째 절은 주장, 예측, 제안을 나타내거나 명령 혹은 질문일 수 있다.

(63) 要是你不会游泳, 你不应该去划船。
　　　네가 수영을 못 한다면 배를 저으러 가서는 안 된다.
(64) 如果你看到我妹妹, 跟她打一个招呼。
　　　네가 내 누이동생을 보면 그녀에게 인사해라.
(65) 如果有彩虹出现, 我们就照下来。
　　　무지개가 나오면, 우리 사진을 찍어 놓읍시다.
(66) 假使明天下雨, 我就不上班了。
　　　내일 비가 오면 나는 출근하지 않겠어.
(67) 如果你喜欢吃桃子, 你一定也喜欢这个水果。
　　　만일 네가 복숭아를 좋아한다면, 이 과일도 분명히 좋아할 거야.

연결성분이 없을 때는, '~할 때'와 '~라면'이라는 해석 사이에 형식적인 차이가 없다. 앞에서 살펴봤던 (40)이 그 예이다.

(40) 我死了, 你最好再嫁。
　　　내가 죽으면 너는 재가하는 것이 좋겠어.
　　　내가 죽을 때 너는 재가하는 것이 좋겠어.

다른 예를 보자.

(68) 他开了门, 你就进去。
　　　그가 문을 열면 들어가라.
　　　그가 문을 열 때 들어가라.

B. 상상(Imaginative)

앞에서 말했듯이 상상을 나타내는 조건문은 화자가 어떤 환경을 상상하고 나서 그 추정에 근거해 질문하거나 주장하는 경우에 쓰인다. 상상을 나타내는 조건문은 가정이나 반사실로 해석이 가능하다. 앞에서 언급했듯이 문장의 해석은 문맥에 의해 결정된다.

(69) 如果你给汽车撞倒, 我们怎么办？
　　가정: 네가 차에 치이면, 우리는 어떻게 해? (네가 차에 치이는 것을 상상할 수 있다.)
　　반사실: 네가 차에 치였더라면, 우리는 어쩔 뻔 했어? (너는 차에 치이지 않았다.)

예를 들어, 어떤 사람이 혼잡한 도시에서 오토바이를 타고 신문을 배달하기로 했다는 말을 듣고 그의 가족이 말하는 경우에는 가정의 의미를 나타낸다. 반면에 다가오는 차를 보지도 않고 거리를 건너려는 아이를 부모가 야단치는 경우에는 반사실로 해석한다.

문맥에 따라 가정이나 반사실로 해석될 수 있는 조건문을 더 살펴보자.

(70) 假如你听了我的话, 就不会吃苦了。
　　가정: 내 말을 들으면 너는 고생하지 않을 거야. (네가 내 말을 들으리라고 상상할 수 있다.)
　　반사실: 내 말을 들었더라면, 너는 고생하지 않았을 텐데. (너는 내 말을 듣지 않았다.)

(71) 假如我预备了功课, 老师就不会骂我。
　　가정: 내가 숙제를 준비해 가면 선생님은 나를 꾸짖지 않을 거야. (내가 숙제를 준비해 간다고 상상할 수 있다.)
　　반사실: 내가 숙제를 준비해 갔더라면 선생님은 나를 꾸짖지 않았을 텐데.

(나는 숙제를 준비해 가지 않았다.)

(72) 假 如 我 是 你 父 亲, 我 早 就 把 你 赶 出 去。

　　가정: 내가 네 아버지라면, 너를 벌써 내쫓을 거야. (내가 너의 아버지라고 상상할 수 있다.)

　　반사실: 내가 네 아버지였다면, 너를 벌써 내쫓았을 거야. (나는 너의 아버지가 아니었다.)

이 절에서는 조건문을 현실, 상상을 나타내는 가정, 상상을 나타내는 반사실의 세 가지로 나누었다. 주어진 문장이 실제로 전달하는 내용은 사용되는 담화문맥에 의해 결정된다. 특히 담화문맥은 상황에 대해 화자와 청자가 공유하는 지식을 포함한다.

23.2 후행연결

후행연결에 의해 한 절은 선행하는 절과 연결된다. 그러나 선행연결이 연결성분에 의해 화자가 자신이 발화한 두 절 사이의 관계를 나타내는 것과는 달리, 후행연결되는 절은 화자 자신이 방금 말한 절이나 다른 사람이 방금 말한 절과 연결될 수 있다. '可是'는 그러한 후행연결성분이다. 예를 들어 (73)에서 자신이 발화한 두 번째 절을 자신이 발화한 첫 번째 절과 연결할 때, '可是'를 쓸 수 있다.

(73) 我 本 来 想 早 一 点 来, 可 是 我 没 赶 上 公 共 汽 车。
　　　나는 원래 좀 일찍 오려 했지만 버스시간에 맞춰 가지 못했어.

반면에, (74)에서 화자 B는 자신의 말을, 화자 A가 방금 한 말과 연결시키기 위해 '可是'를 쓸 수 있다.

(74) A : 我 要 搭 他 的 车 子 去 学 校。

나는 그의 차를 타고 학교에 가려고 해.
B : <u>可是</u> 他 的 车 子 没 有 汽 油 了。
하지만 그의 차는 기름이 떨어졌어.

후행연결은 연결성분이 없어도 된다. (36), (42), (43)에는 선행연결성분나 후행연결성분이 없다. 그러나 후행연결은 절 앞의 부사성분이나 비이동성 부사에 의해 표현되기도 한다. 아래에서 두 가지 유형의 후행연결성분을 각각 살펴보기로 한다.

23.2.1 절 앞에 쓰이는 부사성 후행연결성분

부사성 후행연결성분은 그 절의 앞에 와야 한다. 의문문에만 쓰이는 '还是(아니면)'를 제외한 모든 부사성 후행연결성분은 화자가 방금 말한 절이나 다른 사람이 방금 말한 절과 다른 절을 연결시킬 수 있다. 가장 중요한 부사성 후행연결성분은 다음과 같다.

(75) $\left\{\begin{array}{l}并且\\而且\end{array}\right\}$: 게다가

$\left\{\begin{array}{l}可是\\但是\\不过\end{array}\right\}$: 그러나[4]

然而

还是: 아니면 (의문문에만 쓰임)

$\left\{\begin{array}{l}或是\\或者\\或者是\end{array}\right\}$: 아니면

---

4. 이 단어들은 의미상 미세한 차이가 있다. 앞의 세 가지에 대해서는 Ross(1978: 201ff.)를 참고하라.

为的是: ~하기 위해

省得: ~하지 않도록

所以: 그러므로

因为: 왜냐하면 (선행연결성분으로도 쓰일 수 있다. (19) 참고)

몇 가지 예문을 살펴보자.

(76) 这栋楼很大, 并且很有名。
　　이 건물은 크고, 게다가 유명하다.
(77) (한 친구가 촌극을 할 자질이 있는지를 토론하면서)
　　A : 我觉得他很能干。
　　　　내 생각에 그는 유능해.
　　B : 而且他很有演戏的经验。
　　　　게다가 그는 연극을 해본 경험도 있어.
(78) 他很笨, 不过考上大学了。
　　그는 멍청하지만 대학에 합격했어.
(79) 你要我帮你, 还是要自己做?
　　내가 도와주길 바라니 아니면 네 스스로 하길 바라니?
(80) 我们在这里吃或者吃饭店都行。
　　우리는 여기서 먹어도 되고 음식점에서 먹어도 된다.
(81) 去香港为的是学广东话。
　　홍콩에 가는 것은 광둥어를 배우기 위해서이다.
(82) 你可以用我的字典, 省得你买了。
　　너 사지 않도록 내 사전을 써도 돼.
(83) 住宿舍比较容易, 因为学校盖了很多新的宿舍。
　　기숙사에 사는 거 비교적 쉬워, 학교에서 새 기숙사를 많이 지었으니까.

23.2.2 후행연결성분으로서의 비이동성 부사

화제 바로 뒤에 오는 몇몇 비이동성 부사(8.2 참고)는 후행연결성분으로도 쓰일 수 있다. 절 앞에 오는 대다수의 부사성 후행연결성분과는 달리 후행연결성분으로 쓰일 수 있는 비이동성 부사는 그것이 포함되어 있는 절을 화자가 방금 말한 절과 연결시킬 수 있을 뿐, 다른 사람이 말한 절과는 연결시킬 수 없다. 가장 많이 쓰이는 후행연결부사는 '就'이다. (3), (6), (8), (39), (41), (45)가 '就'가 쓰인 예이다. 후행연결성분으로 쓰일 수 있는 비이동성 부사로는 이외에도 '才(비로소)'가 있다.

(84) 她 卷 了 头 发 <u>才</u> 漂 亮。
    그녀는 파마를 해야 예쁘다.

후행연결성분으로 쓰일 수 있는 세 번째 비이동성 부사는 '倒'(도리어)[5]이다.

(85) 他 一 点 都 不 聪 明, <u>倒</u> 会 听 话。
    그는 조금도 영리하지 않지만 말은 잘 들어.

앞에 제시한 세 가지 비이동성 부사 이외에 상관어구로 쓰일 수 있는 것으로 '又', '也', '越', '一边' 네 가지를 들 수 있다. 이들에 대한 예문은 (25)-(28)을 보기 바란다.

---

5. '才'와 '倒'에 관해서는 Tsao(1976)를 참고하라.

제24장
담화 속의 대명사(Pronouns in Discourse)

24.1 영대명사(Zero-Pronoun)

제2장과 제4장에서 지적했듯이 중국어의 특징 중 하나는, 문맥을 통해 알 수 있는 명사구는 명시할 필요가 없다는 것이다. 이러한 특성은 아메리카 인디언어, 일본어, 한국어 등 많은 언어에서 발견된다. 그런데 이러한 현상을 인도-유럽어 사용자는 이해하기 어렵다. 이는 인도-유럽어, 특히 영어에서는 대명사의 사용이 훨씬 일반적이기 때문이다.[1]

몇 가지 예를 들어보자. 만약 화자가 주말을 어떻게 보냈는지에 대해 이야기한다면 그는 다음과 같이 말할 것이다.

(1) 陆文毅 跟 我 去 划船, ___ 钓 了 一 个 钟 头 鱼。
   루원이와 나는 배 타러 가서 (우리는) 한 시간 동안 낚시를 했다.

이에 대해 청자는 다음과 같이 말할 수 있다.

---

1. 이 장은 James Tai와 Talmy Givon으로부터 도움을 받았다. 담화 속의 대명사에 관한 더 상세한 논의는 Li and Thompson(1979a)과 Tai(1978)를 참고할 것.

(2) ___ 钓 着 了 ___ 吗 ?
　　 (너희들은) (무엇을 좀) 낚았니?

(1), (2)에서 우리가 빈칸으로 남겨놓은 부분에 어떤 명사구가 삽입될 수 있는가는 이미 문맥을 통해서 알 수 있다. 영어에서라면 각 부분에 대명사를 쓰겠지만, 중국어에서는 명시하지 않는다. 비록 중국어 문법에서는 이러한 문장이 완전히 문법적인 발화이므로 실제적으로 '생략된' 것이 아무것도 없다고 하겠지만, 여기에서는 영어와 중국어의 차이를 부각시키기 위해서 예상되는 명사구의 지시대상을 나타내는 그 빈칸을 '영대명사(Zero-pronoun)'라고 부르겠다.

(3) A: 那 场 电 影 你 觉 得 怎 么 样 ?
　　　 그 영화 어땠어?
　　B: ___ 一 点 都 不 喜 欢 ___ 。
　　　 (나는) (그것을) 조금도 좋아하지 않아.

다시 말하면 담화 문맥에서 싫다는 감정을 경험한 사람이 누구인가는 명백하므로 명사구로서 그 사람을 명시할 필요는 없다. '喜欢'의 목적어에 대해서도 동일한 설명이 가능한데, 이 경우에 또 하나의 이유를 든다면, 중국어에서는 무생 실체(inanimate entity)를 지시할 때 3인칭 대명사를 쓰는 경우가 거의 없다는 점이다(4.2.5를 참고). 그러므로 '喜欢'의 목적어인 '그 영화'를 지시하기 위해 3인칭 대명사를 사용하는 것은 부적절하다.

다음은 문맥상 알 수 있는 지시대상('书')에 대해서는 영대명사를 쓰고, 문맥상 알 수 없는 지시대상에 대해서는 대명사 '我'를 사용한 예이다.

(4) A: 这 些 书 你 要 我 放 在 哪 里 ?
　　　 이 책들을 너는 내가 어디에 놓기를 원하니?

B: 给我 ___。
(그것들을) 나에게 줘.

앞의 예문에서 영대명사의 지시대상이 무엇인지는 담화 중에 이미 언급되어서 알 수 있다. 그런데 지시대상이 총칭(general)이거나 비특정(nonspecific)인 경우에도 알 수 있다. 영어에서는 'you'나 'they'(더 일상적인 것은 'one')가 이러한 기능을 한다. 몇 가지 예를 보자.

(5) 钓鱼 ___ 不能着急。
When (you) go fishing (you) can't be impatient.
(당신이) 낚시질할 때 (당신은) 조급해서는 안 돼.

(6) 这个湖 ___ 可以不可以滑冰?
Can one skate on this lake?
이 호수에서 (누구라도) 스케이트 탈 수 있습니까?

(7) 新华路 ___ 盖了好多新公寓。
On Xinhua Road, (they)'ve built a lot of new apartment buildings.
신화로에 (그들은) 새 아파트를 많이 지었어.

(8) ___ 又修路了。
(They)'re fixing the road again.
(그들은) 또 길을 고쳤어.

명사구가 명시되지 않는 일반적인 경우의 하나는 '화제 고리'(topic chain)이다(4.1.8을 참고). 화제 고리에서 지시대상은 첫 번째 절에서는 명시적으로 지시되고, 동일한 지시대상에 대해 이야기하는 후행하는 절에서는 명시적으로 나타나지 않는다. 화제 고리에 관한 짧은 예는 (1)에 보인다. 여기서 두 번째 절의 화제는 첫 번째 절의 화제를 지시하므로 명시되지 않았다. 좀 더 긴 다른 예를 보자.

(9) A: 我们打算做什么呢?
　　　　우리는 무엇을 할 예정이니?

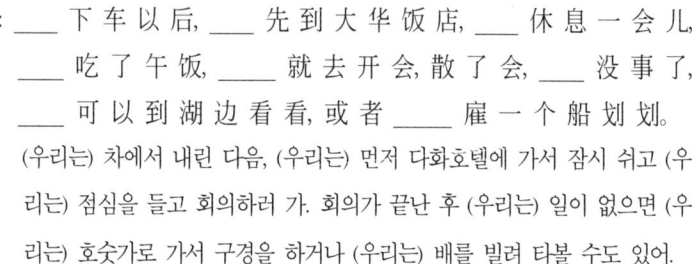
　　　(우리는) 차에서 내린 다음, (우리는) 먼저 다화호텔에 가서 잠시 쉬고 (우리는) 점심을 들고 회의하러 가. 회의가 끝난 후 (우리는) 일이 없으면 (우리는) 호숫가로 가서 구경을 하거나 (우리는) 배를 빌려 타볼 수도 있어.

화제 고리는 명시되지 않는 명사구가 무엇인지를 알려주는 일반적인 경우이긴 하지만, 영대명사가 늘 선행절의 '화제'를 지시하는 것은 아니다. (9)에서 오로지 '我们'(우리)이 무엇을 행하려 한다는 것만을 말하는 대신, 화자 B는 다화호텔에 대해 말하려 한다고 가정해보자. 이때 다화호텔은 그것이 처음 나타나는 문장의 화제가 아니다. 그렇다면 그 대답은 다음과 같이 될 것이다.

(10) ＿＿＿1 下车以后, ＿＿＿2 先到大华饭店,
　　　要是 ＿＿＿3 有房子, 当然 ＿＿＿4 很好。
　　　(우리가) 차에서 내린 다음, (우리는) 우선 다화호텔로 간다.
　　　만약 (그곳에) 방이 있으면 물론 (그것은) 매우 좋다.

여기서 앞의 두 영대명사는 의문문의 화제 '我们'을 지시하지만, 세 번째 것은 다화호텔을 지시하며, 네 번째 것은 그곳에 방이 있다는 사실 자체를 지시한다.

비슷한 예가 아래에 있다. 여기서 첫 번째 영대명사는 화제를 지시하지만, 그 다음 것은 그렇지 않다.

(11) 我 上 星 期 给 大 华 饭 店 写 了 一 封 信, ___₁ 请 他 们 保 留 一 间 屋 子, 到 现 在 ____₂ 还 没 通 知 我。

지난주에 나는 다화호텔에 편지를 보내 (나는) 그들에게 방 한 칸을 남겨두도록 요청했다. 지금까지 (그들은) 아직 나에게 통보해주지 않았다.

(11)의 문두의 화제는 '我'이다. 문맥의 의미로 볼 때 호텔에 방을 남겨두도록 요청한 사람은 '나'(____₁)이며, '我'에게 통보하지 않은 것은 '그들'(____₂)임을 명확히 알 수 있다.

24.2 대명사(Pronoun)

대명사는 중국어 회화 문장에 자주 나온다(대명사에 관한 논의는 4.2.6을 참고할 것). 그러므로 이 장에서 문제점으로 제기하고자 하는 것은, 만약 대명사나 영대명사를 쓰고자 할 경우에 어느 것이 적절한지를 어떻게 결정하는가이다. 이 질문에 대한 절대적인 대답은 존재하지 않지만, 알아두어야 할 중요한 지침은 있다. 즉 어떠한 지시대상을 문맥으로 알 수 있는 경우에는 항상 영대명사를 써야 한다고 말하는 것은 충분하지 못하다. 왜냐하면 생략해도 지시대상이 무엇을 지시하는지 명확하지만 생략할 수 없는 경우가 있기 때문이다. 다음의 예를 보자. 방 안에 들어온 어느 신사의 모습을 묘사한다고 할 때 다음과 같이 말할 수 있을 것이다.

(12) 外 边 进 来 了 一 个 人 ___ 两 个 红 眼 睛, 一 副 大 圆 脸, ___ 戴 着 一 个 小 帽 子, 他 姓 夏。

밖에서 어떤 사람이 들어왔는데, (그는) 붉은 두 눈에 크고 둥근 얼굴이었으며, (그는) 작은 모자를 쓰고 있었다. 그는 성이 샤씨였다.

이 담화에서 화제는 처음부터 끝까지 동일하지만, 마지막 절에만 '他'가 쓰였다. 왜 그럴까? 마지막 절에서 중요한 것은, 선행하는 절에 의해 전달되는 정보에 비춰볼 때, 예기치 않았던 유형의 정보를 전달하고 있다는 점이다. 다른 문장에서는 방안에 들어온 사람의 외모를 묘사하고 있는데, 마지막 절에서는 선행절과 달리 외모와는 무관한 배경정보를 제공하고 있다. 따라서 이 문장에서만 대명사 '他'가 쓰였으며, 화자가 외모의 묘사로부터 그의 이름과 관련된 배경정보를 제공하는 쪽으로 방향을 전환했다는 사실이 부각되고 있다.

다른 유형의 예를 보자. 여기서는 묘사를 하는 절들이 동작을 나타내는 절의 앞에 있다. 여기에서는 동작을 나타내는 절이 예상치 않았던 것이므로 여기에 대명사 '他'가 쓰였다.

(13) 白先生在客厅里等李四, ___ 戴着眼镜, 在那儿看报纸, ___ 好像有点不耐烦, 他说: "……"。
바이 선생은 응접실에서 리쓰를 기다리고 있었다. (그는) 안경을 끼고 그곳에서 신문을 보고 있었는데 (그는) 약간 못 참겠다는 듯 보였다. 그가 말했다. "……"

이 예문에서 마지막 절을 제외하고는 모든 절에서 리쓰를 기다리고 있는 정경에 초점을 고정해 바이 선생의 모습을 묘사하고 있다. 그러다가 마지막 절에서 하나의 동작('그는 말했다')이 표현되었다. 여기서는 지시대상이 누구인지 명확하다고 해도 '他'를 생략할 수 없다. 왜냐하면 그 문장이 바이 선생을 묘사하고 있는 일련의 문장을 통해서는 예측할 수 없었던 정보를 제공하고 있으며, 또한 지시대상이 바뀌지 않았음을 부각시키는 것이 필요하기 때문이다.

부각시키는 역할은 1인칭 또는 2인칭 대명사를 사용할 경우에 더 명확해진다. 일반적으로 화자나 청자에게 지시대상을 부각시킬 필요가 없을 경우에는 영대명사를 사용하며, 그렇지 않은 경우에는 '我/我们'이나 '你/你们'을 사용한다. 다음 예문을 통해 이 원리를 명확히 밝혀 보자.

(14) a. ___ 好 不 好？
     (너) 잘 있었니?
   b. <u>你</u> 好 不 好？
     너 잘 있었니?

(14a)는 두 친구 사이의 일상적인 인사일 것이다. 반면에 (14b)는 두 사람이 처음으로 소개받았을 경우나 화자가 존중하는 대상에게 인사하는 경우, 또는 화자가 청자의 건강에 대해 물어야 할 이유가 있는 경우 등에 쓰일 수 있다. 이러한 문맥은 모두 화자는 청자가 바로 그 사람이라는 사실을 주목할 이유가 있다는 공통점이 있다. 각 경우에 다른 사람이 아닌 바로 그 청자에게 말한다는 사실을 부각시키는 것은 훨씬 존경심을 표현한다.

'我们'을 포함하고 있는 (15a)와 '我们'을 포함하지 않은 (15b)를 보자.

(15) a. ___ 今 天 晚 上 吃 什 么？
     (우리) 오늘 저녁 무엇을 먹죠?
   b. 我 们 今 天 晚 上 吃 什 么？
     우리 오늘 저녁 무엇을 먹죠?

대명사가 없는 (15a)는 저녁을 준비하는 매우 일상적인 문맥에서 사용될 것이다. 예를 들면 A와 B가 저녁식사 시간이 가까워질 무렵, 부엌에서 잡담하는 가운데 발화될 수 있는 것인데, 이러한 문맥에서는 주어를 부각시킬 필요가 없다. 그러나 A와 B가 저녁식사를 준비하는 상황이 아닌 다른 상황에 있다면 대명사가 있는 (15b)가 정보를 찾는 데 더 적절하다. 예를 들면, 아침식사 시간에 A가 저녁식사로 무엇을 먹을지를 알아야 점심 도시락으로 무엇을 준비할지 결정할 수 있는 경우나, A와 B가 낮에 야채를 사는데 A가 B의 저녁 준비계획을 알아야 토마토를 몇 개 살지를 결정할 수 있을 때에는 (15b)가 적절하다. 이러한 문맥은 저녁 식사 시간이나 장소에서 떨어져 있으므로 영대명사로는 지시대상이 명확하지 않다. 이러한 상황에서 대명사는 '우리'의 저녁식사 계획을 이야기하고 있음을 명확히 보여준다.

다른 예를 보자. 고객을 맞이하는 점원은 다음과 같이 말할 것이다.

(16) ___ 要什么?
　　　무엇을 원하세요?

이 질문은 가게라는 상황에서 으레 예상되는 것으로, 청자에게 지시대상을 부각시킬 필요가 없으므로 대명사가 쓰이지 않는다.

(17) 你要什么?
　　　당신은 무엇을 원하세요?

그러나 대명사를 포함하는 의문문 (17)은 여러 사람 중에서 특정한 손님에게 묻거나 나이든 손님에게 공손하게 묻거나 손님이 무엇을 원하는지 명확히 알고자 물을 경우에 사용된다.

문맥과 문맥에 포함된 사람에 따라 '你'가 있는 의문문은 더 친근하고 관심 있게 들릴 수도 있고, 더 당돌하고 거만하게 들릴 수도 있다는 사실을 주목하자. 예를 들어 상점 주인이 나이든 손님을 시중들며 공손하게 물었다면 '你'가 없는 의문문 (16)보다 (17)이 더 친근하고 관심 있게 들릴 것이다. 그러나 손님이 무엇을 원하는지 명확히 알기 위해서 물었다면 (16)보다 당돌하고 거만하게 들릴 것이다. 이상이 의미하는 것은, 대명사를 사용하는 것과 사용하지 않는 것의 본질적인 차이는 친근함이나 당돌함과 같은 태도의 문제가 아니라 지시대상을 부각시킨다는 점이다. 지시대상을 부각시키면 상황에 따라 표현되는 태도에 차이가 생긴다. 물론 (17)과 같은 질문에 수반되는 당돌함이나 정중함은 억양이나 얼굴 표정, 성량, 음높이와 그 밖의 요인을 통해 전달되기도 한다.

마지막 예로 의사가 환자에게 질문하는 상황을 상정해보자. 한두 번 질문한 다음에는 청자를 지시하는 주어대명사는 의문문에 포함되지 않을 것이다. 이는 의사가 지칭하는 그 사람이 바로 청자라는 사실을 새삼스럽게 부각시킬 필요가 없기 때문이다.

(18) a. 你 有 没 有 害 过 肺 病 ?
　　　　당신은 폐병을 앓은 적이 있습니까?
　　b. __ 有 没 有 受 过 伤 ?
　　　　다친 적이 있습니까?
　　c. __ 眼 睛 是 不 是 正 常 ?
　　　　눈은 정상입니까?
　　d. __ 肠 胃 有 没 有 毛 病 ?
　　　　위장에는 문제가 없습니까?
　　e. __ 喉 咙 疼 不 疼 ?
　　　　목구멍이 아픕니까?
　　f. __ 听 觉 怎 么 样 ?
　　　　청각은 어떻습니까?

만약 대명사가 지시대상을 강조하는 의문문에 사용된다면, 그것에 후행하는 일상적인 정보를 구하는 의문문은 일반적으로 어느 문맥에서든지 대명사를 포함하게 될 것이다. 왜냐하면 그 문맥은 대명사의 지시대상이 무엇인가 하는 의문에 대해 중립적이기 때문이다. 이것은 사실 다음과 같은 경우를 말한다. 즉 아래와 같은 의문문에서 대명사가 나오지 않는 문맥을 상정하기란 매우 어렵다는 것이다.

(19) 你晓得不晓得他有什么病？
너는 그가 무슨 병에 걸렸는지 아니?
(20) 你听什么？
너는 무엇을 듣고 있니?
(21) 你穿几号鞋子？
너는 몇 호 신발 신니?
(22) 你喜欢不喜欢贝多芬的音乐？
너는 베토벤의 음악을 좋아하니?

즉, 이와 같이 의문문은 그러한 상황을 벗어난 다른 경우에는 발화되기가 어렵기 때문에, 대명사를 사용하게 되면 의문문의 주어가 바로 청자 자신이라는 사실을 강조하게 된다. 그러므로 대명사의 지시대상을 강조할 필요가 없는 문맥에서라면 대명사는 생략될 것이라는 사실을 예상할 수 있다. 예를 들어 (22)를 보자. 우리는 다음과 같은 문맥을 상정할 수 있다. 즉 A와 B가 베토벤의 음악을 한 시간 동안 듣고 난 뒤라면 A는 B에게 (23)과 같이 질문할 것이다. 이것은 (22)에서 '你'를 생략한 문장이다.

(23) ＿喜欢不喜欢贝多芬的音乐？
(너는) 베토벤의 음악을 좋아하니?

이제 질문에 대한 '대답'에 대명사가 출현하는 경우를 살펴보자. 우리는 그 과정에서 동일한 원리를 발견하게 된다. 즉 단순히 의문문에서 요구하는 정보를 제공하기만 하는 대답에서는 1인칭 대명사를 사용하는 경우가 거의 없다. 왜냐하면 질문에 대한 대답에서는 일반적으로 자기 자신을 강조할 필요가 없기 때문이다. 그러므로 아래와 같은 대화에서 대답에 대명사 '我'가 포함된다면 매우 이상하게 들릴 것이다.

(24) A: 你喜欢不喜欢西瓜?
너는 수박을 좋아하니?

B: ＿ 不喜欢。
(나는) (그것을) 좋아하지 않아.

(25) A: 你今天好一点了没有?
너는 오늘 좀 나아졌니?

B: ＿ 好得多了。
(나는) 많이 좋아졌어.

(26) A: 他今天下午给你的那份报纸你看完了吗?
그가 오늘 오후 너에게 준 그 신문을 너는 다 봤니?

B: ＿ 看完 ＿ 了。
(나는) (그것을) 다 봤어.

그러나 다른 질문과 대답에서는 영대명사와 대명사의 대비가 가능하다. 예를 들어 A가 역에서 낯선 사람인 B에게 기차가 언제 떠나는지를 묻는다.

(27) A: 下一班火车什么时候开?
다음 기차가 언제 떠납니까?

B: a. ＿ 不晓得。
(나는) 모르겠소.

b. 我不晓得。
나는 모르겠소.

대명사가 없는 대답 (a)는 질문에 대한 간단하고 중립적인 응답이다. 대명사가 있는 대답 (b)는 반대로 '나'는 모르지만 아마 누군가 알고 있을 테니, A에게 다른 누구에게 물어보라는 것을 제안하고 있다. 그것은 이러한 가능성을 열어놓고 있기 때문에 응답이 다소 부드럽고 덜 당돌하게 느껴진다. 그러나 앞에서 강조했듯이 덜 당돌하고 부드러워지는 효과는 엄밀히 말하면 화자가 자신을 지시대상으로 부각시킨다는 사실에서 비롯된 부수적인 현상이다.
다음의 유사한 예도 이러한 대비를 보여준다.

(28) A: 他 看 见 你 没 有？
　　　　그가 너를 보았니?
　　B: a. ＿ 看 见 ＿ 了。
　　　　(그는) (나를) 보았어.

B의 응답이 질문에 대한 간단한 대답이라면 대명사 '他'와 '我'는 생략될 것이다. 그러나 대답 뒤에 예기치 않은 내용을 더 서술할 경우에는 대명사를 써서 후행하는 절에서 언급하는 상황에도 불구하고 그는 나를 보았다는 사실을 부각시킨다.

　　　　b. 他 看 见 我 了, 但 是 ＿ 连 一 句 话 都 没 跟 我 讲。
　　　　　그는 나를 보았지만 나에게 한마디도 하지 않았어.

영대명사를 사용할지 아니면 1인칭 또는 2인칭 대명사를 사용할지를 선택하는 동일한 원리가 질문과 대답의 쌍이 아닌 다른 경우에도 적용된다. 다음의 대화에서 '我'가 사용된 경우는 모두 대비를 암시하고 있다. 즉 A_2는 강당에 가본 적이 있는 다른 사람과 A 사이의 대비를 나타내고, B_2는 B가 가본 적이 있다는 사실을 A가 가본 적이 없다는 사실과 대비되고 있다.

(29) A_1: 他 在 什 么 地 方 唱 歌？
　　　　그는 어디에서 노래하니?
　　B_1: 在 大 礼 堂。
　　　　대강당에서.

A₂: 我还没去过大礼堂。
　　　나는 대강당에 아직 가보지 못했어.

B₂: ＿ 没关系, 我 去过 ＿。
　　　(그것은) 괜찮아. 내가 (그곳에) 가보았으니.

때로는 선행하는 담화가 대명사의 사용 여부를 결정한다. 다음은 실제로 이사에 관한 전화 내용에서 취한 예이다(Tsao, 1977: 216에서 인용).

(30) A₁: 他 也 说 最 好 能 赶 快 搬。
　　　그도 되도록 빨리 이사하는 게 좋겠다고 했어.

B₁: 哈, 啊。
　　　오!

A₂: (ⅰ) 也 可 能 就 是 月 底。
　　　아마 바로 월말일지도 몰라.

(ⅱ) 现 在 ＿ 就 是 等 签 下 来。
　　　(우리는) 지금 서명하기만을 기다리고 있어.

(ⅲ) 也 可 能 下 个 礼 拜。
　　　다음 주일 수도 있어.

(ⅳ) 我 想 大 概 是 月 底。
　　　내 생각에는 아마 월말일 거야.

B₂: 对, 月 底 ＿ 搬 家, 是 吧？
　　　그래, 월말에 (너희들은) 이사하겠군. 그렇지?

A₂에서 (ⅱ)에는 복수 1인칭 주어 '我们'이 없다. A의 가족이 언제 이사 갈 것인가에 대한 논의를 하는 문맥에서는 (ⅱ)와 같이 시간을 결정하는 요소에 대해 언급하는 것이 예견되므로 대명사가 생략된 것이다. 그러나 (ⅳ)에서는 A가 이사갈 수 있는 가능한 시간에 대해 자신의 의견을 제시하고 있다. 이때 자신의 생각과 다른 사람의 생각 사이의 대비로 인해 자신을 부각시킬 필요

가 생긴다. 그래서 '想'에 대한 대명사 주어가 반드시 있어야 한다. 사실 이 때문에 '想'(생각한다), '觉得'(느끼다), '说'(말하다)와 같은 동사에는 거의 항상 1인칭 주어가 나타난다. 이들은 전형적으로 대화의 주제에 대한 화자의 주관적이며 개인적인 평가를 제시하기 때문이다. (30)의 (iv)에서 화자의 의견은 다른 사람의 의견과 대비되고 있다. 그러나 이사하는 것과 이사의 참여자는 담화의 주제로서 어느 것과도 대비되지 않는다.

마지막으로 B_2에도 또 하나의 영대명사가 있다. 이 문장에 대명사 '你们'이 출현하지 않은 이유는 A_2 (ii)에서 '我们'이 출현하지 않은 이유와 동일하다. 이 상황에서 예상되는 것은 이사 가는 날짜에 대한 언급이므로 주어를 부각시킬 없다.

다음에 명령문의 경우를 살펴보자. 명령문에서 2인칭 대명사가 쓰이는 조건은 방금 살펴본 질문, 대답, 대화에서 대명사가 쓰이는 조건과 완전히 일치한다. 예를 들어 다음 상황을 가정해보자. A가 뜨거운 커피를 엎질렀는데, B는 그것이 뜨거운지도 모르고 손으로 치우려 한다. A는 이때 이렇게 말할 것이다.

(31) __ 別 碰 __ !
　　　(그것을) 손대지 마!

이러한 문맥에서 (31)과 같이 명령하는 것은 일반적이며, 주어 대명사 '你'를 사용할 필요가 없다. 만일 사용한다면 그 문장은 청자가 특별히 선택되어서 그렇지 않은 사람과 대비되고 있음을 나타낸다. 그렇다면 이것은 본래의 의도와는 무관한 것이 된다.

(32) 你 別 碰 __!
　　　너는 (그것을) 손대지 마!

마찬가지로 A가 B의 신발이 젖어 있는 것을 보았다면 이렇게 말할 것이다.

(33) __ 快去换鞋子, __ 别感冒了!
　　　빨리 가서 신발을 갈아 신어라, 감기 걸리지 않도록!

이 상황에서 위와 같은 명령은 매우 적절하며, 여기서 대명사를 사용할 필요는 전혀 없다.

지금까지의 논의를 살펴보면, 처음으로 대화를 시작하는 문장에서 1인칭 대명사를 생략할 수 없는 이유가 무엇인지 알 수 있다. 이는 대화가 시작될 때에는 그 문장의 주어가 무엇인지 판단할 근거가 없기 때문이다. 그러므로 만약 A가, 자신이 머리가 아프다는 말로 대화를 시작하려고 한다면 (34a)는 부적절하며 (34b)가 적절하다.

(34) a. __ 头疼。
　　　　(나는) 머리가 아파
　　b. <u>我</u> 头疼。
　　　　나는 머리가 아파

마찬가지로 대화의 시작에서 다음과 같은 문장도 1인칭 대명사가 함께 출현해야 한다.

(35) <u>我</u>有一个弟弟买了一栋房子。
　　　나에게 집 한 채를 산 동생이 있다.
(36) <u>我</u>昨天见到张三。
　　　나는 어제 장싼을 만났다.
(37) <u>我</u>真担心他出了什么事了。
　　　나는 그에게 무슨 일이 일어났는지 정말 걱정스러워.
(38) 来, <u>我们</u>划拳, 好不好?
　　　자, 우리 가위바위보 하는 거 어때?

지금까지 이 장에서 보아온 바와 같이, 사람이나 사물을 지시하는 대명사의 사용을 결정할 때에는 그 지시대상이 '추측 가능한가'의 여부를 고려해야 할 뿐만 아니라 그것이 출현한 문맥에서 대명사의 지시대상을 강조할 필요가 있는가도 고려해야 한다.

24.3 영대명사의 통사적 제약

우리는 지금까지 영대명사나 대명사의 사용을 결정하는 담화상의 요인들을 분석했다. 그러나 문장의 통사구조상 대명사가 필요한 경우가 있다. 즉 담화상의 요인에 관계없이 영대명사가 허용되지 않는 두 개의 통사적 환경이 있다. 첫째, 개사의 바로 뒤에 나오는 명사구는 영대명사일 수 없다(개사에 대한 제9장을 참고). 예를 들면 (39)-(42)는 개사의 바로 뒤에 영대명사가 출현했으므로 모두 비문법적이다.

(39) *我 跟 __ 学 英 文。
(40) *他 把 __ 带 来 了。
(41) *你 从 __ 走？
(42) *张 三 给 __ 修 水 管 子。

둘째, 연동구문에서 겸어명사구는 영대명사일 수 없다(21.3 참고). (43), (44)는 겸어명사구가 영대명사이므로 비문이다.

(43) *他 命 令 __ 用 刀 子。
(44) *我 劝 __ 别 喝 酒。

참고문헌

Alleton, Viviane(1972). *Les adverbes en chinois moderne*. The Hague: Mouton.

_____(1973). *Grammaire du chinois*. Paris: Presses Universitaires de France. *CLAO* 1: 31-41.

_____(1974). "Les verbs auxiliaires de mode en chinois moderne." *CLAO* 1: 31-41.

Anderson, C. J. M., and C. Jones(1974). *Historical Linguistics*. Amsterdam: North Holland Publishing Co.

Baron, Stephen(1970). "Aspect le and Particle le in Modern Spoken Man- darin." M. A. thesis, Seton Hall University.

Cartier, Alice(1970). "Verbes et prépositions en chinois moderne." *La Linguistique* 6: 91-116.

_____(1972). *Les verbes résultatifs en chinois moderne*. Paris: Librairie C. Klincksieck.

Chafe, Wallace L.(1976). "Givenness, Contrastiveness, Definiteness, Sub- jects, Topics, and Point of View." in Li(1976: 25-55).

Chan, Stephen W.(1974). "Asymmetry in Temporal and Sequential Clauses in Chinese." *JCL* 2.3: 340-353.

Chang, Roland Chinag-jen(1977). *Co-verbs in Spoken Chinese*. Taipei: Cheng Chung Book Co.

Chao, Yuen-ren(赵元任)(1948). *Mandarin Primer*. Cambridge, Mass.: Harvard University Press.

_____(1968). *A Grammar of Spoken Chinese*. Berkeley and Los Angeles: University of California Press.

_____(1970). *Language and Symbolic System*. Cambridge: At the University Press.

Chen, Chung-yu(陈重瑜)(1979). "On Predicative Complements." *JCL* 7.1: 44-64.

Chen, Gwang-tsai(1979). "The Aspect Markers LE, GUO, and ZHE in Mandarin Chinese." *JCLTA* 14.2: 27-46.

Chen Ruoxi(陈若曦)(1976). *Yin Xian-xhang {Mayor Yin}*. Taipei: Yuan-jing Publishing Co.

Cheng, C. C.(1973). *A Synchronic Phonology of Mandarin Chinese*. Monographs on Linguistic Analysis, no.4. The Hague: Mouton and Co.

Cheng, Robert L., Ying-che Li, and Ting-chi Tang, eds.(1979). *Proceedings of Symposium on Chinese Linguistics, 1977 Linguitics Institute of the Linguistic Society of America*. Taipei: Student Book Co.

Cheung, Hung-nin Samuel(1973). "A Comparative Study in Chinese Grammars: The

ba-Construction." *JCL* 1.3: 343-382.
Ch'i, Te-lee(1974). "A Study of 'Verb-Object' Compounds in Mandarin Chinese." in Thompson and Lord(1947: 87-106).
Chu, Chauncey C.(1970). "The Structures of shi and you in Mandarin Chinese." Ph. D. dissertation, University of Texas.
_____(1973). "The Passive Construction: Chinese and English." *JCL* 1.2: 437-470.
_____(1978). "Structure and Pedagogy — A Case Study of the Particle zhe and ne." *JCLTA* 13.2: 158-166.
Comrie, Bernard(1976). *Aspect*. Cambridge: At the University Press.
D'Andrea, John(1978). "The Category AUX in Mandarin Chinese." M. A. thesis, University of Arizona.
Dressler, Wolfgang, ed.(1978). *Proceedings of the XIIth International Congress of Linguists*. Innsbruck: Innsbrucker Beiträge zur Sprachwissenschaft, Universität Innsbruck.
Egerod, Søren(1967). "Dialectology." in *Linguistics in East Asia and South Ease Asia, Current Trends in Linguistics*, ed. T. Sebeok, vol. II, pp.91 -129. The Hague: Mouton.
Elliott, Dale(1965). "Interrogation in English and Mandarin." in *Project on Linguistic Analysis*, no.11, pp.56-117. Columbus: Ohio State University Department of Linguistics.
Forrest, R. A. D.(1948). *The Chinese Language*. London: Faber and Faber.
Givon, Talmy(1979a). *On Understanding Grammar*. New York: Academic Press.
_____ed.(1979b). *Discours and Syntax. Syntax and Semantics*, vol.12. New York: Academic Press.
Greenberg, Joseph H.(1963a). "Some Universals of Grammar with Particular Reference to the Order of Meaningful Elements." in Greenberg (1963b: 73-113).
_____ed.(1963b). *Universals of Language*. Cambridge, Mass.: MIT Press.
Hagège, Claude(1975). *Le probleme linguistique des prépositions et la solution chinoise*. Paris: Editions Peeters.
Hashimoto, Anne Y.(1969a). "The Verb 'To Be' in Modern Chinese." in Verhaar (1969: 72-111).
_____(1969b). "The Imperative in Chinese." *Unicorn* 4: 35-62.
_____(1971a). "The Mandarin Syntactic Structure." *Unicorn* 8: 1-149.
_____(1971b). "Descriptive Adverbials and the Passive Construction." *Unicorn* 7: 84-93.
Hashimoto, Mantaro(1976). "Language Diffusion on the Asian continent." *CAAAL*

3: 49-66.
Hinds, John(1978). *Anaphora in Discours*. Edmonton, Alberta: Linguistic Research.
Hopper, Paul J., ed.(forthcoming). *Tense and Aspect: Between Semantics and Pragmatics*. Austin: University of Texas Press.
Howie, J. M.(1976). *Acoustical Studies of Mandarin Vowels and Tones*. Cambridge: At the University Press.
Huang, Shuan-fan(黃宣范)(1966). "Subject and Object in Mandarin." in *Project on Linguistic Analysis*, no.13, pp.25-103. Columbus: Ohio State University Department of Linguistics.
_____(1974a). "Between Verbs and Preposition." *Yuyanxué Yanjiu Lùncong {Essays in linguistics}*, pp.219-224. Taipei: Liming Book Co.
_____(1974b). "Mandarin Causatives." *JCL* 2.3: 354-369.
_____(1978). "Historical Change of Prepositions and Emergence of SOV Order." *JCL* 6.2: 212-242.
Kierman, Frank A., Jr.(1969). "Night-Thoughts on the Passive." *Unicorn* 5: 72-78.
Kratochvil, Paul(1968). *The Chinese Language Today: Features of an Emerging Standard*. London: Hutchinson University Library.
Kwan-Terry, Anna(1979). "The Case of the Two le's in Chinese." *CAAAL* 10: 39-55.
Lehmann, Winfred, ed.(1978). *Syntactic Typology*. Austin: University of Texas Press.
Li, Charles N., ed.(1975). *Word Order and Word Order Change*. Austin: University of Texas Press.
_____ed.(1976). *Subject and Topic*. New York: Academic Press.
Li, Charles N., and Sandra A. Thompson(1974a). "Co-verbs in Mandarin Chinese: Verbs or Preposition?" *JCL* 2.3: 257-278.
_____(1974b). "Historical Change of Word Order: A Case Study in Chinese and Its Implications." in Anderson and Jones(1974: 199-217).
_____(1974c). "An Explanation of Word Order Change: SVO → SOV." *Foundation of Language* 12: 201-214.
_____(1974d). "A Linguistic Discussion of the 'Co-Verbs' in Chinese Grammar." *JCLTA* IX.3: 109-119.
_____(1975a). "The Semantic Function of Word Order in Chinese." in Li (1975: 163-195).
_____(1975b). "The 'Paratactic Relative Clause' in Mandarin Chinese." in *Asian Studies on the Pacific Coast*, pp.1-8. Honolulu: University of Hawaii Department of East Asian Languages.
_____(1976). "Subject and Topic: A New Typology of Language." in Li

(1976: 457-489).

_____(1978a). "An Exploration of Mandarin Chinese." in Lehmann(1978: 223-266).

_____(1978b). "Grammatical Relations in Languages without Grammatical Signals." in Dressler(1978: 687-691).

_____(1979a). "Third-Person Anaphora and zero-Anaphora in Chinese Discours." in Givón(1979b: 311-335).

_____(1979b). "The Pragmatics of Two Types of Yes-No Questions in Mandarin and Its Universal Implications." in *Papers from the Fifteenth Regional Meetings of the Chicago Linguistic Society*, pp.197-206. Chicago: University of Chicago Department of Linguistics.

_____(1979c). "Chinese: Dialect Variations and Language Reform." in Shopen(1979: 295-335).

Li, Charles N., Sandra A. Thompson, and R. McMillan Thompson (forth- coming). "The Discourse Motivation for the Perfect Aspect: The Mandarin Particle le." in Hopper(forthcoming).

Li, Franci C.(1971). "Case and Communicative Function in the Use of ba in Mandarin." Ph. D. dissertation, Cornell University.

_____(1977). "How Can We Dispose of Ba?" *JCLTA* 12.1: 8-13.

Li, Ying-che(1974). "What Does 'Disposal' Mean? Features of the Verb and Noun in Chinese." *JCL* 2.2: 200-218.

Light, Timothy(1977). "Some Potential for the Resultative." *JCLTA* 12.1: 27-41.

_____(1979). "Word Order and Word Order Change in Mandarin Chinese." *JCL* 7.2: 149-180.

Lin, Wen-Liuh(1977). "Deictic Verbs and Directional Verbs in Chinese." M. A. thesis, Fu Jen University.

Lu, John H. T.(1977). "Resultative Verb Compounds versus Directional Verb Compounds in Mandarin." *JCL* 5.2: 276-313.

Lü, Xiang(1948). "Bǎ Zì Yòng-fǎ Yánjiū [Studies in the use of ba]." in *Zhōngguó Wénhuà Yánjiū Huìkān {Studies in Chinese Culture}* no.8, pp.111-130.

Lu, Zhiwei(1965). *Hànyǔ de Gòucí Fǎ {Chinese Morphology}*. Peking: Kexué Chubanshè.

Lyovin, Anatole(1972). "Comparative Phonology of Mandarin Dialects." Ph. D. dissertation, University of California, Berkley.

Ma, Jing-heng S.(1977). "Some Aspects of the Teaching of -Guo and -Le." *JCLTA* 12.1: 14-26.

Marney, John(1977). *A Handbook of Modern Chinese Grammar*. San Francisco: Chinese

Materials Center.
Mei, Kuang(1972). "Studies in the Transformational Grammar of Modern Standard Chinese." Ph. D. dissertation. Harvard University.
Mullie, J.(1932). *The Structural Principles of the Chinese Language*. Peking: Bureau of Engraving and Printing.
Paris, Marie-Claude(1977). "Le morpheme 'de' et la relativation en mandarin." *CLAO* 2: 65-76.
_____(1979a). *Nominalization in Mandarin Chinese*. Paris: Départment de Recherches Linguistiques, Université Paris VII.
_____(1979b). "Some Aspects of the Syntax and Semantics of the lián…ye/dou Construction in Mandarin." *CLAO* 5: 47-70.
Peyraube, Alain(1977). "Adverbiaux et compléments de lieu en chinois." *CLAO* 1: 43-60.
Rohsenow, John(1978). "Syntax and Semantics of the Perfect in Mandarin Chinese." Ph. D. dissertation, University of Michigan.
Ross, Claudia(1978). "Contrast Conjoining in English, Japanese, and Mandarin Chinese." Ph. D. dissertation, University of Michigan.
Rygaloff, Alexis(1973). *Grammaire Elémentaire du chinois*. Paris: Presses Universitaire de France.
Schachter, Jacquelyn(1973). "Presupposition and Counterfactual Conditional Sentences." Ph. D. dissertation, University of California, Los Angeles.
Shaffer, Douglas(1966), "Paired Connectives in Modern Mandarin." Ph. D. dissertation, University of Texas.
Shih, Barbara M.(1966). "Netation in Chinese." M. A. thesis, Ohio State University.
Shopen, Timothy, ed.(1979). *Languages and Their Status*. Cambridge, Mass.: Winthrop Publishers.
Simon, Harry F.(1958). "Some Remarks on the Structure of the Verb Complex in Standard Chinese." *Bulletin of the School of Oriental and African Studies* 21: 553-577.
Spanos, George(1977). "A Textual, Conversational, and Theoretical Analy- sis of the Mandarin Particle le." Ph. D. dissertation, University of Arizona.
_____(1979). "Contemporary Chinese Usage of LE: A Survey and a Pragmatic Proposal." *JCLTA* 14.1: 36-70, 14.2: 47-102.
Tai, James H. Y.(戴浩一)(1973). "A Derivational Constraints on Adverbial Placement in Mandarin Chinese." *JCL* 1.3: 397-413.
_____(1978). "Anaphoric Constraints in Mandarin Chinese Narrative Discours." in Hinds(1978: 279-338).
Tang, Ting-chi Charles(汤廷池)(1972). *A Case Grammar of Spoken Chinese*. Taipei: Hai-Guo Book Co.

Teng, Shou-hsin(邓守信)(1973). "Negation and Aspects in Chinese." *JCL* 1.1: 14-37.
_____(1974a). "Verb Classification and Its Pedagogical Extensions." *JCLTA* IX.2: 84-92.
_____(1974b). "Double Nominatives in Chinese." *Language* 50.3: 455-473.
_____(1974c). "Negation in Chinese." *JCL* 2.2: 125-140.
_____(1975a). *A Semantic Study of Transitivity Relation in Chinese*. Brekeley, Los Angeles, and London: University of California Press.
_____(1975b). "Predicate Movements in Chinese." *JCL* 3.1: 60-75.
_____(1977). "A Grammar of Verb Particles in Chinese." *JCL* 5.1: 1-25.
_____(1979a). "Modification and the Structures of Existential Sentences." in Cheng, Li, and Tang(1979: 197-210).
_____(1979b). "Progressive Aspect in Chinese." *CAAAL* 11: 1-12.
_____(1979c). "Remarks on Cleft Sentences in Chinese." *JCL* 7.1: 101-113.
Tewksbury, M. Gardner(1948). *Speak Chinese*. New Haven: Yale University Press.
Thompson, Sandra, and Carol Lord(1974). *Approaches to the Lexicon*, UCLA Papers in Syntax, no.6.
Tsao, Feng-fu(1976). "Expectation in Chinese: A Functional Analysis of Two Adverbs." in *Proceedings of the Second Annual Meeting of the Berkley Linguistics Society*, pp. 360-374. Berkley: Berkley Linguistics Society.
_____(1977). "A Functional Study of Topic in Chinese: The First Step toward Discours Analysis." Ph. D. dissertation, University of Southern California.
Tseng, David S. D.(1977). "A Study on the Chinese Equivalents of the English And." M. A. thesis, National Taiwan Normal University.
Van Valin, Rebert(1975). "Existential Locatives in Mandarin." *Paper read at the Eighth International Conference on Sino-Tibetan Languages and Linguistics*, October 1975, at the University of California, Berkley.
Verhaar, John W. M., ed.(1969). *The Verb 'Be' and Its Synonyms*. Foundations of Language Supplementary Series, vol.4. Dordrecht: D. Reidel Publishing.
Wang, Fred Fangyu(1967). *Mandarin Chinese Dictionary*. Z vols. South Orange, N.J.: Seton Hall University Press.
Wang, Huan(1957). *Ba Zi Jù Hé Bèi Zi Jù {Ba sentences and béi sentences}*. Shanghai: Xin Zhishi Chubanshè. Translated into English in *Project on Linguistic Analysis*, ed. W. S. Y. Wang. NO.4. Columbus: Ohio State University Department of Linguistics.
Wang, Li(1947). *ZhongguóXiàndài Yufa {Modern Chinese Grammar}*. Shanghai: Zhonghuá Shujú.

Wang, Williams S.-Y.(1965). "Two Aspect Markers in Mandarin." *Language* 41: 457-470.
Zee, Eric(1980). "A Spectrographic Investigation of Mándarin Tone Sandhi." *UCLA Working Papers in Phonetics* 49: 98-116.
Zhu, Dexi(朱德熙)(1956). "Xiàndài Hànyǔ Xíngróngcí Yánjiū [A study of adjectives in modern chinese]." *Yǔyán Yánjiū* 1: 83-112.

<참고문헌 주>

CAAL= *Computational Analysis of Asian and African Languages*
CLAO= *Cahiers de Linguistique Asie Orientale*
JCL= *Journal of Chinese Linguistics*
JCLTA= *Journal of the Chinese Language Teacher's Association*
Unicorn= Ford Foundation Grant하에 있는 Princeton 대학의 Chinese Linguistics Project가 1966~1972년에 간행한 잡지이다

중국언어학에 대해 더 심도 있는 서적을 보려면 Yang, Paul Fu-mien의 다음 책을 참고할 것.
Yang, Paul Fu-mien(1974). *Chinese Linguistics: A Selected and Classified Bibliography*. Hong Kong: The Chinese University of Hong Kong.
  만다린을 가르치는 자료로서 우리는 이 서적에서 많은 영향을 받았으며, 예문도 이 책에서 발췌한 것이 있다
Chao, Yuen-ren(1948). *Mandarin Primer*. Cambridge, Mass.: Harvard University Press.
DeFrancis, John(1963). *Beginning Chinese*. New Haven: Yale University Press.
_____(1964). *Intermediate Chinese*. New Haven: Yale University Press.
_____(1966). *Advanced Chinese*. New Haven: Yale University Press.
_____(1966). *Dictionary of Spoken Chinese*. New Haven: Yale University Press.
Fenn, Henry C., and M. Gardner Tewksbury(1967). *Speak Mandarin*. New Haven: Yale University Press.
Pian, Rulan Chao(1961). *A Syllabus for Mandarin Primer*. Cambridge, Mass.: Harvard University Press.
Tewksbury, M. Gardner(1948). *Speak Chinese*. New Haven: Yale University Press.
Wang, Fred Fang-yu(1967). *Mandarin Chinese Dictionary*. 2 vols. South Orange, N. J.: Seton Hall University Press.

■ 찾아보기

ㄱ

가능접요사 61, 83, 89, 211, 471
간접목적어 30, 128, 153, 157, 180~181, 358~373, 472~473, 476, 501, 538~539, 545
감정동사 443
강조구문 169
강조사 323
강조접미사 179
개사 31, 345, 347~356, 359~360, 368~370, 379~380, 392, 394, 462, 466, 472, 505, 620
격표지 30, 150
결과동사 214
겸어동사 430~431
겸어문 555, 565
경성(轻声) 28, 50~51, 53~54, 63, 66, 239, 242, 323, 511
경험상 195, 211, 232, 417, 510
계사 157, 162~170, 323, 326, 435~436, 506, 536
계사동사 482
계사문 160, 166, 483
계사술어 163
고립어 30, 33, 58
공지시적 126~127, 148~149, 153~155
관계절 136~138, 141, 202, 540~547, 570~573
관계절 구문 540, 546~547, 570, 574
관화(官话) 19, 23
국제음성부호(I.P.A) 23
권설음화 접미사 62

권유조사 301
그린버그(J. Greenberg) 38~41, 45

ㄷ

단순계사문 164~166
단순서술문 96~99, 110, 114
단음절 동사 52
담화요소 124
동목동사복합어 390~392
동목복합동사 103
동목복합어 53, 83, 99, 101, 103~107, 144, 178~179, 199, 330, 421, 423
동보복합어 51, 61~62, 79, 81~93, 108, 211, 240, 382~383, 408, 409, 449~451, 457, 459, 471
동사복사구문 425, 427
동사복합어 79
동사접사 194
동의어 78, 94, 95
동작동사 66, 83~84, 95, 98, 223, 358~359, 382, 384, 388, 451, 485, 529
동작성 동사 223~225, 227~230, 239~240, 380
동작성 술어 404
동족목적어 344

ㅁ

만다린 19~21, 23~24, 26
명사보어 구문 540, 546~547
명사복합어 72~73, 77~79, 101, 107~108, 144

명사화 136~137, 139, 160~161, 184, 190, 500, 535~537, 539, 540~541
명사화 구문 536~549
문말조사 112, 158, 161, 196, 203, 206, 208, 211, 221~222, 229, 242~244, 293, 299~301, 306~307, 310, 436~437, 511~512, 519
문장부사 313, 332, 436, 492
문장연결부사 314

ㅂ

발화동사 92, 124, 435, 560
방언 19~21, 23, 30, 35, 48, 57, 62, 67, 113, 225, 229, 365, 399, 410, 413, 432, 476, 533
방향구 213, 347, 384, 392~396, 421~423, 460
방향동사 83~89, 92, 486~487
방향접미사 460
배치동사 387~389, 391~392
병렬동사복합어 67, 79, 94~95, 108
보류목적어 445
보어 82, 89, 392, 546
복문 45~46, 110, 124, 154, 166, 229, 231
복합진술구문 530~531
부가구 128, 133~135, 141~142, 149, 151
부가의문문 302, 489, 510~512, 519~522
부정명령문 212~213, 216~217, 431~432, 436~437
부정접요사 81
분류사 128~129, 131~133, 146~147, 343~344
분류사구 128~129, 142, 146, 149
비교구문 158, 525, 528~530
비교문 492, 525, 528~529, 531
비실제법 205~206

비실현 서술절 570, 574, 576
비양태부사 312, 315, 320, 342
비의지동사 51, 240
비이동성 부사 312, 315, 329, 333, 336~337, 341, 343, 590, 602, 604
비이동성 비양태부사 320
비이동성 태도부사 314
비지시적 143~146, 164~166, 208, 423~427, 458, 574
비한정 대명사 495~496, 595
비한정 명사구 111, 117, 143, 574
비행위자지향 양태부사 318, 341

ㅅ

사역문 561
상 접미사 232
상대성 형용사 158~160
상태동사 97~98, 157, 209, 403
상표지 47, 62, 83, 101, 163, 180, 183, 222~223, 237, 348, 350, 418, 481
서술절 499, 569, 571~574
선택의문문 489, 498~499, 501~502, 506, 517~520, 522~523
선행담화 124~125
선행연결 585~587, 589~590, 592~593, 595~596, 601~603
성모 23~25
성조 23, 26~27, 28, 51, 67, 239
성조변화 26~27, 50
소유격표지 62
소유대명사 152
소유문 481
속성형용사 136~137
수량부사구 343~344, 421~423
수표지 31
술어 41, 96~98, 119, 156~157, 161, 163,

191, 253, 325~326, 332, 335, 339, 415, 424, 451, 525
시간구 43~45, 120~121, 169, 222, 291~292
시상표지 32
실현 서술문 571~573
실현 서술절 569~572, 574, 576
'是~的' 구문 536, 547~553

ㅇ

양사 56, 63, 102, 129~132, 494, 533
양사구 128, 141, 149
양상조동사 450
양태 314~316, 492, 578, 581
양태부사 53~54, 166, 312, 315~320, 334, 340~341, 400, 492, 505, 578~580
양태부사표지 62
양화구 221, 239
양화사 83, 128~129, 496
어순유형론 38, 41
연동구문 16, 162, 177, 364, 394, 424, 481, 486, 493, 501, 517, 540, 554~555, 557, 561, 564, 566, 570, 574~576, 620
영대명사 574, 605~609, 611~612, 615, 618, 620
영성모 23, 25
완료상접미사 412, 460, 592
용기양사 131
운모 23~24, 28
운미 24
위치이동동사 382~384, 387, 389, 392
유의어 78
음역 26
의문대명사 151
의문사 의문문 152, 298~300, 303, 305~306, 488, 490, 512, 518~520
의성 양태부사 320
의성부사 320, 335, 342
의존형태소 57~58, 61, 66, 96, 98~101, 378, 433
의지동사 50~51, 53, 240
이동 자동사 486
이동동사 84, 87~89, 395, 478, 485~486
이동성 부사 312~314, 331~332, 340, 588
이동성 시간부사 313
이동성 자동사 486~487
이동성 태도부사 314
이중목적어동사 157, 358
이중목적어동사구 180
이중목적어문 181
이중주어문 118~119
일치표지 32

ㅈ

자동사 103, 157, 164, 170, 172, 179, 382, 392, 486, 499, 529
잠시상 50~53, 83, 195, 237, 239, 240~241, 460
절대성 형용사 158~161
접두사 30, 49, 58~60, 62
접미사 28, 30~32, 37, 45, 49, 58, 62~67, 94, 194, 211, 226, 315~316, 320, 349, 375, 376~377, 492
접사 49~50, 58~60, 62
접요사 49, 58, 61, 62, 81, 449
정도부사 97
정태동사구 577~580
정태보어구문 421~423, 577~583
제시문 42, 117, 164, 169, 298, 379, 478~479, 481, 485~487, 569
조동사 40, 45, 81~82, 163~164, 166, 182~

187, 189~193, 232, 312, 400, 402~404, 502~507, 548, 582~583, 597
조사의문문 511~514, 517, 519, 520, 522~524
존재동사 147, 169, 418, 479,~482, 485~486
존재제시문 481
주술복합어 96, 98~99, 108~109
중심명사 128, 133, 136, 138, 140~142, 491, 494, 495, 536, 540~542, 544, 546~547
중첩 50~58, 83, 139, 195~196, 215, 237~241, 315, 460
중첩형용사 139
지각동사 92, 95, 124, 443, 464
지속상 204~205, 210, 223~224, 229, 349, 410, 460
지속상접미사 349, 460
지속상표지 210, 223~224, 226, 228~230, 296, 319, 385, 418
지시사 128~129, 133, 147, 202, 439, 459
질문동사 92
집합양사 130

ㅊ

처소개사 379
처소구 43~45, 120~121, 169, 213, 345, 347, 374, 377, 379~394, 396, 422~423, 480
처소사 47, 63, 374~378, 381, 390, 393, 480
처치 441~449, 451~452, 454~461, 470~471, 472, 475, 477
처치식 442
최상급 532
최소대립쌍 571
출현동사 386, 389, 392

친족어 57

ㅌ

타동사 38, 95, 103~105, 157, 171~172, 177~179, 367, 382~383, 391~392, 529, 536~537, 541~542, 569, 582

ㅍ

피동문 319, 352, 462, 464~468, 470, 473
把-구문 340~345, 359, 366, 388, 390, 426, 438~442, 444~447, 449~462, 470~471, 477
把명사구 341, 343, 438~442, 444~448, 452, 455~456, 459, 475
被-구문 316, 462~473

ㅎ

행위자지향 부사 317~319, 334
행위자지향 양태부사 334, 341
허사 28
형용사성 동사 95~96, 98, 157~158, 162, 170, 189~191, 229, 330, 331, 532~533
호격조사 307
화용론적 기능 177
화제 고리 607~608
화제 부각 언어 36, 41, 120
화제 조사 123
화제 표지 113
화제-진술 115, 119, 121, 135, 468
후행담화 125
후행연결 585, 589~591, 594~595, 601~602, 604

■ 저·역자 소개

　　찰스 N. 리(Charles N. Li)
　University of California in Santa Barbara 언어학과 교수
　　샌드라 A. 톰슨(Sandra A. Thompson)
　UCLA(University of California in Los Angeles) 언어학과 교수

　　박정구
　대만 국립청화대학 중어학 박사, 현 성균관대학교 중어중문학과 교수
　　박종한
　서울대학교 중어학 박사, 현 가톨릭대학교 중국언어문화전공 교수
　　백은희
　국립대만사범대학 중어학 박사, 현 인하대학교 중국언어문화전공 교수
　　오문의
　서울대학교 중어학 박사, 현 한국방송통신대학교 중어중문학과 교수
　　최영하
　서울대학교 중문학 박사

한울아카데미 197
표준중국어문법

ⓒ 박정구·박종한·백은희·오문의·최영하, 1989, 1996

지은이 ǀ 찰스 N. 리·샌드라 A. 톰슨
옮긴이 ǀ 박정구·박종한·백은희·오문의·최영하
펴낸이 ǀ 김종수
펴낸곳 ǀ 한울엠플러스(주)
초판 1쇄 발행 ǀ 1989년 3월 15일
수정판 1쇄 발행 ǀ 1996년 9월 9일
수정2판 1쇄 발행 ǀ 2011년 9월 20일
수정2판 5쇄 발행 ǀ 2023년 12월 15일
주소 ǀ 10881 경기도 파주시 광인사길 153 한울시소빌딩 3층
전화 ǀ 031-955-0655
팩스 ǀ 031-955-0656
홈페이지 ǀ www.hanulmplus.kr
등록번호 ǀ 제406-2015-000143호

Printed in Korea.
ISBN 978-89-460-4795-2　93720

* 책값은 겉표지에 있습니다.